LA
...NS

... VOUDRONT BIEN CONNAITRE
...

EN ... LEÇONS

PARIS

..., éditeur,
... Champs Élysées ...

COURS D'ANGLAIS

POUR LES ENFANTS.

PREMIÈRE PARTIE.

AVIS.

Le Cours entier se compose de quatre parties, qui se vendent séparément.

1° Cette première partie, sous le titre de PREMIÈRES LEÇONS, contient une suite de leçons et d'exercices qui, à l'aide des observations et des conseils d'un professeur, poussera assez avant les enfants dans la connaissance de l'anglais pour qu'ils puissent, à la fin, comprendre avec assez de facilité tout livre anglais à la portée de leur âge.

2° La deuxième partie, sous le titre de DEUXIÈMES LEÇONS, sera un recueil encyclopédique dans les deux langues, composé d'une cinquantaine de leçons. Ce seront des leçons de choses où les enfants apprendront, en même temps que la langue anglaise et même la langue française, une infinité de faits aussi intéressants qu'utiles à connaître.

3° La troisième partie, ou TROISIÈMES LEÇONS, sera encore un recueil, mais purement littéraire, de morceaux choisis parmi les productions des écrivains de l'enfance et de la jeunesse que l'Angleterre possède en si grand nombre. Chaque leçon sera composée d'un morceau en prose et d'un morceau en vers.

4° La quatrième partie formera une grammaire anglaise, sobre de règles, mais riche d'exemples, sur un plan aussi simple que nouveau.

NOTA. Malgré tous nos soins, il s'est glissé quelques erreurs typographiques dans ce volume, comme il est indubitable qu'il s'en glissera dans les trois qui doivent suivre. Nous recommandons aux professeurs d'y faire les corrections exigées à mesure qu'ils en auront occasion, afin que les élèves ne soient point induits en erreur.

PARIS. — Imp. LACOUR et C., rue Soufflot, 16.

COURS D'ANGLAIS

POUR LES ENFANTS

ET POUR LES ADULTES QUI VOUDRONT BIEN CONNAITRE
LE LANGAGE FAMILIER.

Par **BEN JOHN BAR.**

PARIS

BARBÉ, Editeur,
rue Bayard, 5 (Champs-Élysées).

XAVIER ET **STASSIN**, Libraires,
rue du Coq-Saint-Honoré.

LEMOINE, Libraire,
rue de la Paix.

Et chez les principaux Libraires de Paris et de la Province.

1852

PRÉFACE.

Tendres mères, bonnes institutrices !

C'est pour vos enfants que ce travail voit le jour.

Je l'avais composé pour de jeunes enfants à qui le soin d'enseigner l'anglais m'avait été confié. Les rapides progrès qu'ils ont faits d'après cette simple méthode, leur joie en voyant approcher l'heure qui devait nous réunir, m'ont donné l'idée, m'ont imposé le devoir de le faire servir à d'autres.

L'étude et le travail sont si doux, si agréables aux enfants quand on les met à la portée de leurs fraîches et curieuses intelligences; ils sont au contraire si pénibles, si rebutants quand on les leur présente sous une forme stérile, incompréhensible pour eux.

J'ai vu dans bien des pensions, presque partout, les enfants malheureux et les maîtres souvent découragés, et cela faute de s'entendre, faute d'une bonne méthode d'enseignement.

J'ai cherché un remède à ce vice de l'éducation, et je crois l'avoir trouvé pour l'enseignement des langues, si les données de la raison et de l'expérience ne me trompent point.

Les langues n'étant que l'expression de la pensée, et les mots les signes des idées et des choses, ne jamais présenter à l'élève que des signes auxquels répondent toujours, clairement et nettement, dans sa jeune intelligence, les choses signifiées : tel est le principe qui m'a guidé dans le choix de mes textes, et a été pour moi la source féconde d'heureux résultats.

Pour avoir des textes à la portée des jeunes intelligences françaises, j'ai recouru naturellement à ces livres où les mères anglaises apprennent à lire à leurs enfants, et qui sont écrits avec cette rare connaissance de ce qu'il faut à ces petits êtres, que les femmes de cette nation possèdent à un si haut degré.

J'ai pris parmi tant d'écrits de cette nature les plus simples, ceux que des milliers d'enfants épèlent en même temps sur toute la surface de l'empire britannique, c'est-à-dire du monde.

Admirez ce qui est arrivé !

Je me suis trouvé à la source pure non-seulement des idées, mais du langage !

Le langage de la mère et de l'enfant est la souche, la racine de toute langue nationale. C'est là que se trouvent les formes les plus usitées, les plus irrégulières, les plus difficiles pour les étrangers, les plus nationales enfin.

Oh ! que nous serions heureux de posséder un livre à l'usage de l'enfant qui épèle, écrit par une mère de la Grèce ou de Rome ! Si la dixième muse de la Grèce avait écrit un tel livre pour sa fille, ne serait-il pas plus précieux que son ode fameuse. Mais si cette femme n'était point digne de faire un tel livre, pourquoi Cornélie, la mère des Gracques, ne l'a-t-elle pas fait pour ses petits Tibérius et Caïus ?

Dans les textes que j'ai choisis, presque tous les mots sont monosyllabiques, c'est-à-dire presque tous saxons ou anglais pur, comme la langue du peuple, comme celle de Shakspeare, de Milton, de Byron et de tous les poètes et écrivains véritablement nationaux. En sorte qu'il est vrai de dire que les ouvrages écrits pour l'enfance anglaise sont les seuls propres pour l'enseignement de l'anglais à l'enfance des autres nations. J'ajouterai même que nul étranger ne pourra croire savoir la langue anglaise, eût-il passé dix ans sur les ouvrages de littérature et de philosophie, s'il n'a appris à parler avec les enfants, dans les livres écrits pour eux.

Les textes une fois choisis, restait la méthode d'exposition.

Cette méthode comprend deux parties également essentielles, l'une physique et l'autre métaphysique.

L'âge des enfants est l'âge de la sensibilité. Presque toutes leurs connaissances leur viennent des sens. Leur intelligence travaille à leur insu pour coordonner les matériaux que leur fournit la perception externe. Il faut donc surtout parler à leurs sens. Dans l'étude des langues, il importe autant de frapper la vue que l'ouïe.

J'ai voulu que le texte fût imprimé en gros caractères, comme je demande que le professeur leur rende les sons d'une voix aussi claire, aussi distincte, aussi sonore que possible.

Les exercices peuvent être, sans inconvénient, en caractères plus petits, mais cependant très lisibles, surtout dans les premières leçons.

La partie métaphysique a demandé un ordre que je veux expliquer.

Je fais venir la chose signifiée avant le signe. C'est pour cela que je donne d'abord en français ce qui est contenu dans la leçon anglaise, afin que l'élève n'ait qu'à s'occuper d'une chose, à rapporter le mot à l'idée déjà connue.

Les mots une fois connus, et de signification, et de forme, et de son, pour mieux habituer l'enfant à ces trois choses, je les ai reproduits tous isolément, sans ordre, en caractères plus petits. L'élève doit les traduire en français sans hésitation. Puis il passera à l'exercice opposé. Il retraduira en anglais la traduction française de ces mêmes mots reproduits également sans ordre.

Viennent ensuite, pour être traduites par l'élève, des phrases anglaises, simples propositions faites à l'instar et avec les mots de celles du texte, et enfin, pour dernier exercice, de petites phrases françaises à remettre en anglais.

Cet ordre comprend presque toutes les leçons du cours.

A mesure que nous avançons, le texte devient plus long, vu le nombre des mots déjà connus qu'il peut contenir ; mais il n'envahit pas plus de place dans la page qui lui est destinée, parce que nous réduisons progressivement la grosseur des caractères typographiques, sans inconvénient pour l'élève qui est déjà habitué à la physionomie des mots anglais.

Ces exercices sont dénués de toute observation et de tout précepte grammatical que je crois néanmoins très nécessaires. Je laisse au professeur le soin de faire les remarques qu'il jugera convenables. Je lui ai rendu cette tâche très facile par les nombreux rapprochements que je fais dans chaque leçon, rapprochements ou exemples dont le précepte ressort tout seul.

Néanmoins je consacrerai quelques leçons de temps en temps à des récapitulations et à des études spécialement grammaticales, et les dernières livraisons contiendront, par ordre, tout ce que nous aurons vu sur cette matière, c'est-à-dire une grammaire anglaise, d'autant plus facile pour nos jeunes élèves qu'ils n'y trouveront aucune règle qu'ils n'aient déjà pu formuler eux-mêmes, aucun exemple qu'ils n'auront point vu.

Pour ce qui est de la prononciation, je me suis abstenu de la représenter d'aucune façon. Ces signes, dont on coiffe les lettres, les mots, ne font que défigurer ces mots d'ailleurs assez étranges aux yeux du commençant. Il importe que dès le premier abord ils se fixent dans la mémoire de l'enfant avec leur physionomie naturelle.

Maintenant, bonnes mères, bonnes institutrices, maintenant que je vous ai signalé mon travail, il ne me reste plus qu'à le mettre sous votre protection.

Ce travail est modeste sans doute, mais non point indigne des occupations d'un homme. Qui jamais se sentit déshonoré pour avoir posé la première pierre d'un grand édifice. Une pensée a toujours écarté l'ennui que pouvaient avoir pour une intelligence faite la simplicité et la monotonie de l'œuvre ; c'est que j'allais ouvrir pour de jeunes âmes les trésors cachés d'une langue et d'une littérature étrangères, sans qu'il leur en coûtât un pensum, une larme, un soupir !

Vous qui conduisez vos enfants par la main et leur cherchez des sentiers où leurs pieds petits et tendres ne se heurtent point, si vous les conduisez aussi par la main dans les sentiers aplanis de l'intelligence, où rien ne puisse heurter et décourager leurs jeunes âmes, peut-être me devrez-vous quelque reconnaissance.

Benjamin BAR.

COURS D'ANGLAIS

POUR LES ENFANTS.

PREMIÈRE LEÇON.

C'est janvier. Il fait très froid. Il neige. Il gèle. Il n'y a pas de feuilles sur les arbres. L'huile est gelée, et le lait est gelé, et la rivière est gelée, et tout est gelé dans les champs.

TEXTE.

It is january. It is very cold. It snows. It freezes. There are no leaves upon the trees. The oil is frozen, and the milk is frozen, and the river is frozen, and every thing in the fields is frozen.

EXERCICES.

I.

It is	C'est.	Are	Sont.	Frozen	Gelé, gelée.
January	Janvier.	No	Nul, nulle.	The milk	Le lait.
Very	Très.	Leaves	Feuilles.	The river	La rivière.
Cold	Froid.	Upon	Sur.	Every	Chaque.
It snows	Il neige.	The	Le, la, les.	Thing	Chose.
Snow	Neige.	Trees	Arbres.	In	Dans.
There	Là.	The oil	L'huile.	The fields	Les champs.

II.

The leaves. The trees. The fields. No leaves. Cold. Every. River. Oil. January. It snows. Frozen. It is. Fields. Milk. Thing. And. Upon. In. There. It freezes. Are. Is. The. No. Oil. Leaves. January. The trees. Cold. It snows. The fields. Frozen. River. It is. And. Upon. Are. Fields. Milk. There.

III.

Sont. Dans. Et. C'est. Rivière. Froid. L'huile. Le lait. Champs. Gelé. Il neige. Les champs. Froid. Les arbres. Il neige. Janvier. Feuilles. Huile. Aucun. Sont. Il gèle. Là. Sur. Dans. Et. Chose. Lait. Champs. C'est. Janvier. Huile. Il neige. Gelé. Rivière. Froid. Les champs. Les arbres. Les feuilles. Janvier.

IV.

It is january. It is cold. It is frozen. The milk is frozen. It is milk. Milk is cold. It is oil. It is frozen oil. It is the river. The river is in the fields. There are leaves. There are trees. There are fields. There is milk and oil. There are leaves upon the trees. The treas are in the fields. The leaves are upon the trees. There is milk. There is oil. January is very cold. Milk is very cold. Every thing. Every tree. Every leaf.

V.

Le lait est gelé. La rivière est gelée. Les feuilles sont gelées. Il fait froid. C'est janvier. Il fait froid dans les champs. Les feuilles sont sur les arbres. Il n'y a pas de feuilles. Il y a du lait. Le lait est gelé. Les arbres sont dans les champs. C'est janvier. Il neige. Il gèle. Il n'y a point d'arbres dans les champs. La rivière est gelée. La rivière est dans les champs. Les champs et les arbres L'huile et le lait sont gelés.

DEUXIÈME LEÇON.

Il fait très froid. Tous les enfants sont à glisser. Vous devez apprendre à glisser. Voilà un homme qui patine. Comme il va vite. Vous aurez une paire de patins. Prenez garde. Il y a un trou dans la glace.

TEXTE.

It is very cold. All the boys are sliding. You must learn to slide. There is a man skating. How fast he goes. You shall have a pair of skates. Take care. There is a hole in the ice.

EXERCICES.

I.

All	Tous.	A	Un, une.	Shall have	Aurez.
The boys	Les garçons.	Man	Homme.	A pair	Une paire.
Are	Sont.	Skating	Patinant.	Of	De.
Sliding	Glissant.	How	Combien.	Skates	Patins.
Are sliding	Glissent.	Fast	Vite.	Take	Prenez.
You	Vous.	He	Il.	Care	Soin, garde.
Must	Devez.	Goes	Va.	A hole	Un trou.
Learn	Apprendre.	Shall	Devez.	Ice	Glace.
To slide	A glisser.	Have	Avoir.		

II.

Ice. He goes. How fast. A hole. Care. Fast. Skating. There is. Man. To slide. Take. Skate. Must. Have. A pair. Of. Learn. Shall. You. Sliding. Are. The boys. All. Cold. The ice The hole. The care. The pair. The man. The boys. The cold. You are. You must. You learn. You skate. You shall. You take. Take care. He goes. He shall learn. He shall take. He shall skate. He goes. Very. Man. Cold. Boys.

III.

Les enfants. L'homme. Un homme. Vite. Il. Patinant. Là est. A glisser. Apprendre. Vous devez. Sont Tous. Froid. Très. C'est. Combien. Il va. La glace. Un trou. Garde. Les patins. Une paire. Vous. Devez. Dans. La. Le. Les. Glace. Avoir. Vous. Une paire. Glace. Vous. Dans. Là. Devez Un trou. Avoir. Il y a. Une paire. Garde. Patins. Prenez. Il va. C'est. Combien. Très froid. Patinant. Tous. Les garçons. Un homme. Sont glissant. Vous devez. Là. Est.

IV.

It is cold. It is very cold. He is very cold. The boys are very cold. He goes very fast. All the boys. All the skates. There is a hole. There is a man. There is a pair of skates. You must learn to skate. You must learn to slide. The boys are sliding. The boys are skating. Take all the boys. You must take care. You must slide, and all the boys must slide. How cold it is. How fast a man goes. There is a hole. There is ice. There are the boys.

V.

L'homme a froid. Les enfants ont très froid. Voilà un homme qui glisse. Prenez garde. Prenez une paire de patins. Prenez un homme. Vous devez glisser. Vous devez apprendre à glisser. Vous aurez un homme. Vous aurez une paire de patins. Il y a un trou. Il y a des patins. Il a des enfants. Tous les enfants. Tous les patins. Une paire. Un homme. Un patin. Voilà un homme. Voilà tous les enfants. La rivière est gelée et tous les enfants sont à patiner sur la glace.

TROISIÈME LEÇON.

Rentrez. Il est quatre heures. Il fait sombre. Les jours sont très courts. Allumez les chandelles, Jean ; allez chercher du bois dans le bûcher, et du charbon de terre, et faites un très bon feu.

TEXTE.

Come in. It is four o'clock. It is dark. The days are very short. Light the candles, John, and get some wood from the wood-house, and get some coals, and make a very good fire.

EXERCICES.

I.

Come	Venez.	Light	Allumez, Lumière.	The wood-house	Le bûcher.
In	Dedans.			House	Maison.
Come in	Entrez.	The candles	Les chandelles.		
Four	Quatre.	And	Et.	Coals	Charbons de terre.
O'clock	De la pendule.	John	Jean.		
It is	C'est.	Get	Cherchez.	Make	Faites.
Dark	Sombre, obscur	Some	Un peu de.	Very	Très.
The days	Les jours.	Wood	Bois.	Good	Bon, bonne.
Short	Court, courte.	From	De, hors de.	Fire	Feu.

II.

From. Good. Some. Short. Make. Dark. Fire. Coals. John. Wood. Get. Wood-house. House. Candles. Days. O'clock. Four o'clock. Come. It is. House. John. Make. From. Good. Dark. Wood. Candles. Four. Come. O'clock. Days. Get. Fire. Some. Short. Coals. Wood-house. Good. Come. Some. Short.

III.

De. Hors de. Faites. Jean. Maison. Bois. Bûcher. Quatre heures. Maison. Bon. Venez. Quelque. Un peu de. Bon. Sombre. Prenez. Ayez. Chandelles. Bois. Venez. Court. De la pendule. Sombre. Jean. Venez. Jours. Feu. Court. Charbons. Bûcher. Quatre heures. Bon. Sombre. Bois. Chandelles. Charbons. Jours. Bois. Feu. Allumez. Faites. Venez. Allumez.

IV.

It is dark. Is is very dark. Come into the house. The short days are coming. It is four o'clock, ligth the candles. Get some wood. Get some coals. Take a fire. Make a good fire. Take a candle. John is very good. He is a very good boy. Come in, good boys. Come in, all of you. There are some coals. There are wood and coals. John, make a good fire. The boys are very cold.

V.

Rentrons. Il fait sombre. Les jours sont courts. Allumez les chandelles, les bougies. Faites du feu. Faites des chandelles. Les chandelles sont très courtes. Il est quatre heures. Il y a du bois dans le bûcher. Prenez du bois. Il y a des charbons. Le bon feu. Il fait très froid. Le feu est très bon. Vous devez allumer les chandelles. C'est janvier. Les jours sont très courts.

QUATRIÈME LEÇON.

Février est un mois très froid aussi, mais les jours sont plus longs qu'en janvier. Le crocus jaune sort de terre, et le bois gentil est en fleurs. Il y a aussi quelques blanches perce-neige qui sortent leurs petites têtes. Jolies perce-neige blanches avec leurs tiges vertes !

TEXTE.

February is very cold too, but the days are longer than in january. The yellow crocus is coming up, and the mezereon-tree is in blossom. There are also some white snow-drops peeping up their little heads. Pretty white snow-drops with a green stalk.

EXERCICES.

I.

February	Février.	Up	En haut.	Peeping up	Sortant.
Too	Aussi.	Coming up	Montant.	Their	Leurs.
But	Mais.	Mezereon-tree	Bois gentil.	Heads	Têtes.
Longer	Plus long.	In blossom	En fleurs.	Pretty	Joli, ie.
Than	Que.	Also	Aussi.	With	Avec.
Yellow	Jaune.	White	Blanche.	Green	Vert, te.
Crocus	Safran.	Snow-drop	Perce-neige.	Stalk	Tige.
Coming	Venant.				

II.

February. January. Their. Peeping up. Too. Snow-drop. But. Longer. Than. White. Yellow. Crocus. Stalk. Head. Mezereon-tree. Snow-drop. Blossom. Longer. Yellow. Coming. White. Peeping up. Pretty. Green. Too. Up. But. Than. Up. Also In. Their. With. Stalk. Green. With. Pretty. Heads. Their.

III.

Perce-neige. Bois gentil. Têtes. En fleurs. Crocus. Janvier. Février. Jours. Vert. Leur. Sortant. Blanc. Aussi. Venant. En haut. Crocus. En fleurs. Jaune. Blanc. Vert. Plus long. Perce-neige. Court. Leur. Mais. Que. Plus long que. Tige. Vert. Joli. Tête. Leur. Blanches. En fleurs. Sortant. Jaune. Plus long que. Très jaune. Très vert. Très joli. Très froid.

IV.

Long. Longer. White. Whiter. Green. Greener. Pretty. Prettier. The trees are in blossom. The crocus is yellow, and the snow-drops are white, and their stalks are green. Trees are green. The days are short. The days are shorter in january than in february. The mezereon-tree is in blossom. The white snow-drops are peeping up their pretty heads. Their stalk is longer. There is a frozen tree.

V.

Les jours sont plus longs en février qu'en janvier. Le crocus est jaune. Le crocus pousse. Le crocus est en fleurs. Le bois gentil pousse, est en fleurs. Les perce-neige sont blanches. Les perce-neige sortent leurs petites têtes. La perce-neige est blanche et jolie. La tige est verte. Les arbres sont verts. Les arbres sont en fleurs. Plus long. Plus court. Plus blanc. Plus joli. Plus vert. Les feuilles des arbres sont gelées.

CINQUIÈME LEÇON.

Puis-je cueillir cette perce-neige blanche? Oui, vous le pouvez. Mais vous devez toujours demander la permission avant de cueillir une fleur. Quel bruit font les corneilles! Et comme elles sont occupées! Elles vont faire leurs nids. Voilà un homme qui laboure le champ.

TEXTE.

May I gather this white snow-drop? Yes, you may; but you must always ask leave before you gather a flower. What a noise the rooks make, and how busy they are! They are going to build their nests. There is a man plowing the field.

EXERCICES.

I.

May I	Puis-je.	Leave	Permission.	Going	Allant.
Gather	Cueillir.	Before	Avant.	To build	Bâtir.
This	Cet, Cette.	A flower	Une fleur.	Their	Leur, Leurs.
Snow-drop	Perce-neige.	What	Quel, Quelle.	Nests	Nids.
Yes	Oui.	Noise	Bruit.	A man	Un homme.
Always	Toujours.	The rooks	Les corneilles.	Plowing	Labourant.
Ask	Demander.	Make	Font.	The field	Le champ.
		Busy	Occupé, ée.		

II.

A nest. A man. A field. The noise. The snow-drop. The rooks. The flower. Leave. To gather. To build. To ask. To make. Going. Plowing. The fields. The nests. May. I may. Leave. Going. To build. Before. A flower. Gather. Their. What. This. Noise. Snow-drop. A man. Yes. Plowing. The rooks. Make. Always. The fields. Busy. Ask. May. Busy. Going. Gather. Make. To build. This. The rooks. Their. Snow-drop.

III.

Occupées. Permission. Font. Avant. Les corneilles. Une fleur. Bruit. Quel. Le champ. Allant. Labourant. Bâtir. Un homme. Nids. Leur. Je puis. Demander. Toujours. Oui. Cueillir. Oui. Cette. Perce-neige. Allant. Permission. Puis-je. Cueillir. Avant. Bâtir. Cette. Quel. Leurs. Perce-neige. Bruit. Nids. Oui. Les corneilles. Un homme. Toujours. Font. Labourant. Demander. Occupées. Le champ. Les nids. Une fleur. Un homme. Un champ. Les corneilles.

IV.

He is very busy. They are going to plow their fields. He is going to gather the flowers of the fields. What a noise you make. You may gather flowers in their fields. There are rooks. You must ask me leave before you go to the fields. May I build a nest? Yes. May I gather flowers? Yes, always. Is there a man in the field. Yes. Is the man busy? Yes, he is plowing. Are the rooks busy? Yes, they are building their nests. Are the boys busy? Yes, they are gathering white snow-drops.

V.

Le nid d'une corneille. Puis-je faire du bruit? Oui, vous le pouvez. Quel bruit vous faites. Voilà un homme. Voilà une corneille. Voilà un nid. Quel bruit! Quel nid! Quel homme! Quelle fleur! Où allez-vous? Vous allez labourer le champ? Vous allez cueillir des fleurs? Demandez la permission. Il est toujours à cueillir des fleurs devant l'homme. Cueillez des fleurs devant moi. Voilà une corneille devant cet homme. Cette fleur est blanche. Les corneilles ne sont pas blanches. Allez devant cet homme.

SIXIÈME LEÇON.

C'est mars. Maintenant le vent souffle. Il emporterait presque un petit garçon comme vous. Voilà un arbre abattu par le vent. Voici de jeunes agneaux. Pauvres êtres ! Comme ils se glissent sous la haie. Qu'est-ce que cette fleur ? Une primevère.

TEXTE.

It is march. Now the wind blows. It will blow such a little fellow as you away, almost. There is a tree blown down. Here are some young lambs. Poor things ! How they creep under the hedge. What is this flower? A primrose.

EXERCICES.

I.

It is	C'est.	Fellow	Camarade, garçon	Young lambs	Jeunes agneaux
March	Mars.	As you	Comme vous.	Poor things	Pauvres choses.
Now	Maintenant.	Away	Au loin.	They creep	Ils se glissent.
The wind	Le vent.	Almost	Presque.	Under	Sous.
Blows	Souffle.	There is a tree	Là est un arbre	The hedge	La haie.
It will blow	Il veut souffler.	Blown	Soufflé, ée.	What is	Quelle est.
Such	Tel.	Down	A bas, en bas.	This flower	Cette fleur.
A little	Un petit.	Some	Quelques.	A primrose	Une primevère.

II.

March. The wind. A fellow. A tree. Lambs. Things. The hedge. A primrose. Little. Young. Poor. Blows. Will. To blow. Blown. Creep. A little. Some. A primrose. Fellow. Lambs. Young. Such. Down. What. Flower. The hedge. The tree. To blow. Will. It will blow. Blown down. Almost. Away. As. Fellow. Now. Wind. Primrose. Flower. Hedge. They creep. Under. Young. Lambs.

III.

Agneaux. Un arbre. Choses. Un camarade. Le vent. La haie. Mars. Primevère. Pauvre. Souffler. Se glisser. Sous. A bas. En bas. Un tel. Quelques. Un petit. C'est. Tel. Mars. Il veut souffler. Maintenant. Le vent. Quelques. En bas. Individu. Comme vous. Soufflé. Au loin. Presque. Jeunes. Une primevère. Pauvre. Agneau. Chose. Ils se glissent. Cette fleur. Sous la haie. Qu'est.

IV.

I blow. I will blow. I creep. I will creep. The wind blows. The lamb creeps under the hedge. The tree is blown down. What is this? A lamb. What is this? A tree. There is a tree blown down. There is a hedge blown down. May I gather this primrose? Yes, you may. May I blow the fire? Yes. What is that noise? I see young lambs creeping under the hedge. Poor things! They are very cold. The wind will blow you away. It will blow such little lambs away. The wind will blow the nest away. What a little fellow you are!

V.

C'est mars. C'est janvier. C'est février. Pauvres petits êtres! Pauvres petits agneaux! Quelques agneaux. Quelques arbres. Quelques haies. Quelques fleurs. Je souffle. Il souffle. Ils soufflent. Cet arbre a été abattu par le vent. Voilà une primevère. Voilà une fleur. Qu'est-ce ? C'est une primevère, une perce-neige. Il y a des fleurs sous la haie, puis-je les cueillir? Oui. Quel petit garçon! Il est presque gelé. Glissez-vous sous la haie. Où est le petit garçon? Il est sous l'arbre. Où est la petite fleur blanche? Elle a été emportée par le vent. Pauvre fleur!

SEPTIÈME LEÇON.

Avril est arrivé. Les oiseaux chantent. Les arbres sont en fleurs. Les fleurs naissent et les papillons aussi. Maintenant il pleut et le soleil brille. Voilà un arc-en-ciel. Qu'il est beau !

TEXTE.

April is come, and the birds sing. The trees are in blossom. The flowers and butterflies are coming out. Now it rains, and the sun shines. There is a rainbow. How beautiful it is!

EXERCICES.

I.

April	Avril.	Out	Au dehors.	Shines	Brille.
Is come	Est venu.	Coming out	Sortant, naissant	To shine	Briller.
Birds	Oiseaux.	Trees	Arbres.	Rainbow	Arc-en-ciel.
Sing	Chantent.	A butterfly	Un papillon.	Beautiful	Beau, Belle.
Song	Chant.	Butterflies	Papillons.	It rains	Il pleut.
Coming	Venant.	Sun	Soleil.	To rain	Pleuvoir.

II.

To sing. The birds. April. Rainbow. To shine. Blossom. Flowers. Butterflies. Tree. To rain. There. Rainbow. The sun. And. To shine. To rain. April. To sing. The trees. The birds. In blossom. Are. Coming. Up. And. It. Rains. Rainbow. Birds.

III.

Le soleil. L'arc-en ciel. La pluie. Les papillons. Les arbres. Les fleurs. Les oiseaux. Il pleut. Il brille. Chanter. Pleuvoir. Briller. Naître. Maintenant. Voilà. Et. Sont. En. Dans. En haut. Arc-en-ciel. Soleil. Fleurs. Est. Venu. Avril. Sont. Là. La. Les. Un. Une. Papillons.

IV.

It rains. It is raining. The little birds sing. The butterflies are coming out. The sun is shining. What is that white little thing upon this flower? Is it a bird? No, It is a butterfly, a white butterfly. It rains. It snows. The sun shines. April is come. The hedges are in blossom. The flowers are coming out in the fields and the sun is shining. What is this beautiful thing? It is a rainbow. Sing, birds; shine, sun. Come up, little flowers, april is come. Come up. Come down. The man is plowing the field. The boys are sliding upon the ice. The rooks are building their nest.

V.

Il neige. Il gèle. Il pleut. Il fait soleil. Qu'est cela? Une fleur. Qu'est ceci? Un papillon. Il souffle. Il soufflera. Il pleut. Il pleuvra. Il brille. Il brillera. Vous brillerez, soleil, dans les champs. Il pleut dans les champs. Montez. Descendez. Les fleurs naissent. Les papillons sont dans les champs, sur les fleurs. Quel petit garçon ! Quel petit oiseau ! L'oiseau est sous la haie. Voilà un arc-en-ciel. Un papillon. Des papillons. Les haies sont en fleurs. Les oiseaux chantent sur les arbres et dans les haies. Le soleil brille sur les fleurs. Je suis presque gelé de froid. Jean, faites un bon feu. Je veux vous demander la permission.

HUITIÈME LEÇON.

Oh! quelles belles couleurs! Il y a sept couleurs : Rouge, orange, jaune, vert, bleu, indigo, violet. Joli, brillant arc-en-ciel. Non, vous ne pouvez point l'attraper, il est dans le ciel. Il s'en va. Il s'évanouit. Il est tout-à-fait passé. Qu'est-ce que nous entendons? C'est le coucou. Il vient nous dire que c'est le printemps.

TEXTE.

O what fine colours! There are seven colours! Red, orange, yellow, green, blue, indigo, violet. Pretty bright rainbow! No, you cannot catch it, it is in the sky. It is going away. It fades. It is quite gone. What is that we hear? It is the cuckoo. He is come to tell us it is spring.

EXERCICES.

I.

Fine	Beau, belle.	Violet	Violet.	Quite	Tout-à-fait.
Colours	Couleurs.	Pretty	Gentil, joli.	Gone	Allé, parti.
Seven	Sept.	Bright	Brillant.	That	Que.
Red	Rouge.	No	Non.	We	Nous.
Orange	Orange.	Cannot	Pouvez pas.	Hear	Entendre.
Yellow	Jaune.	Catch	Atteindre. / Attraper.	Cuckoo	Coucou.
Green	Vert.	Sky	Ciel.	Tell	Dire.
Blue	Bleu.	Going	Allant.	Us	Nous.
Indigo	Indigo.	It fades	Il s'efface. / Il s'évanouit.	Spring	Printemps.

II.

Indigo. Blue. Green. Fine. Colours. Red. Orange. Yellow. Seven. Violet. Rainbow. It fades. Quite. Spring. Pretty. Us. Bright. Tell. No. Gone. Going. Sky. Cuckoo. Hear. Catch. We. Us. Cannot. Can. Not. May. Can. No. Not. Pretty. Gone. Going. This. That. I. We. Us. You. Spring. Sky. Red. Blue. Yellow. Catch. Hear.

III.

Violet. Beau. Tout-à-fait. Joli. Couleurs. Nous. Non. Sept. Rouge. Vous ne pouvez pas. Nous. Entendre. Atteindre. Orange. Jaune. Ciel. Coucou. Dire. Vert. Bleu. Il s'évanouit. Il s'efface. Dire. Entendre. Attraper. Joli. Brillant. Beau. Jaune. Vert. Bleu. Rouge. Couleurs. Printemps. Arc-en-ciel. Ciel. Champs. Haie. Printemps. Jaune. Bleu. Rouge. Jaune.

IV.

What is that fine thing in the sky? It is the rainbow. How bright it is! What pretty colours, seven colours! I will catch it. No, you cannot. It is up in the sky. Is it the sun, that makes the rainbow? Yes. Now it is quite gone. Where is it gone, tell us? It is gone away. Now it is spring. The sun is very bright and good. A red flower. A yellow butterfly. A green leaf. A blue sky. I hear the cuckoo. He tells us it is spring. You are a very good boy. What is that bird that sings.

V.

L'arc-en-ciel s'évanouit. La fleur passe. J'entends le coucou. Je vous dis que le printemps est venu. C'est un beau jour de printemps. Vous êtes jeune. Les jours sont longs. Les agneaux sont petits. Le soleil est brillant. Quel est cet oiseau qui chante sous la haie? C'est un coucou. Quelle est la couleur de cet oiseau? Il est jaune et blanc. Les agneaux blancs. Quel bruit est ça? C'est le vent qui souffle dans les champs. Quelle est cette brillante chose dans le ciel? C'est l'arc-en-ciel. Le soleil est une chose très brillante.

NEUVIÈME LEÇON.

C'est le mois de mai. O agréable mois de mai. Le printemps est de retour, et la neige est fondue. Allons nous promener dans les champs. Il y a des bourgeons verts sur les haies, et l'aubépine est en fleurs. Les hirondelles en volant sur la vaste mer sont revenues des pays chauds où elles passent l'hiver.

TEXTE.

It is May. O pleasant May. The spring is come again and the snow is melted away. Let us walk out in the fields. There are green buds on the hedges, and the hawthorn is in blossom. The swallows have come flying back over the wide sea, from the warm lands where they spend the winter.

EXERCICES.

I.

May	Mai.	Out	Dehors.	Over	Sur.
Pleasant	Agréable, qui plaît	Buds	Bourgeons.	Wide	Vaste.
Spring	Printemps.	On	Sur.	Sea	Mer.
Again	De nouveau.	Hawthorn	Aubépine.	From	De, hors de.
Snow	Neige.	Swallows	Hirondelles.	Warm	Chaud.
Melted	Fondue.	Have	Ont.	Lands	Terres, pays.
Let us	Laissez-nous.	Flying	Volant.	Where	Où.
Walk	Promener.	To fly	Voler.	To spend	Dépenser, passer
Let us walk	Promenons-nous	Back	En arrière, dos.	Winter.	Hiver.

II.

May. Back. Spring. Winter. Snow. Swallows. Buds. Hawthorn. Sea. Lands. Pleasant. Again. Melted. Let. Out. On. Over. Where. Spend. Warm. From. Wide. Over. On. Out. Again. Back. To melt. To fly. Flying. Have. Let. Walk. Spend. May. Hawthorn. Warm. Land. Spring. Winter. Snow. Swallows. Bud. Sea. Sky. The snow. Melted.

III.

L'hiver. Le printemps. La mer. Les terres. Les hirondelles. L'aubépine. En arrière. Volant. Vole. La neige. De. Hors de. Vaste. Plaisant, agréable. Où. Là. En arrière. Dehors. Sur. Volant. Ont. Promenons-nous. Laissez-nous. Fondue. De nouveau. Hiver. Neige. Printemps. Hirondelles. Aubépine. Haie. Bourgeons. Promener. Mer.

IV.

The swallow is a bird. The hawthorn is a tree. The spring is a season, and the winter is a season. The sea is very wide. The sun is very warm. The snow is melted. The spring is very pleasant. Buds are green. The swallows spend the winter in warm lands. They fly over the wide sea. He is come from a very warm land. Come back, come again. There are flowers and birds on the hedges. Let us walk out. Let us spend the spring in the fields. Where are the swallows gone? They are gone away to spend the winter in a warmer land.

V.

Quel est cet oiseau? Une hirondelle. Quel est cet arbre? Une aubépine. Quelle est cette chose blanche? De la neige. La neige est blanche. Elle se fond. Les bourgeons sont verts. Les bourgeons sont de jeunes feuilles. La mer est vaste. Les agneaux sont jeunes. Les champs sont verts. Le soleil est chaud. L'hiver est froid. Le printemps est agréable. La neige est fondue. Dans le printemps, il y a des fleurs. Dans l'hiver, il y a de la neige. Les hirondelles volent. Les papillons volent. Le soleil brille. Le vent souffle. Les oiseaux chantent. Ils ont une hirondelle.

DIXIÈME LEÇON.

Qu'est-ce qu'a Guillaume? Un nid de chardonnerets. Il a grimpé sur un arbre élevé pour les avoir! Ils n'ont pas de plumes. Tenez-les chaudement. Vous devez les nourrir avec un tuyau de plume et leur donner du pain et du lait. Ils seront très jolis quand ils auront leur tête rouge et leurs ailes jaunes. Le père et la mère des petits oiseaux seront très chagrins s'ils viennent à mourir.

TEXTE.

What has William got? A nest of goldfinches. He has been climbing a high tree for them. They have no feathers. Keep them warm. You must feed them with a quill and give them bread and milk. They will be very pretty when they have got their red head and yellow wings. The little birds' father and mother will be very sorry if they come to die.

EXERCICES.

I.

William	Guillaume.	Keep	Tenez, gardez.	Do	Faire.
Got	Trouvé.	Feed	Nourrir.	Do not let	Ne laissez pas.
Get, got	Trouver, avoir.	With	Avec.	Die	Mourir.
Nest	Nid.	Quill	Tuyau de plume	Birds'	Des oiseaux.
Been	Eté.	To give	Donner.	Father	Père.
Be	Etre.	Bread	Pain.	Mother	Mère.
Climbing	Grimpant.	Milk	Lait.	Sorry	Fâché, affligé.
High	Haut, Haute.	Goldfinch	Chardonneret.	If	Si.
For	Pour.	Their	Leur.	To die	A mourir.
Them	Eux.	Head	Tête.	Has	A.
Feathers	Plumes.	Wing	Aile.		

II.

William. Nest. Feathers. Wing. Quill. Bread. Milk. Goldfinch. Goldfinches. Head. Father. Mother. Got. Get. Be. Been. Climbing. Keep. Feed. Give. Do. Do not. Die. High. For. Them. With. Their. Sorry.

III.

Pain. Lait. Tuyau de plume. Plume. Aile. Nid. Oiseau. Chardonneret. Père. Mère. Plume. Tête. Garder. Nourrir. Mourir. Etre. Eté. Faire. Trouver, avoir. Grimper. Haut, élevé. Eux. Pour. Avec. Dans. Leur. Fâché. Tête. Aile.

IV.

William has got a nest of goldfinches. This little boy has been climbing a high tree for a nest of young goldfinches. William will feed the goldfinches, he has got, with a quill. Goldfinches have yellow feathers in their wings. Birds fly with their wings. Where is the little boy's father? He is in the fields. They fly in the sky and over the wide sea.

V.

La tête est rouge Les ailes sont blanches et jaunes. Le chardonneret n'a pas de plumes. Je veux les tenir chaudement. Je veux les nourrir avec une plume. Je veux leur donner du pain et du lait. Le pain et le lait sont bons pour les petits oiseaux. Laissez-les mourir. Laissez-les aller. Laissez-les venir. Ne les laissez pas mourir. Nous avons un papillon. J'ai une fleur rouge.

ONZIÈME LEÇON.

Voici le mois de juin. Levez-vous, vous ne devez pas rester si longtemps au lit maintenant. Il faut vous lever et vous promener avant le déjeuner. Le faucheur aiguise sa faux. Il va couper l'herbe. La faux est très affilée. Ne vous en approchez pas, si vous ne voulez avoir vos jambes coupées.

TEXTE.

June is come. Get up, you must not lie so long in bed now ; you must get up and walk before breakfast. The mower is whetting his scythe. He is going to cut down the grass. The scythe is very sharp. Do not come near it, you would have your legs cut off.

EXERCICES.

I.

June	Juin.	Breakfast	Déjeuner.	Too	Aussi
Get up	Levez-vous.	Mower	Faucheur.	Sharp	Tranchant, aiguisé
Lie	Etre couché.	Whetting	Aiguisant.	Near	Près.
So	Si.	His	Son, sa, ses.	Would	Voudriez.
Long	Longuement	Scythe	Faux.	Would have	Auriez.
Bed	Lit.	Cut	Couper.	Your	Votre, vos.
Before	Avant.	Grass	Herbe.	Leg	Jambe.
				Cut off	Coupé en entier.

II.

June. Bed. Breakfast. Mower. Scythe. Grass. Legs. Get up. Lie. Whetting. What. Cut. Would. Have. So. Before. Too. Near. Off. Down. His. Sharp. Your. You. Bed. Breakfast. Grass. Legs. Head. Mower. Near.

III.

Herbe. Faux. Faucheur. Lit. Déjeuner. Juin. Jambes. Avoir. Voudriez. Aiguiser. Aiguisant. Rester couché. Levez-vous. Si. Près. Aussi. Devant. Avant. Entièrement séparé. Longuement. Vous. Vos. Jambes.

IV.

To cut down. To cut off. Let us take a walk before breakfast. Let us cut down all the flowers. Take care, the mower will cut off your legs with his scythe. Come near me. Where is the little boy. He is near the mower. What is the mower doing ? He is whetting his scythe. What for ? For cutting down the grass. Your legs are not so long as William's. I will have a flower. I would have a little scythe. Your mother is good. Your father is very good. Where is your father ? Where is your mother. I will go to bed. I will not go to bed. I must get up. I must breakfast. The head is red. The wings are yellow. Do not let them die. Do not let them fly. Keep the little goldfinches warm. What bird is this ? A goldfinch. No it is a swallow. You will be very sorry if they die.

V.

La faux est tranchante. La promenade est longue. Le déjeuner est chaud. Les fleurs et l'herbe ont été coupées. Vos jambes sont longues. Ne venez pas. Ne venez pas si près. Je voudrais avoir sa faux. Le faucheur coupera tout. Son lit est chaud. L'herbe est verte. Dites-moi quel bruit est ça ? Vous auriez une fleur blanche. Vous couperiez l'herbe. Vous aiguiseriez votre faux. Vous vous promèneriez avant déjeuner. Mon père coupera l'herbe. Ma mère se promènera avant déjeuner. Vous ne devez pas rester couché. Vous ne devez pas vous coucher, vous lever. Votre père ne doit pas couper l'herbe. Le père et la mère leur donneront du pain et du lait. Les plumes des ailes sont jaunes ; les plumes de la tête sont rouges. L'arbre est haut. Je serai fâché si les oiseaux viennent à mourir.

DOUZIÈME LEÇON.

Nous allons faner. Où est votre fourche, votre rateau? Etendez le foin. Jetez-vous sur la meule de foin. Oh! qu'il fait chaud! N'importe. Il faut bien travailler. Voyez, tous les garçons et toutes les filles sont à l'ouvrage. Il faut leur faire boire de la bière, et manger du pain et du fromage. Voulez-vous monter sur le char? Non, je veux monter à cheval.

TEXTE.

We are going to make hay. Where is your fork and rake? Spread the hay. Now tumble on the hay-cock. O, it is very hot! No matter. You must work well. See, all the lads and lasses are at work. They must drink some beer and eat some bread and cheese. Will you ride in the cart? No, on horseback.

EXERCICES.

I.

Hay	Foin.	Sweet	Doux, douce.	Lass	Fille.
Your	Votre, vos.	To smell	Sentir.	Drink	Boire.
Fork	Fourche, Fourchette.	Hot	Chaud.	Eat	Manger.
Rake	Rateau.	Matter	Matière, affaire	Bread	Pain.
Spread	Etendre, Eparpiller.	Work	Travail. Travailler,	Cheese	Fromage.
Tumble	Tomber,	Well	Bien.	Ride	Etre porté.
Cock	Meule.	See	Voir.	Cart	Char, charrette
Hay-cock	Meule de foin.	Lad	Garçon.	On horseback	A cheval.
Cover	Couvrir.			Horse	Cheval.
				Back	Dos.

II.

Hay. Fork. Rake. Cock. Hay-cock. Matter. Work. Lads. Lasses. Bread. Cheese. Cart. Horse. Back. To eat. To drink. To cover. To spread. To smell. To see. To ride. Sweet. Hot. On horseback.

III.

Voir. Boire. Manger. Couvrir. Etendre. Eparpiller. Sentir. Etre porté, monter. Le foin. Une meule. Une meule de foin. Un char. Un cheval. Le travail, les garçons et les filles. Une fourche. Un rateau. Matière. A cheval.

IV.

The lads and lasses eat bread and cheese, and drink beer. Little lambs eat grass, horses eat grass and hay. Little boys do not eat grass; no they eat bread and milk. Take your fork and rake and make hay. John is a very good lad. Poor little boy! He has tumbled down the hay-cock. It is very hot. It is very warm. How sweet the hay smells! Now the sun shines, we must make hay. We must make it up in cocks. There is a man on horseback. Give me some cheese. Give me some bread. Give me some beer. Give me some milk. Cover the little boy up with hay.

V.

Allons dans les champs, allons voir les arbres, l'herbe, les fleurs, les rivières, le ciel bleu et le brillant arc-en-ciel! Allons! L'hiver est passé, la neige est tout à fait fondue. L'herbe est verte, les haies sont en fleurs, le soleil est chaud, les jours sont plus longs et les oiseaux chantent. Quel est cet oiseau, là, dans le ciel? C'est une hirondelle. Comme le foin sent bon! Le soleil brille, il faut faire le foin. L'homme mange du pain et boit de la bière. Voulez-vous du fromage? Non, je veux du pain. Le faucheur aiguise sa faux. Il veut couper l'herbe pour faire le foin.

TREIZIÈME LEÇON.

Aimez-vous les fraises avec la crême? Les fraises sont mûres à présent. En voici une très grosse. Elle est presque trop grosse pour entrer dans votre bouche. Cherchez-moi une grappe de groseilles. Les oiseaux ont becqueté toutes les cerises. Ne mangez pas de groseilles vertes. Elles vous feront mal.

TEXTE.

Do you like strawberries and cream? The strawberries are ripe now. Here is a very large one. It is almost too big to go into your mouth. Get me a bunch of currants. The birds have pecked all the cherries. Do not eat green gooseberries. They will make you ill.

VOCABULAIRE.

To like	Aimer.	Large	Gros, grand.	Bunches	Des grappes.
To love	Aimer, chérir.	One	Un, une.	Currants	Des groseilles.
A strawberry	Une fraise.	Ones	Uns, unes.	Pecked	Becqueté, ée.
Strawberries	Des fraises.	Big	Gros, grand.	To peck	Becqueter, piquer.
Cream	Crême.	Mouth	Bouche, bec.	A cherry	Une cerise.
Ripe	Mûr.	Mouthes,	Bouches, becs.	Cherries	Cerises.
To ripen	Murir.	A bunch	Une grappe.	A gooseberry	Une groseille à maquereau.
				Gooseberries	Des groseilles.
				Ill	Malade, mal.

MÉMOIRE DES MOTS.

To like. To ripen. To peck. To get. To go. To have. To do. To make. To be. A cherry. One cherry. Seven cherries. A strawberry. One strawberry. Seven strawberries. My mouth. Your currants. My currants. A bunch. Seven bunches. One gooseberry. Four gooseberries. To be ill. To do ill.

Une fraise. Des fraises. Une groseille à maquereau. Des groseilles à maquereau. Une cerise. Quatre cerises. Sept grappes. Une grappe. Mûr. Mûre. Je mûris. Je fais mûrir. J'aime. Je chéris. Il becquette. Vous êtes malade. Crême blanche. Cerises mûres. Grosse fraise. La bouche de l'enfant. Le bec de l'oiseau.

VERSION.

Good cream. White cream. Ripe cherries. I like cream and strawberries. I love my father and mother. The sun ripens the fruit. The birds peck the cherries. Birds eat strawberries and cherries. You must get me a bunch of currants. I have got a large strawberry. You must not do ill. The little boy is ill. The green cherries will make you ill. Cream is very white. Cream is milk. The ripe strawberries are red. There is a yellow one. Yes, it is not ripe. Is this green cherry ripe? No, but this red one is. You must eat only the red ones. The green ones are not ripe. Give me a large bunch of currants. There are four large bunches of currants.

THÈME.

Les enfants aiment les cerises et les fraises. Les enfants doivent aimer leur père et leur mère. Les fraises sont-elles mûres? Non. Et les cerises? Non; elles sont vertes. En juin les cerises sont mûres. Les fraises et les cerises mûres sont rouges. Une grosse cerise. Une grosse fraise. Un grand arbre. Un grand champ. La crême est blanche. Les cerises mûres sont rouges et les fraises aussi. J'ai une grosse grappe de groseilles. Oh! qu'est-ceci? C'est une groseille à maquereau. Comme elle est grosse! Elle ne peut pas entrer dans votre bouche. Les oiseaux aiment les cerises. Ils les ont becquetées toutes. Vous êtes malade. Les groseilles à maquereau vous font mal. Voici des fraises.

QUATORZIÈME LEÇON.

Le brûlant juillet est venu. Allons-nous reposer à l'ombre. Voilà une abeille sur le chèvrefeuille. Elle recueille du miel. Elle va le porter dans sa ruche. Voulez-vous aller vous baigner à l'eau. Otez vos habits. N'ayez pas peur. Ce n'est pas profond. Sautez-y. Enfoncez vite votre tête. Venez que je vous essuie maintenant.

TEXTE.

Hot july is come. Let us rest in the shade. There is a bee upon the honey-suckle. He is getting honey. He will carry it to the hive. Will you go and bathe in the water? Pull off your clothes. Do not be afraid. It is not deep. Jump in. Pop your head in. Now let me dry you.

VOCABULAIRE.

July	Juillet.	To suckle	Allaiter, nourrir.	To pull	Tirer.
Rest	Repos, sommeil	To carry	Porter.	To pull off	Arracher, ôter.
To rest	Reposer, dormir.	Carried	Porté, ée.	Cloth	Toile, drap.
Shade	Ombre, obscurité.	Hive	Ruche, essaim.	Clothes	Habits, vêtements.
To shade	Ombrager.	Bath	Bain, baignoire.	Afraid	Qui a peur.
Shady	Ombragé, ée.	To bathe	Baigner, se baigner.	Deep	Profond, de.
Bee, bees	Abeille, abeilles.	Water	Eau.	Jump	Saut, sauter.
Honey	Miel.	To water	Arroser.	Pop	Cacher vite.
Honey-suckle	Chèvrefeuille.	Watering-pot.	Arrosoir.	Dry	Sec, sécher.

MÉMOIRE DES MOTS.

Green. Honey-suckle. To dry. To pop. To be afraid. To pull. To pull off. To water. To bathe. To carry. To suckle. To rest. To shade. To be. The honey. The bee. The shade. The honey-suckle. The hive. The bath. Seven bathes. The watering-pots. The clothes. The head. The heads.

Je repose. Vous reposez. Il repose. Je porte. Il porte. Vous portez. Ils baignent. Ils arrosent. Elles tirent. Vous ôtez. Être. Vous êtes. Sauter. Je saute. Je sèche. Vous séchez. Il sèche. Les ombres. Les ruches. Les bains. Les eaux. Les arrosoirs. Les habits. Ombragé. Profond. Les eaux profondes. Les chèvrefeuilles. Le miel. Les abeilles. Un saut. Sauter.

VERSION.

A good rest. To rest long. A dark shade. A large bee. Good honey. One bee. Four bees. The mouth. The mouthes. I carry. He carries. I rest. He rests. You bathe. He bathes. You dry. He dries. I fly. He flies. July is very hot. Let us go under the trees. It is shady there, it is not so hot. The grass and flowers will die, if you do not water them. In july, it does not rain. Little boys must water the flowers. Where is the watering-pot? Here it is. What do I see upon that leaf? It has little transparent wings. Is it a bird? No, it is a bee. Bees make honey, sweet yellow honey. They get it from the flowers and carry it to the hive. The hive is the house of bees.

THÈME.

Je saute. Je sauterai. J'arrose. J'arroserai. Je vole. Il vole. Vous volerez. Vous vous baignez. Vous vous baignerez. Le miel est doux. Le miel est jaune. J'aime le miel. Les abeilles font le miel. Les abeilles ont deux petites ailes. Les abeilles aiment les fleurs et le soleil. Comme le chevrefeuille sent bon! Je veux porter du chevrefeuille à votre mère. Avez-vous des jambes, petit garçon? Oui. Très bien! Ne vous laissez pas porter par votre mère. La petite abeille a porté le miel dans la ruche. La ruche est la petite maison des abeilles. La ruche est au soleil. Elle n'est point à l'ombre. Il fait très chaud, tous les petits garçons se baignent. Allez-vous baigner vous aussi. Où? Dans la rivière.

QUINZIÈME LEÇON.

C'est le mois d'août. Le blé est mûr. Le fermier apporte une faucille bien tranchante et coupe le blé. Frottez un peu de blé dans vos mains et mangez-en. Ceci est un grain de blé; ceci, un épi. Cette tige fait de la paille. Faites-en des gerbes. Mettez beaucoup de gerbes ensemble et faites-en un tas.

TEXTE.

It is august. The corn is ripe. The farmer brings a sharp sickle and cuts down the corn. Rub some corn in your hands and eat some. This is a grain of corn; this is an ear of corn; this stalk makes straw. Tie it up in sheaves. Put a great many sheaves together and make a shock.

VOCABULAIRE.

August	Août.	To rub	Frotter.	Straw	Paille.
Corn	Blé, froment.	Rubbed	Frotté, ée.	To tie	Attacher, lier.
Corn-field	Champ de blé.	Rubber	Frotteur.	Sheaf	Gerbe, javelle.
Farm	Ferme.	Hand	Main.	Sheaves	Des gerbes.
Farmer	Fermier.			Great	Grand, grande.
To bring	Apporter, amener.	To hand	Passer, donner.	Many	Beaucoup.
Brought	Apporté, ée.	Grain	Grain.	Together	Ensemble.
Sickle	Faucille.				
Put	Mettre, mis.	Ear	Oreille, épi.	Shock	Tas, coup, choc

MÉMOIRE DES MOTS.

Corn. Corn-field. Grain of corn. Ear of corn. A sheaf of corn. Farm. Farmer. To bring. To carry. Brought. Carried. Sickle. Sickleman. Man. Men. Hand. Hands. Ear. Mouth. Straw. Sheaf. Sheaves. Leaf. Leaves. Shock. To rub. To tie. Tied. Carried. Rubbed. Farmer. Rubber. Many. Together. Many. To bring. Brought.

Un faucheur, des faucheurs. Un fermier, des fermiers. Une faucille, des faucilles. Une oreille, des oreilles. Une main, des mains. Une gerbe, des gerbes. Un grain, des grains. Une ferme, des fermes. De la paille. Du blé. Frotter. Frotté. Lier. Lié. Mettre. Mis. Porter. Porté. Une grande quantité, beaucoup. Ensemble. Froment. Champs de blé.

VERSION.

Let us go into the corn-fields to see if the corn is almost ripe. Yes, it is quite ripe. Bring your sharp sickle, farmer John, and cut down the corn. You must bring all the sheaves to the farm. Put all the sheaves together into the cart and carry them to the farm. Rub this ear of corn in your hands and eat the grains. What is this yellow stalk? It is straw. Horses eat straw and many birds eat corn. Corn makes bread. The poor farmer has cut off his hand with the sharp sickle. What have you put in the cart? Sheaves? How many? Seven. There are a great many sheaves together in the corn-field.

THÈME.

J'ai sept épis de blé. Il n'y a que sept grains dans cet épi. Combien de gerbes y a-t-il dans la charrette? Sept. Donnez-moi votre main. J'ai beaucoup de grains de blé dans ma main. La faucille est très affilée. Avec quoi voulez-vous couper le blé? Avec la faucille? Non; avec la faux. Le fermier a une ferme. Le faucheur a une faucille. Le frotteur frotte. Voilà un tas de gerbes. Cet homme porte une gerbe et une faucille. C'est un faucheur. Faites des gerbes. Attachez la paille en gerbes. Les chevaux mangent de la paille et du foin. Le blé fait le pain et les hommes mangent le pain. Les oiseaux mangent les grains de blé.

SEIZIÈME LEÇON.

Voilà une vieille femme, avec une petite fille. Elle est bien fatiguée de s'être baissée. Elles ramassent des épis de blé. Elles glanent. Courez à elles, Charles, et donnez leur une poignée d'épis. Cela les aidera à se faire un pain.

TEXTE.

There is a poor old woman , with a little girl. She is sadly tired with stooping. They pick up some ears of corn. They are gleaning. Run on to them , Charles, and give them your handful. It will help to make them a loaf.

VOCABULAIRE.

Old,	Vieux, âgé.	Hardly	A peine.	To run	Courir, accourir
A woman	Une femme.	Tired	Fatigué, las.	I ran	J'accourus.
Women	Des femmes.	To tire	Fatiguer, lasser	I have run	J'ai couru.
Wife.	Femme mariée.	Stooping	Se baissant.	Handful	Poignée, brassée.
Girl	Fille, demoiselle.	To stoop	Se baisser, courber	Full	Plein, pleine.
Daughter	Fille, née de.	To pick	Cueillir, piquer	Help	Secours, secourir.
Child, children	Enfant, enfants	To pick up	Ramasser.	Loaf	Pain, masse.
Sad	Triste, sérieux.	Gleaning	Glanant.	A loaf of bread	Un pain.
Sadly	Tristement.	To glean	Glaner.		

MÉMOIRE DES MOTS.

Old. Young. Woman. Women. Wife. Wives. Girl. Daughter. Child. Children. Boy. Boys. Lad. Lass. Man. Men. Loaf. Bread. Sad. Sadly. Handful. Hand. Full. To stoop. Stooping. To pick up. Picking up. To gleam. Gleaning. To run. Running. Gleaning. Ran. Help. Helping. To tire. Tired. Helped. Gleaned. Picked.

Un pain. Du pain. Une fille. Votre fille. Votre enfant. Vos enfants. Une femme. Votre femme. Les femmes. Les épouses. Triste. Tristement. Ramasser. Glaner. Se baisser. Fatiguer. Courir. La main. Plein. Une poignée. Aider. Secourir. Secours. Je cours. Je courus. J'ai couru. J'ai glané. J'ai aidé. J'ai ramassé. J'ai fatigué. Glanant. Courant. Ramassant. Se courbant. Secourant. Fatigant.

VERSION.

Every wife is a woman but every woman is not a wife. Every girl is a daughter, but every daughter is not a girl. There is a poor old woman picking up some ears of corn ; and a poor little girl that has no clothes, hardly. Give them your handful of corn. Take it, poor woman it will help to make you a loaf of bread for you and your daughter. Is this poor child your daughter? Yes. Poor woman, she is very old. She cannot run. She is very sad. The old women are tired with stooping ; the young girls are tired with gleaning, and the boys with running. Charles is tired with walking. I will help the old woman to pick up ears of corn. Your hands are full of grains. Give me a handful of grains. Give the poor woman a loaf. Good boy !

THÈME.

Ramassez du blé. Donnez un pain à la pauvre femme. Elle est très vieille et malade. Aidez la jeune fille à glaner pour la vieille mère. Glaner, c'est ramasser des épis de blé. Qu'avez-vous à la main? J'ai une poignée d'épis. Voulez-vous les donner à la pauvre femme? Oui ; elle est très vieille et pauvre. Elle a sept enfants; mais elle n'a pas de pain à leur donner. Elle est fort triste. Elle est accroupie (stooping) auprès d'une meule de gerbes avec tous les enfants auprès. J'irai et je leur donnerai une gerbe de blé. Cela les aidera à se faire un grand pain. Petits enfants, venez, je veux vous donner du pain et du miel. Si vous aimez le lait, en voici. Apportez-en à votre vieille mère qui est malade. Elle n'est pas malade, mais elle est très fatiguée de glaner.

DIX—SEPTIÈME LEÇON.

C'est le mois de septembre. Ecoutez! quelqu'un tire un coup de fusil. On chasse les pauvres oiseaux. En voici un qui vient de tomber justement à vos pieds. Il est tout ensanglanté. Il tremblotte. Son aile est cassée. Il ne peut plus voler. C'est une perdrix. Elle était vivante il n'y a qu'un moment et maintenant elle est morte.

TEXTE.

It is september. Hark! Somebody is letting off a gun. They are shooting the poor birds. Here is a bird dropped down just at your feet. It is all bloody. It fllutters. Its wing is broken. It cannot fly any further. It is a partridge. It was alive a little while ago, and now it is dead.

VOCABULAIRE.

September	Septembre.	To drop	Tomber, égoutter.	Far	Loin.
Hark!	Ecoute! Ecoutez!	Just	Juste, justement.	Fly	Voler.
Somebody	Quelqu'un, une.	At	A, auprès.	I flow	Je volai.
Body	Corps, personne.	Bloody	Ensanglanté, ée.	Flown	Volé, envolé.
To let off	Lâcher, faire partir.	Blood	Sang.	Partridge	Perdrix.
Gun	Fusil, canon.	To flutter	Trembler, s'agiter.	Was	Était.
To shoot	Tirer, lancer.	Broken	Cassé, ée.	Alive	En vie, vivant.
I shot	Je tirai.	I broke	Je cassai.	Life	Vie.
I have shot	J'ai tiré.	To break	Casser, rompre.	While	Temps, instant.
Dropped	Tombé, ée.	Any	Quelque, tant soit peu.	Ago	Passé, il y a.
Drop	Goutte.	Further.	Plus loin.	Dead	Mort, morte.
				The death	La mort.

MÉMOIRE DES MOTS.

Somebody. Some. Body. Gun. Bloody. Blood. Drop. To drop Partridge. Death. Dead. Die. He died. Alive. Life. While. To shoot. I shot. I have shot. I was. He was. Broken. To break. Flew. Flown. Fly. Dropped. To flutter. To let off.

Je laisse tomber. Tombé. Mort. Vivant. J'étais. Je vole. Je volai. Il a volé. Il s'est envolé. Loin. Plus loin. Un peu plus loin. La vie. La mort. Le fusil. Le canon. Le corps. Quelqu'un. Le sang. Sanglant. Juste. Justement. A. Auprès. Une perdrix. Il y a un petit moment.

VERSION.

One and one make two. Charles has two legs. And how many legs have the partridges. Go and see. The partridges have two legs. How many legs has a horse? A horse has four legs. I will tell you what birds have got; they have got wings to fly with and they fly very high in the air. Charles has no wings. No, Charles is not a bird. Charles has got hands; horses have no hands and birds have no hands. What noise is that? Somebody is letting off a gun. Somebody has shot a bird. Partridges have two legs, two wings and one head.

THÈME.

J'ai tiré. Je tirai. Je tire. Je fais partir. Ecoutez. Je casse. J'ai cassé. Je tremblotte. J'ai un fusil. Je vais dans les champs. Je vais chasser les perdrix. Voilà une perdrix sous la haie. Tirez-là. Très bien. Maintenant, courez à elle. Elle n'est pas morte. Elle court. Elle a deux bonnes jambes. Oui, mais elle ne peut pas voler. Son aile est cassée. Elle est tout en sang. Voyez, le sang coule goutte à goutte. Mais comme elle court! Je ne puis pas l'attraper! Tirez-là encore. Maintenant, elle est tout à fait morte. Non pas tout à fait. Elle s'agite.

DIX—HUITIÈME LEÇON.

Octobre est venu. Allons dans le verger Allez chercher une échelle et un panier. Cueillons des pommes, des poires, des coings, des noisettes, des noix. Il y a aussi du raisin noir dans la vigne. Le raisin fait le vin et les pommes font le cidre. Le chasseur a tué un faisan et les chiens courants ont pris un lièvre. Pauvre petit !

TEXTE.

October is come.   Let us go to the orchard. Fetch a ladder and a basket.   Let us gather apples, pears, quinces, nuts and walnuts. There are also black grapes in the vine. Grapes make wine, and apples make cyder. The hunter has killed a pheasant and the hounds have caught a hare.   Poor puss!

VOCABULAIRE.

October	Octobre.	Nut-tree	Noisetier.	Grapes	Du raisin.
Orchard	Verger.	Nut-crackers	Casse-noix, casse-noisette.	Grape-stone	Pépin de raisin.
To fetch	Aller chercher.	Walnut	Noix.	Stone	Pierre, noyau.
Ladder	Echelle.	Walnut-tree	Noyer.	Wine	Vin.
Basket	Panier, corbeille.	Walnut-shell	Coquille de noix.	Hunter	Chasseur.
Apple	Pomme.	Black	Noir, noire.	To kill	Tuer.
Apple-tree	Pommier.	Vine	Vigne.	Pheasant	Faisan.
Pear	Poire.	Vine-branch	Branche de vigne.	Hound	Chien courant.
Pear-tree	Poirier.	Vine-shoot	Sarment.	Caught	Attrapé, ée.
Quince	Coing.			Hare	Lièvre.
Nut	Noisette.	Grape	Raisin, grain de raisin.	Puss	Minet.

MÉMOIRE DES MOTS.

Apple. Pear. Nut. Walnut. Wine. Vine. grape. Quinces. Apple-tree. Pear-tre. Nut-tree. Walnut-tree. Grape-tree. Vine-branch. Vine-leaf. Vine-leaves. Black grapes. White grapes. Nut-crackers. Walnut-crakers. Nut-shell. Walnut-shell. A hare. A hunter. A hound. A pheasant.

Le fermier. La ferme. Le chasseur. La chasse. Travail, travailler. Chasse, chasser. Attrapé. Tué, tuer. Aller chercher. Blanc, noir. Blanche, noire. Une échelle. Le verger. Le panier. La corbeille. Une pomme. Une poire. Un coing. Une noisette. Une noix. Du raisin. La vigne. Le vin. Le cidre. La bière. L'eau. Le lièvre.

VERSION.

A basket. A ladder. To kill. To fetch. To catch. Killed. Fetched. Caught. Poor puss. There are fruit-trees in the orchard. Now bring a basket. Bring the ladder. No, you cannot go up the ladder; you must have a little basket and pick up apples under the tree. How many have you got? Seven. Come, you must help to carry the apples, to the apple-chamber. You shall have some pears and bread for breakfast. Is this yellow thing an apple? No, it is a quince. In winter there are no leaves upon the trees. Give me some wine.

THÈME.

Voici un lièvre sous une feuille de vigne. Pauvre petit! Prenez garde. Les chiens courants vont venir. Ils courront sur vous. Ils vous attraperont et vous tueront là. Le voilà parti ! Comme il va vite! Quel arbre est-cela? Un poirier. Ceci est un pommier et ça un noisetier. Et celui-ci avec ses grandes feuilles? C'est la vigne. La vigne a de larges feuilles et de longues branches. J'aime le raisin. Donnez-m'en une grappe. En voulez-vous une grappe du noir? Non ; du blanc. Ne mangez pas les pépins de raisin. Le faisan est très bon à manger.

DIX-NEUVIÈME LEÇON.

Le sombre et triste novembre est arrivé. Plus de beau soleil. Le temps est nuageux et la pluie tombe à verse. Eh bien ! n'importe, nous nous assierons auprès du feu ; nous épellerons de petits mots, et nous lirons de jolis livres et nous raconterons des histoires et regarderons les images, avec papa et maman

TEXTE.

Dark dismal november is come. No more sunshine. The weather is cloudy and the rain pours down. Well, never mind it. We will sit by the fire and spell little words and read pretty books and tell stories and look at pictures, with papa and mamma.

VOCABULAIRE.

Dismal	Sombre, triste.	By	Près de, par.
November	Novembre.	Spell	Epeler.
No more	Plus de.	Word	Mot, parole.
Weather	Temps, état de l'air.	To read	Lire.
Cloudy	Nuageux, euse.	Book	Livre.
Cloud	Nuage.	Spelling-book	Syllabaire.
Pours down	Tombe à verse.	Stories	Histoires.
To pour	Verser; couler.	A story	Uue histoire.
Never	Jamais; ne... pas.	History	Histoire.
To mind	Faire attention.	To look at	Regarder.
Mind	Esprit, attention.	Look	Regard.
To sit	S'asseoir.		

Picture	Peinture, image.
Mamma	Maman.
Papa	Papa.
Billy	Petit Guillaume.
Harry	Petit Henry.
Betsy	Lisbeth.
Cake	Gâteau.
Best	Le mieux.
Better	Meilleur.
Better than	Mieux que.
Who	Qui, lequel, laquelle.

MÉMOIRE DES MOTS.

William. Billy. Henry. Harry. Betsy. Elisabeth. Papa. Mamma. Father, mother. Book. Spelling-book. Weather, cloud. November. Picture. Fire. Dismal, cloudy. To pour down. To mind. To sit. To spell. To read. To tell. To look at. To look. A story, stories. The history. The histories. Cloud, cloudy. Near. By. Good, better, best. Never, not. No more. More.

Le temps. Un nuage. L'esprit. L'intelligence. Un mot. Un syllabaire. Une histoire. Des histoires. Un regard. Une peinture. Guillaume. Henry. Lisbeth. Gateau. Bon. Meilleur. **Le mieux.** Nuage. Nuageux. Sombre. Une peinture. Un regard. S'asseoir. Lire. Épeler. Dire. Raconter. Faire attention. Regarder. Tomber à verse.

VERSION.

Come to mamma, Billy and Harry, and Betsy. He shall have some cake, who can spell best. Betsy spells better than Harry, and Billy spells best of all. Dark november is come. No more flowers! No more hay-making! No more pleasant sun-shine! The sky is very black. The rain poors down and the cold wind is blowing. Charles, come to mamma. Now read your book. Spell that word, good boy. Where is puss? Puss has got under the table. You cannot catch puss. Now tell me who can spell best.

THÈME.

Bon petit garçon, asseyez-vous près de moi. Je veux vous raconter une jolie histoire. Je ne veux pas m'asseoir près de vous ; je veux m'asseoir près de maman. Je veux m'asseoir près du feu ; il y fait chaud. Charles épelle de petits mots. Guillaume lit un joli livre. Henry regarde les images et Lisbeth raconte une histoire. C'est l'hiver. Plus de fleurs! Plus de soleil! Plus de fenaison! Plus d'oiseaux qui chantent! Plus d'arbres en fleurs! Le temps est nuageux. Le ciel est sombre; le vent souffle. Un enfant qui épelle, une femme qui lit, une fille qui glane, un lièvre qui court, un oiseau qui chante.

VINGTIÈME LEÇON.

C'est décembre et la Noël approche. Qu'est-ce que fait Betsy? Elle pèle des pommes, elle hache de la viande et broie des épices. Je serais curieux de savoir pourquoi? C'est pour faire des pâtés de Noël. Les petits garçons reviennent de la pension à Noël. Je vous en prie, couvrez-les chaudement, car il fait très froid.

TEXTE.

It is december, and Christmas is coming. What is Betsy doing? She is paring apples, chopping meat, and beating spice. What for, I wonder? It is to make mince pies. Little boys come from school at Christmas. Pray wrap them up warm, for it is very cold.

VOCABULAIRE.

Christmas	Noël, la Noël.	Betsy	Betsy, Lisbeth.
Christmas day	Jour de Noël.	To pare	Peler, rogner.
Christmas holidays	Vacances de Noël.	To chop	Hacher, couper.
Christmas-box	Etrennes, tirelire.	Meat	Viande, aliment.
CHRIST	LE CHRIST.	Roast meat	Viande rôtie, rôti
JESUS-CHRIST	JÉSUS-CHRIST.	Boiled meat	Bouilli.
Mass	Messe.	To beat	Battre, broyer.
Grand mass, high mass	Grand'messe.	Spice	Epice, épices.
Low mass	Basse-messe.	What for	Pourquoi?
Mass-book	Livre de messe.	I wonder	Je voudrais savoir

Wonder	Etonnement.
No wonder	Ce n'est pas étonnant.
Pie	Tourte, pâté.
Mince, minced	Haché, ée.
Mince pie	Rissole.
School	Ecole, pension, collége.
School-master	Maître de pension.
School-mistress	Maîtresse de pension.
School-fellow	Condisciple.
To wrap	Envelopper.
For	Car.

MÉMOIRE DES MOTS.

Mass. Christ. Jesus-Christ. Christmas. Christmas day. Christmas-box. Christmas holidays. Mass. Grand mass. High mass. Low mass. Mass-book. Mince pies. Pie. Minced. Spice. Meat. Roast meat. Boiled meat. Apples. School. School-master. School-fellows. School-book. School-mistress.

La pension. Les camarades de pension. Le maître de pension. La messe. Le livre de messe. La grand'messe. La messe basse. Noël. Les vacances de Noël. Le jour de Noël. Peler des pommes. Hacher de la viande. Viande rôtie. Viande bouillie. Bœuf. Épices. Broyer des épices. Je voudrais savoir. Etonnement.

VERSION.

I wonder. I wrap up. I pare. I chop. I roast. I boil. At christmas the school boys have holidays. My mother has given me a christmas-box. I will go and see you at christmas. JESUS-CHRIST died for us. Where is your mass-book? Will you go to the high mass? No, but to the low mass. I will go to school. Billy and Harry are my school fellows. There is your school master. I wonder what Betsy is doing. She is paring apples. She is chopping meat. She is beating spice. Betsy is eating roast meat and Billy boiled meat.

THÈME.

JÉSUS-CHRIST mourut pour nous. A Noël les enfants reviennent de la pension. Ils ont vacances. Voici vos étrennes. Je vais à la grand'messe. Vous allez à la messe basse. Je n'ai pas mon livre de messe. Je serais curieux de savoir où est mon livre de messe. Betsy va faire des pâtés. Je n'aime pas le pâté. Moi, je l'aime, il est très bon. Nous allons faire des rissoles. Pelez les pommes. Cherchez-en dans le panier. En voici quelques-unes. Maintenant, hachez la viande. Maintenant, broyez les épices. Je vais auprès de ma mère. Pourquoi? Je vais lire mon petit livre. Mon père est avec le maître de pension.

VINGT-UNIÈME LEÇON.

Bonjour, petits Français; comment vous portez-vous? Apportez vos petits tabourets et asseyez-vous près de moi, car je dois vous donner une leçon d'anglais ; je dois vous enseigner à lire et à parler l'anglais. C'est pour vous que j'ai écrit ce joli livre. Il ne faut point l'abîmer ni le déchirer.

TEXTE.

Good morning, little french boys ; how do you do? Bring your little stools and sit down by me, for I must give you an english lesson, I must teach you how to read and speak english. I have written this fine book for you. You must not spoil nor tear it.

VOCABULAIRE.

Morning	Matin.	Arm	Bras.	Reader	Lecteur.
Evening	Soir.	English	Anglais, aise.	To speak	Parler.
Day	Jour.	England	Angleterre.	I spoke	Je parlai.
Night	Nuit.	Lesson	Leçon.	Spoken	Parlé, ée.
French	Français, aise,	To teach	Enseigner.	Speaker	Parleur, orateur.
France	La France.	Taught	Enseigné, ée.	Written	Ecrit, te.
How do you do?	Comment faites-vous.			To write	Ecrire.
		Teacher	Professeur, maître, maîtresse.	I wrote	J'écrivis.
Stool	Tabouret.	To learn	Apprendre.	To spoil	Abîmer.
Chair	Chaise.	Learned	Savant.	Nor	Ni.
Arm-chair	Fauteuil.				
Sit, sat	Asseoir, assis.	To read	Lire.	To tear, tore, torn	Déchirer.

MÉMOIRE DES MOTS.

To speak. To read. To write. To teach. To learn. I spoke. I wrote. I read. I taught. I learned. I sit. I sat. I spoil. I spoiled. I tore. It was torn. French. English. France. England. Morning. Evening Day. Night. Stool. Chair. Arm. Arm-chair. Lesson. Teacher. Reader Speaker. Writer.

La France. L'Angleterre. Le Français. L'Anglais. Une leçon de français. Une leçon d'anglais. Enseigner. Apprendre. Parler. Lire. Ecrire. Maîtresse. Maître. Ecrivain. Orateur. Lecteur. Tabouret. Chaise. Fauteuil. Le matin. Le soir. La nuit. Le jour. La leçon. Matin. Soir. Jour. Nuit. France.

VERSION.

Good morning. Good night. A french boy. An english boy. A french man. An english man A french lesson. An english lesson. A french book. An english book. The french boys. The english boys. The french women. The english women. The French. The English. I speak french. Do you speak english. I write my lesson. Do you read your book. Do not spoil your book. Bad boys tear books. How do you do, little boy? Very well, mamma. Take your book and read a pretty lesson to me. Spell that word. Good boy! I must teach you how to spell. Teach me how to speak french.

THÈME.

Bonne nuit. Bon soir. Bon jour. J'apprends l'anglais. Vous apprenez le français. Etes-vous anglais? Vous êtes français. Nous sommes anglais. Ma mère est anglaise et mon père est français. Les Français parlent français, et les Anglais parlent anglais. J'aime l'Angleterre. Vous aimez la France. J'ai écrit ce matin. Je lirai ce soir. Asseyez-vous sur ce petit tabouret. Asseyez-vous près de moi. Asseyez-vous près du feu. Bon jour, maman, comment vous portez-vous? Très bien et vous, petit garçon? Parlez-vous anglais? Parlez-vous français? Lisbeth épelle, Guillaume lit, mon père écrit, ma mère enseigne.

VINGT-DEUXIÈME LEÇON.

Papa.	Papa.	**Uncle.**	Oncle.
Mamma.	Maman.	**Aunt.**	Tante.
Father.	Père.	**Nephew.**	Neveu.
Mother.	Mère.	**Niece.**	Nièce.
Brother.	Frère.	**Cousin.**	Cousin, cousine.
Sister.	Sœur.	**Husband.**	Mari.
Son.	Fils.	**Wife.**	Épouse, femme.
Daughter.	Fille.	**Family.**	Famille.

PHRASES.

Your papa's wife is your mother.	La femme de votre papa est votre mère.
Your mamma's husband is your father.	Le mari de votre maman est votre père.
Your papa and mamma's child is your brother or sister.	L'enfant de votre papa et maman est votre frère ou votre sœur.
Your papa's father is your grandfather.	Le père de votre papa est votre grandpère.
Your papa's mother is your grandmother.	La mère de votre maman est votre grand'mère.
Your mamma's father and mother are your grandfather and grandmother.	Le père et la mère de votre maman sont votre grand-père et votre grand'mère.
Your papa's brother is your uncle.	Le frère de votre papa est votre oncle.
Your papa's sister is your aunt.	La sœur de votre papa est votre tante.
Your mamma's brother and sister are your uncle and aunt.	Le frère et la sœur de votre maman sont votre oncle et votre tante.
You are your uncle's nephew.	Vous êtes le neveu de votre oncle.
Your sister is her uncle's niece.	Votre sœur est la nièce de son oncle.
Your uncle and aunt's child is your cousin.	L'enfant de votre oncle et de votre tante est votre cousin.

MÉMOIRE DES MOTS.

VERSION.	THÈME.
Do you love mamma? Poor mamma! Papa is very good to me. My father is cutting grass. My mother is making hay. My brother is climbing a very high tree for a nest of birds. My sister is gathering flovers. My cousins are at work. Grandmamma is very old, and grandpapa too. My grandfather is liing in bed, and my grandmother is sitting by the fire. My mother is reading a book. My uncle is telling a pretty story. My aunt is making mince pies. My cousins are making noise. We shall have all the family.	Mère. Père. Frère. Sœur. Tante. Oncle. Nièce. Neveu. Mari. Femme. Grand'mère. Grand-père. Fils. Fille. Cousin. Cousine. Papa. Maman. Grand-papa. Grand'maman. J'aime maman. J'aime papa. J'aime mon frère et ma sœur. Mon frère est un beau garçon. Ma sœur est une jolie fille. Mon cousin est beau. Ma cousine est belle. Ma mère est bonne pour ses enfants. Mon père est bon, ma mère est meilleure. Ma grand'mère est vieille et mon grand-père est plus vieux. Ma sœur cueille des fleurs.

VINGT-TROISIÈME LEÇON.

J'ai entendu une jolie énigme à propos de Demain et de Hier. Essayez de la comprendre, Marie. Qu'est-ce qui était Demain et qui sera Hier? Aujourd'hui. Oui. Aujourd'hui, avant qu'il ne vînt, était appelé Demain, et, quand il sera passé, nous l'appellerons Hier.

TEXTE.

I have heard a pretty riddle about To-Morrow and Yesterday. Try to understand it, Mary. What is that which was To-Morrow and will be Yesterday? To-day. Yes. To-day, before it came, was called To-Morrow, and, when it is gone, we shall call it Yesterday.

VOCABULAIRE.

Heard	Entendu, ue.	Mary	Marie.	Monday	Lundi.
Riddle	Énigme.	That which	Ce qui.	Tuesday	Mardi.
About	Sur, concernant.	To-day	Aujourd'hui.	Wednesday	Mercredi.
To-morrow	Demain.	Before	Avant.	Thursday	Jeudi.
Yesterday	Hier.	It came	Il vint.	Friday	Vendredi.
To try	Essayer.	Called	Appelé, ée.	Saturday	Samedi.
To understand	Comprendre.	To-call	Appeler.	Sunday	Dimanche.
Understood	Compris.	It is gone	Il est parti.	Week	Semaine.
Under	Sous, dessous.	After	Après.	Month	Mois.
Stand	Se tenir, être.	Name	Nom.	Year	Année.

MÉMOIRE DES MOTS.

A year. A month. A week. To-day. To-morrow. Yesterday. Before yesterday. After to-morrow. Monday. Wednesday. Friday. Monday. Sunday. Tuesday. Thursday. Saturday. A name. Mary. A riddle. Heard. To try. To understand. Understood. That which. That who. To come. I came. To call. I called. To go. It is gone. To try.

Un jour. Aujourd'hui. Hier. Demain. Après-demain. Avant-hier. Une semaine. Un mois. Un an. Dimanche. Samedi. Lundi. Vendredi. Mercredi. Jeudi. Mardi. Une énigme. Un nom. Marie. Entendre. J'ai entendu. Essayer. Comprendre. Se tenir. Appeler. J'ai essayé. J'ai appelé. J'ai compris. J'ai entendu. J'ai essayé. Ce qui. Celui qui. Celle qui. Avant. Après.

VERSION.

How many days are there in a week? Seven days. How many weeks are there in a month? Four weeks. How many months are there in a year? Twelve. Then seven days make a week; four weeks make a month, and twelve months make a year. What is to-day Mary? To-day is sunday. And what will to-morrow be? To-morrow will be monday. And what will the day after to-morrow be? The day after to-morrow will be tuesday. What was it yesterday? Yesterday, it was saturday. And the day before yesterday? Firday. Yesterday is past, To-day is here, To-morrow is to-come. I do not understand that. How old are you, Mary? I am twelve years old.

THÈME.

J'essaie, j'essaierai. J'appelle, j'appellerai. Je viens, je vins, je viendrai. Je comprends, j'ai compris, je comprendrai. Quel est votre nom? Mon nom est Marie. Eh bien, je vous appellerai Marie. Comprenez-vous cette énigme? Non, mais j'essaierai de la comprendre. Ah! maintenant je la comprends. Hier est passé. Aujourd'hui est présent, demain est à venir. Le jour d'hier reviendra-t-il jamais? Non, ni le jour d'aujourd'hui. Bien des jours passeront, l'un après l'autre (one after another), mais aucun d'eux (none of them) ne sera le jour qui est présent maintenant. Quel âge avez-vous, Marie? J'ai douze ans.

VINGT-QUATRIÈME LEÇON.

L'or est d'une couleur jaune foncé. Il est extrêmement pesant, plus pesant que toute autre chose. Les hommes le tirent de la terre. Il est beaucoup plus profond dans la terre que vous ne pourriez pénétrer avec votre bêche. Les guinées sont faites avec de l'or. Cette montre est en or. Le cadre de la glace est recouvert d'une feuille d'or. De la feuille d'or, c'est de l'or battu très mince, plus mince qu'une feuille de papier.

TEXTE.

Gold is of a deep yellow colour. It is exceeding heavy, havier than any thing else. Men dig it out of the ground. It lies deeper a great deal than you could dig with your spade. Guineas are made of gold. This watch is gold. The looking-glass frame is gilt with gold. Leaf gold is gold beat very thin, thinner than leaves of paper.

VOCABULAIRE.

Gold	Or.	You could	Vous pourriez.	To look	Regarder.
Exceeding	Excessivement.	Spade	Bêche, pelle.	Frame	Cadre.
To exceed	Excéder, dépasser.	To spade	Bêcher.	Gilt	Doré, ée.
Heavy	Lourd, pesant.	A spadeful	Une pelletée.	To gild	Dorer.
Else	Autre, autrement.	Guinea	Guinée.	Gilder	Doreur.
To dig	{ Bêcher, creuser, extraire.	Made	Fait, faite.	Gilding	La dorure.
		The watch	La montre.	Thin	Mince.
I dug	Je bêchais.	Watch-chain	Chaîne de montre.	Paper	Papier.
I have digged	J'ai bêché.	Watch-glass	Verre de montre.	Paper-knife	Couteau à papier.
Ground	Terre, sol.	Watch-maker	Horloger.	Paper-maker	{ Fabricant de papier.
Ground-floor	Rez-de-chaussée.	To watch	Veiller.		
A great deal	Beaucoup.	Looking-glass	Miroir, glace.	Newspaper	Journal.
Deal	Quantité.	Glass	Verre, vitre.	Sheet of paper	Feuille de papier.

MÉMOIRE DES MOTS.

Gold. The watch. The watch-glass. The looking-glass. The watch-maker. The glass-maker. The watch-chain. The frame. The paper. The paper-maker. The paper-knife. The newspaper. A sheet of paper. The ground. The ground-floor. A great deal. The spade. A spadeful. A guinea. To watch. To spade. To dig. To frame. To exceed. To gild. You must be good, else I will not give you cake. I have got a very little cake. No, it is larger than mine, a great deal. Give me papa's watch. No, you will break the glass. You have broken it this morning. You may look at it. Put it to your ear. What does it say? Tick, Tick, Tick. The watch-maker makes watches. Do not break your head. Betsy has watched all the night. Is this frame gold?

L'or. Doreur. Dorer. La montre. La chaîne. La chaîne de montre. Le verre. Le verre de la montre. La glace. Le cadre. Le papier. Le fabricant. Le fabricant de papier. Le fabricant de glaces. La terre. Le sol. Le couteau à papier. Une feuille de papier. Un journal. La dorure. Mince, plus mince. Extrêmement, excessivement, Une guinée. Dorer. Bêcher. Encadrer. Excéder. Veiller. Creuser. Regarder. Une feuille d'or. Une feuille de papier. Une feuille d'arbre.

L'or est jaune. L'or est pesant. Il est plus pesant que toute autre chose. On le tire de la terre. Il est extrêmement pesant. On le tire de la terre. Faut-il que j'en cherche avec ma pelle? Non, il n'y en a pas dans nos champs. Voici une guinée. C'est de l'or. Voici une demi-guinée. C'est de l'or aussi. Cette montre est en or, et cette chaîne aussi.

VINGT-CINQUIÈME LEÇON.

L'argent est blanc et luisant. Les cuillers sont d'argent et le plateau est d'argent. Les couronnes, les demi-couronnes, les schellings et les pièces de six-pences sont faites d'argent. Où trouve-t-on l'argent? L'argent vient de bien loin et on le tire aussi de la terre.

TEXTE.

Silver is white and shining. The spoons are silver ; and the waiter is silver. Crowns, and half-crowns, and shillings, and six-pences are made of silver. Where is silver to be found? Silver comes from a great way of too, and is also dug out of the ground.

VOCABULAIRE.

Silver	Argent.	Pence	Pièces de 2 sous.	Fork	Fourchette.
Spoon	Cuiller.	Found	Trouvé, ée.	Plate	Assiette.
Waiter	Plateau	To find	Trouver.	Dish	Plat.
Crown	{ Couronne, écu de 6 francs.	I found	Je trouvais.	Bottle	Bouteille.
Half crown	{ Demi-couronne, 3 francs.	A great way off	De très loin.	Decanter	Carafe.
Shilling	Schelling, 24 sous	A great way	Un grand chemin.	Knife	Couteau.
Six-pence	Pièce de 12 sous.	Off	A distance.	Pen-knife	Canif.
Six	Six.	Also	Aussi.	Pen	Plume à écrire.
Penny	Pièce de 2 sous.	Dug out	Extrait.	Money	Argent monnayé.
		Metal	Métal.	Change	De la monnaie.

MÉMOIRE DES MOTS.

The silver. The spoon. The glass. The fork. The knife. The plate. The dish. The bottle. The decanter. One penny. Two pence. Six pences. One shilling. One crown. Two half-crowns. I find. I have found. A great way off. Way. A great way. Of. Off. Also. To dig out. Metal. Metals. Pen. Knife. Pen-knife. Pen. Feather. Quill.

Un plat. Une assiette. Une cuiller. Une bouteille. Un verre. Un couteau. Une table. Un écu, un demi-écu. Une couronne. Une guinée. Un schelling. Je trouve. J'ai trouvé. Je trouvais. Je trouvai. J'extrais. J'ai extrait. Une plume à écrire. Une plume d'oiseau. Un tuyau de plume. Une table. Un plateau. L'argent. L'argent monnoyé. De la monnaie.

VERSION.

Ah, here is money. What is this? This is gold. This is a guinea or a sovereign. This white is silver. Here is a crown, here is a half-crown, here is a shilling, here is a six-pence, here is a penny. I want some sovereigns. No, mamma must have the sovereigns to buy (pour acheter) beef and mutton with. Here is a poor little boy at the door (à la porte). He has no money at all, nor any thing to eat. Shall we give him a penny. Yes. Go then and give it him. Have you got change? Have you got money. Good night.

THÈME.

J'ai une cuiller d'argent. J'ai trouvé un penny et deux six-pences. Les hommes tirent l'or et l'argent de la terre. On fait avec l'argent des pièces de monnaie, des cuillers, des fourchettes et des assiettes. La carafe et la bouteille sont faites avec du verre. Voilà un beau plat. C'est un excellent plat. Donnez-moi le couteau, s'il vous plaît. Je vous demande le couteau et non pas le canif. Avez-vous de l'argent? Oui, mai je n'ai pas de monnaie. Combien y a-t-il de métaux? Il y en a beaucoup. Quels sont les plus beaux de tous les métaux? L'or et l'argent.

VINGT-SIXIÈME LEÇON.

Le cuivre est rouge. La bouilloire et les casseroles sont faites de cuivre ; le laiton est fait avec du cuivre. Le laiton est luisant et jaune presque comme de l'or. Cette casserole est faite de cuivre jaune ; et les loquets des portes et les chandeliers sont en cuivre jaune. Quel est ce vert sur la casserole ? Elle est rouillée. Le vert est du vert-de-gris. C'est du poison.

TEXTE.

Copper is red. The kettle and pots are made of copper; and brass is made of copper. Brass is bright and yellow like gold almost. This saucepan is made of brass; and the locks upon the door, and the candlesticks. What is this green upon the saucepan? It is rusty; the green is verdigrease. It is poison.

VOCABULAIRE.

Copper	Cuivre.	Door	Porte.
Kettle	{ Bouilloire, chaudron.	Candlestick	Chandelier.
Pot	Pot, vase.	Candle	Chandelle.
Brass	{ Airain, cuivre jaune.	Stick	Bâton, baguette.
		Rusty	Rouillé, ée.
Saucepan	Poêlon, casserole	Rustiness	Rouille.
Lock	Loquet, serrure.	Verdigrease	Vert-de-gris.
To lock	Fermer à clef.	Poison	Poison, Venin.

To poison.	Empoisonner.
Poisoner	Empoisonner.
Poisonous	Venimeux.
To open	Ouvrir.
To shut	Fermer.
Window	Fenêtre.
Windowshutter	Volet.

MÉMOIRE DES MOTS.

Pots. Kettles. Sancepans. Doors. Windows. Loks. Sticks. Candles. Candlesticks. Rustiness. Poisonousness. Verdigrease. Poison. Window-shutters. To open. To shut. Shutter. Poisoner. To poison. Rusty. Poisonous. Brass. Copper.

Poison. Empoisonner. Rouillé. Rouille. Venimeux. Ouvrir. Fermer. Porte. Fenêtre. Cuivre. Laiton. Chandelier. Chandelle. Bâton. Baguette. Vase. Bouilloire. Chaudron. Casserolle. Loquet. Serrure. Volet.

VERSION.

What sort of metal is copper? Copper is a red metal, not so heavy as gold is. What do you call a kettle. A kettle is a copper pot, to boil water in. What difference in there between (entre) copper and brass? Copper is a simple metal, and brass il a metal composed with copper and tin (étain). Shut the door. Open the door. You must shut the window. Mary, bring the candlestick, light the candles and shut the window-shutters. When copper is rusty, it makes verdigrease. Verdigrease is poison. The verdigrease would kill you il you were to eat some.

THÈME.

Quelqu'un frappe (knocks) à la porte. Ouvrez la porte. Ah ! c'est Marie. Entrez. Prenez une chaise. Asseyez-vous. Approchez-vous du feu. Comment vous portez-vous ? Très bien. Et vous, madame (madam) ? Très bien aussi. Jean, apportez du charbon de terre. Faites un bon feu. Allumez les chandelles et fermez les volets. Emportez ces vases et cette casserole. La casserole est rouillée. Il y a du vert-de-gris. Fermez la porte. Fermez-la avec le loquet. La pauvre femme, qui glanait avec sa fille, est morte ce matin. Elle a été empoisonnée avec du vert-de-gris.

VINGT-SEPTIÈME LEÇON.

Le fer est très dur. Il n'est pas joli, mais je ne sais ce que nous ferions sans lui; car il nous sert à faire beaucoup de choses. Allez demander à la cuisinière si elle peut rôtir sa viande sans broche ? Et bien, que dit-elle? Elle dit qu'elle ne peut pas. Mais la broche est faite de fer, comme les pincettes, le fourgon, la pelle et le soc de la charrue.

TEXTE.

Iron is very hard. It is not pretty, but I do not know what we should do without it, for it makes us a great many things. Go and ask the cook whether she can roast her meat without a spit? Well, what does she say? She says she cannot. But the spit is made of iron, and so are the tongs, and the poker, and shovel, and the plough-share.

VOCABULAIRE.

Iron	Fer.	Kitchen	Cuisine.	I said	Je disais, je dis.
Hard	Dur, pénible.	Whether	Si.	Tongs	Pincettes, tenailles.
Hardly	Durement, à peine	To roast	Rôtir.	Poker	Fourgon.
Without	Sans.	Roast beef	Bœuf rôti.	Shovel	Pelle à feu.
Cook	Cuisinier, ère.	Meat	Viande.	Plough-share	Soc.
Cookman	Cuisinier.	Spit	Broche.	Plough	Charrue, labourer.
Cookwoman	Cuisinière.	Say	Dire.	Share	Portion, partage.
To cook	Cuire, faire cuire.	Said	Dit, dite.		

MÉMOIRE DES MOTS.

The kitchen. The iron. The tongs. The shovel. The spit. The cook. The cookmen. The cookwomen. The share. The plough. The plough-share. I say. I said. I have said. He says. She says. He cooks. He cooked. I roast. She is roasting. I ask. Whether. If.

La cuisinière. Le cuisinier. La cuisine. Le feu. La pelle. Les pincettes. Le fourgon. La charrue. Le laboureur. Le soc de la charrue. Labourer. Je demande. Je dis. Je parle. Je raconte. La broche. Le fer. L'or. L'argent. Si.

VERSION.

Go and ask Dobbin if he can plough without the plough-share. Well, what does he say? He says. No, he cannot. But the plough-share is made of iron. Will iron melt in the fire? Put the poker in and try. Well, is it melted ? No, but it is red hot and soft ; it will bend (plier). But I will tell you, Mary; iron will melt in a very, very hot fire, when it has been in a great while ; then it will melt. What is that? A spit. A spit is a sort of stick made of iron to roast the meat with. The fire is very good. I do not know what we should do without fire.

THÈME.

Le fer est blanc. Le fer est dur. Le fer est rouillé. Comme il travaille péniblement! Que ferions-nous sans feu. Nous mourrions. Qu'est ceci? Demandez à la cuisinière. C'est une broche pour faire rôtir la viande. Puis-je avoir un peu de viande? La viande n'est pas bonne pour les petits enfants, voici des cerises. J'aime bien le bœuf rôti. Que dites-vous, Marie? Je demande du vin. Voici de l'eau et du vin. Ne cassez pas le verre. La pelle est dans le feu. Elle est toute rouge. Ne la prenez pas avec la main. Prenez-la avec les pincettes. Le laboureur laboure avec la charrue.

VINGT-HUITIÈME LEÇON.

Allons à la boutique du forgeron. Il a une forge. Il souffle le feu avec une grande paire de soufflets pour faire rougir le fer. Maintenant il le prend avec les tenailles, et le met sur l'enclume. A présent il le bat avec un marteau. Les étincelles volent de tous côtés. Le forgeron fait des clous, des fers pour les chevaux et beaucoup d'autre choses.

TEXTE.

Come let us go to the smith's shop. He has a foger. He blows the fire with a great pair of bellows to make the iron hot. Now he takes it out with the tongs and puts it upon the anvil. Now he beats it with a hammer. The sparks fly about. The blacksmith is making nails, and horse-shoes and a great many things.

VOCABULAIRE.

Smith	Forgeron.	Pair	Paire.	Hammer	Marteau.
Blacksmith	Forgeron.	Bellows	Soufflet.	Spark	Etincelle.
Smith's shop	Forge.	To bellow	Beugler, mugir.	To sparkle	Etinceller.
Shop	Boutique.	Tongs	Tenailles.	Nail	Clou, Ongle.
Foger	Forge.	To take out	Retirer	Horse-shoe	Fer à cheval.
To blow	Souffler,	Anvil	Enclume.	Shoe	Soulier, Sabot.

MÉMOIRE DES MOTS.

A spark. A hammer. An anvil. Bellows. Tongs. A pair of tongs. A pair of bellows. A foger. A shop. A smith. A blacksmith. A blacksmith's shop. To blow. To bellow. To take out. To beat. To fly about. To sparkle. To hammer. A nail. The nails of the hand.

Le forgeron. La forge. Le feu. L'enclume. Le marteau. Les tenailles. Les fers à cheval. Les clous. Les souliers. Les ongles. Une pelle. Les pincettes. Le soufflet. Une paire de soufflets. Prendre. Mettre. Battre. Voler de tous côtés. Faire. Cheval. Chevaux. Pied. Soulier. Chose.

VERSION.

What an ugly man, papa! I am afraid of him. Why so? Because he is so very black. You are a silly little girl. No one is ever afraid of a man because he is black. That man is a smith. He is black with the smoke of his foger. He works very hard. He has got a hammer to hammer the iron with. When he is hammering his red iron upon his great anvil, he makes a great noise, and a great many sparks fly about like so many (comme autant de) beautiful fire flies. The blacksmith makes nails and shovels and tongs and spits and a great many iron things.

THÈME.

Père, quel vilain homme. J'ai peur de lui. Pourquoi? Parce qu'il est si noir! Vous êtes une sotte, petite fille. On n'a jamais peur d'un homme parce qu'il est noir. Cet homme est un forgeron. Il est noir de la fumée de sa forge. Son travail est très pénible. Il a un marteau pour marteler le fer. Quand il martelle son fer rouge sur sa grande enclume, il fait un grand bruit et de nombreuses étincelles volent de tous côtés comme autant de belles mouches de feu. Le forgeron fait des clous, des pelles, des pincettes, des broches et bien d'autres choses.

VINGT-NEUVIÈME LEÇON.

Gold.	Or.	Gravel.	Gravier.
Silver.	Argent.	Chalk.	Craie.
Iron.	Fer.	Coal.	Charbon de terre.
Steel.	Acier.	Diamond.	Diamant.
Lead.	Plomb.	Glass.	Verre.
Tin.	Etain.	Ruby.	Rubis.
Quicksilver.	Vif-argent.	Emerald.	Emeraude.
Marble.	Marbre.	Garnet.	Grenat.
Stone.	Pierre.	Pearls.	Perles.
Flint.	Caillou.	Jowels.	Joyaux, bijoux.

PHRASES.

The spout, the cistern, and bullets are made of lead.

La gouttière, la citerne et les boulets sont faits de plomb.

The canisters are covered with tin.

Les boîtes à thé sont couvertes d'étain.

There is quicksilver in the barometer.

Il y a du vif-argent dans le baromètre.

The stone-cutter cuts marble.

Le tailleur de pierre coupe le marbre.

The chimney piece is made of marble.

Le dessus de la cheminée est fait de marbre.

Stones and flints come out of the ground.

Les pierres et les cailloux viennent de la terre.

Men that dig coals are colliers.

Les hommes qui tirent le charbon sont des charbonniers.

A topaz, a sapphire, an amethyst are precious stones.

Une topaze, un saphir, une améthyste sont des pierres précieuses.

MÉMOIRE DES MOTS.

Jowels, flint, pearls, stones, marble, garnet, emerald, quicksilver, ruby, tin, lead, glass, iron, diamond, copper, coals, silver, chalk, gravel, gold, flint, stones, glass, iron, coals, silver, lead, steel.

Or, gravier, craie, argent, cuivre, charbon de terre, diamant, fer, verre, plomb, rubis, étain, émeraude, vif-argent, grenat, marbre, perles, joyaux, étain, plomb, verre, fer, argent, charbon, caillou, acier.

VERSION.

Steel is made of iron. Lead is soft and heavy. Will lead melt in the fire? Try; put some in the shovel; hold it over the fire. Now it is all melted. This is quicksilver. See how it runs about! You cannot pick it up. There is white marble, and black, and green, and red, and yellow marble. Here are two flints. Strike them both together; ah! here is fire, here are sparks! Gravel is dug out of gravel pits. A diamond is very hard. You may write upon the glass with it.

THÈME.

L'étain est blanc et mou. Le vif argent est très brillant comme l'argent. On ne peut le saisir avec la main. Le marbre se tire de la terre. Il est très dur. Vous ne pouvez le couper avec un couteau. Les monuments sont faits de marbre. On tire la craie de la terre, et le gravier aussi. Les charbonniers sont très noirs, comme les forgerons. Un rubis est rouge. Une topaze est jaune. Un saphir est bleu. Le grenat est rouge. Une émeraude est verte. Cette pierre brillante est un diamant. Vous pouvez couper le verre avec.

NOTA. Il s'est glissé une erreur dans la leçon précédente. Au lieu de *Foger*, lisez : FORGE.

3*

TRENTIÈME LEÇON.

Un arbre a des racines qui vont bien avant dans la terre. Les racines sont comme ses jambes : l'arbre ne pourrait pas se tenir debout sans elles. Et puis l'arbre a un gros tronc, un tronc droit et épais. C'est son corps. Puis l'arbre a des branches. Elles sont comme des bras. Ces branches s'étendent très loin. Elles ont des rameaux, et sur ces rameaux il y a des feuilles et des fleurs.

TEXTE.

A tree has roots that go under the ground a great way. The roots are like its legs : the tree could not stand without them. Then the tree has a trunk, a large, thick, straight trunk. That is its body. Then the tree has branches ! Those are like arms : They spread out very far. Then there are boughs and upon the boughs leaves and blossoms.

VOCABULAIRE.

Root.	Racine.	Body.	Corps.	To stand.	Se tenir debout.
Trunk.	Tronc.	Head.	Tête.	To spread.	S'étendre.
Branch.	Branche.	Face.	Visage.	Straight.	Droit, te.
Bongh.	Rameau, tige.	Neck.	Cou.	Right.	Droit, te.
Leaf.	Feuille.	Arm.	Bras.	Thick.	Epais, sé.
Blossom.	Fleur.	Hand.	Main.	Rare.	Rare, clair.
Flower-cup.	Calice.	Seed.	Semence.	Stem.	Tige.
Bark.	Ecorce.	Leg.	Jambe.	Large.	Gros, grosse.
Wood.	Bois.	Foot, feet.	Pied, pieds.	Wide.	Large.

MÉMOIRE DES MOTS.

Wood, foot, feet, leg, blossom, flower, hand, leaf, neck, bough, face, branch, head, trunk, body, root, foot, wood, bark, wide, right, large, thick, rare, to spread, to stand, like, without, with, out, a great way, flower-cup, seed, stem.

Bois, pied, large, racine, corps, se tenir debout, écorce, jambe, épais, fleur, rare, main, feuille, droit, cou, branche, s'étendre, face, visage, tête, racine, corps, rameau, tige, sans, avec, comme, ses bras, ses jambes, ses branches, son tronc, calice, semences, graines, tige.

VERSION.

Here is a blossom upon the apple-tree. Will the blossom be always upon the tree? No, it will fall off soon : perhaps it will fall off to-night. But then do you know what comes instead of the blossom? — What? — The fruit. After the apple-blossoms there will be apples. Then, if the blossoms fall off to-night, shall I come here and get an apple to-morrow? No, you must have patience : there will not be ripe apples a great while yet. There will be first a little thing, that will grow bigger every day, till it will come to be a great apple.

THÈME.

Cette pomme est mûre, cueillez-la et mangez-la. Tous les arbres ont des racines et des branches. Une fleur a-t-elle aussi des racines? Oui. Voici une primevère ; nous allons l'arracher (pull it up). Voyez, voici des racines comme des cordes. Voilà la tige de la primevère ; ceci est le pied, cela le calice ; voici les feuilles de la fleur, et c'est une jolie fleur, d'un beau jaune avec des taches cramoisies (crimson spots). Voilà les graines. Si on met les graines dans la terre, une autre fleur viendra.

TRENTE-UNIÈME LEÇON.

Des milliers d'animaux vivent sur la terre, dans l'eau et dans l'air. Les hommes, les quadrupèdes, les serpents, les oiseaux, les insectes, vivent sur la terre et dans l'air. Les poissons et les coquillages vivent dans l'eau. Les animaux peuvent sentir, se mouvoir, marcher, courir, sauter, ramper, voler et nager. Ils mangent et boivent. Ils voient, ils entendent, ils sentent. Ils pleurent, ils crient, ils chantent ou sifflent, ou gazouillent, ou mugissent, ou rugissent. L'homme peut faire tout cela. Les choses glissent, roulent et tombent.

TEXTE.

Thousands of animals live upon the earth, in the water and air. Men, quadrupeds, snakes, birds and insects live upon the earth and in the air; fishes and shells live in the water. Animals can feel, move, walk, run, jump, crawl, fly and swim; they eat and drink; they see and hear and smell; they cry out, or shout, or shriek, or sing, or whistle, or hiss, or warble, or bellow, or roar. Man can do all that. Things slide, roll, and tumble.

VOCABULAIRE.

Thousand.	Mille, millier.	Walk.	Marcher.
Earth.	Terre.	Crawl.	Ramper.
Snake.	Serpent.	Swim.	Nager.
Fish.	Poisson.	Cry.	Cri, crier.
Shell.	Coquillage.	Cry out.	Pleurer.
Feel.	Sentir.	Shout.	Crier de joie.
Smell.	Sentir, flairer.	Shriek.	Cri, crier.
Move.	Se mouvoir.	Whistle.	Siffler, sifflet.

Hiss.	Siffler.
Warble.	Gazouiller.
Bellow.	Mugir.
Roar.	Rugir.
Roll.	Rouler.
Tumble.	Tomber.

MÉMOIRE DES MOTS.

Crawl, hiss, move, shriek, thousands, tumble, shout, only, insect, animal, bellow, drink, jump, sing, warble, walk, roll, live, eat, bird, cry, fly, man, men, roar, swim, whistle, snake, slide, run, bellow, shell, quadruped, animals, thousands, earth, water, swim.

Crier, mugir, voler, se mouvoir, manger, boire, ramper, vivre, sauter, siffler, courir, rugir, rouler, mouvoir, nager, glisser, chanter, marcher, chanter, pousser des cris, pousser des cris perçants, serpent, poisson, oiseau, quadrupède, eau, terre, coquillage.

VERSION.

Quadrupeds are four-footed animals. The quadrupeds live upon the earth. They have got four legs to run with. Birds live in the air. They have got feathers and wings to fly with. They fly very quick and very high in the air. Fishes live in water. They have got no legs nor wings; but they have got slippery fins. Fins are their legs or wings. They use them to swim with. The snakes and many insects live upon the ground. Some insects walk, some crawl, some fly, some others jump. Snakes hiss. Birds sing and whistle and warble. The horse walks, trots and gallops.

THÈME.

Les quadrupèdes marchent. Les poissons nagent. Les oiseaux volent. Il y a des insectes qui volent aussi. Les papillons volent. Les serpents rampent. Les quadrupèdes ont quatre pieds. Les oiseaux ont deux ailes. Quelques insectes ont plus de deux ailes. Les poissons ont des nageoires. Le cheval trotte et galope. Comme il va vite! L'homme marche et court. L'oiseau chante et gazouille. L'homme parle, chante, pleure, siffle, mugit et rugit. Il peut imiter les cris de tous les animaux. Ne courez pas. Ne sautez pas. Ne bougez pas. Les nageoires des poissons sont glissantes. Les ailes des oiseaux sont brillantes.

TRENTE-DEUXIÈME LEÇON.

The dog barks.	Le chien aboie.
The hog grunts.	Le pourceau grogne.
The pig squeaks.	Le cochon crie.
The horse neighs.	Le cheval hennit.
The cock crows.	Le coq chante.
The ass brays.	L'âne brait.
The cat purrs.	Le chat fait le rouet.
The kitten mews.	Le chaton miaule.
The bull bellows.	Le taureau mugit.
The cow lows.	La vache beugle.
The calf bleats.	Le veau bêle.
Sheep and lambs bleat.	Les brebis et les agneaux bêlent.
The lion roars.	Le lion rugit.
The wolf howls.	Le loup hurle.
The tiger growls.	Le tigre gronde.
The fox barks.	Le renard aboie.
Mice squeak.	Les souris crient.
The frog croaks.	La grenouille coasse.

MÉMOIRE DES MOTS.

Dog, hog, pig, horse, ass, cock, cat, kitten, bull, cow, calf, lamb, sheep, wolf, lion, tiger, fox, mice, frog, dog, ass, bull, sheep, fox, hog, cock, cow, wolf, mice, pig, cat, calf, lion, frog. Bark, squeak, crow, purr, bellow, bleat, roar, growl, howl, low, mew, bray, neigh, grunt, bark, croak, squeak, bark, crow, bellow, growl, bray, bark, purr, bleat, howl, neigh, croak.

Chat, âne, coq, cheval, chien, cochon, pourceau, chaton, taureau, vache, veau, brebis, agneau, tigre, loup, lion, renard, souris, grenouille, chat, cochon, taureau, agneau, âne, pourceau, vache, tigre, coq, cheval, chat, veau, loup, lion, brebis. Gronder, hurler, rugir, bêler, beugler, mugir, miauler, braire, faire le rouet, chanter, hennir, grogner, aboyer, coasser, gronder, hurler, rugir, miauler, chanter, aboyer.

VERSION.

The lion is a very terrible animal. His eyes sparkle like fire. He roars; how loud he roars! The lion eats cows, and sheep, and horses. Any body would be afraid of a lion, if he was to come; but nobody must be afraid of dogs; they are good creatures. Is that a hog? Yes. What noise he is making; he is grunting. Do not get near that large dog. He is barking at you. Pull the little pig by the ear. Well, what does it say? It is squeakink. I hear an ass braying. I dare say, he has not a very musical voice. Sometimes I hear the cock crowing in the morning before day break. Look at the kitten; it is mewing for its mamma. The bull is bellowing, I am afraid of him.

THÈME.

La vache beugle. Elle appelle son veau. Les veaux, les brebis et les agneaux bêlent. Les chiens et les renards aboient. Le tigre vit sur les bords du Gange. Les animaux qui l'entendent gronder en ont peur. Les loups vivent dans les bois. La nuit on les entend hurler. Qu'ai-je entendu sous mon lit? Des souris qui crient. Le chat en a attrapé une. Il la tient dans sa gueule. Elle est encore vivante; elle crie toujours. Pauvre souris! Minet, laissez la pauvre petite bête. Voilà. Il l'a mangée. Maintenant Minet est content. Il fait le rouet de joie. Qu'est-ce qui a sauté dans cette eau? C'est une grenouille. La voilà qui coasse dans l'herbe.

TRENTE-TROISIÈME LEÇON.

The sparrow chirps.	Le moineau gazouille.
The swallow twitters.	L'hirondelle caquête.
The rook cows.	La corneille croasse.
The pigeon coes.	Le pigeon roucoule.
The dove coes.	La colombe roucoule.
The turtle-dove coes.	La tourterelle roucoule.
The nightingale sings.	Le rossignol chante.
The blackbird whistles.	Le merle siffle.
The magpie chatters.	La pie jabotte.
The turkey gobbles.	Le dindon glouglioute.
The peacock screams.	Le paon crie.
The beetle hums.	L'escarbot bourdonne.
The duck quacks.	Le canard barbotte.
The goose cackles.	L'oie glousse.
Monkeys chatter.	Les singes jabottent.
The owl hoots.	Le hibou hue.
The snake hisses.	Le serpent siffle.
Children talk.	Les enfants parlent.

MÉMOIRE DES MOTS.

Goose, duck, peacock, turkey, magpie, blackbird, sparrow, swallow, nightingale, dove, turtle-dove, rook, pigeon, beetle, owl, moukey, snake, goose, blackbird, dove, owl. Hoot, chatter, cackle, talk, sing, twitter, chirp, cow, hum, gobble, scream, quack, chatter, whistle, talk, gobble, sing, scream, hiss, whistle, twitter, hoot, chirp, quack.

Le rossignol, l'hirondelle, le moineau, la corneille, le pigeon, la tourterelle, la colombe, le merle, la pie, le dindon, le paon, l'escarbot, le serpent, le canard, la pie, la tourterelle, le moineau, le dindon, l'oie. Barbotter, bourdonner, glouglouter, gazouiller, caqueter, croasser, roucouler, chanter, siffler, jabotter, gazouiller, glouglouter, barbotter, caqueter.

VERSION.

When the beautiful seasons are gone, no more sun shine, no more sweet warbling of the birds. We do not hear any more the gay chirping of the sparrow, the twittering of the swallow and the melancholick coing of the dove and turtle-dove. The little nightingales sing no more, while the moon is in the sky and all is silent around. Sometimes we hear in our parks the screaming of the peacock and upon the naked trees the chattering of the magpie and the cowing of the rooks. Instead of the melodious song of the nightingale, the sad hooting of owls is only to be heard in the silent night. O ! when shall the beautifull spring come again, and the sweet warbling of birds be heard again, and joy return to the little hearts of birds and children.

THÈME.

Le printemps est de retour. Tous les oiseaux de l'air disent leur joie avec leurs cris. Ils font leurs nids en chantant. Dans les trous des murailles il y a les moineaux qui gazouillent; dans les airs les hirondelles caquettent; sur les maisons et dans les arbres les corneilles croassent; les pigeons, les colombes et les tourterelles roucoulent sous les feuilles encore jaunes des arbres, et le rossignol, qui chante le mieux de tous les oiseaux, chante toute la nuit sous les jeunes rameaux de nos jardins. Dans la cour il y a les mêmes cris de joie. Les paons crient en étendant leur belle queue, les dindons glougloutent, les canards barbottent, les oies gloussent, et le coq chante. Les oiseaux qui sont enfermés dans les cages sont très gais aussi.

TRENTE-QUATRIÈME LEÇON.

Il fait une agréable soirée. Venez ici, Marie et Charles, regardez le soleil. Il est à l'ouest. Il va se coucher. Comme il paraît beau ! Il n'est pas si brillant qu'il était à l'heure du dîner, quand il était haut dans le ciel. Oh ! que les nuages sont beaux ! Il y a des nuages cramoisis et des nuages couleur d'or. Maintenant le soleil descend à grands pas. Maintenant nous n'en pouvons voir que la moitié. A présent on ne peut plus le voir du tout. Adieu, Soleil, jusqu'à demain matin.

TEXTE.

It is a pleasant evening. Come hither, Mary and Charles, look at the sun. He is in the west. He is going to set. How pretty the sun looks ! He is not so bright as it was at dinner-time, when he was up high in the sky. O, how beautifull the clouds are ! There are crimson clouds, and gold-coloured clouds. Now the sun is going down a great pace. Now we can see only half of him. Now we cannot see him at all. Farewell, Sun, till to-morrow morning !

VOCABULAIRE.

Here.	Ici.	North.	Nord.	Breakfast.	Déjeuner.
There.	Là.	South.	Sud.	Lunch.	Second déjeuner.
Hither.	Ici.	Sun.	Soleil.	Sky.	Ciel.
Thither.	Là.	Moon.	Lune.	Heaven.	Ciel.
Evening.	Soir.	Star.	Etoile.	God.	Dieu.
Morning.	Matin.	Planet.	Planète.	Angels.	Anges.
Noon.	Midi.	To set.	Se coucher.	Soul.	Ame.
Day.	Jour.	To rise.	Se lever.	Ghost.	Esprit.
Night.	Nuit.	To look.	Regarder.	Mind.	Intelligence.
West.	Ouest.	To look.	Paraître.	Holy-Ghost.	Saint-Esprit.
East.	Est.	Dinner.	Dîner.		

MÉMOIRE DES MOTS.

Sun, moon, star, earth, sea, dinner, breakfast, lunch, north, south, west, east, day, night, morning, evening, noon, sky, heaven, angel, ghost, soul, God, mind, there, hither, here, thither, to set, to rise, to look, to look at.

La terre, la mer, la lune, le soleil, l'étoile, l'est, l'ouest, le nord, le sud, le jour, le matin, midi, le soir, la nuit, Dieu, le ciel, les ames, les esprits, l'intelligence, le ciel, les cieux, ici, là, se coucher, se lever, paraître, regarder.

VERSION.

Come hither. Go thither. Here is my sister. There is your brother. Where is the sun now ? He is in the west. Allways in the evening the sun is in the west. In the morning the sun rises in the east. At noon the sun is up high in the sky. In the morning when it is going to be light, you must look just there and presently you will see the sun get up. When you have had your supper and it is going to be night look for the sun just there. The stars are in the sky, God and his angels are in heaven with the souls of good men. I hope that I shall go to heaven, when I die.

THÈME.

La pluie vient des nuages. Regardez, voilà des nuages noirs. Comme ils passent vite ! Maintenant ils ont caché le soleil. Il y a encore un petit coin (bit) de ciel bleu. maintenant il n'y a plus de ciel bleu. Il est tout noir de nuages. Il fait sombre comme la nuit. Il pleuvra bientôt. Maintenant ça commence. Quelles grosses gouttes ! Les canards en sont bien aises. Mais les petits oiseaux ne le sont pas. Ils vont s'abriter sous les arbres. Maintenant la pluie est passée. Ce n'était qu'une ondée. Les fleurs sentent bon. Le soleil brille. Les oiseaux chantent de nouveau. Il ne fait pas si chaud qu'avant de pleuvoir.

TRENTE-CINQUIÈME LEÇON.

La lune est ronde maintenant, parce que c'est la pleine lune ; mais elle ne sera pas si ronde demain soir ; elle perdra un petit morceau, et le soir suivant, un petit morceau encore, et ainsi de suite, jusqu'à ce qu'elle soit comme un arc quand il est tendu. Elle deviendra de plus en plus petite, jusqu'à ce que, dans une quinzaine, il n'y ait plus de lune. Après cela il y aura une nouvelle lune, et vous la verrez le matin. Elle sera très mince d'abord, mais elle deviendra peu à peu aussi grosse et aussi ronde que celle-ci.

TEXTE.

The moon is round now, because it is full moon ; but it will not be so round to morrow night ; it will lose a little bit ; and the next night, a little bit more, and so on till it is like a bow when it is bent : and it will grow less and less, till in a fortnight there will be no moon at all. Then after that, there vill be a new moon, and you will see it in the aflernoon. It will be very thin at firt, but it will grow by degrees as big and round as this is.

VOCABULAIRE.

Full moon.	Pleine lune.	To-night.	Ce soir.	Till.	Jusqu'à ce que.
New moon.	Nouvelle lune.	Round.	Rond.	Still.	Encore.
Half moon.	Demi-lune.	Square.	Carré.	Bow.	Arc.
Bit.	Morceau.	Lose.	Perdre.	Arrow.	Flèche.
Big.	Gros, grosse.	Lost.	Perdu, ue.	Quiver.	Carquois.
Little.	Petit, te.	Get.	Gagner.	Bent.	Tendu, plié.
Less.	Moindre.	Got.	Gagné, éc.	To bend.	Tendre, plier.
To-morrow.	Demain.	So.	Ainsi, si.	Fortnight.	Quinzaine.
To-day.	Aujourd'hui.	So on.	Ainsi de suite.	Week.	Semaine.

MÉMOIRE DES MOTS.

Full, new, half, all, old, big, bigger, bit, little, less, to-night, to-day, to-morrow, square round, so, on, so on, till, still, to get, got, to bent, to lose, lost, quiver, arrow, bow, rain, rainbow four, night, fortnight, week, at first, at last, at all, by degrees, till, to grow less and less.

Une semaine, une quinzaine, un mois, un an, une flèche, un carquois, un arc, la pluie, l'arc-en-ciel, nouveau, nouvelle, plein, pleine, moitié, demie, un morceau, gros, grosse, petit, plus petit, rond, carré, encore, jusqu'à ce que, ainsi de suite, aujourd'hui, demain, gagner, perdre.

VERSION.

Now the sun is going down a great pace (rapidement.) Now we can see only half of him. Now we cannot see him at all. Farewell, sun ! till to-morrow morning. But now, Charles, turn your face the other way, to the east. What is it that shines so, behind the trees ? Is it a fire ? No, it is the moon. It is very large, and how red it is, like blood. The moon is round now because it is full moon. Will the moon go up high in the sky and then go down and set as the sun did this evening ? Yes.

THÈME.

La lune est-elle toujours ronde ? Non. Seulement quand c'est la pleine lune. Quand il y a une nouvelle lune on ne la voit plus ; puis elle revient. Elle est très mince d'abord, mais elle devient plus ronde et plus grosse chaque jour, jusqu'à ce que enfin, dans une quinzaine elle soit pleine. Qu'est-cela ? C'est un arc. Avez-vous des flèches aussi ? Oui, il y en a quelques-unes dans mon carquois. Pouvez-vous tendre cet arc ? Oh ! oui. Voyons, essayez. Vous ne pouvez pas ? Si. Il est tendu. Prenez le carquois. Donnez-moi une flèche. Je veux tuer cet oiseau. Le voilà mort.

TRENTE-SIXIÈME LEÇON.

Heat.	Chaleur.	Flail.	Fléau.	Beat.	Battre.
Heat.	Chauffer.	Thrash.	Battre.	Butter.	Beurre.
Oven.	Four.	Thrashed.	Battu, ue.	Better.	Meilleur, re.
Bake.	Faire cuire.	Reap.	Moissonner.	Churn.	Baratte.
Baker.	Boulanger.	Wheat.	Froment.	Churn.	Baratter.
Knead.	Pétrir.	Sown.	Semé, ée.	Milk.	Lait.
Flour.	Farine.	Sow.	Semer.	Milk.	Traire.
Grind.	Moudre.	Seed.	Graine.	Milked.	Traite.
Ground.	Moulu.	Plough.	Charrue.	Pail.	Seau.
Mill.	Moulin.	Plough.	Labourer.	Spread.	Etendre.
Miller.	Meunier.	Carpanter.	Charpentier.	Slice.	Tartine.

MÉMOIRE DES MOTS.

Dough, heat, oven, baker, flour, mill, miller, flail, wheat, seed, plough-share, plough, carpenter, butter, churn, milk, pail, slice. To heat, to bake, to knead, to grind, ground, to thrash, to reap, to sow, to plough, to beat, to churn, to milk, to spread, thrash, thrashed.

Pâte, baratte, froment, lait, chaleur, four, meunier, semence, charrue, lait, seau, charpentier, fléau, boulanger, farine, beurre, tartine. Chauffer, cuire, pétrir, moudre, moissonner, battre, étendre, baratter, semer, moulu, cuire, pétrir, battre, labourer, traite, traire, moudre, moulin, meunier, labourer, battre, battu.

PHRASES.

Charles wants some bread and butter. But the bread it not baked. Then bid Christopher Clump heat his oven and bake it. But the loaf is not kneaded. Then bid little Margery take the dough and knead it. But the flour it not ground. Then take it to the mill, and bid Roger the miller to grind it. But the corn it not thrashed. Then bid Jhon take his flail and thrash it. But the corn is not reaped. Then bid Dick Clodpole take his sickle, and cut it. But the wheat is not sown. Then bid farmer Diggory take the seed and sow it. But the field is not ploughed. Then bid Ralp take his horses and plough it. But the plough is not made. Then go to Humphrey the carpenter and bid him make one. But there is never a plough share. Then bid Fire-brass the smith to go to his anvil and beat one. But we have no butter. Then go to the market, Susan, and buy some. But the butter is not churned. Then take your churn, Dolly, and churn some. But the cow is not milked. Then take your pail, Cicely, and milk it. Now, Betty, pray, spread Charles a slice of bread and butter.

Charles voudrait du pain et du beurre. Mais le pain n'est pas cuit. Dites donc à Christophe de chauffer son four et de le cuire. Mais le pain n'est pas pétri. Dites alors à la petite Marguerite de prendre la pâte et de la pétrir. Mais la farine n'est pas moulue. Pour lors portez-la au moulin et dites à Roger le meunier de la moudre. Mais le blé n'est pas battu. Dites alors à Jean de prendre le fléau et de le battre. Mais le blé n'est pas moissonné. Alors dites à Richard Clodpole de prendre sa faucille et de le couper. Mais le froment n'est pas semé. Dites donc au fermier Diggory de prendre la graine et de la semer. Mais le champ n'est pas labouré. Alors dites à Raphaël de prendre les chevaux et de le labourer. Mais la charrue n'est pas faite. Alors allez chez Humphrey, le charpentier, et dites-lui d'en faire une. Mais il n'y a pas de soc. Alors dites à Bras-de-feu, le forgeron, d'aller à son enclume et d'en battre un. Mais nous n'avons pas de beurre. Alors, allez au marché, Suzanne, et achetez-en. Mais le beurre n'est pas baratté. Alors prenez votre baratte, Dorothée, et barattez-en. Mais la vache n'est pas traite. Alors prenez votre seau, Cécile, et trayez-la. Maintenant, Elisabeth, faites à Charles une tartine de pain et de beurre.

TRENTE-SEPTIÈME LEÇON.

Adieu, Papa. Au revoir, ma sœur. Nous allons bien loin d'ici. Nous passerons par la ruelle et à travers le cimetière, et par la maison du coin et par dessus la barrière, jusqu'à ce que nous soyons tout-à-fait dans les champs. Quelquefois nous irons par des routes de poussière et de sable, et quelquefois par de petits chemins où nous entendrons chanter les oiseaux. Prenez votre chapeau, partons.

TEXTE.

Good-bye, papa. Farewell, sister. We are going a great way off. We shall go down the lane, and through the church-yard, and by the corner-house, and over the stile, till we have got quite into the fields. And sometimes we shall go through dusty sandy roads; and sometimes through green lanes, where we shall hear the birds sing. Bring your hat, let us go.

VOCABULAIRE.

Good-bye.	Adieu.	Corner.	Coin.	Night-cap.	Bonnet de nuit.
Farewell.	Adieu.	House.	Maison.	Through.	A travers.
Great.	Grand, de.	Corner-house.	Maison du coin.	Over.	Par dessus.
Way.	Chemin.	Home.	La maison.	Besides.	Hormis.
Off.	Au loin.	To be home.	Etre chez soi.	For.	Car.
A great way off.	Loin d'ici.	Stile.	Barrière.	For.	Pour.
Go down.	Descendre.	World.	Monde.	Dust.	Poussière.
Lane.	Ruelle.	Place.	Lieu, endroit.	Dusty	Poudreux.
Church.	Eglise.	Hat.	Chapeau d'homme	Sand.	Sable.
Yard.	Cour.	Bonnet.	Chapeau de femme	Sandy.	Sablonneux.
Church-yard.	Cimetière.	Cap.	Bonnet.	Road.	Route.

MÉMOIRE DES MOTS.

Good-bye, farewell, church, yard, church-yard, house, home, corner, lane, corner-house, world, place, hat, stile, bonnet, cap. Besides, through, down, up, over, off. To go down, to be home, to go a great way off. To go down, to go up, to go over, to go by, dust, dusty road, dusty way, dusty lane; sand, sandy road, sandy way, sandy lane.

Cour, église, cimetière, chapeau, bonnet, bonnet de nuit, maison, coin, maison du coin, ruelle, barrière, monde, à la maison. Descendre, monter, passer à travers, passer à côté, passer pa, dessus. Hormis, à travers, par dessus, par dessous, sable, poussière; sablonneux, poudreux, route sablonneuse, route poudreuse, chemin sablonneux, chemin poudreux.

VERSION.

Little boys and girls, come to me. Tell me how far from home you have been in your life? I think I should like to go a great long way with you, and see what we could see : for there are a great many places in the world besides home. Now let us go. Let us go a great, great way off. We shall go down the lane. We shall go through the church-yard. We shall go by the corner-house. We shall go over the stile. We shall go till we have got quite into the fields. Sometimes we shall go through dusty roads and sometimes through green flowered grass.

THÈME.

Que les champs paraîtront jolis ! Car ce sera l'été, les beaux jours de l'été. Il y aura des fleurs jaunes. Il y aura des fleurs blanches, des fleurs de toutes couleurs. Il y aura de l'herbe, des arbres, des haies pleines d'aubépine. Les sauterelles gazouilleront, gazouilleront, sous nos pieds. Mais nous ne nous arrêterons pas pour les attraper. Cela ne ferait que nous retarder, et nous aurons un grand chemin à parcourir (to go). Eh bien, partons; partons vite. Adieu, papa; adieu, maman ; adieu, mon frère ; adieu, ma sœur. Prenez votre chapeau, partons. Le temps est beau. Nous n'aurons pas de pluie.

3**

TRENTE-HUITIÈME LEÇON.

Dites-moi, je vous prie, quelles sont ces jolies créatures qui paraissent si douces et si bonnes, et qui ont sur le dos une laine blanche, épaisse et molle comme un vêtement, et qui font un bruit semblable à celui que font les petits enfants quand ils pleurent? Ce sont des brebis et des agneaux. Je voudrais en attraper un. Laissez-moi prendre cet agneau blanc. Oh! je ne puis pas. Il s'échappe. Il court plus vite que moi.

TEXTE.

Pray, what are those pretty creatures that look so meek and so goodnatured, and have soft thick white wool upon their back, like a great coat, and make a noise like the baby when it cries? Those are sheep and lambs. I should like to catch one. Let me catch this white lamb. O, I cannot. He is running away, he runs faster than I.

VOCABULAIRE.

Who.	Qui, quel.	Meek.	Doux, ce.	Cry.	Pleurer, crier.
Whom.	Qui, quel.	Sweet.	Doux, ce.	Sheep.	Brebis.
Whose.	De qui.	Goodnatured.	D'un bon naturel.	Lamb.	Agneau.
Which.	Qui, quel.	Goodnature.	Bon naturel.	Ewe.	Jeune brebis.
What.	Qui, quoi.	Soft.	Mou, mol, molle.	Whether.	Mouton.
Those.	Ces, ceux-là.	Thick.	Epais, se.	Mutton.	Viande de mouton
That.	Cela, celui-là.	Wool.	Laine.	Ram.	Bélier.
These.	Ces, ceux-ci.	Coat.	Habit.	Shepherd.	Berger.
This.	Ceci, celui-ci.	Great coat.	Redingote.	Flock.	Troupeau.
Creature.	Créature.	Baby.	Petit enfant.	Sheepfold.	Bergerie.

MÉMOIRE DES MOTS.

Sheep, shepherd, sheepfold, lamb, ewe, ram, whether, flock, coat, great coat, wool, creature, baby, noise. To cry, to look, to make. Goodnatured soft, thick, white, meek, sweet, who, whom, whose, which, what, that, those, this, these. What is this? What is that. What are these. What are those? This is a lamb. That is a sheep. These are babies, those are children.

Quel, quelle, de qui, quoi, doux, bon, mol, molle, mou, épais, blanc, noir, noire, blanche, pleurer, avoir l'air, paraître. Un enfant, un agneau, une brebis, une jeune brebis, un bélier, un mouton, une créature, un bruit. Un berger, une bergerie, un troupeau. Ceci est un agneau, cela est une brebis. Ces animaux-ci sont des moutons, ceux-là sont des béliers. Qu'est cela? Un berger. Qu'est ceci? Une bergerie.

VERSION.

There was once a shepherd, who had a great many sheep and lambs. He took a great deal of care of them and gave them sweet fresh grass to eat, and clear water to drink and if they were sick (malade), he was very good to them. When the lambs were tired he used to carry them in his arms, and when they were all eating their suppers in the field, he used to sit upon a stile and play them a tune (un air), and sing to them. So they were the happiest sheep and lambs in the whole world.

THÈME.

Chaque soir le berger avait coutume de les parquer (pen up) dans une bergerie; c'est-à-dire que chaque soir, quand il faisait sombre et froid, le berger appelait tout son troupeau, brebis et agneaux, tous ensemble, et les conduisait (drove them) dans la bergerie. Là ils étaient aussi chaudement que possible, et les chiens se tenaient tout autour pour aboyer si quelqu'un s'approchait. Le matin le berger ouvrait la bergerie et les laissait sortir. Ils étaient tous très heureux et ils aimaient tendrement le berger qui était si bon pour eux.

TRENTE-NEUVIÈME LEÇON.

Quels sont ces animaux avec des cornes, qui sont plus grands que les brebis? Quelques-uns d'eux sont noirs et d'autres rouges. Ils font un grand bruit, mais ils n'ont pas l'air de vouloir faire du mal à personne. Ce sont les vaches qui donnent le lait. Caressez-les. Pauvres vaches!

TEXTE.

What are those creatures with horns, that are bigger than the sheep? Some of them are black and some red. They make a loud noise, but they do not look as if they would hurt any body. Those are cows that give milk. Stroke them. Poor cows!

VOCABULAIRE.

Creature.	Créature.	Loud.	Haut, fort.	Beefsteak.	Beefsteak.
Being.	Etre.	Hurt.	Faire du mal à.	Toe.	Orteil.
Horn.	Corne, cor.	Cow.	Vache.	Claws	Griffes.
Horny.	Calleux, de corne.	Calf.	Veau.	Foot.	Pied.
Horned.	Cornu, ue.	Veal.	Veau.	Hoof.	Sabot.
Big.	Gros.	Ox.	Bœuf.	Hoofed.	Qui a un sabot.
Bigger.	Plus gros.	Oxen.	Bœufs.	Cloven-footed.	{ Qui a le pied fourchu.
Biggest.	Le plus gros.	Beef.	Bœuf.		

MÉMOIRE DES MOTS.

Creature, being, horn, hoof, foot, toe, claws, cow, calf, ox, oxen, veal, beef, pork, hog, horny, horned, foot, footed, four-footed, cloven-footed, hoof, hoofed, digitated, big, bigger, loud, louder, to hurt, to be.

Gros, plus gros, haut, plus haut, faire mal, digité, qui a des pieds, qui a quatre pieds, qui a le pied fourchu, cornu, de corne, qui a des pieds en corne, qui a des sabots; créature, être, corne, pied, jambe, orteil, griffes, bœuf, vache veau, porc.

VERSION.

You know, how many legs a horse has? Yes, a horse has four legs. And do you know what an animal is called that has four legs? It is called a quadruped. The cow is a quadruped, and the ox and the pig, and the dog, and the lion, and all the beasts. But birds are not quadrupeds, for they have only two legs. Some quadrupeds have hoofs. The horse has hoofs; so has the ass, and the cow; but the dog has no hoofs; the dog has toes with claws; so the dog is not hoofed, but digitated; and the cat and the squirrel and a great many more are digitated. The hoof of the horse is whole; it is all in one piece; but the hoof of the cow is parted (divisé), as if it were two hoofs. The hoof is cloven. The cow is cloven-footed. The sheep is cloven-footed. The hog, and the stag are cloven-footed too, but the horse and the ass, have whole hoofs.

THÈME.

Les chiens ont quatre pattes. Les brebis ont quatre pattes aussi. Comment appelez-vous l'animal qui a quatre pattes. Je l'appelle un quadrupède. Le cheval est-il un quadrupède? Oui. Et le chien? Oui. Et le chat? Oui. Et la vache? Oui. Et la brebis? Oui. Et l'hirondelle? Non. L'hirondelle est un oiseau, et les oiseaux n'ont que deux pattes. Les ailes prennent la place des deux autres. Savez-vous ce que c'est qu'un sabot? Non. Quelques animaux ont les pieds en corne (have horny feet); un pied en corne cela s'appelle un sabot. L'âne a des sabots; la vache a des sabots. Le chien a-t-il des sabots? Non. Et le chat? Non plus. Et savez-vous ce qu'a un chien? Un chien a des orteils avec des griffes. Ses pieds sont digités. Donc il y a des animaux qui sont digités et d'autres pourvus de sabots. Il y a des sabots tout d'une pièce, comme le sabot du cheval, et des sabots fendus.

QUARANTIÈME LEÇON.

Qu'est-ce que cette grande chose qui a quatre immenses bras qui remuent très vite ? Je crois que, si j'en étais tout près, ils me jetteraient par terre. C'est un moulin à vent. Ces bras sont les ailes. Le vent les fait tourner. A quoi sert un moulin à vent ? C'est pour moudre le blé. Vous n'auriez pas de pain si le blé n'était pas moulu.

TEXTE.

What is that tall thing that has four great arms which move very fast ! I believe, if I was near it, they would strike me down. It is a wind-mill. Those arms are the sails. The winds turn them round. And what is a wind-mill for ? It is to grind corn. You could have no bread if the corn were not ground.

VOCABULAIRE.

Tall.	Haut, haute.	Miller.	Meunier.	Grinder.	Emouleur.
High.	Haut, haute.	Miller's wife.	Meunière.	Grindstone.	Meule.
Fast.	Vite, vitement.	Flour.	Farine.	Grinders.	Dents mâchelières
Strike.	Frapper.	Sail.	Voile, vaisseau.	Corn.	Blé.
Down.	A bas, en bas.	Sail.	Aile de moulin.	Wheat.	Froment.
Strike down.	Renverser.	What for.	Pourquoi.	Oats.	Avoine.
Wind.	Vent.	Grind.	Moudre, broyer.	Rye.	Seigle.
Mill.	Mou'in, moulinet.	Ground.	Moulu, ue.	Barley.	Orge.
Wind-mill.	Moulin à vent.	I ground.	Je moulus.	Peeled barley.	Orge mondé.

MÉMOIRE DES MOTS.

Wind, mill, wind-mill, grinder, miller's wife, flour, sail, grinder, grindstone, grinders, corn, barley, peeled barley, wheat, oats, rye, thing; tall, high, great, big, large, wide, fast, quick, strike, striker, to grind, ground.

Le moulin, le meunier, la meunière, le moulin à vent, la farine, le blé, la meule de moulin, le seigle, l'avoine, l'orge, l'émouleur, les mâchelières, l'orge mondé; haut, élevé, grand, gros, vaste, vite, vif, moudre, moulu, j'ai moulu, je moulus.

VERSION.

Let us go to the miller's house and see what we can see. The miller's house is a mill. There are water-mills and wind-mills and steam-mills. A wind mill has four long arms called sails. The wind moves them around, the sails move the grindstone and the grindstone grinds the corn, that makes the flour. The flour makes the dough and with the dough people make bread. The miller has a horse too. They call it the mill-horse. The miller carries the flour to the town with it. I don't know what we should do without mills. There would be no flour, nor bread. A very long time ago there were not any mills. Men used stones to grind the corn with.

THÈME.

La farine est blanche. Le meunier a un chapeau blanc. Le moulin est très élevé. Qu'est-ce que ces quatre grands bras qui tournent, qui tournent (go around, around)? Ce sont les ailes du moulin Ne vous en approchez pas. Elles vous jetteraient par terre. Qu'est-ce que cette femme? C'est la meunière ; elle mène un vieux cheval ; c'est le cheval du moulin. Entrerons-nous dans le moulin. Quel bruit ! C'est la meule qui moud le blé. Montrez-moi des grains de blé, s'il vous plaît. En voici dans ce sac (sack). Qu'y a-t-il dans ces autres sacs ? Il y a toutes sortes de blés, du froment, du seigle, de l'orge, de l'avoine. Fait-on du pain avec tous ces blés? Oui, mais le pain de froment est le meilleur.

QUARANTE-UNIÈME LEÇON.

Eh ! mais voici une rivière ! Comment allons-nous faire pour la traverser ? Eh quoi ! Ne voyez-vous pas comment font ces canards ? Ils nagent. Mais moi je ne puis pas nager. Alors, il faut apprendre à nager, je crois ; car la rivière est trop large pour la sauter. Ah ! voici un pont. Quelqu'un a fait pour nous un pont sur la rivière. Ce quelqu'un a été très complaisant. Il était même très habile. Comment a-t-il pu le faire ?

TEXTE.

Well, but here is a river ! How shall we do to get over it. Why, do not you see how those ducks do ? They swim over. But I can not swim. Then you must learn to swim, I believe. It is too wide to jump over. O, here is a bridge ! Somebody has made a bridge for us quite over the river. That somebody was very good, and he was very clever too. I wonder how he made it.

VOCABULAIRE.

River.	Rivière, fleuve.	Deep.	Profond, de.	To wonder.	S'étonner.
Rivulet.	Ruisseau.	Bank.	Bord.	Wonder.	Merveille, prodige
Stream.	Courant d'eau.	Bridge.	Pont.	Wonderful.	Prodigieux.
Brook.	Ruisseau.	Stone bridge.	Pont de pierres.	Wonderfully.	Prodigieusement.
Torrent.	Torrent.	Wooden bridge.	Pont de bois.	To flow.	Couler.
Fountain.	Fontaine.	Iron bridge.	Pont de fer.	Water.	Eau.
Spring.	Source, jet d'eau.	Clever.	Habile, adroit, te.	Steam.	Vapeur.
Channel.	Lit d'une rivière.	Cleverly.	Adroitement.	Steam-boat.	Bateau à vapeur.
Wide.	Large.	Awkward.	Maladroit, te.		

MÉMOIRE DES MOTS.

River, stream, brook, rivulet, torrent, spring, fountain, channel, bank, bridge, stone bridge, wooden bridge, iron bridge, water, steam ; wide, deep, wonderful, clever, cleverly, awkward, to get over the river, to swim over the river.

Eau, vapeur, nuage, pluie, neige, fontaine, ruisseau, torrent, rivière, pont, bord, profond, large, habile, maladroit ; traverser une rivière à la nage, sauter par-dessus la rivière, faire un pont sur une rivière. Vapeur, bateau à vapeur.

VERSION.

The steam rises from the sea. It formes the clouds that are upon our heads very high up in the sky. The wind blows the clouds on towards the hills and mountains. There the clouds turn into rain or shower or snow. Rain and melted snow rush down the mountains in bellowing and foamy torrents, or in murmuring streams and brooks. The foamy torrents, the murmuring brooks and the springing fountains come along and join their waters together, and thus form a wide river. Why, does this river come from the mountains ? Yes. And where does it go ? To the sea. Are all rivers going to the sea ? Yes, all. Farewell, then, pure and clear waters that flow before my eyes. Shall I ever see you again ?

THÈME.

Allons sur les bords de la rivière. C'est une promenade que j'aime beaucoup. J'aime à voir l'eau couler, les poissons sauter hors de l'eau, et les canards nager à sa surface. Si je pouvais nager comme eux, je serais bien heureux ! La rivière est bien large et bien profonde et les canards sont bien petits. Comment font-ils pour la traverser ? Ils s'en vont comme de petits bateaux. Qu'est cela ? C'est un pont que l'on fait. Un pont est une sorte de chemin que l'on fait sur une rivière. Les hommes passent par-dessus et la rivière par-dessous. Il faut être bien habile en vérité pour construire un pont. On le fait avec des pierres ? Oui, c'est un pont de pierres. Il y a aussi des ponts de fer et des ponts de bois.

QUARANTE-DEUXIÈME LEÇON.

Quoi? vous êtes déjà fatigué, cher enfant? Cependant nous ne sommes pas très loin de la maison. Allons, courage! Nous devons aller loin, loin, loin! Nous verrons d'autres rivières et d'autres champs, et des villes plus grandes que la nôtre de beaucoup, de très grandes villes, de belles églises, des rues, du monde, bien plus qu'il n'y en a à la foire. Et nous aurons de hautes collines à monter. Je crois que je dois me procurer quelqu'un pour porter le petit garçon au sommet de ces hautes collines.

TEXTE.

What? You are already tired, dear child. Yet, we are not very far from home still. Haste! let us go. We must go on, on, on! We shall see more rivers and more fields and towns bigger than our town a great deal, very large towns, and fine churches, streets and people, more than there is at the fair. And we shall have a great many hills to climb. I believe I must get somebody to carry the little boy up those high hills.

VOCABULAIRE.

Tired.	Fatigué, ée.	Household.	Ménage.	Steeple.	Clocher.
To tire.	Fatiguer.	Town.	Ville.	Hill.	Montagne, colline.
Fatigued.	Fatigué, ée.	City.	Cité.	Hilly.	Montagneux.
To fatigue.	Fatiguer.	Village.	Village.	Coast.	Côte.
Fatigue.	Fatigue.	Hamlet.	Hameau.	Fields.	Champs.
Weary.	Fatigué, las.	Cottage.	Chaumière.	Road.	Route.
To weary.	Fatiguer, lasser.	Castle.	Château.	Way.	Chemin.
Weariness.	Fatigue, lassitude	Palace.	Palais.	Highway.	Grand chemin.
Home.	Maison, à la maison.	Building.	Bâtiment.	Street.	Rue.
		Church.	Eglise.	Square.	Place.
House.	Maison.	Churches.	Eglises.		

MÉMOIRE DES MOTS.

Tire, fatigue, weary; tired, fatigued, wearied, weariness, house, household, home, town, village, hamlet, castle, cottage, palace, church, steeple, people, streets, roads, ways, highway, hills, fields, squares. To climb a hill.

Fatigué, las, fatiguer, lasser, lassitude, ménage, maison, chaumière, village, château, ville, maisons, palais, églises; chemins, routes, grands chemins, rues, places; champ, côtes, collines, montagnes; grimper sur un arbre.

VERSION.

A cottage is a little house in the country. Peasants live in cottages. Many cottages put together form a village. The inhabitants of a village are called villagers and those of a city citizens. Clusters of houses, churches and palaces form a town. There are towns that have thousands of buildings. London and Paris are very large towns; but they are not the largest towns in the world. The largest of all are found in China: China is a country situated very, very far from England. The people of that country are called chinese. Paris and Rome are full of beautiful buildings; but there are fine churches in every country of Europe.

THÈME.

Voici un village. Un village est un amas de chaumières. Il y a aussi une petite église et un clocher. Les villageois sont tous à l'ouvrage dans les champs. Ils fauchent l'herbe, font du foin et moissonnent le blé. Les villageois portent le blé et le foin à la ville pour y nourrir les hommes et les chevaux. Je ne sais ce que nous ferions à la ville si les paysans ne nous apportaient pas du blé pour faire de la farine et du pain. Que de monde il y a à la ville. Regardez dans la rue et sur les places. Des milliers de personnes vont et viennent. Les maisons et les églises sont aussi pleines de monde.

QUARANTE-TROISIÈME LEÇON.

Nous voici arrivés à la mer. Pêcheur, dites-moi, je vous prie, comment appelle-t-on ces grandes maisons de bois, avec des perches aussi hautes que des arbres au milieu, et des cordes et des draps blancs? On les appelle vaisseaux. Les perches sont les mâts, et les draps blancs sont les voiles. Ces hommes avec des jaquettes, des pantalons et des chemises rayées, sont des matelots. Les matelots sont très agiles. Ils grimpent le long des cordages et des mâts. Entrons. Ces petites chambres se nomment cabines. A quoi servent les vaisseaux? Ils servent à traverser la mer.

TEXTE.

We are come to the sea. Pray, fisherman, tell me what do they call those great wooden houses, with poles as high as trees in the middle, and ropes and white sheets? They are called ships. The poles are the masts, and the white sheets are the sails. Those men with jackets and trowsers and checked shirts are sailors. The sailors are very nimble. They climb up the ropes and masts. Let us go in. These little rooms are called cabins. What are ships for? They are made on purpose to go over the sea.

VOCABULAIRE.

Ocean.	Océan.	Sheet.	Drap de lit.	Breeches.	Culottes, pantalons.
Sea.	Mer.	Sail.	Voile.		
Seacoast.	Côte de la mer.	To sail.	Faire voile.	Shirt.	Chemise d'homme
Sea-voyage.	Voyage par mer.	Sailing.	Navigation.	Shift.	Chemise de femme
Seafight.	Combat naval.	Sailor.	Matelot, marin.	Checked.	Rayé, ée.
Map.	Carte de géographie.	Nimble.	Agile.	Room.	Chambre, place..
		Rope.	Corde.	Chamber.	Chambre.
Lake.	Lac.	Cable.	Câble.	Fish.	Poisson, pêcher.
Land.	Terre.	String.	Corde, cordon.	Fisher.	Pêcheur.
Island.	Ile.	Thread.	Fil.	Fisherman.	Pêcheur.
Pole.	Perche.	Jacket.	Jaquette.	On purpose.	A dessein.
Mast.	Mât.	Trowsers.	Pantalons larges.		

VERSION.

I wonder what they call this great water! there is an old fisherman, sitting upon a stone, drying himself. I think we will ask him. Pray, fisherman, what is this great water? It is the sea. Did you never hear of the sea? What? Is this great water the same sea that is in our map at home? Yes, it is. But it is so little in the map! Is there any thing on the other side of this sea. Yes, fields and towns and people. This sea is called the channel by the english and la Manche by the french people. This country is England and the country situated on the other side of the sea is France. There are a great many people, men and women and little boys and girls.

THÈME.

Toutes les mers ensemble forment l'Océan. Prenez une carte de géographie : montrez-moi l'Océan. Maintenant montrez-moi une mer. Quelle est cette mer! La mer du Nord. Montrez-moi les mers du Sud. Quelle est cette terre au milieu de la mer? C'est une île. L'Angleterre est tout au milieu de la mer; l'Angleterre est une île. Mais la France n'est pas une île. Les vaisseaux sont de grandes maisons de bois qui nagent sur l'eau. Ils ont des mâts, des voiles et des cordages, et de petites chambres appelées cabines. Les hommes qui vivent sur les vaisseaux s'appellent matelots. Les matelots ont des chemises rayées, de larges pantalons et des jaquettes.

QUARANTE-QUATRIÈME LEÇON.

Nous voici sur la grande mer. Soufflez, vent, soufflez. Voguez, navire. Comme nous allons vite! Les champs sont déjà très loin. On ne voit plus que l'eau et le ciel. Rien que le ciel sur nos têtes, rien que l'eau tout autour de nous. Eh! bien, voici assez d'eau si nous avons soif. Oui, mais elle est amère et salée. Le vaisseau se balance. J'ai de la peine à marcher droit. Je crois que je suis ivre. Oh! nous arrivons aux villes qui sont de l'autre côté de la mer.

TEXTE.

Now we are upon the great sea. Blow, blow, wind! Sail away, ship! How fast we go! Now the fields are a great way off. We can see nothing but the water and the sky. All sky over our heads and all water every where round us. Well; here is water enough if we should be thirsty. Yes, but it is salt and bitter. The ship is rolling about. I cannot walk steady. I think I am tipsy. O, now we are coming to the great towns on the other side of the sea!

VOCABULAIRE.

Ship.	Vaisseau.	Hungerly.	Avidement.	Bitterly.	Amèrement.
Shipboat.	Chaloupe.	Salt.	Sel.	Steady.	Ferme.
Shipboy.	Mousse.	Salt.	Salé, ée.	Tipsy.	Ivre.
Shipman.	Marin.	To salt.	Saler.	Plain.	Plaine.
Shipwreck.	Naufrage.	Salt-maker.	Saunier.	Plain.	Simple, clair.
Thirsty.	Altére, qui a soif.	Pepper.	Poivre.	Plainly.	Simplement.
Thirst.	Soif, désir.	Mustard.	Moutarde.	Plainness.	Simplicité.
Thirstily.	Avidement.	Spice.	Epice, aromate.	Hail.	Salut.
Hunger.	Faim, désir.	Bitter.	Amer.	Green.	Gris.
Hungry.	Qui a faim, affamé.	Bitterness.	Amertume.	Greenish.	Grisâtre.

MÉMOIRE DES MOTS.

Blow; blow your nose; the wind wild blow you away; blow the candle out; a ship, a shipboat; the shipboys and shipmen; a shipwreck; I am thirsty; you are hungry; this is salt water; the salt is whitish, the sea is greenish; the pepper is yellowish; my soup is too salt.

La neige est blanche; les maisons sont blanchâtres; ces vaches sont noirâtres; le ciel est bleuâtre; la mer est grisâtre; je vois le vaisseau très distinctement; ceci est amer, cela est salé; j'ai faim; j'ai soif; ces hommes sont des sauniers: vous mangez trop avidement.

VERSION.

There is a ship. She is starting for France. Will you go with her? Yes. Come, make haste, she will not stay for you. What are you doing? Picking up shells! We must get into a boat first, because the ship is not near enough. Now we are in. There are little rooms in the ship, which are called cabins. Those cabins are for passengers. Let us walk about and look at the ship. What! you cannot walk steady? I am afraid you are tipsy; because the ship rolls about. But the sailors can walk steady. The sea is not like the river it is greenish. The water is salt.

THÈME.

La France est un beau pays. Il y fait plus chaud qu'en Angleterre. Il y a de belles fleurs, des fruits et de gros raisins. Les vignes y croissent dans les champs, elles ne croissent pas contre les murs comme en Angleterre. Il y a une infinité de monde, des hommes, des femmes, des garçons, des filles, qui chantent, qui dansent. J'aimerais habiter la France. Mais je ne sais pas parler français. Personne ne me comprendrait maintenant. Voyons, allons parler à cette petite fille. Petite fille, donnez-nous, je vous prie, de ce beau fruit que vous avez.

COURS D'ANGLAIS

POUR LES ENFANTS.

LIVRE II.

PREMIÈRE LEÇON.

SENS DU TEXTE.

La lune dit : Mon nom est lune. Je luis pour vous éclairer, la nuit, quand le soleil est couché. Je suis belle et blanche comme l'argent. Vous pouvez me regarder toujours ; je ne suis pas assez brillante pour éblouir vos yeux. Jamais je ne vous brûle. Je suis douce et tendre. Je laisse luire même le ver luisant, qui, le jour, est tout-à-fait terne. Les étoiles luisent autour de moi, mais je suis plus grande et plus brillante que les étoiles. Quand vous dormez, je brille à travers vos rideaux avec mes doux rayons, et je dis : Dormez, pauvre petit ; je ne veux point troubler votre repos. C'est pour moi que chante le rossignol, qui chante mieux que tous les oiseaux de l'air. Il repose sur une branche d'épine et chante mélodieusement tout le long de la nuit, pendant que la rosée dort sur l'herbe et que tout est calme et silencieux autour de lui.

TEXTE DE LA LEÇON.

The Moon says, My name is Moon; I shine to give you light in the night, when the sun is set. I am very beautiful and white like silver. You may look at me always, for I am not so bright as to dazzle your eyes, and I never scorch you. I am mild and gentle, I let even the little glow-worm shine, which is quite dark by day. The stars shine all round me, but I am larger and brighter than the stars. When you are asleep I shine through your curtains with my gentle beams, and I say, Sleep on, poor little tired boy, I will not disturb you. The nightingale sings to me, who sings better than all the birds of the air. She sits upon a thorn and sings melodiously all night long while the dew lies upon the grass and every thing is still and silent all around.

VOCABULAIRE.

Name.	Nom.	Gentleness.	Gentillesse.	Hawthorn.	Aubépine.
To name.	Nommer.	Glowworm.	Ver luisant.	Melodiously.	Mélodieusement.
A look.	Un regard.	Worm.	Ver. [brasé.	Melodious.	Mélodieux.
To look.	Paraître, sembler.	Glow.	Éclat, être em-	Melody.	Mélodie.
To look at.	Regarder.	Glowing.	Ardent. [ler.	Dew.	Rosée.
To look for.	Chercher.	Sparkle.	Etincelle, étince-	Dewy.	Couvert de rosée.
To dazzle.	Eblouir.	Sparkling.	Etincelant.	Still.	Calme.
Dazzling.	Eblouissant.	Asleep.	Endormi, assoupi.	Stilness.	Le calme.
Dazzling.	Eblouissement.	Sleep.	Sommeil, dormir.	Silent.	Silencieux.
To scorch.	Brûler, rôtir.	Sleeper.	Dormeur, euse.	Silence.	Silence.
Scorching.	Brûlant, te.	Beam.	Rayon, rayonner.	Slowly.	Lentement.
Mild.	Doux, ce.	Beamy.	Radieux, euse.	Slow.	Lent, te.
Mildness.	Douceur.	Disturb.	Troubler, déran-	People.	Peuple, gens.
Gentle.	Doux, gentil.	Thorn.	Epine. [ger.	Moonlight.	Clair de lune.

MÉMOIRE DES MOTS.

What is your name? Georges. They name me Brutus. You look pale. I look at the moon. I look for my book. The sun dazzles my eyes. The sun is dazzling. The sun is scorching. The moon is not so hot as to scorch us. The sheep is mild. The ass is gentle and patient. I like your sister's mildness. Gentleness is an agreable quality. What are that green lights under the hedge? In some contries there are insects which give a great deal more light than the glowworm. You are asleep. You sleep. I am not a great sleeper. It is a beam of the sun. Sleep on, I will not disturb you. There is no rose without thorns. The grass is wet with dew; Be still; be silent. Make haste slowly. I don't know what people say.

Mon nom est Georges. Il a l'air pâle. Regardez la lune. Cherchez votre livre. La lune n'éblouit pas vos yeux. La lune n'est pas éblouissante, elle ne peut pas vous éblouir. L'agneau est doux. Votre douceur me plaît. Les vers luisants sont comme de petites étoiles sur le sol. Prenez un ver luisant ; n'ayez pas peur. Il ne vous brûlera pas. Il est tout-à-fait terne à la chandelle. Levez-vous, vous êtes un dormeur. Vous dormez tout le jour. Je viens vous déranger. Les épines piquent. L'aubépine est en fleurs. Le rossignol chante mélodieusement. L'herbe est couverte de rosée. J'aime le calme de la nuit. Restez tranquille. Taisez-vous. Dans quelques pays il y a des insectes qui donnent plus de lumière que le ver luisant. On les appelle mouches de feu.

VERSION (1).

O beautiful Moon, Thou shinest to give us light in the dark night, when the bright sun is set. Thou art beautiful and white like silver. I may look at thee always, for thou art not so bright as to dazzle my eyes, and thou never scorches me. Thou art mild and gentle. Thou lettest even the little glow-worm shine, which is quite dark by day. The stars shine all round thee, but thou art larger and brighter than the stars and thou lookest like a large pearl amongst a great many sparkling diamonds. When I sleep thou shinest through my curtains with thy gentle beams and thou sayest. Sleep on, poor little tired boy. The nightingales sing to thee, who sing better than all the birds of the air. They sit upon thorns and sing with melody all night long, while the dew lies upon the grass and every thing is still and silent all around.

THÈME.

Le nom de cet astre est lune. La lune brille pour nous pendant la nuit. Elle est très belle. Elle est blanche comme l'argent. On peut la regarder toujours, car elle n'est pas assez brillante pour éblouir nos yeux. Jamais elle ne nous brûle, comme le soleil. Elle est douce et tendre. Elle laisse même le ver luisant briller de sa douce lumière. Chaque étoile brille tout autour d'elle ; mais elle est plus grande et plus brillante que les étoiles. Elle ressemble à une grande perle parmi de nombreux diamants qui étincellent. Quand nous dormons, elle brille à travers nos rideaux avec ses doux rayons, et elle dit : Dormez, pauvres petits garçons ! Elle ne trouble jamais notre repos. Le rossignol chante pour elle, lui qui chante mieux que tous les oiseaux de l'air. Il se pose sur une branche d'épine et chante toute la nuit, pendant que la rosée dort sur l'herbe.

---

(1) I shine, *je brille.*
Thou shinest, *tu brilles.*
He shines, *il brille.*

We shine, *nous brillons.*
You shine, *vous brillez.*
They shine, *ils brillent.*

IDIOTISMES.

(Faire remarquer les différences de construction.)

To give you light, to give light to you.	Pour vous donner de la lumière.
I am not so bright as to scorch you.	Je ne suis pas assez brillante pour vous brûler.
I never scorch any one.	Je ne brûle jamais personne.
I let even the glowworm shine, which is dark by day.	Je laisse briller même le ver luisant, qui est terne pendant le jour.
By day, by night.	Pendant le jour, pendant la nuit.
By the fire side.	Près du feu, au coin du feu.
The stars shine all around me.	Les étoiles brillent tout autour de moi.
I am larger than the stars.	Je suis plus grande que les étoiles.
I am brighter than the stars.	Je suis plus brillante que les étoiles.
A great many diamonds.	Une multitude de diamants.
A great many stars.	Une multitude d'étoiles.
The nightingale sings to me.	Le rossignol chante pour moi.
The nightingale sings all night long.	Le rossignol chante tout le long de la nuit.

DEUXIÈME LEÇON.

SENS DU TEXTE ANGLAIS.

Père illustre de la lumière ! Ton nom est Soleil. Tu es extrêmement brillant. Tu te lèves à l'est, et quand tu te lèves on dit qu'il fait jour. Tu regardes à travers ma fenêtre avec ton œil étincelant d'or, et tu m'annonces qu'il est temps de me lever. Tu me dis : Debout, paresseux ! Tu es un grand voyageur. Tu voyages à travers les cieux élevés. Tu ne t'arrêtes jamais et jamais tu n'es fatigué. Tu as sur la tête une couronne de rayons éclatants, que tu répands partout. Tu luis sur les arbres, sur les maisons et sur les eaux. Tout étincelle de lumière et de beauté quand tu y répands ta clarté. C'est toi qui nous donnes la lumière, c'est toi qui nous donnes la chaleur, car c'est toi qui échauffes l'air et la terre. C'est toi qui fais mûrir les fruits et les blés, et sans toi rien ne croîtrait dans nos champs et nos jardins. Tu habites au haut des cieux, où tu existes depuis longtemps. Il y a dix ans je n'étais pas encore, mais il y avait un soleil.

TEXTE DE LA LEÇON.

Glorious father of light ! Thy name is sun. Thou art very bright. Thou risest in the east and when thou risest then it is day. Thou lookest in at my window with thy bright golden eye, and tellest me when it is time to get up ; and thou sayest, Sluggard, get up! Thou art a great traveller, thou travellest all over the sky. Thou never stoppest and thou never art tired. Thou hast a crown upon thy head of bright beams, and thou sendest forth thy rays every where. Thou shinest upon the trees, and the houses, and upon the water; and every thing looks sparkling and beautiful when thou shinest upon it. Thou givest us light and thou givest us heat, for thou makest it warm. Thou makest the fruit and corn ripen, and without thee nothing would grow in our fields and gardens. Thou art up very high in the sky and there thou hast been a great while. Ten years ago I was not, but there was a sun.

LES VERBES.

Thou art.	Tu es.	He is.	Il est.
Thou risest.	Tu te lèves.	He rises.	Il se lève.
Thou lookest.	Tu regardes.	He looks.	Il regarde.
Thou tellest.	Tu annonces.	He tells.	Il annonce.
Thou sayest.	Tu dis.	He says.	Il dit.
Thou travellest.	Tu voyages.	He travels.	Il voyage.
Thou stoppest.	Tu t'arrêtes.	He stops.	Il s'arrête.
Thou hast.	Tu as.	He has.	Il a.
Thou sendest.	Tu envoies.	He sends.	Il envoie.
Thou shinest.	Tu brilles.	He shines.	Il brille.
Thou givest.	Tu donnes.	He gives.	Il donne.
Thou makest.	Tu fais.	He makes.	Il fait.

MÉMOIRE DES MOTS.

Thou art bright, he is glorious, she is beautiful; thou risest in the east, he rises very early, she rises too late; a vapour rises from the sea; thou lookest pretty; she looks pale; thou tellest when it is day; he tells me that; she tells me a tale; thou sayest yes, he says no; thou travellest over the sky; he travels all over the earth; thou never stoppest; he never stops; thou hast a crown, he has a throne; thou sendest light, she sends darkness: thou shinest always; she never shines; thou givest light and heat; he gives darkness and cold; thou makest it day, she makes it night.

Tu regardes à ma fenêtre; tu te lèves le matin; tu annonces quand il fait jour; tu dis : Il fait jour; tu voyages sur toute la terre; tu ne t'arrêtes jamais; tu as une brillante couronne; tu envoies tes rayons; tu brilles partout; tu fais le jour; le soleil est brillant; le soleil se lève à l'est; le soleil regarde à ma fenêtre; il m'annonce qu'il est jour; il me dit de me lever; il voyage toujours; il ne s'arrête jamais; il a de brillants rayons; i' envoie sa lumière à la terre; il brille en tout lieu; il nous donne la chaleur; il fait mûrir les blés.

<table>
<tr><td>

VERSION.

I am the father of light. My name is Sun.
I am very bright. I rise in the east and when
I rise then it is day. I look in at your window,
with my bright golden eye, and tell you when it
is time to get up; and I say, Sluggard, get up.
I am a great traveller, I travel all over the sky.
I never stop and I never am tired. I have a
crown upon my head of bright beams, and I send
forth my rays every where. I shine upon the
trees and the houses and upon the water; and
every thing looks sparkling and beautiful when
I shine upon it. I give you light and I give you
heat for I make it warm. I make the fruit ripen
and the corn ripen. If I dit not shine upon the
fields and upon the gardens nothing would grow.
I am up very high in the sky, higher than all
trees, higher than every thing. I am a great
way off. If I were to come nearer you, I should
scorch you to death, and I should burn up the
grass, for I am all made of hot glowing fire. I
have been in the sky a great while. Ten years
ago there was no Charles, but there was a sun.

</td><td>

THÈME.

Le soleil est très brillant. Il se lève à l'est, et
quand il se lève alors il fait jour. Il regarde à nos
fenêtres avec ses yeux d'or qui brillent. Il nous dit
lorsqu'il est temps de nous lever. Il nous dit :
Levez-vous, paresseux. Le soleil est un grand
voyageur, il voyage partout le ciel ; il ne s'arrête
jamais et jamais il n'est fatigué. Il a sur la tête
une couronne de brillants rayons. Il envoie ses
rayons de toutes parts. Il brille sur les maisons,
les bois et les eaux. Tout paraît étincelant et
beau quand il brille dessus. Il nous donne de
la lumière et de la chaleur, car c'est lui qui fait
le chaud. Il fait mûrir les fruits et le blé. S'il ne
brillait pas sur les jardins et sur les champs, rien
n'y croîtrait. Il est très haut dans le ciel, plus
haut que tous les arbres, plus haut que les nuages,
plus haut que toute chose. Il est très éloigné. S'il
s'approchait de nous il nous ferait mourir de cha-
leur, et il brûlerait l'herbe, car il est fait tout
entier d'un feu ardent et embrasé. Il y a très
longtemps qu'il est dans le ciel. Il y a dix ans
je n'étais pas, mais il y avait un soleil.

</td></tr>
</table>

IDIOTISMES.

<table>
<tr><td>

I travel all over the sky.
I never am tired.
I have a crown on my head of bright
beams.
I make the fruit ripen.
If I were to come nearer.
I should scorch you to death.
Hot glowing fire.
Ten years ago.
A great many years ago.

</td><td>

Je voyage par tout le ciel.
Je ne suis jamais fatigué.
J'ai sur la tête une couronne de rayons
brillants.
Je fais mûrir le fruit.
Si je m'approchais davantage.
Je vous ferais mourir de chaleur.
Feu ardent et embrasé.
Il y a dix ans.
Il y a bien des années.

</td></tr>
</table>

TROISIÈME LEÇON.

SENS DU TEXTE ANGLAIS.

— Tu règles le jour depuis une longue série d'années, et pourtant tu n'es pas encore
devenu vieux. Quelquefois tu déposes ta brillante couronne de rayons et tu t'enveloppes le front de légers nuages d'argent. Alors je puis te regarder. Mais quand il
n'y a point de nuages, et que tu brilles de tout ton éclat de midi, alors je ne puis
point te regarder, car tu éblouirais mes yeux et tu me rendrais aveugle. L'aigle seul
peut te regarder ; l'aigle, avec sa forte et perçante vue, peut toujours te considérer.
Le matin, quand tu vas te lever et produire le jour, l'alouette s'envole, monte dans

le ciel à ta rencontre et chante au milieu de l'air. Le coq, par ses cris éclatants, annonce à tous ton arrivée. Le hibou et la chauve-souris s'enfuient à ton aspect et volent se cacher dans les trous des vieux murs et le creux des arbres. Le lion et le tigre se retirent dans leurs tannières, où ils dorment tout le jour. Tu éclaires en tout lieu ; tu éclaires en Angleterre, en France, en Espagne, en Italie, dans tous les pays de la terre. Tu es la plus belle et la plus glorieuse créature que l'on puisse voir dans l'univers.

TEXTE DE LA LEÇON.

Thou rulest the day, since a great many long years and thou art not grown old yet. Sometimes thou takest off thy crown of bright rays and wrappest up thy head in thin silver clouds, and then I may look at thee. But when there are no clouds, and thou shinest with all thy brightness, at noon-day, I cannot look at thee, for thou shouldst dazzle my eyes, and make me blind. Only the eagle can look at thee then, the eagle, with his strong piercing eye, can gaze upon thee always. When thou art going to rise in the morning and make it day, the lark flies up in the sky to meet thee, and sings sweetly in the air; and the cock crows loud to tell every body that thou art coming; but the owl and bat fly away when they see thee and hide themselves in old walls and hollow trees : and the lion and the tiger go into their dens and caves where they sleep all day. Thou shinest in all places. Thou shinest in England, and in France, and in Spain, and in Italy, and all over the earth. Thou art the most beautiful and glorious creature that can be seen in the whole world.

VERBES DU TEXTE.

Thou takest.	Tu prends.	Thou goest.	Tu vas.
Thou wrappest.	Tu enveloppes.	Thou fliest.	Tu voles.
Thou shinest.	Tu brilles.	Thou singest.	Tu chantes.
Thou canst.	Tu peux.	Thou seest.	Tu vois.
Thou makest.	Tu fais.	Thou hidest.	Tu caches.
Thou piercest.	Tu perces.	Thou sleepest.	Tu dors.

MÉMOIRE DES MOTS.

Thou takest off thy crown; thou wrappest up thy head in silver clouds; thou shinest every where; thou canst make me blind; thou makest it day; thou piercest through the clouds; thou goest from the east to the west; thou fliest all over the sky; O lark, thou singest in the morning; thou hidest thyself in the green grass; thou sleepest at noon-day.

Tu t'envoles le matin dans le ciel; tu te caches dans les nuages; tu chantes mélodieusement; tu dors tout le jour; tu vois le monde entier; tu vas vers l'ouest; tu fais la lumière; tu peux chanter; tu brilles à midi; tu prends ta couronne d'or; tu enveloppes ta tête; tu perces les nuages d'argent; tu éclaires en tout lieu; tu vas en Angleterre; tu vas en Italie.

VERSION.

I was in the sky before papa and mamma were alive a great many long years ago; and I am not grown old yet. Sometimes I take off my crown of bright rays and wrap up my head in thin silver clouds and then you may look at me; but when there are no clouds, and I shine with all my brighness at noon-day, you cannot look at me, for I should dazzle your eyes and make you blind. Only the eagle can look at me then: the eagle with his strong piercing eye can gaze upon me always. When I am going to rise in the morning and make it day, the lark flies up in the skies to meet me and sings sweetly in the air, and the cock crows loud to tell every body that I am coming: But the Owl and the Bat fly away, when they see me and hide themselves in old walls and hollow trees: and the Lion and the Tiger go into their dens and caves were they sleep all the day. I shine in all places. I shine in England and in France and in Spain and all over the earth. I am the most beautiful and glorious creature that can be seen in the whole world.

THÈME.

Personne n'était encore en vie, et il y avait un soleil. Il était dans le ciel avant nos pères et nos mères, il y a un grand nombre d'années, et il n'est pas encore devenu vieux. Quelquefois il ôte sa couronne de brillants rayons, et enveloppe sa tête de légers nuages d'argent; alors nous pouvons le regarder; mais quand il n'y a pas de nuages et qu'il brille avec tout son éclat, à midi, nous ne pouvons pas le regarder, car il éblouirait nos yeux et nous rendrait aveugles. Il n'y a que l'aigle qui puisse le regarder alors: l'aigle, avec sa forte et perçante vue peut le fixer toujours. Quand il va se lever, le matin, et produire le jour, l'alouette s'envole dans le ciel pour aller à sa rencontre, et chante doucement dans les airs. Le coq aussi chante fort pour dire à tout le monde que le soleil arrive. Mais le hibou et la chauve-souris s'échappent quand ils le voient, et se cachent dans les vieux murs et les arbres creux. Le lion et le tigre se retirent dans leurs tanières et leurs antres où ils dorment tout le jour. Il brille en tous lieux. C'est la plus belle et la plus glorieuse créature de tout l'univers.

IDIOTISMES.

I take off my crown.
I wrap up my head.
I should make you blind.
Only the eagle can look at me.

I am going to rise.
I shine all over the earth.
The eagle with its strong piercing eye can gaze upon me always.
The lark flies up in the sky to meet me.
The sun makes it day.
The cock tells every body that day is coming.

J'ôte ma couronne.
Je m'enveloppe la tête.
Je vous aveuglerais.
Il n'y a que l'aigle qui puisse me regarder.
Je vais me lever.
J'éclaire par toute la terre.
L'aigle, avec son regard fort et perçant, peut me regarder toujours.
L'alouette s'élève dans le ciel pour venir à ma rencontre.
Le soleil fait le jour.
Le coq dit à tout le monde que le jour vient.

QUATRIÈME LEÇON.

SENS DU TEXTE.

Ah! qu'y a-t-il parmi les bruyères? C'est un petit animal. Il a de très gros yeux. C'est un lièvre. Il est dans son gîte, s'y blottissant parmi les broussailles, pour se cacher, car il est très craintif. Le lièvre est très innocent et doux. Il est de couleur brune; mais, dans les pays qui sont très froids, il devient blanc comme la neige. Il a une queue courte et touffue, une lèvre fendue et couverte de poils. Il remue toujours les lèvres. Ses jambes de derrière sont très longues, pour pouvoir mieux courir. Le lièvre se nourrit d'herbes, de racines, de l'écorce des jeunes arbres et de blé vert.

TEXTE DE LA LEÇON.

Ha! what is there amongst the furze? It is a little animal. It has a very large full eye. It is a hare. It is in its form, squatting down amongst the bushes to hide itself, for it is very fearful. The hare is very innocent and gentle. Its colour is brown; but in contries which are very cold it turns white as snow. It has a short bushy tail; its lip is parted and very hairy, and it always moves its lips. Its hind legs are very long, that it may run the better. The hare feeds upon herbs, and roots, and the bark of young trees, and green corn.

VOCABULAIRE.

Furze.	Bruyère.	To hide.	Cacher.	Hairy.	Velu, chevelu.
Form.	Forme, figure.	Hide and seek.	Cache-cache.	Hairless.	Chauve.
Form, bench.	Banc.	Hide.	Peau, cuir.	Hind.	Postérieur, re.
Form of a hare.	Gîte d'un lièvre.	Tail.	Queue.	Hind legs.	{ Jambes de derrière.
To form.	Former, façonner.	Tailed.	Qui a une queue.		
To squat.	Se tapir, se blottir.	Lip.	Lèvre, bord.	Fore legs.	Jambes de devant.
Bush, bushes.	Buisson, touffes.	Lipped.	Qui a des lèvres.	Bark.	Ecorce.
Bushy.	Touffue, ue.	Hair.	Cheveu, poil.		

MÉMOIRE DES MOTS.

Amongst the furze; the form of the moon is round; the form of a hare; the boys of the second form; to perform a work; to squat in amongst the bushes; the hare is squat in its form; the hedge is bushy; its tail and ears are bushy; to hide; to play at hide and seek; where is the hare hidden? It is your turn to read; turn the page; you were brave, now you become fearful; the hare turns white; the cow has a thick

Une forme, un banc, un gîte; la forme d'une maison; s'asseoir sur un banc; le lièvre fait son gîte dans les bruyères et les broussailles; le lièvre se blottit sous une haie; un arbre touffu; la vache a un cuir épais; allez vous cacher; jouons à cache-cache; c'est votre tour à lire; tournez quatre pages; le charpentier et le tourneur; tous les quadrupèdes ont des queues; ne mordez pas vos lèvres; les lièvres ont les lèvres fendues;

hide; your lips are not parted; lipped animals; hairy beasts; man has a hair; beasts have hair; hind wheels; hind legs, forelegs; to feed the pigeons; man feeds upon bread; milk is the usual food of Children.

l'éléphant n'a presque pas de poils; les jambes de derrière, les jambes de devant; les roues de derrière, les roues de devant; la mère nourrit ses petits; les peuples qui vivent sur les bords de la mer se nourrissent de poissons.

VERSION.

Poor hare! Poor Puss! Thou art not very bold, I must confess it. On the contrary, thou art very fearful and timid. But thou art the most innocent and gentle of all animals. Thy house is a form. Thou squattest amongst the furze, and bushes to hide thyself and there thou sleepest all day long, with thy eyes open. Thy colour is brown; in the contries which are very cold thy colour turns white as snow; thou hast a short bushy tail; thy leap is parted and heary. Thy hind legs are very long, that thou mayest run the better. Thou feedest upon herbs, roots and the bark of young trees.

THÈME.

Le lièvre dit : Mon nom est lièvre. Je ne suis pas hardi, je l'avoue. Au contraire, je suis le plus craintif, le plus timide des animaux. Mais aussi j'en suis le plus innocent et le plus doux. Ma maison s'appelle un gîte. Je me blottis dans les bruyères, parmi les broussailles, où je dors tout le jour les yeux ouverts. Je suis de couleur brune; dans les pays très froids je deviens tout-à-fait blanc, blanc comme la neige. J'ai une queue courte et touffue. Ma lèvre est fendue et barbue. Je remue continuellement les lèvres. Mes jambes de derrière sont très longues pour pouvoir mieux courir. Je me nourris d'herbes, de racines et de l'écorce des jeunes arbres.

IDIOTISMES.

I can see only its eyes.
Its colour is brown.
In cold contries the hare turns white.

The hare has a short bushy tail.
Its lip is parted.
It always moves its lips.
Its hind legs are very long.
That it may run the better.
That it may see the better.

Je ne puis voir que ses yeux.
Il est de couleur foncée.
Dans les pays froids le lièvre devient blanc.
Le lièvre a une queue courte et touffue.
Il a la lèvre fendue.
Il remue toujours les lèvres.
Il a les jambes de derrière fort longues.
Pour pouvoir mieux courir.
Pour pouvoir mieux voir.

CINQUIÈME LEÇON.

SENS DU TEXTE.

Quelquefois il se glisse à travers la haie et s'introduit furtivement dans les jardins pour y manger les œillets et le petit persil. Il aime à jouer et à sautiller au clair de la lune, et à brouter les brins d'herbe pendant qu'ils sont couverts de rosée. Mais, pendant le jour, il dort dans son gîte. Il dort les yeux ouverts, parce qu'il est très craintif et très timide. Lorsqu'il entend le moindre bruit, il tressaille d'effroi et dresse ses grandes oreilles. Quand le chasseur sonne du cor et que le pauvre lièvre entend les chiens venir, il s'enfuit avec rapidité tout droit devant lui, raidissant ses jambes, et laisse derrière lui chiens et chasseurs.

4*

TEXTE DE LA LEÇON.

Sometimes it creeps through the hedge, and steals into the gardens to eat pinks and little parsley; and it loves to play and skip about by moon-light, and to bite the tender blades of grass when the dew is upon them; but in the day-time it sleeps in its form. It sleeps with its eyes open, because it is very fearful and timid; and when it hears the least noise, it starts and pricks up its large ears. And when the huntsman sounds his horn and the poor harmless hare hears the dogs coming, then it runs away very swiftly, straight forward, stretching its legs, and leaves them all behind.

VOCABULAIRE.

To bark.	Aboyer.	Fearful.	Craintif.	Harm.	Nuisance, mal.
To creep.	Se traîner.	Less.	Plus petit.	Harmless.	Innocent, te.
To creep into.	Se glisser.	The least.	Le plus petit.	Swift.	Vite, rapide.
Steal.	Voler, dérober.	The last.	Le dernier.	Straight.	Droit, te.
Steal into.	{ Pénétrer furtivement.	To start.	Tressaillir d'effroi.	Forwards.	En avant.
Steal away.	Se sauver, s'esqui-	To prick.	Piquer, pointer.	Backwards.	En arrière.
Pink.	OEillet. [ver.	Hunt.	Chasse.	Stretch.	Etendre, raidir.
Parsley.	Persil.	Huntsman.	Chasseur, piqueur	Behind.	Derrière.
Skip.	Saut, sauter.	Hunter.	Chasseur.	Before.	Devant.
Blade.	Brin.	Sound.	Son.	It leaves.	Il laisse.
		To sound.	Sonner, résonner.	The leaves.	Les feuilles.

MÉMOIRE DES MOTS.

The bark of a tree; the dog barks; the lambs creep under the hedge; somedy has stolen my knife; the hare steals into its form; a rose and a pink; I like parsley; skip over the hedge; a blade of grass; fearful signifies full of fear; the least of all; the last of all; why do you start; the horse pricks up his ears; I like to hunt; I like hunting; there is a hunter; here is a hunsman sounding his horn; there are five dogs running after a hare; I made no harm to you; I am harmless; no bird is so swift as a swallow; how swiftly it goes! go straight forward; stretch your arms and legs; leave me alone; I have left you nothing; come behind; go before me.

Le chien aboie; l'écorce des jeunes arbres est verte; le serpent se glisse sous l'herbe; quelqu'un a volé ma plume; le lapin pénètre furtivement dans la maison; sauvez-vous; je vous donnerai un œillet pour votre rose; je n'aime pas le persil; les agneaux bondissent sur l'herbe; le chien franchit la haie; les lièvres mangent les brins d'herbe; la crainte de la mort; je ne crains que Dieu; le lièvre est un animal craintif; ne soyez pas timide; il tressaille au moindre bruit; vous êtes petit; Georges est plus petit que vous; Marie est la plus petite de toutes; le dernier de tous; vous m'avez piqué; le chien dresse ses oreilles; j'aime à chasser; le chasseur chasse.

VERSION.

Sometimes thou creepest through the hedge and stealest into the gardens to eat pinks and parsley. Thou lovest to play and skip about and bite the blades of grass while the dew is upon

THÈME.

Quelquefois je me glisse à travers la haie et je m'introduis furtivement dans les jardins pour y manger les œillets et le persil. J'aime à jouer et à sautiller au clair de la lune, et à mordre les

them. But in the day time thou sleepest in thy form. There thou sleepest with thy eyes open. When thou hearest the least noise, thou startest and prikest up thy large ears. When the cruel hunsman sounds his horn, and thou hearest the dogs coming, then thou, poor harmless Hare, runnest away very swiftly straight forwards, stretching thy legs and thou leavest them all behind.

brins d'herbe pendant qu'ils sont couverts de rosée. Mais pendant le jour je dors dans mon gîte. J'y dors les yeux ouverts, parce que je suis très craintif. Quand j'entends le moindre bruit je tressaille d'effroi, et je dresse mes grandes oreilles. Quand le cruel chasseur sonne du cor et que j'entends venir les chiens terribles, je tressaille d'effroi et je m'élance tout droit devant moi avec la plus grande rapidité, raidissant mes jambes et laissant derrière moi chiens et chasseurs.

IDIOTISMES.

The hare feeds upon herbs.	Le lièvre se nourrit d'herbes.
By moon-light.	Au clair de la lune.
By star-light.	Au clair d'étoiles.
In the day time.	Durant le jour.
It sleeps with its eyes open.	Il dort les yeux ouverts.
The huntsman sounds his horn.	Le piqueur sonne du cor.
Straight forwards.	Tout droit devant lui, soi.

SIXIÈME LEÇON.

SENS DU TEXTE.

Les cygnes disent : Nous nous appelons cygnes. Nous sommes de gros oiseaux, plus gros que les oies. Nous avons le bec rouge, mais les bords en sont noirs, et nous avons du noir autour des yeux. Nous avons les jambes brunes et les pattes rouges ; les doigts palmés ; le corps blanc, aussi blanc que la neige, et très beau ; le cou très long. Nous vivons dans les lacs et les rivières, et nous mangeons les plantes qui croissent dans l'eau, des graines, de petits insectes et des colimaçons. Nous n'avons pas l'air beaux quand nous marchons à terre, car nous ne savons pas marcher du tout. Mais quand nous sommes dans l'eau, que nous nageons mollement, que nous arrondissons nos longs cous, et que nous enfonçons nos blanches poitrines, avec lesquelles nous nous frayons un chemin sur les eaux, nous sommes les plus gracieux des oiseaux.

TEXTE DE LA LEÇON.

The Swans say : Our name is Swans. We are large birds, larger than geese. Our bills are red, but the sides of them are black, and we have black about our eyes. Our legs are dusky, but our feet are red, and we are web-footed. Our body is all white as white as snow and very beautiful. We have a very long neck. We live in rivers and lakes. We eat plants that grow in the water, and seeds and little insects, and snails. We do not look pretty when we walk upon the ground, for we cannot walk well at all. But when we are in the water, swimming smoothly along, arching our long necks and dipping our white breast, with which we make way through the water, we are the most graceful of all birds.

VOCABULAIRE.

Swan.	Cygne.	Dusk.	Obscur, obscurcir.	Plant.	Plante, planter.
Swanskin.	Molleton, flanelle.	The dusk.	{ La brume, le	Arch.	Arc, voûte, voûter.
Skin.	Peau.		crépuscule.	Smoothly.	Mollement.
I swam.	Je nageais.	Dusky, duskish.	Sombre, noirâtre.	Smooth.	Mol, doux, lisse.
Bill.	Bec ; billet.	Lake.	Lac.	Smoothness.	Douceur, poli.
Side.	Bord, côté.	Pond.	Etang.	To smooth up.	Cajoler.
The outside.	L'envers.	Web-footed.	Palmipède.	Graceful.	Gracieux, se.
The inside.	L'endroit.	Web.	Toile, tissu.	Grace.	Grâce.
About.	Autour ; touchant.	Web of a spider.	Toile d'araignée.	Gracious.	Bon, favorable.

MÉMOIRE DES MOTS.

The swan has a red bill; the swan is web-footed; all birds that swim in the water are web-footed; their toes are joined together by a skin that grows between them, that is being web-footed; and it helps the birds to swim better, for then their feet are like the fins of a fish; the spider is in the middle of its web; the ducks swim smoothly along; the surface of the lake is smooth; you smooth me up; this young lady is graceful; graceful means full of grace; you are gracious to me.

Le bec d'un oiseau ; allons nous promener (ride) sur le lac ; tous les oiseaux qui ont leurs orteils joints avec une peau sont appelés palmipèdes ; les cygnes nagent mollement ; le poli d'une surface ; le cygne est le plus gracieux de tous les oiseaux ; c'est une des trois Grâces ; une toile d'araignée ; une femme gracieuse ; un homme gracieux ; une île est une terre environnée d'eau (surrounded by water) de tous côtés ; les oiseaux pondent les œufs ; les oiseaux couvent les œufs ; les œufs sont éclos ; j'aime l'omelette.

VERSION.

Beautiful white birds, your name is swans : You are large birds, larger than geese. Your bill is red, but the sides of it are black, and you have black about your eyes. Your legs are dusky, but your feet are red, and you are web-footed. Your body is all white, as white as snow and very beautiful. You have very long necks. You live in rivers and lakes; you eat plants that grow in the water, and seeds, and little insects, and snails. You do not look pretty when you walk upon the ground for you cannot walk well at all; but when you are in the water, swimming smoothly along, arching your long necks, and dipping your white breasts, with which you make way through the water, you are the most graceful of all birds.

THÈME.

Les cygnes sont de gros oiseaux, plus gros qu'une oie. Leur bec est rouge, mais les bords en sont noirs. Ils ont aussi du noir autour des yeux. Leurs jambes sont brunes, mais leurs pattes sont rouges. Ils sont palmés. Leur corps est tout blanc, aussi blanc que la neige. Ils ont un très long cou. Ils vivent dans les rivières et les lacs. Ils mangent les plantes qui croissent dans l'eau, des graines, de petits insectes et des colimaçons. Ils ne sont pas beaux à voir quand ils marchent à terre, car ils ne savent pas marcher le moins du monde, mais quand ils sont à l'eau, qu'ils nagent mollement, qu'ils arrondissent leur cou et qu'ils trempent leur poitrine blanche, avec laquelle ils se fraient un chemin à travers les eaux, ils sont les plus gracieux des oiseaux.

IDIOTISMES.

Our feet are red.	Nos pattes sont rouges.
We are web-footed.	Nous sommes palmipèdes.
We do not look pretty.	Nous ne sommes pas beaux à voir.
We swim smoothly along.	Nous nous avançons mollement en nageant.
We make way through the water with our white breasts.	Nous fendons les eaux avec nos poitrines blanches.

SEPTIÈME LEÇON.

SENS DU TEXTE.

Les cygnes disent encore : Nous bâtissons nos nids dans quelque petite île, parmi les roseaux et les joncs. Nous les faisons de bâtons et de longues herbes. Nos nids sont bien grands, bien hauts. Puis nous y pondons nos œufs, qui sont blancs et très gros, plus gros de beaucoup que les œufs d'une oie. Nous les couvons deux mois. Puis ils éclosent, et nos petits en sortent. On les nomme des cygnets. D'abord ils ne sont pas blancs, mais grisâtres. Si quelqu'un s'approchait de nous quand nous sommes sur nos nids, ou quand nous avons nos petits, nous sauterions sur lui. Car nous sommes très hardis pour défendre nos petits. Si vous cherchiez à les emporter, nous vous renverserions avec nos forts ailerons. Peut-être même vous casserions-nous un bras. Nous vivons très longtemps.

TEXTE DE LA LEÇON.

We build our nests in a little island, amongst the reeds and rushes. We make them of sticks and long grass : They are very large and high. Then we lay our eggs, which are white and very large, larger a great deal than a goose's eggs; and we sit upon them for two months; then they are hatched and our young ones come out. They are called cygnets. They are not white at first, but grayish. If any body was to come near us, when we are in our nests, sitting upon our eggs, or when we have our young ones, we should fly at him. For we are very fierce to defend our young; and if you were to come to take them away, we should beat you down with our strong pinions, and perhaps break your arms. We live a very great while.

VOCABULAIRE.

Island.	Ile.	Pancake of eggs.	Omelette.	Fierce.	Féroce, hardi.
Land.	Terre.	Pancake.	Crêpe.	Fiercely.	Fièrement.
Islander.	Insulaire.	Pan.	Poêle à cuire.	Fierceness.	Férocité, hardies—
Stick.	Baguette, canne.	Stove.	Poêle à chauffer.	To beat.	Battre. [se.
Riding stick.	Cravache.	Cake.	Gâteau.	To beat down.	Abattre.
To lay.	Déposer.	Hatched.	Eclos, se.	Pinion.	Aileron.
Egg.	OEuf.	Hatch.	Eclore; couvée.	Wing.	Aile.
To lay eggs.	Pondre.	Gray.	Gris.	Winged.	Ailé, ée.
To sit upon eggs.	Couver des œufs.	Grayish.	Grisâtre.		

MÉMOIRE DES MOTS.

England is an Island, France is in the continent; the inhabitants of an island are called Islanders; give me your stick; where is your riding stick; all the birds lay eggs; the hen is sitting upon her eggs; an omelet is a pancake of eggs; hatched eggs; when the eggs are hatched, the young ones come out; the cygnets are grayish; the lion is a very fierce animal; do not go near the cygnets, the swan would beat you down with its pinion.

Les cygnets sont grisâtres; les oies sont grisâtres aussi; le lion et le tigre sont des animaux féroces; tous les oiseaux qui nagent sont palmipèdes; ils ont les pieds palmés; cela les aide à bien nager; leurs pieds sont comme des nageoires; le cygne vit dans les lacs et les rivières; il vit dans les pays froids et dans les pays chauds; il couve ses œufs pendant deux mois; ses petits sont grisâtres.

VERSION.

You build your nests in little islands, amongst the reeds and rushes. You make them of sticks and long grass: They are very large and high. Then you lay your eggs, which are white and very large, larger a great deal than a goose's eggs. And you sit upon them for two months; then they are hatched, and your young ones come out. They call them cygnets. They are not white at first, but grayish. If any one was to come near you when you are in your nests, sitting upon your eggs or when you have your young ones, you should fly at him: for you are very fierce to defend your young. If we were to come to take them away you should beat us down with your strong pinions and perhaps break our arms. You live a very great while.

THÈME.

Ils construisent leurs nids dans de petites îles parmi les roseaux et les joncs. Ils les font avec des baguettes et de longues herbes: Ces nids sont larges et hauts. Ensuite ils pondent leurs œufs, qui sont blancs et très gros, plus gros que les œufs d'une oie, de beaucoup; ils les couvent pendant deux mois; alors ils éclosent, et les petits en sortent. On les nomme cygnets. D'abord ils ne sont pas blancs mais grisâtres. Si quelqu'un s'approchait des cygnes quand ils sont dans leurs nids couvant leurs œufs, ou quand ils ont leurs petits, ils lui sauteraient dessus: car ils ont beaucoup d'audace pour défendre leurs petits; si vous cherchiez à les leur enlever, ils vous renverseraient avec leurs fortes ailes et vous casseraient peut-être un bras. Ils vivent très longtemps.

IDIOTISMES.

We lay our eggs.	Nous pondons nos œufs.
We sit upon our eggs for two months.	Nous couvons nos œufs pendant deux mois.
Our young ones.	Nos petits.
Our young.	Nos petits.
Our young one.	Notre petit.
If any body was to come near us.	S'il arrivait à quelqu'un de s'approcher de nous.
We should fly at him.	Nous tomberions sur lui.
We should beat him down.	Nous le renverserions.
We live a very great while.	Nous vivons très longtemps.

HUITIÈME LEÇON.

SENS DU TEXTE.

Il y avait un petit garçon dont le nom était Henri. Son père et sa mère l'envoyèrent en pension. Henri était très intelligent. Il aimait son livre; aussi fut-il le premier de sa classe. De sorte que sa mère se leva un jour de très bonne heure, appela Betty, la bonne, et lui dit : Je crois, Betty, qu'il nous faut faire un gâteau pour Henri, car il a très bien appris ses leçons. Oui, de tout mon cœur, répondit la bonne. On fit donc un beau gâteau. Il était énorme, et tout farci de prunes, de confitures, d'orange et de citron. Le dessus en était tout glacé avec du sucre. Il était blanc et lisse comme la neige. Or, ce gâteau fut envoyé à la pension. Quand Henri le vit, il fut enchanté, et se mit à sauter de joie. Il ne se donna pas la peine d'attendre un couteau pour en couper un morceau; il se mit à le mordre comme un petit chien.

TEXTE DE LA LEÇON.

There was a little boy whose name was Harry; and his papa and his mamma sent him to school. Now Harry was a clever fellow, and loved his book, and he got to be first in his class. So his mamma got up one morning very early and called Betty, the maid, and said, Betty, I think we must make a cake for Harry, for he has learned his book very well. And Betty said, Yes, with all my heart so they made a nice cake. It was very large and stuffed full of plums and sweet meats, orange and citron : and it was iced all over with sugar : it was white and smooth on the top like snow. So this cake was sent to the school. When little Harry saw it he was very glad, and jumped about for joy; and he hardly stayed for a knife to cut a piece, but gnawed it like a dog.

VERBES RÉGULIERS.

Présent.		*Imparfait.*		*Participe passé.*	
I love.	J'aime.	I loved.	J'aimais.	Loved.	Aimé.
I call.	J'appelle.	I called.	J'appelais.	Called.	Appelé.
I learn.	J'apprends.	I learned.	J'apprenais.	Learned.	Appris.
I stuff.	Je farcis.	I stuffed.	Je farcissais.	Stuffed.	Farci.

I ice.	Je glace.	I iced.	Je glaçais.	Iced.	Glacé.
I jump.	Je saute.	I jumped.	Je sautais.	Jumped.	Sauté.
I stay.	Je reste.	I stayed.	Je restais.	Stayed.	Resté.
I gnaw.	Je mords.	I gnawed.	Je mordais.	Gnawed.	Mordu.

MÉMOIRE DES MOTS.

I love, I call, your learn, he stuffs, we see, you ice, they jump, I stay, you gnaw, we wonder, they use; we loved, they called, you stuffed, they iced, we jumped, they stayed, we wondered, they used; I have loved, we have called, you have learned; they have stuffed; you have stayed.

J'aime, j'aimais; nous appelons, vous appeliez; j'apprends, vous appreniez; vous glacez, ils glaçaient; je saute, elles sautaient; vous restiez, elle restait; il mord, elle mordait; j'use, vous usiez; j'ai aimé, tu as appelé, il a appris, elle a farci, nous avons sauté, vous avez resté.

VERBES IRRÉGULIERS.

Parfait et participes de même forme.

I send.	J'envoie.	I sent.	J'envoyais	Sent.	Envoyé.
I say.	Je dis.	I said.	Je disais.	Said.	Dit.
I make.	Je fais.	I made.	Je fis.	Made.	Fait.
I tell.	Je conte.	I told.	Je contais.	Told.	Conté.
I lay.	Je pose.	I laid.	Je posais.	Laid.	Posé.
I have.	J'ai.	I had.	J'avais.	Had.	Eu.

MÉMOIRE DES MOTS.

I send, you sent; he says, they said; I make, you made; they lay, you laid; I have, you had; I have sent, you have said, he has said; she has made, we have told, you have laid, they have had.

J'envoie, tu dis, il fait, elle conte, nous posons, vous avez; ils envoyaient, ils disaient, ils contaient, elles posaient, nous avions; j'avais envoyé, tu avais dit; elle avait fait, nous avions conté, vous aviez posé, ils avaient eu.

AUTRES VERBES IRRÉGULIERS.

Parfait et participes différents de forme.

I am.	Je suis.	I was.	J'étais.	Been.	Eté.
I do.	Je fais.	I did.	Je faisais.	Done.	Fait, fini.
I see.	Je vois.	I saw.	Je vis.	Seen.	Vu.
I eat.	Je mange.	I ate.	Je mangeais.	Eaten.	Mangé.
I go.	Je vais.	I went.	J'allai.	Gone.	Allé.
I sit.	Je m'assieds.	I sat.	Je m'asseyais.	Sitten, sat.	Assis.
I give.	Je donne.	I gave.	Je donnais.	Given.	Donné.

AUTRES VERBES IRRÉGULIERS.

Présent, parfait et participes de même forme.

I cut.	Je coupe.	I cut.	Je coupais.	Cut.	Coupé.
I put.	Je mets.	I put.	Je mettais.	Put.	Mis.

MÉMOIRE DES MOTS.

I am great; you do that; I get money; I see the sea; I eat meat; I go a great way; I sit upon a stool; I give you my pen; I was tired; you did nothing; I got a bird; I saw the moon; I ate my cake; you went to school; I sat on a form; they gave me leave. I have been in Ingland, you have done nothing; they have gotten their daily bread; have you seen Harry? have they eaten their bread? Harry is gone to school. I have seen the light; you have been to school; I have given you my book; you have eaten a cake.

Vous êtes petit; que faites-vous; je gagne mon pain; je vois la lumière; vous mangez votre soupe trop chaude; je vais à Londres; je m'assieds à votre table; donnez-moi quelque chose; j'étais aveugle; je ne faisais rien; je gagnais mon pain; je vis un cygne; vous mangiez une perdrix; vous alliez vous coucher; vous vous asseyiez près de moi; ils me donnèrent des gâteaux; j'ai mangé ma tartine; j'ai vu le soleil; vous étiez assis sur un banc; elles m'avaient donné un oiseau; j'ai été à Londres; avez-vous fini?

NEUVIÈME LEÇON.

SENS DU TEXTE.

Or, il mangea jusqu'à ce que la cloche sonna la rentrée en classe. Après la classe il mangea encore. Il mangea jusqu'à ce qu'il s'alla coucher. Et même, son camarade de lit m'a dit que Henri mit son gâteau sous son oreiller, et que la nuit il se mit sur son séant pour en manger encore. Il ne cessa donc de manger tant qu'il y eut du gâteau. Mais, aussitôt après, ce petit garçon eut très mal au cœur, fut très malade. Chacun se disait : Que peut avoir Henri? lui qui était si alerte, qui jouait d'habitude avec plus d'ardeur qu'aucun des élèves, comme le voilà pâle et malade! Il y eut quelqu'un qui dit : Henri a eu un magnifique gâteau, il s'est dépêché de le manger, et cela l'a rendu malade. On envoya donc chercher le docteur Camomille, qui lui donna je ne sais combien de drogues amères. Le pauvre Henri n'aimait pas trop cela, mais il fut forcé de le prendre, sans cela il serait mort, vous pensez bien. A la fin il guérit, mais sa mère assura qu'elle ne lui enverrait plus de gâteaux.

TEXTE DE LA LEÇON.

So he ate till the bell ran for school, and after school he ate again, and ate till he went to bed; nay, his bedfellow told me that he laid his cake under his pillow and sat up in the night to eat some. So he ate till it was all gone. But presently after this little boy was very sick, and ill, and every body said, I wonder what is the matter with Harry. He used to be so brisk and play about more nimbly

5

than any of the boys; and now he looks pale and is very ill. Somebody said, Harry has had a rich cake, and eat it all up very soon, and that has made him ill. So they sent for Dr Camomile and he gave him I do not know how many bitter stuff. Poor Harry did not like it at all; but he was forced to take it, or else he would have died, you know. So at last he got well again, bet his mamma said she would send him no more cakes.

VERSION (1).

Your father and mother sent you to school. You were a clever fellow; you loved your book and you got to be first in your class. So your mamma got up one morning very early; and bid Betty the maid to make you a cake. So Betty made you a nice cake. It was very large and stuffed full of plums and sweet meats. It was iced and white as snow. So I sent you this nice cake. When you saw it you were very glad. You jumped about for joy. And you hardly stayed for a knife to cut a piece. You gnawed it like a dog. You ate till the bell rang for school. After school you ate again. You ate till you went to bed. Nay your bed-fellow told me that you laid your cake under your pillow and you sat up in the night to eat some. So you ate till it was all gone. But presently after you were very sick, and ill; and every body wondered what was the matter with you. You used to be so brisk. You played about more nimbly than any of the boys, but now you looked pale and you were ill. So I sent for Dr Camomile. He gave you very bitter stuff. You did not like it at all, but you were forced to take it, or else you would have died. At last you got well again, but I said I would send you no more cakes.

(1) Les professeurs doivent prendre note des verbes irrégu-liers, en écrire le présent, le passé et le participe passé sur un tableau noir, pour y être copiés par les élèves.

THÈME.

Papa et maman m'envoyèrent à la pension. J'étais un garçon intelligent; j'aimais mon livre et il m'arriva d'être le premier dans ma classe. Or ma mère se leva un matin de très bonne heure et appela Betty, la bonne, et lui dit : Je crois qu'il faudrait faire un gâteau pour Henri, car il a très bien appris son livre et Betty dit : Oui, de tout mon cœur. Ainsi l'on me fit un beau gâteau et on l'envoya à la pension. Quand je le vis, je fus très content et je me mis à sauter de joie. A peine si je pus attendre un couteau pour en couper un morceau, mais je le mordais comme un petit chien. Ainsi je mangeai jusqu'à ce que la cloche sonna pour la classe et après la classe, je mangeai encore et je mangeai jusqu'à ce que j'allai me coucher, alors je mis mon gâteau sous mon oreiller et je me levai la nuit pour en manger. Je mangeai jusqu'à ce qu'il fut tout fini. Mais bientôt après, j'eus très mal au cœur et je fus malade. On ne savait ce que j'avais. J'avais coutume d'être très gai et de jouer avec plus d'agilité que personne et maintenant j'avais l'air pâle, j'étais très malade. On envoya chercher le docteur Camomille. Il me donna je ne sais combien de drogues amères. Je ne les aimais pas beaucoup, mais je fus forcé de les prendre sans ça je crois que je serais mort. Enfin, je guéris, mais ma mère dit qu'elle ne m'enverrait plus de gâteaux.

IDIOTISMES.

Harry got to be first in his class.	Henri fut le premier de sa classe.
Mamma got up very early.	Maman s'est levée de très bonne heure.

A cake stuffed full of sweet meats.	Un gâteau farci de confiture.
The cake was smooth on the top.	Le gâteau était lisse par-dessus.
The cake was iced all over.	Le gâteau était tout glacé par-dessus.
Harry jumped about for joy.	Henri sautait de joie.
He hardly stayed for a knife.	Il avait de la peine à attendre un couteau.
The bell rings for school.	La cloche sonne pour la rentrée en classe.
Harry went to bed.	Henri alla se coucher.
Harry is my bed-fellow.	Henri est mon camarade de lit.
He sat up to eat some.	Il se levait pour en manger.
Presently after he was ill.	Aussitôt après il fut malade.
What is the matter with you?	Qu'avez-vous ?
What is the matter with Harry ?	Qu'a donc Henri ?
He used to be so brisk.	Il était ordinairement si vif.
Harry is sick.	Henri a mal au cœur.
Harry is ill.	Henri est malade.
That has made him ill.	Cela l'a rendu malade.
They sent for Dʳ Camomile.	On envoya chercher le docteur Camomile.
Harry did not like it at all.	Henri ne l'aimait pas du tout.
At last he got well again.	Il guérit enfin.

DIXIÈME LEÇON.

SENS DU TEXTE.

Mademoiselle Rose était une bonne petite fille. Elle faisait toujours ce qu'on lui disait de faire. Elle apprenait toutes ses leçons et travaillait très bien. Un jour, elle avait appris une longue leçon dans son livre et proprement travaillé. Sa tante lui dit : Vous êtes une bonne petite, ma chère enfant. Je veux vous mener voir mademoiselle Cox, votre amie. Mademoiselle Rose alla avec sa tante. Son amie fut charmée de la voir. Elle la mena à sa chambre à jouer. Elle y vit une maison de poupée avec huit chambres. Dans ces chambres il y avait des chaises, des tabourets, des lits, des tables, des assiettes, des tasses, des cuillers, des pots, un écran, et je ne sais quoi. De sorte que mademoiselle Rose fut charmée d'avoir si bien fait son ouvrage et si bien récité sa leçon, car sans cela elle serait restée à la maison et aurait ainsi perdu le plaisir de voir la maison de la poupée.

TEXTE DE LA LEÇON.

Miss Rose was a good child. She did at all times what

she was bid to do. She learnt all her tasks, and did her work quite well. One day she had learnt a long task in her book and done some neat work; so her aunt said. You are a good girl, my dear, and I will take you with me to see Miss Cox, your friend. So Miss Rose went with her aunt, and her friend was quite glad to see her, and took her to her play room. There she saw a doll's house with eight rooms in it. There were in these rooms chairs, and stools, and beds, and tables, and plates, and cups, and spoons, and mugs, and a screen, and I know not what. So Miss Rose was glad she had done her work and said her task so well, for if she had not, she would have stáid at home, and lost the sight of the doll's house.

VOCABULAIRE.

Miss.	Mademoiselle.	Play thing.	Joujou.	Task.	Tâche, devoir.
Madam.	Madame.	Play-house.	Théâtre.	Neat.	Propre, gentil.
Sir.	Monsieur.	Doll.	Poupée.	Neatness.	Propreté.
Mister.	Monsieur.	Chair.	Chaise.	Glad.	Satisfait, charmé.
Mistress.	Madame.	To bid	Ordonner.	Play.	Jeu, jouer.
Lord.	Seigneur.	Stool.	Tabouret.	Knife.	Couteau.
Lady.	Dame.	Bed.	Lit.	Fork.	Fourchette.
Young lady.	Demoiselle.	Plate.	Assiette.	Mug.	Pot, godet.
A gentleman.	Un monsieur.	Dish.	Plat.	Night-pot.	Pot de nuit.
Room.	Espace, chambre.	Cup.	Tasse.	Screen.	Ecran.
Play room.	Chambre à jouer.	Spoon.	Cuiller.	Stay.	Rester.

MÉMOIRE DES MOTS.

Good morning, miss; you are very good to me, madam; good morning, sir; Mister Cox is my father; Mistress Cox is my mother; Jesus-Christ is Our Lord; the holy virgin is Our Lady; lord Chatam; lady Normanby; yes, mylord; yes, mylady; an english lady; the french ladies; farewell, ladies and gentlemen; let us go to church, young ladies; look at that gentleman; I do what I am bid to do; I learn my task; miss Rose is a neat girl, I am glad to see you; I come to play with you; I don't like to play; do not go into my play room; let us go to my bed room; how many rooms are there in your appartment? Eight rooms; a doll is a girl's plaything; reach a chair; sit upon your stool; go to bed; give me a neat plate; what sort of dish is that? will you take a cup of tea? hold your spoon better.

Non, mademoiselle; où est mademoiselle Rose; voilà une demoiselle; c'est une demoiselle anglaise; oui, madame; voilà madame Cox; c'est une jolie dame, et une bonne dame; les dames françaises et les dames anglaises; venez ici, monsieur; oui, monsieur; je ne connais pas ce monsieur; c'est un Anglais; c'est un Français; bonne nuit, messieurs et mesdames; Notre Seigneur Jésus-Christ; c'est un grand seigneur; la sainte Vierge, Notre-Dame; je sais ma leçon; vous êtes bien propre; êtes-vous content; venez jouer; allons dans la chambre à jouer; portez vos joujoux; j'ai ma poupée; qu'y a-t-il dans la maison de votre poupée? des chaises, des tabourets, des lits, des tables, des assiettes, des plats, des tasses, des cuillers, des couteaux, des fourchettes, des pots et je ne sais quoi. Restez avec moi.

VERSION.

Miss Ann was such a good child that she would not have done a thing she was bid not to do for the world. If she went out or staid at home, it was all the same, and no one could tempt her to eat so much as a peach (*pêche*) or a pear or a plum or a nut, or to taste a pie or a cake, if she had been told they were not good for her. So her friends had no fear when she was out of their sight, but would say they were sure she would not be hurt with sweet things or fruit that was not ripe. Now as miss Ann was so good a girl, her friends were kind to her and gave her such fruit and cake as she might eat. As she dearly loved her good parents, so they dearly loved her, and she was not only the favourite, but the very companion of her papa in his walks.

THÈME (1).

Jean Frost était un bon garçon. Son père et sa mère l'envoyèrent à la pension où il apprit à lire aussi vite qu'il est possible. Quand il était en classe, il ne quittait pas ses livres qu'il n'eût fini ses devoirs. Et quand la classe était finie, il jouait de bon cœur, parce qu'il savait qu'il avait le temps de le faire. Il était si bon que tous les garçons étaient charmés de jouer avec lui. Quand il était un des plus petits de la pension, il se fit des amis de tous les grands élèves; et quand il fut grand il fut l'ami de tous ceux qui étaient plus petits que lui. Il ne fut jamais connu pour battre ou maltraiter quelque camarade, pendant tout le temps qu'il resta à la pension. Quand il devint homme, il fut encore si bon qu'il gagna l'amour de Dieu et la bienveillance de tous ceux qui le connurent.

(1) On trouvera dans les idiotismes quelques locutions nécessaires pour faire le thème.

IDIOTISMES.

At all times. — Toujours, toutes les fois.
To learn a task. — Apprendre une tâche, une leçon.
She had said her task so well. — Elle avait si bien appris sa leçon.
She took her to her play room. — Elle la mena à sa chambre à jouer.
I will take you with me. — Je vous amènerai avec moi.
Miss Rose was quite glad. — Mademoiselle Rose fut bien aise.
She would have lost the sight of the doll's house. — Elle n'aurait pas pu voir la maison de la poupée.
For the world. — Pour rien au monde.
It was all the same. — Cela lui était égal.
If she had been told they were not good for her. — Si on lui avait dit qu'ils n'étaient pas bons pour elle.
Sweet things. — Sucreries, friandises.
As fast as could be. — Aussi vite que possible.
He kept to his books till he had done all his tasks. — Il ne quittait pas ses livres qu'il n'eût fini tous ses devoirs.
With a good heart. — De bon cœur.
He had time to do so. — Il avait le temps de le faire.
He made friends of all the great boys. — Il se fit des amis de tous les grands élèves.
He was a friend to all. — Il était l'ami de tous.
He used the boys ill. — Il maltraitait les élèves.
The good will of all. — La bienveillance de tous.

ONZIÈME LEÇON.

SENS DU TEXTE ANGLAIS.

Mademoiselle Jeane Brook était une enfant très propre, très rangée. Elle avait soin de ne pas déchirer sa robe, ou abîmer son chapeau. Elle conservait ses agrafes à ses souliers, et mettait toujours ses socques quand elle sortait, s'il avait plu ou neigé ; car elle n'aimait pas à porter de la boue à la maison, sachant combien les pauvres servantes avaient de peine à frotter les parquets et les escaliers. Quand elle avait un nouveau livre, elle avait bien soin de ne pas le salir, ni d'en rouler les feuillets. Si elle avait quelque ouvrage à faire, elle en tenait les morceaux dans son sac ou dans sa boîte, et n'abimait pas son fil, ou sa soie, ou ses épingles, ou son ruban de fil. Elle tenait sa poupée très propre, et gardait dans une boîte tous les morceaux de gaze ou de soie qu'elle avait pour lui faire des robes. Quand elle venait de rentrer, elle montait son whisk ou son manteau, son chapeau et ses gants, et les serrait. Aussi pouvait-elle sortir avec ses amies, car elle savait où trouver toutes ses affaires à la fois.

TEXTE DE LA LEÇON.

Miss Jane Brook was a neat child. She took care not to tear her frock or spoil her cap, and she kept all the clasps in her shoes and put her clogs on, when she went out of doors, if there had been rain or snow, for she did not like to bring dirt to the house, as she knew the poor maids had hard work to scrub the floors and the stairs. When she had a new book she took great care not to soil it, or turn down the leaves. When she had work to do she kept all the parts of it in her bag or box and did not waste her thread, or her silk, or her pins and tape. She kept her doll neat too, and all the bits of gauze and silk, which she had to make doll's clothes, she kept in a box. When she had been out of doors she took her whisk or cloak and her hat and gloves up stairs, and put them by. So she could go with her friends ; for she knew where to find all her things at once.

VOCABULAIRE.

Keep, kept.	Garder, gardé.	Floor.	Parquet, plancher, étage.	Tape.	Cordon de fil.
Clasp.	Agrafe, agrafer.			Bit.	Morceau.
Shoe, boot.	Soulier, botte.	Appartment.	Appartément.	Gauze.	Gaze.
Shoemaker.	Cordonnier.	Lodging.	Logement.	Clothes.	Vêtements, habit.
Clog.	Socque; embarras	Stairs.	Escaliers.	Shift.	Chemise.
Put on.	Mettre.			Stays.	Corset.
Go out of doors.	Sortir.	Up stairs.	En haut, dans l'appartement.	Gown.	Robe.
Dirt.	Boue, saleté.	Soil.	Sol; tache; salir.	Frock.	Blouse, pardessus.
Dirty.	Crotté, sale.	Turn down.	Plier; redoubler.	Apron.	Tablier.
Maid, maiden.	Fille, servante.	Part.	Part; partie; partager.	Sash.	Ceinture.
Maiden.	De jeune fille.	Bag.	Sac.	Mantle.	Manteau.
Servant.	Domestique.	Box.	Boîte; loge.	Cloak.	Manteau.
Groom.	Groom.	Thread.	Fil.	Hat, cap.	Chapeau.
Valet de chambre.	Valet de chambre.	Silk.	Soie.	Glove.	Gant.
Coachman.	Cocher.	Pin.	Epingle.	Once.	Une fois.
Scrub.	Frotter fort.	Needle.	Aiguille.	At once.	A la fois.

MÉMOIRE DES MOTS.

Clasp your shoes; keep all the clasps in your shoes; put on your clogs; she went out of doors; there has been rain; your shoes are dirty; it is dirty; do not bring dirt to the house; maid, come and dress the boy; call the servants; where is my groom; I want a valet de chambre; our coachman it tipsy; the maids scrub the floors; they scrub the stairs too; go down stairs; come up stairs; my mother is up stairs; you have soiled your book; do not turn down the leaves of your book; bring your bag; keep your things in a box; a box in the theatre; give me some thread; here is a needle; this is called tape; bits of gauze and silk; my clothes; put on your clothes; old clothes! I have got a silk gown; do not spoil your frock; the little boy is under mamma's apron; you have torn your sash; take off your mantle and hat; put on your gloves; take off your gloves; I can find my things all at once.

Les cordonniers font les souliers; les bottiers font les bottes; ôtez vos socques; sortez-vous aujourd'hui? non, il fait trop de boue; appelez la bonne; elle est avec les autres domestiques; nous avons un bon cocher; notre appartement est au premier étage; c'est un agréable logement; descendez-vous? non, je reste en haut; ne salissez pas le parquet; tous les feuillets de votre livre sont roulés; mettez les morceaux de votre ouvrage dans une boîte; qu'avez-vous là? j'ai des épingles, des aiguilles, du fil, du cordon de fil, de la gaze et de la soie; pourquoi faire? des vêtements à ma poupée; montrez-moi vos affaires; voici ma robe, mon tablier, ma ceinture, mon manteau; où est votre chapeau? mettez votre chapeau; ôtez votre ceinture; remettez votre manteau; mes gants sont déchirés; je veux acheter une autre paire de gants; je voudrais acheter plusieurs paires de gants à la fois.

VERSION.

Miss Jane had a new doll, and her good aunt, who bought it, gave her some cloth to make a shift for it. She gave her too a coat, and a pair of stays and a yard (mètre) of twist with a tag to it, for a lace; a pair of red shoes and a piece of blue silk to make doll a slip some gauze for a frock and a broad white sash. Now these were neat things, you know, but miss Jane had no thread, so she could not make Doll's clothes when she had cut them out; but her dear good aunt gave her some thread too, and then she went hard to work, and made doll quite smart in a short time.

THÈME.

Charles trouva un pauvre petit oiseau sur la terre froide. Il l'apporta à la maison pour mademoiselle Anne. Voici ma chère, dit-il, un pauvre petit oiseau; prends-le, s'il te plait et mets-le dans une cage. Où l'as-tu pris, Charles, dit-elle. Il lui raconta comment il l'avait trouvé. Pauvre petit oiseau, dit mademoiselle Anne; quelque méchant enfant t'a retiré de ton nid, j'ose dire, ou peut-être tu t'es mis sur le bord (edge) du nid et tu es tombé. Eh bien! je prendrai soin de toi. Je ne sais pas faire de nids; sans cela je t'en ferais un, mais tu auras de la laine bien chaude pour t'y coucher et tu auras à manger quand tu voudras. Aussi ne crie pas, pauvre oiseau; cela me fait mal au cœur de t'entendre crier. Je serai aussi bonne pour toi que je pourrai.

IDIOTISMES.

To take care not to tear.	Avoir soin de ne pas déchirer.
She put her clogs on.	Elle mettait ses socques.
She put her clogs off.	Elle ôtait ses socques.
Put your hat on.	Mettez votre chapeau.
Put your hat off.	Otez votre chapeau.
Hats off !	Chapeaux bas !
She put her things by.	Elle serrait ses affaires.
Do not turn down the leaves of your book.	Ne roulez pas, ne pliez pas les feuillets de votre livre.
She took her cloak up stairs.	Elle montait son manteau.
Her good aunt gave her some cloth.	Sa bonne tante lui donna de l'étoffe.
Her good aunt gave some cloth to her.	Sa bonne tante lui donna de l'étoffe.
When she had cut them out.	Quand elle eut fini de les couper.
She went hard to work.	Elle se mit à travailler ferme.
She took the bird home.	Elle porta l'oiseau à la maison.
Take this poor thing.	Prenez cette pauvre bête.
Where did you get it !	Où l'avez-vous prise ?
He took the bird out of its nest.	Il retira l'oiseau de son nid.
It got up on the edge of the nest.	Il monta sur le bord du nid.
You shall have food.	Vous aurez à manger.
When you want it.	Quand vous voudrez.
It makes my heart ache.	Cela me fait mal au cœur.

DOUZIÈME LEÇON.

SENS DU TEXTE.

Tom Jones était un enfant brutal. Il se battait; il était si désagréable que tous ses camarades finirent par ne vouloir plus jouer avec lui; car aucun n'était sûr que Tom Jones n'en viendrait à lui crever les yeux ou à lui casser les dents. Il avait encore une autre manie bien fâcheuse. Il jetait des pierres. Un jour, il lança une pierre à mademoiselle Banks, et lui fendit la tête au point que le sang coula; et quand le mal fut guéri, il y resta une vilaine cicatrice. Il n'était pas meilleur pour les animaux. Il lançait un pauvre petit chat en l'air, et le laissait tomber, de sorte qu'on aurait cru qu'il allait en mourir. Ensuite il allait le jeter dans un bassin, le noyer à moitié, et le tourmenter de toutes les manières imaginables. Il avait un chien qui lui était très attaché, mais Tom Jones ne faisait que le battre, lui jeter des pierres et lui attacher toutes sortes de choses à la queue. C'est une honte pour des enfants de maltraiter ainsi des êtres animés. S'ils pouvaient seulement se figurer le mal qu'ils leur font endurer, certes ils ne le feraient pas.

TEXTE DE LA LEÇON.

Tom Jones was a rude boy. He would fight and was so cross that at last no boys would play with him, for no one could tell but that he might knock out their eyes or their teeth. He had another sad trick too, He would fling stones. One day he flung a stone at Miss Banks and cut her head so that the blood ran down and when the place got well there was a sad scar. He was rude to animals too. He would fling a poor young cat up and let it fall so that you would have thought it must die. He would then throw it into a pond and half drown it and teaze it all the ways he could thing of. He had a dog that was quite fond of him, but Tom Jones would beat him and fling stones at him and tie things to his tail. It is a shame for boys to use live things so. If they would but think of the pain they give they would not do it.

VOCABULAIRE.

Rude.	Brutal, grossier.	Knock.	Frapper.	Cheek.	Joue.
Rudeness.	Brutalité.	Knock out.	{ Faire sortir à { force de coups.	Chin.	Menton.
Trick.	Tour, ruse.			First.	Premier; d'abord.
Fling; flung.	Lancer; lancé, ée.	Live.	Vivant, te.	Mess.	Plat, gamelle.
He flung.	Il lança.	Live things.	Etres vivants.	Load.	Charge, poids.
To fling up.	Lancer en l'air.	Shame.	Honte.	Stare.	{ Regarder avec { étonnement.
To get well.	Guérir. [ser.	Shame on you.	Honte à vous.		
Scar.	Cicatrice, cicatri-	Shameful.	Honteux, se.	Bring up.	Elever.
Wound.	Blessure, blesser.	Ashamed.	Honteux, se.	She brought up.	Elle éleva.
Think; thought.	Penser; pensé.	Pain.	Peine, souffrance.	Hop.	Sautiller.
Drow; drown.	Noyer; noyé.	Pleasure.	Plaisir.	Hop out.	Sauter hors de.
Teaze.	Agacer. [gréable.	Play.	Jeu, jouer.	Tame.	Apprivoisé, ée.
Cross.	Revêche, désa-	Play.	Spectacle, pièce.	Wild.	Sauvage.
Fight.	{ Combat, com- { battre.	Fat.	Gras, se.	Snug.	A son aise.
		Meagre.	Maigre.		

MÉMOIRE DES MOTS.

Boys are rude sometimes; little girls are never rude, you must not be rude to animals; what a sad trick; it is a sad trick to fling stones; do not fling stones; why do you fling stones at me? Why do you fling the cat up? Do not cut my head; you have cut your finger; the blood runs down; the place gets well; at last he got well; he had a sad scar; your face is scarred all over; you have wounded me; you have got a wound on your leg; let me fall down; so that; you would

Vous êtes un brutal; c'est un mauvais tour; jeter des pierres; ne jetez pas de pierres; vous m'avez jeté une pierre; vous m'avez fendu la tête; je me suis coupé le doigt, le sang coule; la plaie est guérie; une cicatrice est une plaie guérie; il a été blessé au combat; il avait l'habitude de se battre; il était très désagréable; si désagréable que; à la fin; jouer avec quelqu'un; aimer le jeu; aller au spectacle; une belle pièce de théâtre; crever les yeux à coups de poing;

have thought; I think it must die; the pond is filled with water; do not throw the cat into the pond; you shall drown yourself; do not teaze me; all the ways; to be fond of some one; of something; do not beat your poor dog; tie your shoes; it is a shame; you use me well; you use me ill; do not use me so; you give me much pain; will you fight with me; they fought a battle; I will play with you.

faire sauter les dents; lancer en l'air; jeter dans un bassin; il s'est noyé dans le bassin; vous me taquinez sans cesse; j'aime les chiens; je n'aime pas les chats; vous me battez toujours; vous me jetez des pierres; attachez un soulier à la queue du chien, ce sera un bon tour; laissez de côté tous vos mauvais tours; c'est un mauvais tour que de tourmenter les pauvres animaux; si vous me tourmentez, je ne jouerai plus avec vous; honte à vous si vous faites cela.

VERSION.

Frank Pitt was a great boy. He hat such a pair of fat cheeks that he could scarce see out his eyes, for you must know that Franck would sit and stuff and eat all day long. First he would have a great mess of rice milk. In an hour's time he would ask for bread and cheese, then he would eat loads of fruit and cakes. As for meat and pies, if you had seen him eat them, it would have made you stare. Then he would drink as much as he eat. But Franck could not long go on so, you may well think. No one can feed in this way but it must make him ill; and this was the case with Frank. Nay, he was like to die, but he did get well at last. And then his friends said to him. You must not eat and drink so much, Frank, for you are more like a pig than a boy. Now you are well, strive to keep so. Frank thought it was a shame to be like a pig, and a sad thing to be sick; so he left off his bad tricks and was quite well. He loved his book much more, and he could play much more nimbly than before, and his papa and mamma, and his school-fellows were very glad he had changed so.

THÈME.

Mademoiselle Anne fut aussi bonne pour son oiseau, qu'elle avait dit qu'elle le serait. Elle l'éleva jusqu'à ce qu'il pût sautiller et voler. L'oiseau fut si apprivoisé, qu'il sautait hors de sa cage, si elle l'appelait. A la fin il s'envola hors de la maison. Tous les oiseaux sauvages l'entourèrent et lui dirent, à leur manière : Que fais-tu ici, oiseau apprivoisé? Retourne à ta cage, sans cela (*else*) tu mourras, car nous ne te laisserons pas manger avec nous, nous n'aimons pas les oiseaux apprivoisés. C'est triste à penser, dit-il; que va dire mademoiselle si je retourne vers elle. J'ai peur qu'elle ne me donne plus à manger. Alors il alla se cacher sur un grand arbre, parmi les rameaux épais. Mais les oiseaux sauvages ne voulurent pas l'y laisser tranquille. Ils le chassèrent bientôt de là. Alors il trouva un trou dans un mur, où il crut pouvoir reposer à son aise. Mais un rat faillit l'y prendre. Enfin la nuit sombre arriva, et il n'avait pas encore mangé. Oh! plut à Dieu que je n'eusse pas quitté mademoiselle Anne, dit-il. Et aussitôt que le jour fut venu, et qu'il fit clair, il s'en retourna vers sa petite maîtresse (*mistress*), et il fut bien aise de vivre dans sa cage le reste de ses jours.

IDIOTISMES.

He would fling stones.

He would fight.

Frank would eat all day long.

He would have a great mess of rice milk.

He would ask.

No one could tell but that Frank might knock out....

He cut her head.

Il avait l'habitude de jeter des pierres.

Il se battait ordinairement.

Frank avait l'habitude de manger toute la journée.

Il prenait ordinairement un grand plat de riz au lait.

Il avait l'habitude de demander.

Personne ne pouvait répondre que Frank ne lui arrachât....

Il lui fendit la tête.

So that the blood ran down.	De sorte que le sang coula.
When the place got well.	Quand la marque fut guérie.
He flung the cat up.	Il jeta le chat en l'air.
I think it must die.	Je crois qu'il en mourra.
He would half drown the cat.	Il noyait le chat à moitié.
You must use me well.	Vous devez me traiter comme il faut.
You must not use me ill.	Vous ne devez pas me maltraiter.
He could scarce see out of his eyes.	Il pouvait à peine voir, tant ses yeux étaient couverts.
In an hour's time.	Dans l'espace d'une heure.
As for meat and pies.	Quant à la viande et aux pâtés.
It would have made you stare.	Vous l'auriez regardé avec le plus grand étonnement.
I cannot go on so.	Je ne puis pas continuer ainsi.
No one can feed in this way.	On ne peut pas se repaître ainsi.
But it must make him ill.	Sans que cela ne fasse mal.
He was like to die.	Il faillit en mourir.
A rat hat like to have caught him.	Un rat faillit l'attraper.
He did get well.	Il guérit.
Frank was more like a pig than a boy.	Frank ressemblait plus à un cochon qu'à un garçon.
Strive to keep so.	Tâche d'y rester.
He left off his bad tricks.	Il se défit de ses méchantes habitudes.
He flew out of doors.	Il s'envola de la maison.
All the birds got round him.	Tous les oiseaux l'environnèrent.
In their way.	A leur manière.
Go back to your cage.	Retourne à ta cage.
You will starve else.	Sans ça tu mourras de faim.
This is sad news.	Voilà une fâcheuse nouvelle !
Let me feed with you.	Laissez-moi manger avec vous.
She will not feed me.	Elle ne me donnera pas à manger.
They drove him from thence.	Ils l'en chassèrent.
O that I had not left !	Plût à Dieu que je n'eusse point laissé.
As soon as it was light.	Aussitôt qu'il fit clair.
He flew back.	Il retourna (en volant).

TREIZIÈME LEÇON.

SENS DU TEXTE.

Le jeune monsieur William était un très bon garçon. Son père prenait plaisir à lui donner du contentement. De sorte que, aussitôt qu'il put bien lire, il lui acheta quelques livres d'histoire naturelle, et l'emmena une fois par mois à la ville, visiter le Musée de M. Parkinson, sur le pont des Moines-Noirs. Là, il avait le plaisir de voir les choses touchant lesquelles il avait lu. Mais M. Chandler ne laissait pas voir à son fils tout le Musée en un jour. Non, il le lui montrait par degrés. Quand monsieur William avait lu quelque peu sur les insectes, son père lui montrait la collection des papillons, des sphinx, des escarbots, etc. La prochaine fois, il lui montrait les poissons, puis les oiseaux, et ainsi de suite, jusqu'à ce qu'il eut tout vu. Par ce moyen, il se rappelait ce qu'il avait lu sur les œuvres de Dieu, et devenait désireux d'en savoir davantage.

TEXTE DE LA LEÇON.

Master William was a very good boy. His papa took delight in giving him pleasure. So as soon as he could read well he bought him some books of natural history, and took him town once a month to go to M. Parkinson's Museum, over Black-friars bridge, where he had the pleasure of seeing the things he read about. But M. Chandler did not let his son view the whole Museum in one day. No, he shewed it to him by degrees. When Master William had read a little about insects he shewed him the collection of butterflies, moths, beetles, etc. Next time he shewed him the fishes, another time the birds, and so on til he had seen them all. By this means he remembered what he had read about the works of God, and grew desirous of knowing more.

VOCABULAIRE.

Master.	Maître.	Collection.	Collection.	Know.	Savoir.
Master.	Monsieur.	Moth.	Teigne; sphinx.	Knowledge.	Science, savoir.
Delight.	Délice, plaisir.	Beetle.	Escarbot.	Teach.	Enseigner.
Natural.	Naturel, le.	So on.	Ainsi de suite.	Taught.	Enseigné, ée.
History.	Histoire.	Means.	Moyen.	Make out.	Trouver.
Ancient history.	Histoire ancienne.	By all means.	Absolument.	Serve.	Servir.
Modern history.	Histoire moderne.	By no means.	Nullement.	Service.	Service.
Roman history.	Histoire romaine.	By means of.	Par le moyen de.	Servant.	Serviteur.
Sacred history.	Histoire sacrée.	Remember.	Se souvenir.	Slave.	Esclave.
To take to town.	Emmener à la ville	Remembrance.	Souvenir.	Hope.	Espoir, espérer.
View.	Vue, voir, visiter.	Memory.	Mémoire.	Wise.	Sage.
Review.	Revue, revisiter.	Forget.	Oublier.	Nibble.	Grignoter.
Show, shew.	Montrer.	By heart.	Par cœur.	Mouldry.	Moisi.
Degree.	Degré.	Desirous.	Désireux.		
By degrees.	Par degrés.	Desire.	Désir, désirer.		

MÉMOIRE DES MOTS.

Master William is your cousin; come hither, master; a good master takes delight in giving	Monsieur Georges est mon cousin; parlez, monsieur; nous avons un bon maître; bon maître,

lessons to good pupils; natural history is the history of nature; I have learnt the ancient history, now I learn the modern history; I read the roman history; what do you call sacred history? The history of the Jews; take me to town with you; once a month; once a week; once a year; I had the pleasure of seeing you; we have viewed the whole museum in the Louvre; do you come from the review; shew me what you do; not all at once, but by degrees; the collection of beetles and butterflies; a fine, large moth has flown into the room; the moth flutters about the candle; the light attracts him; I will do it by all means; he will not do it by no means; remember me always; do not forget me; O that I may live in your remembrance; is your memory good; learn it by heart; I am very desirous of seeing you; is that all you know; is that all your knowledge; teach me how to write as you taught me how to read; at your service; there are no slaves in Europe; I hope you will be wiser; the mice nibbled the cake; the cake grew dry and mouldry.

bons élèves; je prends plaisir à apprendre l'histoire naturelle; j'y lis l'histoire des animaux; avez-vous appris l'histoire ancienne? Oui, et maintenant j'apprends l'histoire moderne et l'histoire de France. Mon père m'emmène à Londres une fois par mois, et en France une fois par an; le plaisir de voir; le plaisir d'apprendre; le plaisir de monter à cheval; j'ai visité le Musée; je viens de la revue; montrez-moi cela; une riche collection; une collection de papillons; une collection de poissons; une collection d'oiseaux; voilà un sphinx qui vole autour de la chandelle; il va brûler ses ailes d'argent; je l'essaierai par tous les moyens; je ne le ferai nullement; je me souviendrai toujours de vous avec plaisir; je ne vous oublierai jamais; j'ai bonne mémoire; votre souvenir restera dans mon cœur; je le désire beaucoup; je suis très désireux de savoir ce que vous faites; Dieu sait toutes choses; l'homme ne sait que peu; le savoir de l'homme est petit; vous m'avez enseigé à lire, enseignez-moi à écrire, s'il vous plaît; dans l'histoire ancienne il est parlé d'esclaves; je deviendrai sage, j'espère.

VERSION.

George had a book bought for him. O what a sweet book this is! said he, I can read in it all day. Well I will teach you, George, said his aunt. I do not want to be taught, said he, I know how. Let us hear then, said his aunt. So George began, but in the first line he met with a hard word which he could not make out, so at last he was glad to go and say, Dear aunt, be so kind as to teach me, for I find I do not know so much as I thought I did. That I will do, George, said his aunt, though I should serve you right if I did not; but I hope, now you find that you are not so wise as you thought you were, you will come to be taught at once when I ask you the next time. George did so and his good aunt taught him how to spell and read well all the words in his pretty book and he was a good boy from that day. There are many little boys and girls like that George. And I think that I know one or two for my part in this very school.

THÈME.

Il y avait un garçon que ses camarades de pension avaient coutume d'appeler Pierre-le-Soigneux (*Peter Careful*). Ce garçon écrivit une lettre très propre à sa mère, de sorte qu'elle lui envoya un gâteau magnifique (*rich*). Pierre-le-Soigneux se dit : si je mange tout ce gâteau à la fois il me fera mal. Je veux le garder aussi longtemps que possible. Il porta donc ce gâteau dans sa chambre et le mit dans sa boîte, après en avoir mangé un tout petit morceau. Une fois par jour il montait dans sa chambre et en mangeait encore un petit morceau, puis il fermait soigneusement sa boîte. En sorte qu'il garda son gâteau plusieurs semaines, sans qu'il fût fini, car il était énorme. Mais, voici (*behold*)! Les souris entrèrent dans la boîte et le grignotèrent. Le gâteau devint sec et moisi et enfin il ne fut bon à rien du tout. Pierre fut obligé de le jeter; cela lui faisait bien mal au cœur, mais personne n'en fut fâché. S'il avait eu la bonne idée (*idea*) d'en donner à ses camarades, cela ne serait pas arrivé.

IDIOTISMES.

He took delight in giving pleasure to his son.

Il était charmé d'accorder du plaisir à son fils.

He took him to town.	Il l'emmenait à la ville.
Once a month.	Une fois par mois.
Once a week.	Une fois par semaine.
Once a year.	Une fois par an.
Five francs a head.	Cinq francs par tête.
He had the pleasure of seeing the things he had read about.	Il avait le plaisir de voir les choses touchant lesquelles il avait lu.
He did not let his son view the Museum.	Il ne laissait pas voir à son fils le Musée.
He grew desirous of knowing more.	Il devenait désireux d'en savoir davantage.
I do not want to be taught.	Je n'ai pas besoin qu'on m'enseigne.
I know how.	Je sais.
Let us hear then.	Voyons donc.
Which he could not make out.	Dont il ne put pas se tirer.
I do not know so much as I thought I did.	Je ne sais pas autant que je croyais le faire.
That I will do, Georges.	Je le veux bien, Georges.
You will come to be taught.	Vous viendrez vous faire enseigner.
From that day.	Depuis ce jour.
He took the cake up stairs.	Il porta le gâteau dans sa chambre.
He kept the cake several weeks and it was not gone.	Il garda le gâteau plusieurs jours sans qu'il fût fini.
It was good for nothing at all.	Il ne valut rien du tout.
It grieved him to the very heart.	Cela lui fut très sensible.

QUATORZIÈME LEÇON.

SENS DU TEXTE.

Je louerai Dieu avec ma voix ; car je puis bien le louer, quoique je ne sois qu'un petit enfant. Il n'y a que quelques années, je n'étais qu'un tout petit enfant ; ma langue était muette dans ma bouche. Je ne connaissais point le nom sublime de Dieu, car la raison n'était pas encore venue en moi. Mais maintenant je puis parler, et ma langue louera le bon Dieu. Je puis penser à toute sa bonté, et mon cœur le louera certes. Que Dieu m'appelle, j'irai à lui ; que Dieu me commande, je lui obéirai. Quand je serai plus âgé, je le louerai mieux. Jamais je n'oublierai le bon Dieu tant que la vie me restera.

TEXTE DE LA LEÇON.

I will praise God with my voice ; for I may praise him though I am but a little child. A few years ago, and I was but a little infant, and my tongue was dumb within my mouth. I did not know the great name of God, for my reason was not come into me. But now I can speak and my tongue shall praise him : I can think of all his kindness and my heard shall love him. Let him call me, and I will come to him; let him command and I will obey him. When I am older I will praise him better and I will never forget God, so long as my life remains in me.

1er FUTUR.

(Il exprime que le sujet fera ou subira l'action d'une manière obligatoire, d'une manière indépendante de sa volonté.)

I shall praise.	Je louerai, je dois louer.
Thou shalt praise.	Tu loueras, tu dois louer.
He shall praise.	Il louera, il doit louer.
We shall praise.	Nous louerons, nous devons louer.
You shall praise.	Vous louerez, vous devez louer.
They shall praise.	Ils loueront, ils doivent louer.

2e FUTUR.

(Il exprime que le sujet a l'intention de faire ou de subir l'action, sans en assurer l'exécution.)

I will praise.	Je louerai, je veux louer.
Thou wilt praise.	Tu loueras, tu veux louer.
He will praise.	Il louera, il veut louer.
We will praise.	Nous louerons, nous voulons louer.
You will praise.	Vous louerez, vous voulez louer.
They will praise.	Ils loueront, ils veulent louer.

(Comme conséquence de la signification respective de *shall* et *will*, ces deux formes ne peuvent point s'employer indistinctement l'une pour l'autre pour traduire notre futur. En se mettant au point de vue de la première personne :

1° Si l'on veut être soumis, poli, on dira :

		2° Si l'on veut commander, exprimer sa volonté, on dira :	
I shall praise.	Je louerai.	I will praise.	Je louerai.
Thou wilt praise.	Tu loueras.	Thou shalt praise.	Tu loueras.
He will praise.	Il louera.	He shall praise.	Il louera.
We shall praise.	Nous louerons.	We will praise.	Nous louerons.
You will praise.	Vous louerez.	You shall praise.	Vous louerez.
They will praise.	Ils loueront.	They shall praise.	Ils loueront.

1er THÈME.

Nous louerons Dieu de tout notre cœur et de toutes nos voix. Nous pouvons bien le louer, quoique nous ne soyons que de petits enfants. Il n'y a que quelques années nous n'étions que de tout petits enfants. Nos langues étaient muettes au dedans de nos bouches. Nous ne connaissions point le nom sublime du bon Dieu, car notre raison n'était pas encore entrée en nous. Mais aujourd'hui, nous pouvons parler, et certes notre langue le louera. Nous pouvons penser à toute sa bonté et nos cœurs ne manqueront pas de le louer. S'il nous appelle, eh bien! nous irons à lui; s'il nous commande, nous lui obéirons. Quand nous serons plus âgés, nous le louerons mieux et nous n'oublierons jamais le bon Dieu tant que nous vivrons.

2e THÈME.

Louez Dieu, enfants; louez Dieu de tout votre cœur. Car vous pouvez le louer, bien que vous ne soyez que de petits enfants. Naguère vous n'étiez que de tout petits enfants et vos langues étaient muettes dans vos bouches. Vous ne connaissiez pas le nom sublime de Dieu, car votre raison n'avait pas encore pénétré en vous. Mais maintenant vous pouvez parler et votre langue louera Dieu assurément. Vous pouvez songer à sa bonté et vos cœurs ne manqueront pas de l'aimer. S'il vous appelle, vous irez à lui. S'il vous commande, vous lui obéirez. Quand vous serez plus âgés vous le louerez mieux et vous n'oublierez jamais le bon Dieu, tant que vous vivrez.

VOCABULAIRE.

Praise.	Louange, louer.	Mind.	Intelligence, esprit.	Call.	Appel, appeler.
Praiser.	Louangeur.			Call a side.	Tirer de côté.
Praising.	Action de louer.	Understanding.	Intelligence.	Call at a place.	Passer par un endroit.
Blame.	Blâme, blâmer.	Kind.	Bon, bienveillant.		
Blameful.	Blâmable, coupable.	Kindness.	Bonté.	Call upon one.	Aller voir quelqu'un.
		Kind.	Espèce.		
Blameless.	Irréprochable.	Love.	Amour, aimer.	Command.	Commandement.
Infant.	Enfant muet encore.	Self-love.	Amour-propre.	To command.	Commander.
		Lover.	Amoureux, amateur.	Forget.	Oublier.
Infancy.	Enfance.	Lovely.	Aimable.	Forgetful.	Oublieux, se.
Tongue.	Langue, langage.	Loveliness.	Amabilité, agrément.	Forgetfulness.	Oubli.
Within.	Au dedans.			A forget-me-not.	Un ne m'oubliez-pas.
Without.	Au dehors.	Loving.	Gracieux, se; aimant.		
Reason.	Raison, raisonner.	Lovingly.	Affectueusement.	Remember.	Se souvenir.
Reasonable.	Raisonnable.	Hate.	Haïr.	Remembrance.	Souvenir.
Reasoner.	Raisonneur.	Hatred.	Haine.	Remain.	Rester.
Reasoning.	Raisonnement.			Remainder.	Reste.

MÉMOIRE DES MOTS.

Infant, infancy; child childhood; praise, blame; praiser, blamer; praiseful, blameful; praiseless, blameless; tongue, language, voice, mouth; faculty, reason, reasonable, reasoner, reasoning; mind, understanding; kind, good; kindness, goodness, loveliness, forgetfulness; love, lover, loving, lovely; hatred, hate; call, calling; call at a place, call upon one, call a side; forget, remember; forgetfulness, remembrance; remainder, remain.

Un reste, rester; raison, louange, blâme, amour, haine, louangeur, blâmeur, amateur, raisonneur; raisonner, louer, blâmer, aimer, haïr, oublier, appeler, se rappeler, oublier; blâmable, irréprochable; enfant, enfant qui ne parle pas encore, enfance; langue, langage; au-dedans, au-dehors; esprit, intelligence; bon, bonté; oublier, oublieux, oubli; se souvenir, un souvenir; un reste, rester; aimer, amoureux, aimable, amabilité, aimant, affectueux, affectueusement.

VERSION.

An infant is a child that cannot speak yet. In infancy man is without reason. Childhood is a most happy age. The whole world must

THÈME.

Restez ici jusqu'à ce que je vous appelle. Je garderai, tant que je vivrai, le souvenir de votre bonté. Je ne serai point oublieux; l'ou-

praise god, for he is the maker of all things. Nothing is so blameful as telling lies. Happy the man, who lived and died blameless. My tongue was dumb. What do you think of the english tongue? It is easy enough. The french language is more difficult. Let me hear you sing a song. You have a beautiful voice. Open your mouth. My tongue is within my mouth. I go without. Reason is the most precious faculty of human mind. Man is a reasonable being. You are a good reasoner. I love you for your kindness. You must love virtue and hate vice. Self-love is an enemy to the love of mankind and to the love of god. She is a lovely girl, she is all loveliness and kindness. As he wished to tell me a secret, he called me aside. Be so kind as to call at my house to-morrow morning. The duke of Wellington commanded the english army at the battle of Waterloo. You must not forget the lesson. Forget me not. Remember me always.

bli ne sera jamais mon défaut. De grâce, ne m'oubliez pas. Je vous tirerai à part, pour vous parler de cette affaire. La raison est la plus brillante faculté de l'âme. La raison et l'instinct ont de grandes différences; cependant les animaux les plus intelligents, dans quelques-unes de leurs actions, approchent si près de la raison, qu'il est vraiment étonnant combien la différence semble petite entre leur instinct et notre raison. Je louerai Dieu de toute mon âme, pour sa bonté pour moi. Quel est l'homme qui peut dire : ma vie est irréprochable devant moi, devant le monde, et devant Dieu? L'enfance est peut-être l'âge le plus heureux de la vie. Dieu est au-dessus de l'intelligence humaine. L'esprit de l'homme ne peut le comprendre. Que dites-vous de la langue anglaise? Je dis qu'elle est assez facile. Oui, mais la prononciation en est très difficile. Je me suis mordu la langue. La langue française est moins facile que la langue anglaise.

QUINZIÈME LEÇON.

SENS DU TEXTE.

Et Dieu proféra toutes ces paroles, disant : Je suis le Seigneur ton Dieu, qui t'ai tiré de la terre d'Égypte, de la maison de servitude. Tu n'auras point d'autres dieux devant ma face. Tu ne te feras point d'idole taillée, ni aucune image de ce qui est au ciel, ni sur la terre, ni dans les eaux. Tu ne t'inclineras point devant elles, et ne les serviras point; car moi, le Seigneur ton Dieu, je suis un Dieu jaloux. Tu ne prendras point le nom du Seigneur ton Dieu en vain. Tu te souviendras du jour du Sabbat et tu le sanctifieras. Tu travailleras six jours et tu feras ton œuvre. Tu honoreras ton père et ta mère. Tu ne tueras point. Tu ne déroberas point. Tu ne mentiras point. Tu ne désireras point la maison de ton prochain, ni la femme de ton prochain, ni son serviteur, ni sa servante, ni son bœuf, ni son âne, ni aucune chose qui soit à ton prochain.

TEXTE DE LA LEÇON.

And God spake all these words, saying : I am the Lord thy God, which have brought thee out of the land of Egypt, out of the house of bondage. Thou shalt have no other gods before me. Thou shalt not make unto thee any graven image, or any likeness of any think that is in heaven, or in the earth, or in the water. Thou shalt not bow down thyself to them, nor serve them : for I, the Lord thy God, am a jealous God. Thou shalt not take the name of the Lord, thy God, in vain. Thou shalt remember the Sabbath-day, and keep it holy. Thou shalt labour six days, and do all thy work, but in the seventh day thou shalt not do any work. Thou shalt honour thy father and thy mother. Thou shalt not kill. Thou shalt not steal. Thou shalt not lie. Thou shalt not covet thy neighbour's house, nor his wife, nor his man-servant, nor his maid-servant, nor his ox, nor his ass, nor any thing that is thy neighbour's.

1er THÈME.

Dieu m'a retiré de la terre d'Égypte, de la maison de servitude. Je n'aurai point d'autre Dieu que lui. Je ne me ferai point d'idole taillée, ni aucune image de tout ce qui est dans les cieux, sur la terre ou dans les mers. Je ne me courberai point devant elles; je ne les servirai point; car lui, le Seigneur mon Dieu, est un Dieu jaloux. Je ne prendrai point le nom du Seigneur en vain. Je me rappellerai le jour du Sabbat et je le sanctifierai. Je travaillerai six jours, et le septième je ne ferai aucun ouvrage. J'honorerai mon père et ma mère. Je ne tuerai point. Je ne volerai point. Je ne convoiterai point la maison de mon voisin, ni sa femme, ni son serviteur, ni sa servante, ni son bœuf, ni son âne, ni rien de ce qui est à mon voisin. Ce sont là les commandements que le Seigneur notre Dieu a donnés à son peuple après qu'il l'eut retiré de la terre d'Egypte.

2e THÈME.

C'est le Seigneur votre Dieu qui vous a retirés de la terre d'Égypte, de la maison de servitude. Vous n'aurez point d'autre Dieu devant moi. Vous ne vous ferez point d'idole, ni d'image de tout ce qui est dans le ciel, ou sur la terre, ou dans les eaux. Vous ne vous prosternerez point devant elles. Vous ne les servirez point, car le Seigneur, votre Dieu, est un Dieu jaloux. Vous ne prendrez point le nom du Seigneur votre Dieu en vain. Vous vous rappellerez le jour du Sabbat et vous le sanctifierez. Six jours vous travaillerez et vous ferez votre œuvre; mais le septième jour, vous ne ferez aucun travail. Vous honorerez votre père et votre mère. Vous ne tuerez point. Vous ne déroberez point. Vous ne mentirez point. Vous ne convoiterez point la maison de votre voisin, ni sa femme, ni son serviteur, ni sa servante, ni son bœuf, ni son âne, ni aucune chose qui appartienne à votre voisin.

VOCABULAIRE.

God.	Dieu.	Goddaughter.	Filleule.	Fetters.	Fers, liens.
Goddess.	Déesse.	Bondage.	Esclavage, captivité.	Prison.	Prison.
Godship.	Divinité.			Liberty.	Liberté.
Godly.	Pieux, religieux.	Bond.	Lien, obligation.	Free.	Libre.
Godliness.	Sainteté.	Bondman.	Esclave, serf.	Freedom.	Liberté.
Godlike.	Divin, e.	Bondmaid.	Fille esclave.	Graven.	Taillé, gravé.
Godless.	Athée.	Bondservant.	Esclave.	Graving.	Gravure.
Godfather.	Parrain.	Slave.	Esclave.	Graver.	Graveur, burin.
Godmother.	Marraine.	Bondslave.	Esclave.	Image.	Image, imaginer.
Godson.	Filleul.	Bondsman.	Caution.	Imagine.	Imaginer.

Imagination.	Imagination.	Window-blind.	Jalousies.	Rob.	Voler.
Like.	Pareil; semblable.	Vain.	Vain, ne.	Robber.	Voleur.
Likeness.	Ressemblance.	Vanity.	Vanité.	Lie.	Mensonge, mentir
Painter.	Peintre. [ner.	Remember.	Se souvenir.	Liar.	Menteur.
Bow.	Révérence, s'incli-	Remembrance.	Souvenir.	True.	Vrai, e.
Jealous.	Jaloux, se.	Holy.	Saint, te,	Truth.	Vérité.
Jealously.	Jalousement.	Holiness.	Sainteté.	False.	Faux.
Jealousy.	Jalousie.	Honour.	Honneur, honorer	Falsehood.	Fausseté.
Jealousness.	Jalousie.	Steal.	Voler, dérober.		

MÉMOIRE DES MOTS.

Bond, fetters, prison; bondage, bondman, bondmaid; slave, slavery; bondslave; liberty, free, freedom; god, goddess; godfather, godmother; godson, goddaughter; godly, godless; godliness, godship; godlike; graver, graving, graven; like, likeness, godlike; image, imaginary; imagination; imagine; jealous; to be jealous; jealousy, jealousness; jealously; window-shutter, window-blind; vain, vanity; memory, remembrance, to remember; to forget, forgetful, forgetfulness; a forget-me-not; holy, holidays, holiness; honour, honourable; honor, honorable; steal, rob, robber; lie, liar; false, falsehood; true, truth.

Voleur, voler, dérober; mensonge, mentir, menteur; faux, fausseté; vrai, vraie, vérité; honneur, honorer, honorable; saint, sainteté; oubli, oublier, oublieux; un ne-m'oubliez-pas; souvenir, souvenance, se souvenir; mémoire; jaloux, jalouse; jalousie, les jalousies, jalousement; image, imaginer, imagination, imaginaire; ressemblance, semblable; gravure, gravé, graveur. Dieu, déesse, divinité; divin, pieux, athée; piété, sainteté; parrain, marraine, filleul, filleule; libre, liberté; esclave, esclavage, prison, prisonnier, fers, liens; mensonge, vérité; un mensonge, une vérité; l'amour, la jalousie; la vanité, l'honneur, la sainteté.

VERSION.

God is the maker of all things. The religion of the ancients acknowledged (*reconnaissait*) an infinite number of gods and goddesses. The godless man flies unpursued, but the godly one is bold as a lion. The heroes of Homer are godlike men. My uncle is my godfather and my aunt is my godmother. There is a sacred bond between godfathers and godsons. Egypt was the land of bondage to the people of God. God has broken our fetters, he has taken us out of our prison. Liberty is that freedom that is opposed to slavery. Man was created free and all the posterity of the first freeman have a right to freedom. Truth is a virtue of the highest order, and is opposed to falsehood. Truth is the surest bond between man and man. Too much severity towards children incites them to tell falsehoods. A false balance is abomination to the Lord. A liar is a false man. Nothing is so vile as a liar. The robber and the liar are brothers. Honour is to society, like holiness to religion. He is holy that loves god and honours his father and mother.

THÈME.

Il n'y a qu'un Dieu, créateur de toutes choses. Les dieux et les déesses des peuples anciens sont fils de l'ignorance. C'est un homme divin. Un homme pieux est un homme honorable. Les peuples anciens se prosternaient devant des images taillées comme devant des dieux. L'imagination est une faculté de l'âme. On ne peut pas imaginer Dieu. Le peintre a pris très bien votre ressemblance. Vous vous prosternerez devant Dieu seul. Êtes-vous jaloux? La jalousie est une malheureuse passion. Fermez les jalousies. Vanité des vanités et tout est vanité! Souvenez-vous de moi. Je me rappellerai toute ma vie le bien que vous m'avez fait. Votre souvenir sera toujours gravé dans mon cœur. L'homme bon oubli les offenses, le méchant s'en souvient toujours. Vous êtes bien oublieux; savez-vous que l'oubli est presque de l'ingratitude? Quelle est cette jolie petite fleur bleue? c'est un ne-m'oubliez-pas. Ce doit être un emblème de gratitude. Ne dites jamais de mensonges. Le menteur est près d'être voleur.

SEIZIÈME LEÇON.

SENS DU TEXTE.

Le Seigneur Dieu dit : J'emmènerai contre toi, ô Tyr, le roi de Babylone, le roi des rois, avec des chevaux, des charriots, des cavaliers, des bataillons, et une multitude de monde. Il tuera avec l'épée tes filles de la campagne ; il dressera des terrasses contre toi, et il lèvera le bouclier contre toi. Il posera ses machines de guerre contre tes murailles, et avec ses haches il abattra tes tours. La poussière de ses chevaux te couvrira tout entière ; tes murailles trembleront au bruit des cavaliers, des roues, des charriots, quand il entrera par tes portes. Il foulera toutes tes rues avec la corne des pieds de ses chevaux, et tes vaillants défenseurs rouleront dans la poussière. Je ferai cesser le bruit de tes chants et l'on n'entendra plus le son de ta harpe.

TEXTE DE LA LEÇON.

The Lord God says : I will bring upon thee, Tyrus, the king of Babylon, the king of kings, with horses and with chariots, and with horsemen, and companies, and much people. He shall slay with the sword thy daughters in the field, and he shall cast a mount against thee, and lift up the buckler against thee. And he shall set engines of war against thy walls, and with his axes, he shall break down thy towers. The dust of his horses shall cover thee; thy walls shall shake at the noise of the horsemen, and of the wheels, and of the chariots, when he shall enter into thy gates. With the hoofs of his horses shall he tread down all thy streets, and thy strong garrisons shall go down to the ground. I will cause the noise of thy songs to cease, and the sound of thy harp shall be no more heard.

| 1er THÈME. | 2e THÈME. |

1er THÈME.

Les habitants de Tyr disaient : Le Seigneur Dieu amènera contre nous le roi des rois. Il passera au fil de l'épée nos villes de la campagne et il élèvera une montagne contre nous. Il lèvera le bouclier contre nous. Il posera des machines de guerre contre nos murs et

2e THÈME.

Le roi des rois, le roi de Babylone dit : Je viendrai contre vous avec des chevaux, des cavaliers et des charriots. Je passerai au fil de l'épée les villes de votre pays. J'élèverai une montagne en face de vous. Je lèverai le bouclier contre vous. Je poserai mes

avec ses haches et ses marteaux il abattra nos hautes murailles et nos tours. La poussière de ses chevaux nous couvrira. Il fera trembler nos murailles au bruit de ses cavaliers, et des roues de ses charriots, quand il franchira nos portes. Avec les sabots de ses chevaux il foulera toutes nos rues et il fera mordre la poussière à nos fortes garnisons. Il fera cesser le bruit de nos chants et l'on n'entendra plus le chant de nos harpes.

machines de guerre contre vos murailles. J'abattrai vos tours avec mes haches. Je couvrirai votre ville de la poussière des pieds de mes chevaux. J'ébranlerai vos murailles au bruit de mes cavaliers, de mes roues et de mes charriots, quand j'entrerai par vos portes. Je foulerai vos rues avec les sabots de mes coursiers et j'abattrai vos puissantes garnisons. Je ferai cesser le bruit de vos chants et l'on n'entendra plus le son de vos harpes.

VOCABULAIRE.

King.	Roi.	Horseman.	Cavalier.
Kingdom.	Royaume.	Footman.	Piéton.
Kingly	Royal, le.	Footsoldier.	Fantassin.
Kinglike.	Royal, le.	Soldier.	Soldat.
Kingship.	Royauté.	Flag.	Drapeau.
King (at draughts	Dame damée.	Mount.	Mont.
Queen.	Reine. [tes)	Against.	Contre.
Queen (at cards).	Dame (jeu de car-	Lift, lifted.	Lever.
Emperor.	Empereur.	Buckler.	Bouclier, défendre
Empress.	Impératrice.	Set, set, set.	Poser, ranger.
General.	Général.	Engine.	Machine
To reign.	Régner.	Fire engine.	Pompe à incendie.
Govern.	Gouverner.	War.	Guerre, guerroyer
Arm.	Arme, armer.	Warrior.	Guerrier.
Army.	Armée.	Battle.	Bataille.
Nation.	Nation.	Fight	Combat, combat-
Throne.	Trône.	Peace.	Paix. [tre.
Company.	Compagnie.	Axe.	Cognée, hache.
Slay, slew, slain.	Tuer.	Axis.	Axe, essieu.
Sword.	Epée.	Break.	Briser, casser.

Break down.	Abatre.
Shake.	Secousse, secouer.
I shook.	Je secouai.
Shaken.	Secoué.
Wheel.	Roue, roulette.
To wheel.	Tourner, se tour-
Gate.	Porte, grille. [ner.
Tread.	Fouler.
I trod.	Je foulai.
Trodden	Foulé.
Garrison.	Garnison.
Cause.	Cause, causer.
Effect.	Effet, effectuer.
Cease	Cesse, cesser.
Sound.	Son.
Harp.	Harpe.
Harper.	Harpiste.
Piano.	Piano.
Violon.	Violon.
Flute.	Flûte.

MÉMOIRE DES MOTS.

King, queen; kingdom, kingly, kinglike, kingship; emperor, emperess; to reign, to govern, to command, to order, to obey, to bid; nation, national; enemy, friend; throne, crown; company, army, troops; to slay, to kill, to assassinate; sword, lance; mount, hill; to lift, to set; engine, fire engine; war, peace, piece; warrior, battle, fight, to fight, to battle, to war; to break down, to shake; axe, axis; wheel, gate, door; tread, trodden; street, town, capital, dust.

Une reine, un roi, un royaume; la royauté, royal, royale; trône, couronne, gloire, glorieux; régner, gouverner, commander, ordonner, servir, obéir; des amis, des ennemis: une nation, un peuple, un pays, une capitale; des armées, des troupes; combattre, guerroyer; tuer, assassiner, renverser, ébranler, abattre; guerre, bataille, combat, épée, lance, hache, charriot, roue, essieu; bouclier, garnison, muraille, porte, grille, rue, ville, montagne; fouler, sabot, cheval, cavalier, poussière.

VERSION.

The king governes his people. He has a golden crown upon his head; and the royal sceptre in his hand. He sits upon a throne and sends forth his commands; his subjects fear before him; if they do well he protects them from danger; and if they do evil, he punishes them. But who is the sovereign of the king? Who commands him what he must do? Whose hand is reached out to protect him from dan-

THÈME.

Napoléon fut un grand guerrier. A la bataille d'Austerlitz, cet empereur eut à combattre contre deux empereurs et plusieurs rois, et il les battit. Il avait de grandes armées; et, avec elles, il allait d'un bout de l'Europe à l'autre, guerroyant contre ses ennemis, les battant dans un grand nombre de combats et de batailles, et prenant partout des villes et des royaumes; puis il les donnait à ses généraux

ger? And if he does evil, who shall punish him? God is the sovereign of the kings and queens. His crown is of rays of light, and his throne is amongst the stars. He is king of kings and Lord of lords : if he bids us live, we live; if he bids us die, we die. His dominion is over all worlds, and the light of his countenance is upon all his works. God is our shepherd, therefore we will follow him; God is our father, therefore we will love him; God is our king, therefore we will obey him.

ou à ses frères. Ses soldats, cavaliers et fantassins, étaient, comme des voyageurs armés; ils allaient dans toutes les villes de l'Europe poser le drapeau français sur toutes les murailles et les tours. Toutes les villes de l'Espagne, de l'Italie, de l'Allemagne (*Germany*) ont vu leurs rues foulées par le sabot de ses chevaux, leurs murailles ébranlées par le roulement des roues de ses charriots. Toutes ont vu la poussière se lever, comme un nuage devant ses vaillantes troupes et ont dit : Ils sont là !

DIX-SEPTIÈME LEÇON.

SENS DU TEXTE.

Voyez ! Je vous ai apporté le portrait d'un cheval. Cela ressemble bien à un cheval. Regardez. Comme il porte bien sa tête. Quelle belle crinière. Comme il étend ses jambes. Il galope avec beaucoup de vitesse. Il y a un mot écrit au-dessous. Ce mot ne ressemble pas à un cheval et pourtant il signifie cheval aussi. Si vous montriez le mot HORSE à un Français qui n'aurait pas appris l'anglais, il ne saurait pas qu'il signifie CHEVAL. Mais si vous lui montriez ce portrait, il saurait ce que c'est. Il en serait de même d'un Italien, ou d'un Espagnol, ou d'un Allemand. Si vous preniez ce portrait et que vous le coupiez en morceaux, vous auriez la tête sur un morceau, les jambes sur un autre, et le corps sur un autre. Les jambes ressembleraient à des jambes et le corps à un corps. Mais si vous coupiez le mot HORSE en morceaux, vous auriez des lettres, et ces lettres ne signifieraient rien. Ainsi le portrait d'une chose *représente* la chose, mais un mot *signifie* la chose, et ne la signifie que parce qu'on est convenu que cela serait ainsi.

TEXTE DE LA LEÇON.

See ! I have brought you the picture of a horse. It is like a horse. Look at it. How well he holds his head. What a fine mane ! How he stretches out his legs. He is galloping along very fast indeed. There is a word written under the picture. This word is not like a horse but it means horse too. If you were to show it a Frenchman that had not learned english, he would not know that it means horse; but if you were to shew him this picture; he would know what it is. So would an Italian, or a Spaniard, or a German do. If you were to take this picture and cut it in pieces, you would have the head in one piece, and the legs in another, and the body in another. The legs would be like legs, and the body like a body. But if you were to cut the word HORSE in pieces, you would have letters, and those letters would mean nothing. So the picture of a thing IS LIKE the thing, but a word only MEANS the thing, because people chose to make it so.

1er CONDITIONNEL.

(Faire aux élèves, sur le conditionnel, les mêmes observations que sur le futur.)

I should have.	Je devais avoir, j'aurais.
Thou shouldst have.	Tu devais avoir, tu aurais.
He should have.	Il devait avoir, il aurait.
We should have.	Nous devions avoir, nous aurions.
You should have.	Vous deviez avoir, vous auriez.
They should have.	Ils devaient avoir, ils auraient.

2^e CONDITIONNEL.

I would have.	Je voulais avoir, j'aurais.
Thou wouldst have.	Tu voulais avoir, tu aurais.
He would have.	Il voulait avoir, il aurait.
We would have.	Nous voulions avoir, nous aurions.
You would have.	Vous vouliez avoir, vous auriez.
They would have.	Ils voulaient avoir, ils auraient.

LES DEUX FORMES COMBINÉES.

1° La première personne dira, par soumission, par politesse :

2° La première personne dira, pour commander :

I should have.	J'aurais.	I would have.	J'aurais.
Thou wouldst have.	Tu aurais.	Thou shouldst have.	Tu aurais.
He would have.	Il aurait.	He should have.	Il aurait.
We should have.	Nous aurions.	We would have.	Nous aurions.
You would have.	Vous auriez.	You should have.	Vous auriez.
They would have.	Ils auraient.	They should have.	Ils auraient.

1re VERSION.

The sun say, If I were to come nearer you, I should scorch you to death, and I should burn up the grass, for I am all made of hot glowing fire. If I did not shine, nothing would grow in the fields, and every thing would be frozen. There would be only ice in the rivers and seas. If you were to look at me for some time, I should dazzle your eyes and I should make you blind. The lion eats cows and sheep and horses and he would eat you too if you were within his reach. Any body would be afraid of a lion, if he was to come.

2e VERSION.

If I had a little garden of my own. I would dig it with a spade. I would not let any weeds grow in it, but I would pull them up. I would have a little hedge about it. I would go to the gardener and I would say pray give me some seeds. Then I would make a little hole in the ground and put them in, and cover them with mould (*terreau*) and they would grow. Then I should have beautiful flowers, red, yellow, purple flowers. I would make a fine nosegay of the prettiest ones and bring it to my mother.

CONVERSATION.

See! I have brought you a picture, what is it a picture of?

It is a picture of a horse.

Is it like a horse?

O yes, very like.

What is this word that is written under?

That is *horse*.

Is that like a horse?

I do not know. I do not quite understand the question, it *means* horse.

If you were to shew it a frenchman that had not learned English would he know that it means horse?

No, not till he was told.

If you were to ask him what word means *horse*, what would he say?

He would say *cheval*.

But if you were to shew him this picture, would he know what it is?

Yes, directly.

Or an Italian, or a Spaniard, or a German?

Yes any body would know it directly, without being told.

If you were to take this picture and cut it in pieces, what would you have?

I should have the head in one piece, and the legs in another, and the body in another.

Voyez, je vous ai apporté un portrait; de quoi est-ce le portrait?

C'est le portrait d'un cheval.

Cela ressemble-t-il à un cheval?

Oh! oui, beaucoup.

Quel est ce mot qui est écrit au-dessous?

C'est *cheval* aussi.

Cela ressemble-t-il à un cheval?

Je ne sais pas. Je ne comprends pas bien la question. Cela *signifie* cheval.

Si vous le montriez à un Anglais qui n'aurait pas appris le français, saurait-il que cela signifie cheval?

Non, jusqu'à ce qu'on lui dise.

Si vous lui demandiez quel mot veut dire CHEVAL, que répondrait-il?

Il dirait HORSE.

Mais si vous lui montriez ce portrait, saurait-il ce que c'est?

Oui, tout de suite.

En serait-il de même d'un Italien, d'un Espagnol, d'un Allemand?

Oui, n'importe qui le saurait à l'instant sans qu'on lui dise.

Si vous preniez ce portrait et que vous le coupiez en morceaux, qu'auriez-vous?

J'aurais la tête dans un morceau, les jambes dans un autre et le corps dans un autre.

And the legs would be like legs, would they not? Yes.

And the body like a body?

Of course.

But if you were to take the word HORSE, and cut it in pieces, what would you have?

I should have the letters H, and O, and R, and S, and E.

Would those letters be the legs and head?

No, they would mean nothing.

Could you have known that the word HORSE means a horse, before you were told?

No, I remember to have learned reading it, I did not know it before.

But you would always have known the PICTURE of a horse?

Yes, indeed.

Well then, you see the difference between the NAME and the PICTURE of a person or thing?

Yes, the name *means* the person or the thing and the picture is *like* them.

So it is.

Et les jambes ressembleraient à des jambes, n'est-ce pas? Oui.

Et le corps ressemblerait à un corps?

Sans doute.

Mais si vous preniez le mot CHEVAL, et que vous le missiez en morceaux, qu'auriez-vous?

J'aurais les lettres C, H, E, V, A, L.

Ces lettres seraient-elles les jambes et la tête?

Non, elles ne signifieraient rien.

Auriez-vous pu savoir que le mot CHEVAL veut dire cheval avant qu'on vous l'ait dit?

Non, je me souviens d'avoir appris à le lire. Je ne le savais pas avant.

Mais vous auriez pu toujours reconnaître le portrait d'un cheval?

Oui, certainement.

Eh bien! vous voyez donc la différence entre le *nom* et le *portrait* d'une personne ou d'une chose?

Oui, le nom *signifie* la personne ou la chose, et le portrait la *représente*.

C'est cela.

DIX-HUITIÈME LEÇON.

SENS DU TEXTE.

La France est un pays très beau et très riche. Elle a reçu son nom de *France* des Francs, nation de la Germanie qui s'établit dans la Gaule dans le V° siècle. Les Français sont un peuple aimable et gai. Ils aiment beaucoup la danse, les armes et le cheval. Ils sont aussi de grands admirateurs des œuvres de la nature et de l'art, aux expositions desquelles on admet sans crainte toutes les classes de la société, tant elles y apportent de respect. Le caractère des Français est regardé comme l'inverse de celui des Anglais. On considère les Anglais, en général, comme très réservés et même très fiers, mais les Français passent pour polis et affables. La France contient trente-trois millions d'habitants; la Grande-Bretagne et l'Irlande vingt-quatre millions.

6*

TEXTE DE LA LEÇON.

France is a very fine and rich country. It received the name of FRANCE from the Franks, a nation, of Germany, who settled in Gaul in the fifth century. The French are a gay and lively people; very fond of dancing, fencing and riding. They are also great admirers of the works of nature and art, to the exhibition of which all classes are admitted with safety, so great is their veneration. The character of the French is considered the very reverse of that of the English. The English, in general, are considered very reserved and haughty, the French polite and sociable. France contains thirty-two millions of inhabitants, Great Britain and Ireland twenty-four millions.

IDIOTISMES.

Who settled.	Qui s'établirent.	Exhibition.	Exposition.
Settlement.	Établissement.	With safety.	En toute sûreté.
Dancing.	La danse, l'action de danser.	So great is their veneration.	Tant est grand leur respect.
Fence.	Faire des armes.	The very reverse of.	Tout-à-fait l'inverse de.
Fencing.	L'action de faire des armes; les armes.	To be considered very reserved.	Etre regardé *comme* très réservé.
Riding.	La promenade à cheval, en voiture.	Inhabitants.	Habitants.
To ride.	Chevaucher.	To inhabit.	Habiter.

CONVERSATION.

How do you like France?
It is a very fine and rich country.
From whom did France receive its name?
From the FRANKS.
Who where the Franks?
A nation of Germany, who settled in Gaul.
When did the Franks settle in Gaul?
In the fifth century.
What are the principal qualities of the French?
They are gay and lively.
What are they, in general, very fond of?
They are very fond of dancing, fencing and riding.

Are they an ingenious people too?
Oh! yes, they are above all great admirers of the works of nature, and art.
Are all classes admitted to the exhibitions of the works of art?
Yes, all classes are admitted, with savety, so great is their veneration.
What difference is there between the french and the english character?
The character of the French is considered the very reverse of that of the English.
Why so?
Because the English are reserved and rather

haughty, but the French are polite and sociable.
What is the population of France?
It contains thirty-two millions of inhabitants.
And Great-Britain?
I don't know, sir *or* madam.
How then? Don't you find it in the text of the lesson?

No, sir; no, madam. There is the population of Great Britain and Ireland put together.
You are right, miss or master.
Well then, how many inhabitants are there in Great Britain and Ireland put together?
Twenty-four millions.

1ʳᵉ VERSION.

The Persians live in Persia. They are *mahometans* and instead of hats, wear turbans. They are called the Frenchmen of Asia, from the politeness of their manners. They are, indeed, gay and polite, but deceitful. The houses of Persia are usually built of earth. They are all flat-roofed, and are only one story high. The floors are entirely overspread with carpets, which, both prince and peasant use for seat, bed and table. Its present capital is Teheran; its former was Ispahan. Teheran contains about sixty thousand inhabitants; Ispahan two hundred thousand. This city was long considered as the finest city in the East at which time it contained upwards of six hundred thousand inhabitants.

2ᵉ VERSION.

Russia is the largest empire in the world. It extends over a great part of Europe and Asia. And includes the northern parts of America. This country is considerably larger than the Roman empire was at the period of its greatest magnitude and glory. It exceeds in size the whole of Europe. Its population amounts to about sixty millions. The emperor of Russia is called Czar and his wife Czarina. Michael Romanzow laid the foundation of the greatness of Russia, and establissed the present family on the throne. Peter the Great added Siberia to his empire, and by a judicious line of conduct and a life of great action raised this empire to consideration in Europe.

Flat-roofed, *à toits plats;* flat, *plat, plate;* roof, *toit.* — One story high, *à un seul étage.* — Overspread, *couvert, couverte.* — Seat, *siége.* — Carpet, *tapis.* — Upwards, *au-delà.*

Include, *renfermer.* — Northern, *septentrional.* — Exceed, *dépasser.* — Size, *étendue.* — Laid, *posa.* — Added, *ajouta.* — Line, *ligne.* — Conduct, *conduite.* — Raised, *éleva.*

COURS D'ANGLAIS

POUR LES ENFANTS.

LIVRE III.

LEÇONS DE CHOSES A APPRENDRE PAR CŒUR.

PREMIÈRE LEÇON.

LES NOMBRES.

Cypher.	Zéro.	0	Eleven.	Onze.	11
One.	Un.	1	Twelve.	Douze.	12
Two.	Deux.	2	Thirteen.	Treize.	13
Three.	Trois.	3	Fourteen.	Quatorze.	14
Four.	Quatre.	4	Fifteen.	Quinze.	15
Five.	Cinq.	5	Sixteen.	Seize.	16
Six.	Six.	6	Seventeen.	Dix-sept.	17
Seven.	Sept.	7	Eighteen.	Dix-huit.	18
Eight.	Huit.	8	Nineteen.	Dix-neuf.	19
Nine.	Neuf.	9	Twenty.	Vingt.	20
Ten.	Dix.	10	Twenty-one.	Vingt-un.	21

EXERCICES.

One, three, two, five, four, seven, eight, six, nine, ten, four, ten, three, nine, two, eight, seven, one, six, one seven, four, eight, three, eight, ten, seven, four, one, nine, five, ten, five, seven, eight, nine, four, three, two, ten.

3, 2, 5, 6, 7, 4, 8, 9, 10, 2, 1, 5, 4, 3, 2, 1, 2, 3, 4, 5, 10, 9, 8, 7, 6, 5, 4, 3, 2, 1, 2, 3, 4, 5, 6, 7, 8, 9, 7, 9, 5, 3, 1, 2, 4, 6, 8, 10, 0, 1, 4, 6, 7, 8, 4, 5, 3, 2, 1, 0.

Twelve, eleven, fourteen, thirteen, sixteen, fifteen, seventeen, sixteen, eighteen, seventeen, twenty, nineteen, twenty, eleven, nineteen, twelve, eighteen, thirteen, seventeen, fourteen, sixteen, fourteen.

11, 10, 13, 14, 12, 16, 15, 17, 18, 20, 19, 17, 18, 15, 16, 14, 13, 11, 12, 11, 10, 12, 14, 13, 16, 15, 18, 17, 19, 20, 10, 11, 12, 13, 14, 15, 16, 17, 18, 19, 20, 21, 23, 24.

DEUXIÈME LEÇON.

SUITE DES NOMBRES.

Ten.	Dix.	A hundred.	Cent.
Twenty.	Vingt.	A thousand.	Mille.
Thirty.	Trente.	A million.	Million.
Forty.	Quarante.	Units.	Unités.
Fifty.	Cinquante.	Tens.	Dizaines.
Sixty.	Soixante.	Hundreds.	Centaines.
Seventy.	Soixante-dix.	Thousands.	Milliers.
Eighty.	Quatre-vingts.	Number.	Nombre.
Ninety.	Quatre-vingt-dix.	Figure.	Chiffre.

Dizaines et unités.

TWENTY, twenty-one, twenty-two, twenty-three, twenty-four, twenty-five, twenty-six, twenty-seven, twenty-eight, twenty-nine.

THIRTY, thirty-one, thirty-two, thirty-three, thirty-four, thirty-five, thirty-six, thirty-seven, thirty-eight, thirty-nine.

FORTY, forty-one, forty-two, forty-three, forty-four, forty-five, forty-six, forty-seven, forty-eight, forty-nine.

FIFTY, fifty-one, fifty-two, fifty-three, fifty-four, fifty-five, fifty-six, fifty-seven, fifty-eight, fifty-nine.

SIXTY, sixty-one, sixty-two, sixty-three, sixty-four, sixty-five, sixty-six, sixty-seven, sixty-eight, sixty-nine.

SEVENTY, seventy-one, seventy-two, seventy-three, seventy-four, seventy-five, seventy-six, seventy-seven, seventy-eight, seventy-nine.

EIGHTY, eighty-one, eighty-two, eighty-three, eighty-four, eighty-five, eighty-six, eighty-seven, eighty-eight, eighty-nine.

NINETY, ninety-one, ninety-two, ninety-three, ninety-four, ninety-five, ninety-six, ninety-seven, ninety-eight, ninety-nine.

Centaines, dizaines et unités.

A HUNDRED, one hundred and one, one hundred and two, one hundred and three; one hundred and ten, one hundred and eleven; one hundred and twenty, one hundred and twenty-one; one hundred and thirty-one, one hundred and fifty-five; one hundred and sixty-nine. 125, 134, 257, 546, 375, 824, 936, 437, 895, 739, 100, 200, 400, 500, 600, 700.

Mille, centaines, dizaines et unités.

1852, one thousand, eight hundred and fifty-two; eighteen hundred and fifty-two; 6743, six thousand, seven hundred and forty-three; 5391, five thousand, three hundred and ninety-one.

1830. 1792. 1800. 2346. 742. 4743. 82345. 8674. 8356. 7446. 8945. 74589. 456784, 6748. 67411. 11111. 22222. 3333. 4444. 5555. 6666. 7777. 8888. 9999. 3456. 7254. 3456. 1900.

TROISIÈME LEÇON.

SUITE DES NOMBRES.

Addition.	Addition.	Multiplication.	Multiplication.
Subtraction.	Soustraction.	Division.	Division.
To add.	Additionner.	To multiply.	Multiplication.
To subtract.	Soustraire.	To divide.	Diviser.
Sum.	Somme.	Product.	Produit.
Rest.	Reste.	Quotient.	Quotient.

TABLE DE MULTIPLICATION.

Twice two are four.	2 fois 2 font 4.
Three times three are nine.	3 fois 3 font 9.
Four times four are sixteen.	4 fois 4 font 16.
Five times five are twenty-five.	5 fois 5 font 25.
Six times six are thirty-six.	6 fois 6 font 36.
Seven times seven are forty-nine.	7 fois 7 font 49.
Eight times eight are sixty-four.	8 fois 8 font 64.
Nine times nine are eighty-one.	9 fois 9 font 81.

2 fois 2 font 4	*4 fois 2 font 8*	*6 fois 2 font 12*	*8 fois 2 font 16*
twice 2 are 4	4 times 2 are 8	6 times 2 are 12	8 times 2 are 16
twice 3 are 6	4 times 3 are 12	6 times 3 are 18	8 times 3 are 24
twice 4 are 8	4 times 4 are 16	6 times 4 are 24	8 times 4 are 32
twice 5 are 10	4 times 5 are 20	6 times 5 are 30	8 times 5 are 40
twice 6 are 12	4 times 6 are 24	6 times 6 are 36	8 times 6 are 48
twice 7 are 14	4 times 7 are 28	6 times 7 are 42	8 times 7 are 56
twice 8 are 16	4 times 8 are 32	6 times 8 are 48	8 times 8 are 64
twice 9 are 18	4 times 9 are 36	6 times 9 are 54	8 times 9 are 72
3 fois 2 font 6	*5 fois 2 font 10*	*7 fois 2 font 14*	*9 fois 2 font 18*
3 times 2 are 6	5 times 2 are 10	7 times 2 are 14	9 times 2 are 18
3 times 3 are 9	5 times 3 are 15	7 times 3 are 21	9 times 3 are 27
3 times 4 are 12	5 times 4 are 20	7 times 4 are 28	9 times 4 are 36
3 times 5 are 15	5 times 5 are 25	7 times 5 are 35	9 times 5 are 45
3 times 6 are 18	5 times 6 are 30	7 times 6 are 42	9 times 6 are 54
3 times 7 are 21	5 times 7 are 35	7 times 7 are 49	9 times 7 are 63
3 times 8 are 24	5 times 8 are 40	7 times 8 are 56	9 times 8 are 72
3 times 9 are 27	5 times 9 are 45	7 times 9 are 63	9 times 9 are 81

VERSION.

If you were to multiply 98,765 by twenty five, multiply first by 100, adding two cyphers and then divide by 4. The product is the same as if you had multiplied by 25, and is quicker done.

Any sum to be multiplied by 125, requires three cyphers added and then to be divided by 8. Instead of multiplying by 5 add a cypher and divide by 2.

In the same manner instead of multiplying by 9, or 99, or 999, add as many cyphers to the multiplicand as there are figures in the multiplier, then subtract the multiplicand from the total. The product will be found quicker (*plus vite*).

Multiplication may thus be easier effected by figures that are not exact dividends of whole numbers.

QUATRIÈME LEÇON.

First.	Premier.	Twenty-first.	Vingt-unième.
Second.	Deuxième.	Thirtieth.	Trentième.
Third.	Troisième.	Thirty first.	Trente-unième.
Fourth.	Quatrième.	Hundredth.	Centième.
Fifth.	Cinquième.	Hundred and first.	Cent-unième.
Sixth.	Sixième.	Thousandth.	Millième.
Seventh.	Septième.	Millionth.	Millionième.
Twentieth.	Vingtième.		

Tels sont les adjectifs de nombre. Ils s'emploient en anglais comme en français pour marquer le rang, l'ordre. Il est même des cas où les Français se servent dans le même sens des noms de nombre, tandis que les Anglais, plus logiques, conservent l'adjectif.

EXEMPLE.

Charles the First was behead on the thirtiest of january 1648

Richard the Second, son of the Black Prince, succeeded his grand-father, Edward the Third.

Charles Premier fut décapité le 30 janvier 1648.

Richard Deux, fils du Prince-Noir, succéda à son grand-père, Edouard Trois.

CONVERSATION ON THE HISTORY OF ENGLAND.

Question. Who is now sovereign of Great Britain?

Answer. Victoria the First.

Q. Who preceded the late king William the Fourth?

A. His brother George the Fourth who died in 1830.

Q. Tell me the names of the sovereigns of England back to Charles the Second?

A. Victoria the First, William the Fourth,

George the Fourth, George the Third, George the Second, George the First, who was the first king of the house of Brunswick; queen Ann, the daughter of James the Second, and the last english sovereign of the family of Stuart; William the Third, who effected the revolution of 1688; James the Second, and Charles the Second.

Q. What was the governement before Charles the Second?

A. The parliament and Cromwell governed from 1642 to 1660.

Q. Who was king before 1642?

A. Charles the First, who, after a bloody civil war, was beheaded at whitehall, january 1648.

Q. Who was king before Charles the First?

A. His father James the First, son of Mary, queen of Scots, who united the kingdoms of England and Scotland, in 1603.

Q. When was the roman religion abolished and the reformed religion introduced?

A. In 1534, by Henry the Eight.

Q. When did the union of the royal families of York and Lancaster take place?

A. After the battle of Bosworth-Field, when Richard the Third was killed and Henri the Seventh ascended the throne.

Q. When did the English conquer France?

A. In 1420 under Henry the Fifth.

Q. When was Wales conquered by the English?

A. By Edward the First, in 1283.

Q. When was Ireland first conquered by the English?

A. In 1172, by Henry the Second.

Q. How many times has England been conquered and by whom?

A. Four times; first, by the Romans; secondly, by the Belgian Germans; thirdly, by the Danes; and fourthly, by the Normans.

Q. What was the state of England before it was invaded by the Romans?

A. The inhabitants were called britons, they lived like savages, almost naked, in woods, caves, and wretched huts.

CINQUIÈME LEÇON.

LES JOURS DE LA SEMAINE.

SUNDAY or the day of the Sun.	Dimanche, ou le jour du Soleil.
MONDAY or the day of the Moon.	Lundi, ou le jour de la Lune.
TUESDAY or the day of Tuisco.	Mardi, ou le jour de Tuisco.
WEDNESDAY or the day of Woden.	Mercredi, ou le jour de Woden.
THURSDAY or the day of Thor.	Jeudi, ou le jour de Thor.
FRIDAY or the day of Friga.	Vendredi, ou le jour de Friga.
SATERDAY or the day of Seater.	Samedi, ou le jour de Seater.

TEXTE DE LA LEÇON.

(A traduire en français.)

The Saxons, the ancestors of the English, who were very idolatrous, adored particulary seven deities to whom the days of the week were consacreted. SUNDAY was dedicated to the *Sun,* which was their chief deity as well as that of the Persians. MONDAY was devoted to the *Moon,* which was represented by a female image standing on a pedestal, dressed in a very fantastick manner. TUESDAY was the day of *Tuisco,* who, as legend reports, was the father of the Germans and Scythians. He was represented by the figure of a venerable old man, with a long white beard, and a sceptre in his right hand. WEDNESDAY was consacreted to Woden or Odin the Jupiter and Mars of the northern nations, the father of all deities, and God of war. THURSDAY, was the day of Thor who was the eldest son of Odin. Thor, was considered the supreme governor of air, lightening and thunder. He was supplicated for fruitful seasons. FRIDAY was the day of Friga, the wife of woden and the mother of all the Gods. Friga had the attributes of the roman Venus. SATERDAY was the day of Seater, who is supposed to answer to the roman Saturnus.

CONVERSATION ON THE PRECEDING CHAPTER.

Q. How many days are there in a week?— A. Seven days.

Q. How many weeks are there in a year? — A. Fifty-two weeks.

Q. What are the names of the days?— A. Sunday or the first day. Monday or the second day. Tuesday or the third day. Wednesday or the fourth day. Thursday or the fift day. Friday or the sixth day. Saterday or the seventh day.

Q. Whom were the days of the week consacreted to? — A. To seven deities.

Q. What were the names of those deities? — A. The Sun, the Moon, Tuisco, Woden or Odin, Thor, Friga, and Seater.

Q. Which was the chief Deity of the Saxons? — A. The Sun.

Q. How was the moon represented? — A. By a female image, dressed in a very fantastick manner.

Q. Who was Tuisco? — A. The father of the Germans and Scythians.

Q. Describe the representation of Tuisco?

— A. Tuisco was represented by the figure of a venerable old man, with a long white beard and a scepter in his right hand.

Q. Who was Odin? — A. A God of the northern nations. He was the God of Gods, the father of all Deities and the God of war.

Q. What Roman God does he answer to? — A. Odin unites te characters of Jupiter and Mars.

Q. Describe the character of Thor? — A. He was, like Jupiter amongst the Romans, the king or governer of air. So the lightning and thunder obeyed him.

Q. Was not Thor supplicated for something? — A. Yes. For fruitful seasons.

Q. What is the name of the Venus of the North? — A. Friga is the name.

Q. Do you know any thing about Friga? — A. I thing yes. She was the mother of all the Gods and the wife of Odin.

Q. Was not saterday consecrated to any God? — A. Yes, to Seater, the Saturnus of the Romans.

SIXIÈME LEÇON.

LES MOIS ET LES FÊTES.

January.	Janvier.	July.	Juillet.
February.	Février.	August.	Août.
March.	Mars.	September.	Septembre.
April.	Avril.	October.	Octobre.
May.	Mai.	November.	Novembre.
June.	Juin.	December.	Décembre.

7

Spring.	Printemps.	Michaelmas-day.	La Saint-Michel.
Summer.	Été.	Christmas-day.	La Noël.
Autumn.	Automne.	Easter sunday.	Pâques.
Winter.	Hiver.	Whit sunday.	La Pentecôte.
Quarter-day.	Jour de quartier.	Leap-year.	Année bissextile.
Lady-day.	Annonciation.	New-year's day.	Le jour de l'an.

TEXTE DE LA LEÇON.

(A traduire en français.)

There are twelve months in the year and four seasons. The names of the seasons are, spring, summer, autumn and winter. The spring succeeds to winter, in march and continues till june. Summer begins in june and finishes in september. Then the days become short and the weather cold. Autumn succeeds to summer in september, when the corn is ripe, and ends in november. Cold winter begins in november and ends in march. The first of january is called new-year's day, because it is the first day of the new year. On that day children receive new-year's gifts. The names of the quarter days are Lady-day, Midsummer-day, Michaelmas-day and Christmas-day. The twenty-first of june is the longuest day of the year and the shortest is the twenty-first of december. The first sunday which follows the first moon is called Easter, and whit sunday is the seventh sunday after Easter.

CONVERSATION.

Q. How many seasons are there in the year? — A. Four : spring, summer, autumn and winter.

Q. When does spring commence? — A. Spring succeeds to winter in march and continues till june.

Q. And summer, when does it commence and end? — A. Summer begins in june, and ends in september, when the days become short and the weather cold.

Q. And autumn? — A. Autumn begins in september when the corn is ripe, and ends in november.

Q. And winter? — A. It begins in november, and ends in march, when it is followed by warm weather.

Q. When is it new-year's day? — A. On the first of january.

Q. How many quarter-days are there in a year? — A. Four : one every three months.

Q. What and when are they? — A. Lady-day, on the 25th of march; Midsummer-day on the 24th of june; Michaelmas-day on the 29th of september, and Christmas-day on the 25th of december.

Q. Why is the last quarter-day called Christmas-day? — A. Because it is the great festival of the birth of Christ.

Q. Which are the longest and shortest days of the year? — A. The 21st of june, sixteen hours, and the 21st of december, eight hours.

Q. What is Easter sunday? — A. It is the first sunday which follows the first full moon after the 21st of march, and whit sunday is the seventh day after Easter.

Q. How many days are there in a year. — A. There are 365 days, and every fourth year is of 366 days. It is then called leap-year.

SEPTIÈME LEÇON.

LE TEMPS.

Time.	Le temps.	A watch.	Une montre.
An hour.	Une heure.	A clock.	Une horloge.
One hour.	Une heure.	Hand.	Aiguille.
Half an hour.	Une demi-heure.	The short hand.	La petite aiguille.
A quarter of an hour.	Un quart d'heure.	The long hand.	La grande aiguille.
A minute.	Une minute.	Hour-hand.	Aiguille des heures.
One minute.	Une minute.	Minute-hand.	Aiguille des minutes.
A second.	Une seconde.	Second-hand.	Aiguille des secondes.

LES HEURES SUR UNE HORLOGE OU UNE MONTRE.

One o'clock *pour* one (hour) of the clock (*une heure*).

I. One o'clock.	IV. Four o'clock.	VII. Seven o'clock.	X. Ten o'clock.
II. Two o'clock.	V. Five o'clock.	VIII. Eight o'clock.	XI. Eleven o'clock.
III. Three o'clock.	VI. Six o'clock.	IX. Nine o'clock.	XII. Twelve o'clock.

TEXTE DE LA LEÇON.

(A traduire en français.)

There are twenty four hours in a day, which are divided by the clock into twice twelve. Hours are divided into sixty minutes, and minutes into sixty seconds. We can tell what it is o'clock by looking first to the short hand of the clock for the hour, and then to the long hand for the minutes. The minute-hand goes quite round the clock, whilst the hour-hand moves over one of the small spaces between the numbers 1, 11, 111, etc. When the minute-hand stands at 111, it marks a quarter of an hour; when at VI, half an hour, and when at IX, three quarters of an hour.

CONVERSATION.

Q. How many hours are there in a day? — A. Twenty-four, which are divided by the clock into twice twelve.

Q. How are the hours divided? — A. Into sixty minutes; also into halves and quarters of an hour. Thirty minutes are half an hour, and fifteen minutes a quarter of an hour.

Q. How do you tell what it is o'clock? — A. By looking first to the short hand of the clock for the hour and then to the long hand for the quarters and minutes.

Q. How do you tell the hour? — A. By the numbers which are painted on the clock, as I. II. III. IV. V. VI. VII. VIII. IX. X. XI. XII.

Q. How do you distinguish the minutes? — A. There are sixty minutes in one hour, and the minute-hand goes quite round the clock, whilst the hour-hand moves over one of the small spaces between the numbers I. II. III. etc.

Q. How are the quarters distinguished? — A. When the minute-hand stands at III. it indicates a quarter of an hour; when at VI. half an hour, and when at IX. three quarters of an hour.

HUITIÈME LEÇON.

LES DIVISIONS DU JOUR.

Day.	Jour.	East.	Est.
Morning.	Matin.	West.	Ouest.
Noon.	Midi.	South.	Sud.
Afternoon.	Après-midi.	North.	Nord.
Evening.	Soir.	Eastern.	Oriental.
Night.	Nuit.	Western.	Occidental.
Midnight.	Minuit.	Southern.	Méridional.
Compass.	Boussole.	Northern.	Septentrional.

CONVERSATION.

Q. What are the divisions or parts of the day? — A. Morning, noon, afternoon, evening and night.

Q. What is the morning? — A. The morning is that portion of the twenty-four hours, between twelve o'clock at night, and twelve at noon.

Q. What is noon? — A. Noon is that time of the day when the sun has risen to the highest, and is directly south. This time is exactly twelve o'clock.

Q. What is afternoon? — A. Afternoon is when the sun begins to decline, immediately after twelve o'clock.

Q. What is evening? — A. Evening is the period a little before and after sun-set.

Q. What is night? — A. Night is the period of darkness occasioned by the absence or setting of the sun.

Q. In what part does the sun rise? — A. The sun rises in the East.

Q. In what part does it set? — A. In the West.

Q. In what part is the sun at noon? — A. In the South.

Q. Where is the North? — A. Opposite the South.

Q. What are these points called? — A. Cardinal points or points of the compass.

NEUVIÈME LEÇON.

QUELQUES TERMES DE GÉOGRAPHIE.

Star.	Etoile.	Lake.	Lac.	Africa.	Afrique.
Planet.	Planète.	Channel.	Détroit.	America.	Amérique.
Globe.	Globe.	Continent.	Continent.	Country.	Contrée.
World.	Monde.	Land.	Terre.	Nation.	Nation.
Earth.	Terre.	Island.	Ile.	Tribe.	Tribu.
Ocean.	Océan.	Europe.	Europe.	Civilized.	Civilisé.
Sea.	Mer.	Asia.	Asie.	Savage.	Sauvage.

TEXTE DE LA LEÇON.

The Earth we live upon is a Planet, a sort of star, rolling through the firmament. Its shape is that of a Globe, for which reason it is called so. It is round like an orange and the roughness of the rind of an orange is similar to the hills and vallies on the surface of the Earth, for it is very large. It is nearly eight thousand miles in diameter, and twenty-five thousand in circumference. If a man wished to go round the Earth, he would be one thousand two hundred and fifty days or nearly three years and a half. The surface of the Globe is composed of water and land. The quanti,y of water is more than double that of land. The whole world is divided into four parts called quarters; Europe, Asia, Africa, and America. Europe is inhabited by civilized nations, the other parts contain a great number of savage tribes, who are, in general, ignorant of every thing but swimming, hunting fighting with rude weapons, and the use of fire.

CONVERSATION.

Q. What is the Earth we live upon? — A. A planet, or a sort of star.

Q. What is its shape? — A. It is like a globe or an orange.

Q. Is there any other globe like this ours in the universe? — A. Oh! yes; stars are globes and the planets particulary are very like the Earth.

Q. How large is the Earth? — A. Very large. It is nearly eight thousand miles in diameter and twenty-five thousand miles in circumference.

Q. How long would a man be in walking round the Earth? — A. Nearly three years and a half.

Q. How many days? — A. One thousand two hundred and fifty days.

Q. Is there more land or water on the surface of the Earth? — A. The quantity of water on the surface of the Earth is more than double that of land.

Q. How is the whole world divided? — A. Into four parts, called quarters.

Q. What are the names of them? — A. Europe, Asia, Africa, and America.

Q. How far is it from Europe to America? — A. About three thousand miles, or a thousand leages.

Q. What is a mile? — A. The third part of a french leage. Then three miles are a leage.

Q. How far is it from England to the West-Indies? — A. About five thousand miles.

Q. How far is it from England to the East Indies? — A. About ten thousand miles.

Q. What is the most civilized part of the world? — A. Europe, that contains no savages except in some northern contries of Russia.

Q. In what parts of the world are the greatest number of savages found. — A. In the northern parts of Asia, the south and middle of Africa, and the interior countries of America.

Q. What are the only arts of savage life? — A. Swimming, hunting, fighting with rude weapons and the use of fire.

Q. What was the condition of the people of England before they were invaded by the Romans? — A. They lived naked, and painted their bodies of different colours, and in cold weather wore the skins of animals.

DIXIÈME LEÇON.

SUITE DE LA GÉOGRAPHIE.

Countries.	Capitals.	Countries.	Capitals.
Norway.	Bergen.	France.	Paris.
Denmark.	Copenhagen.	Spain.	Madrid.

Sweeden.	Stockholm.	Portugal.	Lisbon.
Russia.	Petersburg.	Switzerland.	Berne.
Prussia.	Berlin.	Italy.	Rome.
Austria.	Vienna.	Sardinia.	Turin.
Bavaria.	Munich.	Tuscany.	Florence.
Wirtemburg.	Stutgard.	Sicily.	Palermo.
Saxony.	Dresden.	Naples.	Naples.
England.	London.	Greece.	Athens.
Holland.	Amsterdam.	Turkey.	Constantinople.
Netherlands.	Brussels.		

VERSION.

Great Britain one of the most powerful empires in the world, comprises England Scotland, Wales, and Ireland, to which may be added its foreign possessions in every quarter of the globe.

London the wast and splendid metropolis of England is also the capital of all the british dominious and the most renowned city in the whole world not only for the numbers and wealth of its inhabitants, but their industry, bravery, humanity, and unconquarable love of liberty.

The Netherlands are bounded by the German Ocean on the north, by Germany on the east by France on the south, and by the British Channel on the west. The Netherlands till lately were united under one governement, but are now divided into two grand divisions; namely, Belgium and Holland.

Spain is a very extensive kingdom. It is bounded on the North by the bay of Biscay and the Pyrenean mountains, which divide it from France; on the East and South by the Mediterranean sea and on the West by Portugal and the atlantic Ocean. Spain, formely, the most populous kingdom in Europe is now comparatively very thinly inhabited, containing only about eleven millions of inhabitants.

Greece is a very small country in the south of Europe. The ancient Greeks were highly celebrated for their valour, learning, skill in the arts of painting, sculpture and architecture, but above all for their patriotism and love of liberty. The famous Athens is the capital of Greece. Athens was, once the seat of wisdom and of arts, the favorite city of Minerva, the abode of philosophers, poets, painters, orators, historians, statesmen and warriors. It still exists, but as the specter of its former self.

ONZIÈME LEÇON.

DE LA SOCIÉTÉ.

Society.	Société.	Rent.	Rente.
Proprietor.	Propriétaire.	Dealer.	Négociant.
Owner.	Possesseur.	Money-dealer.	Capitaliste.

Fundholder.	Rentier.	Trader.	Commerçant.
Farmer.	Fermier.	Professions.	Professions libérales
Grazier.	Engraisseur de bêtes	Servant.	Domestique.
Manufacturer.	Manufacturier.	Labourer.	Travailleur.

DÉFINITIONS.

PROPRIETORS are owners of land and houses who live on the rents.

RENTS are the money paid annually by occupiers of land or houses to the owners.

Persons who live on the interest of money by lending it on some security are MONEY-DEALERS.

FUNDHOLDERS are persons who have lent money on interest to the governement, or have bought the claim of others and receive their interest.

FARMERS are persons who rent land at a price per acre and grow crops of corn to sell at marked.

MANUFACTURERS are those who buy any material in its natural state and convert it into something desirable and useful. The chief manufacturers are those who convert *cotton wool* into thread, calico, muslin, etc. ; those who convert *flax* into thread and linen ; those who convert *metals* into utensils ; those who convert clay into china and earthenware.

TRADERS are merchants who buy and sell by wholesale ; and shopkeepers who buy by wholesale and sell in small quantities, by retail.

The servants and labourers are those who work by the week or year for an employer, for wages, or for food and wages, as clarks, artisans, mechanics, household servants.

Les *propriétaires* sont les possesseurs de terre ou de maisons vivant de revenus.

Les *revenus* sont l'argent payé annuellement par les locataires de la terre ou des maisons à leurs propriétaires.

Les personnes qui vivent de l'intérêt de l'argent en le prêtant sur quelque garantie, sont des PRÊTEURS D'ARGENT.

Les *rentiers* sont des personnes qui ont prêté de l'argent à intérêt au gouvernement, ou ont acheté les titres à d'autres et en reçoivent l'intérêt.

Les *fermiers* sont ceux qui louent de la terre à tant par acre, et y font venir des récoltes qu'ils vendent au marché.

Les *manufacturiers* sont ceux qui achètent une matière quelconque dans son état naturel et la convertissent en quelque chose de demandé et d'utile. Les principaux manufacturiers sont ceux qui convertissent le *coton-laine* en fil, calico, mousseline, etc. ; ceux qui convertissent le *lin* en fil et en linge ; ceux qui convertissent les *métaux* en ustensiles ; ceux qui convertissent l'argile en porcelaine et en poterie.

Les commerçants sont les marchands qui achètent et vendent en gros ; et les boutiquiers, qui achètent en gros et vendent par petites quantités, en détail.

Les domestiques, les ouvriers et les employés, sont ceux qui travaillent à la semaine ou à l'année pour une personne qui les emploie, moyennant des gages ou moyennant la nourriture et des gages, comme les commis, les artisans, les domestiques.

QUELQUES FAITS GRAMMATICAUX.

VERBES.

Il n'y a en anglais qu'une seule conjugaison pour tous les verbes; de plus cette conjugaison n'a véritablement que deux temps simples, le *présent* et le *passé*. Tous les autres se forment à l'aide de verbes auxiliaires, qui sont pour cette raison plus nombreux qu'en français, et qu'il faut étudier à part pour en bien connaître l'emploi.

Indicatif présent.

I dance.	Je danse.
Thou dancest.	Tu danses.
He dances.	Il danse.
We dance.	Nous dansons.
You dance.	Vous dansez.
They dance.	Ils dansent.

Indicatif imparfait et parfait.

I danced (1).	Je dansais ou dansai.
Thou danced'st.	Tu dansais ou dansas.
He danced.	Il dansait ou dansa.
We danced.	Nous dansions ou dansâmes.
You danced.	Vous dansiez ou dansâtes.
They danced.	Ils dansaient ou dansèrent.

Infinitif présent.

To dance.	Danser.

Impératif présent.

Dance.	Danse, dansez.

Participe présent.

Dancing.	Dansant.

Participe passé.

Danced.	Dansé, ée. / Dansés, ées.

Conjuguer oralement sur ce modèle les verbes suivants :

To like, to love, to place, to dress, to learn, to labour, to deserve, to flutter, to gather, to help, to dine, to supper, to rain, to water, to cover, to climb, to long, to plough, to nibble, to live, to look, to shelter, to nurse, to remember, to believe, to move, to turn, to surprise, to meddle, to wonder, to fold, to tire.

QUELQUES VERBES QUI ÉPROUVENT CERTAINS CHANGEMENTS.

(Dire en quoi ces verbes s'éloignent du modèle ci-dessus)

I carry, thou carriest, he carries, we carry, you carry, they carry; I carried, thou carriedst, he carried, we carried, you carried, they carried; I do, thou doest, he does, we do, you do, they do; I put, thou puttest, he puts, we put, you put, they put; I run, thou runnest, he runs, we run, you run, they run; I hiss, thou hissest, he hisses, we hiss, you hiss, they hiss; I fix, thou fixest, he fixes, we fix, you fix, they fix; I scorch, thou scorchest, she scorches, we scorch, you scorch, they scorch, to run, running; to put, putting.

(1) Les verbes qui ne se terminent pas par **ED** au parfait et au participe passé sont irréguliers, et l'irrégularité ne consiste absolument qu'en cela.

VERBES AUXILIAIRES.

Les verbes auxiliaires sont au nombre de dix. Nous en donnons les temps principaux, à l'aide desquels on pourra conjuguer tous les autres verbes, soit actifs, soit neutres.

To have, *avoir.*	To be, *être.*	To do, *faire.*	To let, *laisser.*
Had, *eu.*	Been, *été.*	Done, *fait.*	Let, *laissé.*

I have, *j'ai.*	I am, *je suis.*	I do, *je fais.*	I let, *je laisse.*
Thou hast.	Thou art.	Thou doest.	Thou lettest.
He has.	He is.	He does.	He let.
We have.	We are.	We do.	We let.
You have.	You are.	You do.	You let.
They have.	They are.	They do.	They let.

I had, *j'avais.*	I was, *j'étais.*	I did, *je faisais.*	I let, *je laissais.*
Thou hadst.	Thou wast.	Thou didst.	Thou let'st.
He had.	He was.	He did.	He let.
We had.	We were.	We did.	We let.
You had.	You were.	You did.	You let.
They had.	They were.	They did.	They let.

VERSION.

I have danced, you have learned, we have been, you have done, they have climbed, we have jumped, he has read; I have had; he has been occupied all this year; you have been a stranger to us this long time; he has always been accoustumed to walk out every day; I have done nothing but write all my life; he did nothing but write all his life. He has given his work to the printer. I have not seen him this week; I have not learned my task; have you seen him? have you ever been at London? Did you see the king there? I am resolved to go to England; I am greatly delighted at the proposal; you are obliged to do so. What are you doing? I am learning a task; he is not coming; you have often spoken of him; this method is made use of by the teacher; I am promised a recompense; Peter is offered a sum of money; I am he whom you are seeking. Whom do you take him to be? I take him to be an honest man; it cannot be he who said it; there is a horse; there are four leagues from Paris to Versailles. I dance, I am dancing, I do dance; do you dance? I love you, my dear child; I do love you; do I love you? I know you, do I kow you? do you know me? he does not know me; he does not dance; does he not see it? does she not like it? do you love your mother? Yes I do. I danced, I was dancing; I did dance, did I dance? Yes, you did; you read, you were reading, did you read; yes, you did. When I was in the country, I walked out every day. Let us go into the fieds; let me dance; let him go out; let them write. He has been taking the air on horseback; what have you been doing to-day? I have been working at my task these three hours, but I have not yet finished. I had done my task before he came; when he had finished his task, he went to play.

7*

AUTRES VERBES AUXILIAIRES.

PRÉSENT.

Je dois.	*Je veux.*	*Je dois.*	*Je dois.*	*Je puis.*	*Je puis.*
I shall.	I will.	I must.	I ought.	I can.	I may.
Thou shalt.	Thou wilt.	Thou must.	Thou ought'st	Thou canst.	Thou mayest.
He shall.	He will.	He must.	He ought.	He can.	He may.
We shall.	We vill.	We must.	We ought.	We can.	We may.
You shall.	You will.	You must.	You ought.	You can.	You may.
They shall.	They will.	They must.	They ought.	They can.	They may.

PASSÉ.

Je devais.	*Je voulais.*	*Je pouvais.*	*Je pouvais.*	*Je devais.*	*Je devais.*
I should.	I would.	I could.	I might.	I must.	I ought.
Thou shouldst.	Thou wouldst	Thou couldst	Thou mightst	Thou must	Thou oughtst.
He should.	He would.	He could.	He might.	He must.	He ought.
We should.	We would.	We could.	We might.	We must.	We ought.
You should.	You would.	You could.	You might.	You must.	You ought.
They should.	They would.	They could.	They might.	They must	They ought.

VERSION.

I shall go to school; I will go to school; I must go to school; I ought to go to school; I can go to school; I may go to school; you will go to school; you shall go to school; if you continue to do so, you shall be punished. If you continue to do so, you will be punished; you shall not kill; you shall not steal; I will not make myself sick with this good cake, as silly Harry did; I will keep it a great while. I will eat it to-morrow; we shall not be ready time enough; My Pretty lads if you will I will play you a tune? will you go with me; shall I have the pleasure of seing you to-day? Shall we go and take a walk in the garden; will you come? Will he come? shall he come? Will it rain to-day? We shall have done before you come. You will have written your letter before me. If you learn a little every day, you will soon know a great deal; shall I ever have learned all that there is to be learned? But, puss, why did you kill the rabbit? You must catch mice, you must not kill rabbits; I want some wine; no, you must not have wine, here is water; I want some sovereigns. No, mamma must have the sovereigns to buy beef and mutton with; poor little boy, he is sleepy, I believe we must carry him up stairs. Children must be taught to obey. This is not done as it ought to be; this is not done as it should be; Pretty Bee, will you come and play with me? No, I must not be iddle, I must go and gather honey. I can do it; I may do it. May I go out, sir? Yes, you may? May I go out, sir? No, you cannot. That cannot be. May I gather this white snow-drop? Yes you may; no, you cannot, you must not; I may, I can and I will do it; if the sun did not shine upon the fields nothing would grow. If I were to come nearer you, I should burn you; you should not come though I should invite you. I would consent to it; you should think before you speak. William Smith had a bad trick : He would fling a poor young cat up and let it fall so that you would have thought, it must die; he would then throw it into a pond and half drown it and teaze it all the ways he could think of. Should you ever be so pretty, people would laugh at you and despise you if you could not read and write. I should not have believed it, if you had not convinced me of it. Which of these two books will you have? I would have them both. Should you go thither, we might know the truth. If you were good, you might be happy.

CONJUGAISON DU VERBE RÉGULIER.

Tous les verbes, soit actifs, soit neutres, à part les irrégularités que nous avons signalées, peuvent se conjuguer sur celui-ci.

INDICATIF PRÉSENT.

Je danse.	*Je suis à danser.*	*Je fais l'action de danser.*
I dance.	I am dancing.	I do dance.
Thou dancest.	Thou art dancing.	Thou doest dance.
He dances.	He is dancing.	He does dance.
We dance.	We are dancing.	We do dance.
You dance.	You are dancing.	You do dance.
They dance.	They are dancing.	They do dance.

IMPARFAIT ET PARFAIT.

Je dansais ou dansai.	*J'étais à danser.*	*Je faisais l'action de danser.*
I danced.	I was dancing.	I did dance.
Thou danced'st.	Thou wast dancing.	Thou didst dance.
He danced.	He was dancing.	He did dance.
We danced.	We were dancing.	We did dance.
You danced.	You were dancing.	You did dance.
They danced.	They were dancing.	They did dance.

PASSÉ INDÉFINI.   PASSÉ DÉFINI.

J'ai dansé.	*Je viens de danser.*
I have danced.	I have been dancing.
Thou hast danced.	Thou hast been dancing.
He has danced.	He has been dancing.
We have danced.	We have been dancing.
You have danced.	You have been dancing.
They have danced.	They have been dancing.

PLUS QUE PARFAIT.

J'avais dansé.	*Je venais de danser.*
I had danced.	I had been dancing.
Thou hadst danced.	Thou hadst been dancing.
He had danced.	He had been dancing.
We had danced.	We had been dancing.
You had danced.	You had been dancing.
They had danced.	They had been dancing.

FUTUR.

Je dois danser. *Tu veux danser, etc.*	*Je veux danser.* *Tu dois danser, etc.*
I shall dance.	I will dance.
Thou wilt dance.	Thou shalt dance.
He will dance.	He shall dance.
We shall dance.	We will dance.
You will dance.	You shall dance.
They will dance.	They shall dance.

CONDITIONNEL, PRÉSENT ET FUTUR.

Je devrais danser. *Tu voudrais danser, etc.*	*Je voudrais danser.* *Tu devrais danser, etc.*	*Je pourrais danser.* *Tu pourrais danser, etc.*
I should dance.	I would dance.	I could dance.
Thou wouldst dance.	Thou shouldst dance	Thou couldst dance.
He would dance.	He should dance.	He could dance.
We should dance.	We would dance.	We could dance.
You would dance.	You should dance.	You could dance.
They would dance.	They should dance.	They could dance.

IMPÉRATIF, PRÉSENT.

Let me dance.	Laisse-moi danser.	Do let me dance.
Dance.	Danse, dansez.	Do dance.
Let him dance.	Laisse-le danser.	Do let him dance.
Let us dance.	Laisse-nous danser.	Do let us dance.
Dance.	Dansez.	Do dance.
Let them dance.	Laisse-les danser.	Do let them dance.

SUBJONCTIF.

<table>
<tr><td>

PRÉSENT.

Que je puisse danser.

That I may dance.
That thou mayest dance.
That he may dance.
That we may dance.
That you may dance.
That the may dance.

</td><td>

IMPARFAIT.

Que je pusse danser.

That I might dance.
That thou mightst dance.
That he might dance.
That we might dance.
That you might dance.
That they might dance.

</td></tr>
<tr><td>

PASSÉ.

Que j'aie dansé.

That I may have danced.
That thou mayest have danced.
That he may have danced.
That we may have danced.
That you may have danced.
That they may have danced.

</td><td>

PLUS QUE PARFAIT.

Que j'eusse dansé.

That I might have danced.
That thou mightst have danced.
That he might have danced.
That we might have danced.
That you might have danced.
That they might have danced.

</td></tr>
<tr><td>

INFINITIF.

PRÉSENT.

To dance.   Danser.

PASSÉ.

To have danced.   Avoir dansé.

</td><td>

PARTICIPE.

PRÉSENT.

Dancing.   Dansant.

PASSÉ.

Danced.   { Dansé, dansée.
{ Dansés, dansées.

</td></tr>
</table>

VERBES A CONJUGUER

sur ce modèle, avec le français en regard, tel qu'il est indiqué dans les temps correspondants
d'une grammaire française.

<table>
<tr><td>

RÉGULIERS.

To love, *aimer;* to convince, *convaincre;* to conquer, *conquérir;* to finish, *finir;* to banish, *bannir;* to print, *imprimer;* to end, *finir;* to form, *former.*

</td><td>

IRRÉGULIERS.

To seek, *chercher;* to run, *courir;* to ring, *sonner;* to fall, *tomber;* to buy, *acheter;* to sell, *vendre;* to pay, *payer;* to give, *donner;* to fly, *voler.*

</td></tr>
</table>

VERBES IRRÉGULIERS.

Ce sont ceux qui n'ont point l'imparfait ni le participe passé en *ed*. Nous les divisons en trois classes :

1° Ceux qui ont le présent, l'imparfait et le participe passé de même forme ;

2° Ceux qui ont l'imparfait et le participe passé seulement de même forme ;

3° Ceux qui ont ces trois temps de forme différente.

Quelques verbes ont deux formes pour l'imparfait ou pour le parfait. Comme l'une de ces deux formes est la plus usitée, nous l'avons indiquée seule.

1re CLASSE.

Verbes ayant l'infinitif, l'imparfait et le participe passé de même forme.

To beat.	*Battre.*	To knit. *	*Tricoter.*	To shred.	*Hacher.*
burst.	*Crever.*	let.	*Permettre.*	shut.	*Fermer.*
cast.	*Jeter.*	put.	*Mettre.*	slit.	*Fendre.*
cost.	*Coûter.*	quit.	*Quitter.*	split.	*Fendre.*
cut.	*Couper.*	read.	*Lire.*	spread.	*Répandre.*
eat.	*Manger.*	rid.	*Débarrasser.*	thrust.	*Pousser.*
hit.	*Frapper.*	set.	*Poser.*		
hurt.	*Blesser.*	shed.	*Verser.*		

2e CLASSE.

INFINITIF.		IMPARFAIT ET PARTICIPE PASSÉ.	INFINITIF.		IMPARFAIT ET PARTICIPE PASSÉ.
To abide.	*Demeurer.*	Abode.	To creep.	*Ramper.*	Crept.
bend.	*Plier.*	Bent *.	deal.	*En user.*	Dealt *.
bereave.	*Priver.*	Bereft *.	dig.	*Creuser.*	Dug *.
beseech.	*Supplier.*	Besought.	dream.	*Rêver.*	Dreamt.
bind.	*Lier.*	Bound.	dwell.	*Habiter.*	Dwelt *.
bleed.	*Saigner.*	Bled.	feed.	*Nourrir.*	Fed.
breed.	*Engendrer.*	Bred.	feel.	*Sentir, tâter.*	Felt.
bring.	*Apporter.*	Brought.	fight.	*Combattre.*	Fought.
build.	*Bâtir.*	Built.	find.	*Trouver.*	Found.
burn.	*Brûler.*	Burnt.	flee.	*S'enfuir.*	Fled.
buy.	*Acheter.*	Bought.	fling.	*Lancer.*	Flung.
catch.	*Attraper.*	Caught.	get.	*Gagner.*	Got.
chide.	*Gronder.*	Chid.	gild.	*Dorer.*	Gilt *.
cling.	*S'attacher à.*	Clung.	gird.	*Ceindre.*	Girt *.
clothe.	*Habiller.*	Clad *.	grind.	*Moudre.*	Ground.

* Les verbes marqués d'un astérisque sont aussi réguliers.

To have.	*Avoir.*	Had.		To sing.	*Chanter.*	Sung.
hang.	*Pendre.*	Hung *.		sit.	*S'asseoir.*	Sat.
hear.	*Entendre.*	Heard.		sleep.	*Dormir.*	Slept.
hold.	*Tenir.*	Held.		smell.	*Sentir.*	Smelt *.
keep.	*Garder,*	Kept.		speed.	*Hâter.*	Sped.
lay.	*Placer.*	Led.		spend.	*Dépenser.*	Spent.
leap.	*Sauter.*	Leapt.		spill.	*Répandre.*	Spilt *.
leave.	*Laisser.*	Left.		spin.	*Filer.*	Spun.
lend.	*Prêter.*	Lent.		stamp.	*Empreindre.*	Stampt.
lose.	*Perdre.*	Lost.		stand.	*Rester.*	Stood.
make.	*Faire.*	Made.		stick.	*Attacher.*	Stuck.
mean.	*Signifier.*	Meant.		strike.	*Frapper.*	Struck.
meet.	*Rencontrer.*	Met.		sweep.	*Balayer.*	Swept.
pay.	*Payer.*	Paid.		teach.	*Enseigner.*	Taught.
say.	*Dire.*	Said.		tell.	*Dire.*	Told.
seek.	*Chercher.*	Sought.		think,	*Penser.*	Thought.
sell.	*Vendre.*	Sold.		weep.	*Pleurer.*	Wept.
send.	*Envoyer.*	Sent.		win,	*Gagner.*	Won.
shine.	*Luire.*	Shone.		wind.	*Tourner.*	Wound.
shoe.	*Chausser.*	Shod.		work.	*Travailler.*	Wrought *.
shoot.	*Tirer, lancer.*	Shot.				

3ᵉ CLASSE.

Verbes ayant l'infinitif, l'imparfait et le participe passé de forme différente.

To awake, *éveiller*, awake, awaken.
be, *être*, was, been.
bear, *porter*, bore, borne.
bear, *produire*, bare, born.
begin, *commencer*, began, begun.
bid, *commander*, bade, bidden.
bite, *mordre*, bit, bitten.
blow, *souffler*, blew, blown.
break, *casser*, broke, broken.
choose, *choisir*, chose, chosen.
come, *venir*, came, come.
crow, *chanter*, crew, crowed.
dare, *oser*, durst *, dared.
do, *faire*, did, done.
draw, *tirer, dessiner*, drew, drawn.
drink, *boire*, drank, drunk.
drive, *chasser*, drove, driven.
eat, *manger*, ate, eaten.
fall, *tomber*, fell, fallen.
fly, *voler*, flew, flown.   [ken.
forsake, *abandonner*, forsook, forsa-

To freeze, *geler*, froze, frozen.
give, *donner*, gave, given.
go, *aller*, went, gone.
grave, *graver*, graved, graven.
grow, *croître*, grew, grown.
hew, *couper*, hewed, hewn *.
heave, *lever*, hove *, hoven *.
hide, *cacher*, hid, hidden.
know, *savoir*, knew, known.
lade, *charger*, lade, laden.
lie, *se coucher*, lay, lain.
load, *charger*, loaded, loaden.
mow, *faucher*, mowed, mown.
ride, *aller à cheval*, rode, ridden.
ring, *sonner*, rang, rung.
rise, *se lever*, rose, risen.
rive, *fendre*, rived, riven.
run, *courir*, ran, run.
saw, *scier*, sawed, sawn.
see, *voir*, saw, seen.
seeth, *bouillir*, sod, sodden.

To shake, *secouer*, shook, shaken.
shave, *raser*, shaved, shaven.
shear, *tondre*, shore, shorn.
shew, *montrer*, shewed, shewn.
show, *montrer*, showed, shown.
shrink, *se rétrécir*, shrank, shrunk.
sink, *sombrer*, sank, sunk.
slay, *tuer*, slew, slain.
slide, *glisser*, slid, slidden.
sling, *fronder*, slang, slung.
slink, *s'échapper*, slank, slunk.
smite, *frapper*, smote, smitten.
snow, *neiger*, snowed, snown *.
sow, *semer*, sowed, sown.
speak, *parler*, spoke, spoken.
spin, *filer*, spun, span.
spit, *cracher*, spat, spitten.
spring, *jaillir*, sprang, sprung.
steal, *dérober*, stole, stolen.
sting, *piquer*, sting, stung.
stink, *puer*, stank, stunk.
strew, *joncher*, strewed, strewn.

To stride, *enjamber*, strode, stridden.
string, *enfiler*, string, strung.
strive, *s'efforcer*, strove, striven.
swear, *jurer*, swore, sworn.
sweat (1), *suer*, swet, sweaten.
swell, *enfler*, swelled, swollen.
swim, *nager*, swam, swum.
swing, *balancer*, swang, swung.
take, *prendre*, took, taken.
tear, *déchirer*, tore, torn.
thrive, *prospérer*, throve, thriven.
throw, *jeter*, threw, thrown.
tread, *marcher*, trod, trodden.
wax, *devenir*, waxed, waxen *.
wear, *porter*, wore, worn.
weave, *tisser*, wove, woven.
write, *écrire*, wrote, written.
writhe, *tordre*, writhed, writhen.

---

(1) *Sweat* n'est plus usité dans la bonne compagnie. On dit *perspire*, transpirer.

FIN DE LA PREMIÈRE PARTIE.

PARIS. — Imp. LACOUR et C., rue Soufflot, 16.

Publications nouvelles en librairie

SOUS LA DIRECTION DE

MM. BESCHERELLE AÎNÉ
AUTEUR DU DICTIONNAIRE NATIONAL

BENJAMIN BARBÉ
COLLABORATEUR AU DICTIONNAIRE NATIONAL.

DICTIONNAIRE EUROPÉEN

OU DICTIONNAIRE

FRANÇAIS, ITALIEN, ESPAGNOL, ANGLAIS, ALLEMAND, RUSSE

Par MM. BESCHERELLE aîné, BENJAMIN BARBÉ, DAMAS-HINARD

AVEC LA COLLABORATION DE SAVANTS ÉTRANGERS.

1 vol. grand in-8°.

DICTIONNAIRES EN DEUX LANGUES. | DICTIONNAIRES EN TROIS LANGUES.

COURS DE LANGUES

D'APRÈS

LA MÉTHODE ATTRAYANTE

Chaque Cours formera un volume in-8° et se divisera en 5 parties, qui se vendront séparément.

Cours de FRANÇAIS. | Cours d'ITALIEN.
Cours d'ANGLAIS. | Cours d'ESPAGNOL.
Cours d'ALLEMAND. | Cours de PORTUGAIS.

Cours de LATIN. — Cours de GREC.

PARIS. — Imprimerie Lacour et Cⁱᵉ, rue Soufflot, 16.

Corbeil, imprimerie de Crété.

DU

SYSTÈME SOCIAL

ET DES LOIS QUI LE RÉGISSENT.

DU

SYSTÈME SOCIAL

ET

DES LOIS QUI LE RÉGISSENT,

PAR AD. QUÉTELET,

Président de la Commission centrale de statistique de Belgique; Secrétaire perpétuel de l'Académie royale
de Bruxelles; correspondant de l'Institut de France; des Sociétés royales de Londres,
Édimbourg, Gœttingue, Copenhague, Moscou; des Académies de Berlin,
Turin, Lisbonne, Naples, Palerme, Madrid, Boston, Munich,
Dublin, Rio-Janeiro, etc.

PARIS

GUILLAUMIN ET Cᴵᴱ, LIBRAIRES,

Éditeurs du Journal des Économistes, de la Collection des principaux Économistes,
du Dictionnaire du commerce et des marchandises, etc.

RUE RICHELIEU, 14.

1848

A SON ALTESSE ROYALE

LE PRINCE ALBERT

DE SAXE-COBOURG ET GOTHA.

HOMMAGE

D'UN PROFOND RESPECT ET D'UN AFFECTUEUX DÉVOUEMENT

OFFERT PAR

A. QUÉTELET.

PRÉFACE.

L'ouvrage que je publie est la continuation
de mes études sur l'homme et sur l'état social;
il forme le complément de deux autres ouvrages : L'*Essai de physique sociale* et les
*Lettres sur la théorie des probabilités appli-
quée aux sciences morales et politiques.*

J'ai dû revenir sur différentes questions qni

m'avaient occupé déjà, afin de les développer et de les examiner dans leurs principaux détails. Par exemple, en donnant la théorie de l'homme moyen, j'avais insisté, dans mon premier ouvrage, sur la nécessité de présenter, en même temps qu'une moyenne, les limites inférieure et supérieure entre lesquelles tous les résultats individuels se trouvent compris.

J'ai fait voir ensuite, dans les *Lettres sur la théorie des probabilités*, que ces résultats individuels, dans certains cas, sont assujettis à un ordre régulier : ainsi, quand il s'agit de la taille des hommes d'une même nation, les valeurs individuelles se groupent symétriquement autour de la moyenne, selon une loi que j'ai nommée la *loi des causes accidentelles*. J'ai été conduit à démontrer, ainsi, ce que je n'avais d'abord émis qu'hypothétiquement ; savoir, que l'homme moyen joue, dans une nation, un rôle important; qu'il en est véritablement le *type* ou le module; et que les autres hommes n'en diffèrent, en plus et en moins, que par l'influence des causes accidentelles dont les effets finissent par devenir calculables, quand les épreuves sont suffisamment prolongées.

Dans ce nouvel ouvrage, je montre que la loi des causes accidentelles est une loi générale qui s'applique aux individus comme aux peuples, et qui domine nos qualités morales et intellectuelles tout aussi bien que nos qualités physiques. En sorte que ce qui est regardé comme accidentel, cesse de l'être, quand les observations portent sur un nombre considérable de faits.

J'avais déjà remarqué que le libre arbitre dont les effets sont si capricieux, quand on se borne à observer les individus, ne laisse pas

de traces sensibles de son action, quand on
considère un très-grand nombre d'hommes.

Je fais voir ici, que, contrairement aux
opinions reçues, les faits sociaux, influencés
par le libre arbitre, procèdent avec plus de
régularité encore que les faits simplement
soumis à l'action des causes physiques ; et j'en
expose les motifs. De sorte qu'en partant de ce
principe fondamental, l'on peut dire que la
statistique morale doit désormais rentrer dans
les sciences d'observation.

La statistique morale méritait une attention
particulière ; j'ai tâché de jeter quelque jour
sur les principales difficultés qu'elle présente
et sur la marche à suivre pour les surmonter.
J'ai cru devoir, à ce sujet, établir une distinction essentielle entre les tendances *apparentes*
qu'on observe réellement, et les tendances
vraies qu'on cherche à reconnaître.

Jusqu'ici, l'on a parlé d'une manière très-vague, des forces morales qui dirigent l'homme et déterminent ses actions ; j'ai essayé de montrer que ces forces peuvent se composer et admettre des résultantes comme les forces physiques ; que la plupart même des lois de la mécanique trouvent leurs analogues, quand on passe du monde physique au monde moral.

Il existe aussi une corrélation entre les sciences qui concernent l'homme dans ces deux ordres de choses ; c'est-à-dire que deux sciences analogues marchent toujours de front et présentent les mêmes principes qui se traduisent à peu près de la même manière, en les appliquant soit au physique soit au moral.

Je ne me fais du reste pas illusion sur la valeur de cet ouvrage. Je ne le considère que comme une esquisse fort incomplète d'une science nouvelle qui tend à se faire jour, et qui a pour objet d'étudier l'homme dans ses divers degrés d'agrégation, depuis l'état individuel jusqu'à l'état de combinaison le plus élevé qui comprend l'humanité tout entière.

Chaque combinaison donne naissance à un corps distinct qui est animé d'une vie particulière, et qui a sa naissance, sa fin et ses conditions d'existence. Des lois spéciales président au développement de ces corps et en règlent les destinées. Il faut cependant que la combinaison soit réelle, et que le prétendu corps ne se compose pas d'une réunion d'éléments dissemblables qui répugnent à subsister d'une vie commune.

La combinaison la plus remarquable est celle qui constitue une nation. Tout en elle mérite une étude spéciale ; aucune des phases de la vie de ce grand corps ne doit échapper à

notre examen ; il faut suivre progressivement
son développement sous le triple rapport du
physique, du moral et de l'intelligence. Les
caractères de la jeunesse, de l'âge mûr et de
la décrépitude s'y dessinent avec autant d'é-
nergie que chez les différents êtres de la création. Un pareil corps a sa physiologie spéciale ;
il pense, il écrit, il s'énonce d'une manière
qui lui est propre ; il a ses crimes et ses
vertus.

L'économie politique n'est qu'une branche
des sciences qui se rapportent à l'homme ; elle
se borne à rechercher comment les richesses
se produisent, se distribuent et se consomment.
Elle examine d'une manière absolue la plupart des grands problèmes qui touchent à la
vie matérielle d'un peuple. Mais aucune science, jusqu'à présent, n'a recherché les principes
d'équilibre et de mouvement, et surtout les

principes de conservation qui existent entre les différentes parties du système social.

Si la morale et la justice ont une valeur absolue, pourquoi les lois ne sont-elles pas les mêmes chez les différents peuples? Y a-t-il des motifs qui expliquent ces différences? ensuite ce qui est juste entre les individus, l'est-il aussi entre les peuples?

J'ai dû toucher à trop de sujets, pour avoir pu en approfondir aucun. Je n'avais d'ailleurs pour but que d'indiquer sommairement les différents objets dont je voudrais voir entreprendre l'étude. Il me semble qu'il se présente ici un terrain nouveau; j'ai essayé d'y planter quelques jalons, pour en prendre connaissance et en apprécier l'étendue.

L'ouvrage était écrit d'abord sous forme de lettres; j'ai cru devoir adopter ensuite une marche plus didactique et plus en harmonie avec la gravité du sujet dont j'avais à m'occuper. Je désire avant tout qu'il ne soit pas trop indigne du Prince qui a daigné m'encourager à le composer et qui a bien voulu en agréer l'hommage.

Je dois à l'étude des sciences morales et politiques de précieux dédommagements pour le temps et les soins que je lui ai consacrés. Elle m'a procuré, depuis ma jeunesse, des relations de bienveillance avec la plupart des savants qui s'en sont occupés avec le plus de distinction. Tout récemment encore, deux économistes distingués, M. Ch. H. Rau, en Allemagne, et M. M. L. Wolowski, en France, m'ont donné des témoignages bien honorables de leur estime, en inscrivant mon nom sur leurs derniers ouvrages. Je saisis cette occasion pour leur exprimer publiquement ma reconnaissance.

Je ne dois pas moins de remercîments à mon savant ami, M. Villermé qui, cette fois encore, a bien voulu suppléer à mon absence et surveiller l'impression de cet ouvrage, avec une obligeance pour laquelle je ne saurais trop lui exprimer ma gratitude.

QUÉTELET.

Bruxelles, le 14 janvier 1848.

INTRODUCTION.

« J'avais passé beaucoup de temps dans l'étude
des sciences abstraites ; mais le peu de gens
avec qui on peut en communiquer m'en avait
dégoûté. Quand j'ai commencé l'étude de
l'homme, j'ai vu que ces sciences abstraites ne
lui sont pas propres et que je m'égarais plus
de ma condition en y pénétrant que les autres
en les ignorant ; et je leur ai pardonné de ne
point s'y appliquer. Mais j'ai cru trouver au moins
bien des compagnons dans l'étude de l'homme,
puisque c'est celle qui lui est propre. J'ai été
trompé. Il y en a encore moins qui l'étudient
que la géométrie. »

Pascal, *Pensée* 26, art. ix, 1re partie.

L'homme peut être considéré sous différents
rapports. Les lois qui le concernent sont essentiellement distinctes de celles qui le rattachent
aux autres hommes ; c'est ce qui en rend l'étude
aussi variée que difficile.

Pour juger sainement des choses, il faut se placer de manière à en apercevoir tous les détails.
Notre vue trop bornée ne peut saisir qu'un cer-

tain ensemble d'objets en rapport avec les distances et la largeur de notre angle visuel ; il en est à peu près de même des yeux de l'esprit.

Quand, du haut d'un vaisseau, j'arrête mes regards sur l'Océan, j'aperçois des vagues immenses qui passent majestueusement devant moi, sans que je puisse reconnaître le lieu où elles se sont formées ni celui où elles vont s'effacer.

Si je descends ensuite du vaisseau pour prendre place dans une barque à peu près au niveau de la mer, et si je concentre mon attention sur les petits mouvements oscillatoires qui rident la surface de l'eau, je perds de vue le magnifique spectacle qui m'occupait d'abord. C'est tout au plus si mes regards saisissent une étendue qui dépasse les limites de la vague sur laquelle je suis porté ; mais je vois une infinité de détails qui m'avaient échappé.

Tel est aussi le spectacle que présentent les peuples. Vus à une certaine distance, ils se dessinent, se diversifient entre eux et suivent leurs destinées, sans qu'on puisse saisir, la plupart du temps, leur origine ni leur fin : les uns turbulents et superbes ; les autres souples et développant les formes les plus capricieuses. Les existences personnelles ne s'aperçoivent qu'à peine ; pour les étudier, il faut concentrer son attention sur elles, et perdre de vue l'immensité de cet autre océan sur lequel on navigue, il faut saisir rapidement leurs formes fugitives qui rarement étendent à quelque distance le cercle de leur action.

Mais ces vagues mêmes, qui nous représentent les peuples, ne sont rien à côté d'une onde plus vaste, à côté de l'onde des marées qui domine l'océan à travers lequel elle se déroule lentement dans sa marche triomphale. C'est ainsi que les peuples s'effacent également en présence de l'humanité.

Ce ne sont plus des yeux vulgaires qui peuvent constater ce mouvement universel; on ne saurait se placer assez haut pour l'apercevoir, et l'œil n'aurait pas assez de pénétration pour en saisir les phases. La science doit nous venir en aide et suppléer à l'imperfection de nos sens. Ce n'est qu'en nous appuyant sur elle, que nous pouvons suivre le phénomène dans toute son étendue, et en étudier à la fois les effets et les causes. Nous voyons alors se révéler les grandes lois de la nature; leur action s'y trouve plus nettement prononcée que dans la propagation des vagues qui naissent sous l'influence de causes secondaires, généralement inconnues, qui se modifient de mille manières et vont mourir en se croisant avec d'autres vagues, ou en se brisant sur des récifs.

C'est ainsi que, suivant les hauteurs où l'on se place, l'on peut voir le magnifique spectacle des mers sous des aspects bien différents; c'est ainsi que l'espèce humaine peut également donner lieu aux études les plus diverses. Pour que ces études soient complètes, il faut, après avoir observé les détails, savoir reculer convenablement à toutes les distances, jusqu'à ce qu'on arrive à voir les choses dans leur ensemble et dans leur plus grande généralité.

C'est donc par l'homme considéré comme individu, que doivent commencer nos études. Nous nous placerons ensuite à une hauteur plus grande, d'où, perdant de vue les particularités qui le caractérisent, nous n'apercevions plus que les côtés par lesquels il tient au peuple dont il fait partie. Nous tâcherons de reconnaître, en dernier lieu, quelques-uns des liens qui rattachent les peuples entre eux et constituent l'humanité tout entière.

Chacun de ces trois états a ses lois de développement et ses conditions d'existence. Je ne pense pas qu'il y ait d'étude plus belle et plus noble que celle qui a pour but de les déterminer. Si mes efforts ne sont pas couronnés de succès, j'ose espérer du moins qu'on me saura gré d'avoir attiré l'attention sur un sujet aussi intéressant, et d'avoir essayé de faire quelques pas sur un terrain qui, sous bien des rapports, peut être considéré comme nouveau.

LIVRE PREMIER.

DE L'HOMME.

SECTION PREMIÈRE.

DES QUALITÉS PHYSIQUES.

CHAPITRE PREMIER.

Division de ce premier livre.

Avant d'étudier le système social, il faut connaître les éléments dont il se compose ; c'est donc sur l'homme que doit porter d'abord toute notre attention. La partie de la science qui s'occupe de son organisation et des lois de son développement, est fort étendue : l'homme en effet peut être considéré sous le triple rapport du physique, du moral et de l'intelligence.

L'homme physique a donné lieu à de nombreuses recherches ; et cependant ce qui ap-

partient à cette étude est à peine ébauché.
Nous serons longtemps encore avant de connaître les réactions que les qualités physiques, prises individuellement, exercent les unes sur les
autres et les modifications qu'on peut leur faire
subir.

Quand on considère les lois de développement des qualités morales et intellectuelles, les
difficultés deviennent plus grandes encore; on
en est même à se demander s'il existe des lois;
et, en tout cas, si l'observation pourra jamais
réussir à les déterminer.

Ce qui fait obstacle à ce genre d'études, c'est
une crainte exagérée de voir porter atteinte au
libre arbitre de l'homme; il semble qu'on ré-
duise notre espèce à fonctionner comme un ensemble de machines. Mais qui de nous ignore
que, dans tous nos rapports physiques avec le
monde extérieur, nous obéissons aux mêmes
lois que les corps inanimés? Notre libre arbitre
souffre-t-il quelque atteinte parce qu'il ne nous
est pas donné de jouir de qualités placées en
dehors de notre sphère? Est-ce nier son existence que de reconnaître que nous sommes attachés à notre globe par la même loi de gravitation qui y retient les moindres grains de
poussière? Quand la science nous permet de
vaincre en apparence ces liens mystérieux et

que nous parvenons à nous élever dans les régions supérieures de l'atmosphère, n'est-ce pas encore sous la condition de ne pas nous soustraire aux lois de la nature? Partout, dans le monde matériel, nous trouvons des lois à la nécessité desquelles nous devons obéir. Pourquoi donc aurions-nous le vain orgueil de nous en croire affranchis dans un ordre de choses plus élevé, où les moindres écarts ont les conséquences les plus graves?

C'est ici que nous trouvons au contraire une admirable harmonie qui, tout en laissant à l'homme sa libre faculté d'agir, l'a cependant limitée avec tant de sagesse, qu'elle ne peut entraver en rien les lois immuables qui président à la conservation des mondes comme à celle des plus simples éléments qui les composent.

Mais je ne veux point anticiper. Je désire seulement que cet ouvrage ne soit lu sous l'influence d'aucune prévention; je n'ai d'autre but que de montrer qu'il existe des lois divines, et des principes de conservation dans un monde où tant d'autres s'obstinent à ne trouver qu'un chaos désordonné.

CHAPITRE II.

**Facultés physiques de l'homme. Constantes.
Causes influentes.**

On s'est souvent demandé si, depuis les temps
anciens, les facultés physiques de l'homme ont
subi des modifications sensibles. En lisant les
chants d'Homère, on serait tenté de le croire ;
il semblerait en effet que la stature et la force
des guerriers étaient plus considérables que de
nos jours. Mais les poëmes de l'Arioste et du
Tasse nous donnent des idées non moins gran-
dioses des guerriers du moyen âge. Faut-il en
conclure, sur la foi des brillantes exagérations
de la poésie, que nous valons réellement moins
que nos aïeux ? non sans doute ; c'est à des
sources plus sûres qu'il faut recourir.

Il nous reste heureusement des monuments
des temps passés pour guider nos jugements ;
fouillons les tombeaux d'Égypte, les ruines de
Babylone, ainsi que les cryptes américaines de
l'ancien empire du soleil. Nous pouvons mesurer, en les dépouillant de leur prestige, de vieux
ossements et des corps entiers que la science
nous a transmis depuis l'antiquité la plus reculée. C'est en consultant ces restes précieux,

que nous reconnaîtrons si l'homme, en traversant la suite des siècles, a conservé invariablement sa stature et ses proportions.

Si nous connaissions quelle a été sa taille, de siècle en siècle, nous aurions une série de grandeurs, qui exprimeraient la loi de développement de l'humanité quant à la taille. Cette loi, comme on le comprendra sans peine, est bien différente de la loi de développement de l'individu. Ici, l'on remarque une croissance bien prononcée qui s'arrête à une époque de la vie. De l'autre part, on ne voit rien de semblable : au lieu de croître depuis l'origine des choses, la stature de l'homme semblerait avoir diminué au contraire. Nous ne saisissons du reste dans le développement de l'humanité que la partie de la loi qui appartient aux temps les plus rapprochés de nous. L'on comprendra par les indications qui précèdent, quelle est la distinction que j'établis entre les lois de développement relatives à l'homme et celles relatives à l'humanité ou même à un peuple. Il faut connaître les premières, pour étudier avec succès les secondes.

On conçoit du reste qu'en parlant de l'individu, il ne saurait être question de tel ou tel homme en particulier ; nous devons recourir à l'idée générale qui nous reste après avoir considéré séparément un grand nombre de personnes.

Les premiers navigateurs qui ont visité les îles de Sandwich, ont été frappés de la grandeur et de la beauté des indigènes; mais l'opinion qu'ils en ont rapportée s'est nécessairement formée d'après l'ensemble des hommes qu'ils y ont observés. En venant rendre compte en Europe du résultat de leurs observations, ils n'ont pas eu égard aux individus plus chétifs ou plus petits qu'ils avaient remarqués dans le nombre, ils n'ont parlé que de l'impression générale qu'ils avaient éprouvée. C'est en effet de cette manière que l'on peut juger; mais cette méthode d'appréciation, par de simples aperçus, a nécessairement quelque chose de vague et d'incertain dont la science ne saurait se contenter.

Dire que les habitants de Sandwich sont grands, suppose à la fois plusieurs choses : d'abord un objet n'est grand que par rapport à un autre de même espèce, que l'on prend pour terme de comparaison. Ainsi, les habitants de Sandwich dépassaient en général la taille des Européens qui les ont visités. Mais quelle était la taille des Européens? Il y en avait de grands, de petits, de moyens; on n'entendait pas parler de tous en même temps, c'était évidemment de la taille la plus commune, de celle que je nomme moyenne par rapport aux autres.

Mais tel est l'état des choses que, dans aucun temps ni chez aucun peuple, on n'a songé à déterminer la taille moyenne de l'homme, et bien moins encore son poids et les autres éléments mesurables qui le concernent. César nous parle de la taille élevée des Gaulois, qui surpassait de beaucoup celle des Romains; mais il se borne à cette assertion vague. Aujourd'hui même, l'on n'est guère plus avancé quand on veut comparer les peuples sous le rapport de la stature; cependant nous sommes beaucoup moins excusables que les anciens. La théorie des moyennes leur était pour ainsi dire absolument inconnue; nous, au contraire, nous sommes parfaitement familiarisés avec son emploi auquel nous devons en grande partie le perfectionnement des sciences d'observation. Il serait temps enfin de l'introduire aussi dans la science de l'homme et de déterminer les *constantes* qui le caractérisent.

Par constantes, j'entends des valeurs fixes telles que la taille, le poids, la force. Chaque individu a ses constantes particulières qui dépendent de l'âge, du sexe et de diverses autres circonstances. En réunissant les individus d'un même âge et d'un même sexe et en prenant la moyenne de leurs constantes particulières, on obtient des constantes que j'attribue à un être fictif que je nomme l'*homme moyen* chez ce peuple. Si l'on avait, par exemple, les tailles de tous les Français âgés de vingt-cinq ans, et si l'on en prenait la moyenne, la valeur que l'on obtiendrait, serait la taille de l'homme moyen de vingt-cinq ans.

La France est très-étendue, et, par suite, sa population n'est point parfaitement homogène. Le Provençal, l'Alsacien et le Picard, si l'on faisait la distinction des provinces, n'auraient pas la même taille moyenne; cette différence tient surtout à la diversité des origines et des climats.

Le nombre des causes qui peuvent faire varier la taille de l'homme, est plus considérable qu'on ne le croit communément. Le développement en hauteur n'est pas le même pour les habitants des villes et pour les habitants des campagnes, pour les personnes qui vivent dans l'aisance et pour les travailleurs. Ces résultats ont été constatés en France et en Belgique : des recherches semblables ont été faites en Angleterre, et elles y ont pris en même temps un caractère d'utilité publique. Il a été reconnu que les enfants soumis aux travaux des manufactures étaient arrêtés dans leur croissance, et que, par suite, l'homme s'y trouve détérioré dans son espèce. Cet argument a puissamment plaidé en faveur de la réforme que l'humanité réclamait, depuis longtemps, au sujet des travaux pénibles imposés aux jeunes travailleurs.

Ainsi donc, pour nous résumer, la science aurait à rechercher quelles sont les constantes relatives à chacune des qualités physiques de l'homme. Elle aurait, de plus, à faire la part de chacune des causes influentes, et à déterminer les modifications produites par l'âge, le climat, le sexe, la profession. Ce travail peut être long, pénible même, mais il ne saurait soulever des difficultés sérieuses, puisqu'il ne se présente ici rien qui sorte du cercle ordinaire des sciences d'observation, et qu'il ne s'agit en définitive que de constater la grandeur d'éléments auxquels sont immédiatement applicables des mesures matérielles.

Le chapitre suivant nous apprendra toutefois que ces constantes ou moyennes ne sont pas suffisantes pour l'objet que nous nous proposons, et qu'il faut quelques données de plus pour compléter nos notions sur l'homme.

CHAPITRE III.

Loi des causes accidentelles. Ses applications dans ce qui concerne la croissance de l'homme.

Il est une loi générale qui domine notre univers et qui semble destinée à y répandre la vie; elle donne à tout ce qui respire une variété infinie, sans en altérer les principes de conservation. Cette loi, que la science a longtemps méconnue et qui toujours est restée inféconde pour la pratique, je la nommerai la *loi des causes accidentelles.*

Pour s'en faire une idée un peu juste, il faut concevoir que chaque chose est soumise à des fluctuations : l'enfant qui vient de naître est plus ou moins pesant, plus ou moins grand ; ses pulsations sont plus ou moins rapides. Quelles sont les causes qui produisent ces différences? Elles sont purement accidentelles, dira-t-on. Cependant, si l'on se donne la peine d'examiner et de recueillir des observations faites avec soin et suffisamment nombreuses, on trouvera que ce que l'on considérait comme l'effet du hasard, est soumis à des principes fixes, et que rien n'échappe aux lois imposées par la toute-puissance divine aux êtres organisés.

Ce que nous nommons anomalie, ne s'écarte à nos yeux de la loi commune que parce que nous sommes incapables d'embrasser d'un même coup d'œil assez de choses à la fois.

En se plaçant dans des circonstances favorables pour bien observer, on trouve que, chez les êtres organisés, tous les éléments sont sujets à varier autour d'un état moyen, et que les variations qui naissent sous l'influence des causes accidentelles, sont réglées avec tant d'harmonie et de précision, qu'on peut les classer d'avance numériquement et par ordre de grandeurs, dans les limites entre lesquelles elles s'accomplissent. Tout est prévu, tout est réglé : notre ignorance seule nous porte à croire que tout est abandonné au caprice du hasard.

Une partie de cet ouvrage est consacrée à mettre en évidence la loi des causes accidentelles chez l'homme physique comme chez l'homme moral et intellectuel, en le considérant dans son état d'individualité comme dans son état d'agrégation. Nous en prendrons un premier exemple.

La taille moyenne de l'homme est un élément qui n'a rien d'accidentel; elle est le produit de causes fixes qui lui assignent une grandeur déterminée. Il ne faut pas considérer les tailles des hommes comme les hauteurs des édifices d'une ville qui varient selon le goût de l'époque et le caprice de ceux qui les ont construits.

Qu'on mesure les hauteurs de toutes les maisons d'un pays, et qu'on classe ensuite les nombres par ordre de grandeurs, on n'y trouvera aucune succession régulière; mais il n'en sera plus de même quand il s'agira des tailles des habitants de ce pays. Il y a plus : les nombres se présenteront exactement comme s'ils étaient le résultat de mesures prises *sur une seule et même personne*, mais avec des instrumens peu précis qui justifient la grandeur des écarts. S'il n'existe pas de cause constante d'erreur, il arrivera en effet qu'après un grand nombre de mesures, les écarts en plus balanceront les écarts en moins, de telle façon que la moyenne donnera la véritable hauteur qu'on cherchait à déterminer ; on trouvera même que les divers résultats obtenus, étant rangés par ordre de grandeurs, tomberont symétriquement des deux côtés de la moyenne.

Les choses se passent donc, ici, comme si la nature avait un *type* propre au pays et aux circonstances dans lesquelles il se trouve. Les écarts de ce type seraient le produit de causes purement accidentelles qui agiraient avec la même intensité en plus et en moins.

En considérant les choses sous ce point de

vue, et en supposant un nombre d'observations suffisamment grand, l'homme moyen, à chaque âge, se trouverait placé entre deux groupes d'individus également nombreux, les uns plus grands, les autres plus petits que lui. De plus, les groupes se distribueraient de la manière la plus régulière d'après l'ordre des tailles. Les groupes les plus nombreux sont ceux qui s'écartent le moins de la moyenne : à mesure que les écarts deviennent plus forts, les groupes d'hommes qui les présentent sont plus faibles; et, vers les limites extrêmes, les géants comme les nains sont très-rares; il ne faut pas néanmoins considérer ces derniers comme des anomalies, ils sont nécessaires pour compléter les séries ascendante et descendante déterminées par la loi des causes accidentelles. Chaque groupe en effet a sa valeur définie. Ainsi, quand les hommes sont confondus dans la société et que leurs grandeurs se mêlent en apparence de la manière la plus capricieuse, il existe entre eux un lien mystérieux qui fait que chaque individu peut être considéré comme la partie nécessaire d'un tout qui nous échappe physiquement et qu'on ne peut saisir qu'avec les yeux de la science.

Ce que je viens de dire, je ne l'avance pas d'après des hypothèses gratuites; je ne fais qu'énoncer les résultats que m'a donnés l'expérience. J'ai longuement développé dans un autre écrit les recherches que j'ai faites sur ce sujet aussi curieux qu'instructif. J'ai spécialement insisté sur un exemple que j'ai trouvé dans les documents officiels relatifs aux tailles des conscrits français. Le classement par ordre de grandeurs avait été donné pour les tailles reconnues propres au service militaire, et l'on s'était borné à indiquer le total des autres nombres. Or, au moyen des groupes connus, il m'a été possible de calculer *à priori* ceux qui ne l'étaient pas. J'ai été conduit ainsi à constater qu'il se fait une fraude notable dans les réformes pour défaut de taille, fraude dont j'ai pu établir le chiffre.

On conçoit qu'il serait de toute impossibilité de faire un calcul semblable pour une succession de nombres qui ne seraient liés entre eux par aucune loi commune.

D'après ces recherches et celles que j'ai faites sur la Belgique, l'Angleterre et l'Écosse, je me crois fondé à dire qu'il existe bien véritablement un type pour la taille de l'homme. Je puis en citer une nouvelle preuve dans la fixité du chiffre qui représente la taille des conscrits, en passant d'une année à une autre. Ainsi, les hommes d'une levée ont la même taille exactement que ceux de la levée qui précède ou qui suit. Les légères déviations qui ont eu lieu à cet égard, ont presque toujours trouvé une explication naturelle dans le chiffre de certaines années calamiteuses ; car il paraît que de telles années laissent profondément leur empreinte dans l'espèce humaine, comme des hivers rigoureux laissent leur trace dans les couches ligneuses des arbres de nos forêts.

Les anomalies passagères ne détruisent en rien la valeur d'une loi ; souvent même ce sont les effets de lois différentes qui se combinent ensemble. Quand une pierre tombe dans le vide et que l'on connaît les conditions dans lesquelles elle se trouvait au commencement de sa chute, on calcule facilement, par le principe de la gravitation, toutes les circonstances de son mouvement. Une atmosphère plus ou moins dense peut modifier de mille manières ces circonstances, sans porter atteinte au principe de la gravitation. De même, les professions, les degrés d'aisance, les climats peuvent faire varier le développement de la taille chez les différents peuples. La nature et l'homme contribuent à la fois à produire ces modifications. J'ai distingué ces deux genres d'action par le nom de forces *naturelles* et de forces *perturbatrices*. Les premières ont un caractère de fixité

et de permanence qui n'appartient pas aux secondes. Les dernières agissent comme le feraient des forces accidentelles; elles laissent
une empreinte plus ou moins profonde; puis
elles s'effacent et permettent à la nature dont
elles ont entravé la marche, de rentrer dans
tous ses droits.

Nous venons de voir que, pour l'homme
adulte, la hauteur se trouve déterminée d'une
manière fixe et que les variations qu'on remarque, sont également réglées par une loi de la nature. Ajoutons encore qu'il existe, pour chaque
âge, une taille moyenne déterminée dans l'un
et dans l'autre sexe, ainsi que des limites entre lesquelles varient les nombres individuels.

En ne considérant que la taille moyenne de
chaque âge, la succession des nombres constitue *la loi de croissance*, dont les effets peuvent
cependant être modifiés par différentes causes.
Considéré comme individu, l'homme naît ayant
un peu moins du tiers et un peu plus du quart
de la hauteur à laquelle il doit atteindre un
jour. Sa croissance, d'abord très-rapide, devient
uniforme ensuite jusqu'à l'âge de quinze à seize
ans ; puis elle se ralentit et cesse entre vingt et
vingt-cinq ans. On peut dire que la croissance
de l'enfant, même depuis le troisième mois qui
précède sa naissance, jusqu'au développement

complet, suit une loi de continuité telle que les accroissements diminuent successivement avec l'âge.

La loi de croissance ne peut se vérifier que lorsqu'on opère sur un grand nombre d'hommes, et qu'on parvient à éliminer les effets de toutes les causes accidentelles. Il n'existe peut-être pas un seul homme au monde dont la croissance ait été parfaitement régulière et conforme à la croissance déduite des résultats généraux.

M. le pasteur J. W. H. Lehmann, de Potsdam, a présenté à ce sujet des remarques fort judicieuses (1) ; il a exprimé la crainte que, dans certains cas, en généralisant trop, on ne perdît de vue les particularités qui, bien qu'individuelles, peuvent cependant tenir également à une loi générale. Par exemple, vers l'âge de puberté, la croissance, après avoir été arrêtée, se développe quelquefois avec une rapidité extraordinaire : la loi de continuité semble être rompue par une espèce de saccade. Ce phénomène plus ou moins prononcé, pourrait être général, sans qu'on en remarquât les effets dans les moyennes. Ainsi, chez un jeune homme, l'accroissement en hauteur a été arrêté à l'âge

____

(1) *Jahrbuch herausgegeben von H. C. Schumacher.* Annuaires pour 1841 et 1843.

de quatorze ans; puis, par un changement brusque, il est devenu extrêmement prononcé à l'âge de quinze ans, pour s'arrêter encore deux ans après. Chez un second jeune homme, l'accroissement en hauteur a été stationnaire vers l'âge de quinze ans, et il s'est prononcé à l'âge de seize à dix-sept ans, en sorte que les deux saccades qui se sont opérées à peu près de la même manière, mais à des époques différentes, pourraient réellement exister en vertu d'une loi générale, et cependant leurs effets se seraient entre-détruits et ne laisseraient aucunes traces dans la loi générale déduite des moyennes.

Les changements brusques qui surviennent aux époques critiques de la vie de l'homme, peuvent être considérés comme des espèces de maladies qui bien souvent sont les résultats de notre manière de vivre, de nos habitudes presque toujours en opposition avec ce que veut la nature. La croissance de l'homme procéderait avec plus de régularité, si la nature était moins contrariée dans sa marche. Il faut aller dans les pays chauds, voir les formes de l'homme et de la femme se développer sans connaître la gêne des vêtements qui les emprisonnent et les altèrent, pour juger des lois de la croissance. Les voyageurs sont unanimes sur ce point ; c'est parmi les créoles que l'on trouve en général les formes les plus belles : cette classe, en effet, ne porte pas les traces d'un travail qui détériore les classes inférieures, ni des entraves dans lesquelles on captive le corps chez les classes les plus élevées.

La nature ne procède pas par mouvements brusques, et si notre civilisation nous les fait connaître, c'est qu'ils sont certainement son ouvrage. Les accouchements quelquefois si laborieux dans nos villes, si funestes aux mères ainsi qu'aux enfants, produisent rarement des accidents dans les familles qui se rapprochent le plus de la nature. La femme du sauvage, à peine délivrée de l'enfantement, court se plonger dans l'eau d'un fleuve.

Tout en reconnaissant ces altérations brusques, signalées par M. Lehmann, je ne puis les regarder que comme un produit plus ou moins marqué de notre civilisation, mais qui, par la manière irrégulière dont il se présente, ne trouble pas même la marche de la nature. Il ne mérite pas moins d'être constaté.

Le genre de nourriture de l'homme et les lieux qu'il habite ont aussi une influence sensible sur sa croissance. Il est connu que, dans le midi, l'âge de puberté se déclare plus tôt que dans le nord ; de là résulte sans doute que la crois-

sance s'y trouve plus tôt arrêtée et que l'homme
y atteint une taille moins élevée que dans les
régions septentrionales.

Chez la femme aussi, la puberté et la fin de la
croissance sont plus précoces que chez l'homme ;
la courbe qui indique son développement en
hauteur s'arrête plus tôt et reste toujours au-
dessous de celle qui se rapporte à l'autre sexe.

Ainsi donc, à l'instant même où l'homme
entre dans la vie, sa taille se trouve fixée par la
nature ; les variations qu'on remarque sont
purement accidentelles ; et, en les groupant par
ordre de grandeurs, elles obéissent également à
une loi. Tout a été combiné avec une harmonie
telle, que les anomalies mêmes n'existent qu'en
apparence et qu'elles procèdent avec la même
régularité que les lois dont elles déguisent la
marche.

Le même ordre, la même symétrie continuent
à subsister à chaque âge. En Belgique, l'homme
moyen à l'époque de son entier développement
atteint une hauteur de 1ᵐ,684, et la femme
de 1ᵐ,579. Mais nous avons déjà vu que ces
constantes ne suffisent pas pour déterminer
complétement ce qui se rapporte à la connaissance de la taille, il est nécessaire de
savoir encore les *limites* entre lesquelles les
tailles peuvent varier. Quand on connaît ces

trois éléments : la taille moyenne et les tailles maximum et minimum, la loi des *variations accidentelles* donne les moyens de calculer comment la population se fractionne par ordre de grandeurs. Cette loi est d'autant plus importante qu'elle présente toute la généralité possible ; on la retrouve dans ce qui se rapporte au poids, à la force et à toutes les qualités physiques de l'homme. De sorte qu'on peut calculer *à priori*, quand on connaît la moyenne et les deux termes limites, comment une population se fractionne sous le rapport des hommes qui ont tel poids ou telle force déterminée.

Il n'est pas prouvé que la taille de l'homme moyen, dans un même pays et chez un même peuple, reste constamment la même : elle peut, au contraire, sous l'influence de différentes causes, augmenter ou diminuer. Si on la déterminait avec soin de siècle en siècle, ou même à des intervalles plus rapprochés, on aurait une série de nombres aussi curieux qu'utiles à consulter.

La loi de croissance peut en effet être considérée sous trois points de vue bien distincts. On peut rapporter l'accroissement de la taille à l'individu, au peuple dont il fait partie, ou bien à l'espèce humaine tout entière.

Par rapport à un peuple, c'est l'homme moyen entièrement formé qu'il faut plus particu-

lièrement considérer; c'est lui qui exerce de
l'influence chez ce peuple, c'est lui qui en
mesure en quelque sorte la valeur physique. Si cet élément était constaté d'année en
année, et si l'on supposait placés en ligne droite,
selon la succession des temps, les hommes
moyens déterminés de cette manière, on pourrait concevoir une ligne rasant le sommet de
leurs têtes; cette ligne indiquerait par ses inflexions le développement moyen de la taille
chez ce peuple. Elle serait droite et horizontale,
si la taille moyenne était restée invariablement
la même; elle se relèverait si la taille moyenne
avait été en croissant; dans le cas contraire,
elle s'abaisserait.

On a cru remarquer que les années calamiteuses laissent des traces durables de leur passage, en arrêtant la croissance aux époques de
la vie où le développement du corps se fait avec
le plus d'activité; ainsi, certaines générations
atteindraient un moindre degré de hauteur que
d'autres; mais ces résultats, très-probables
d'ailleurs, ont été plutôt soupçonnés que dé-
montrés par l'expérience.

Au lieu de suivre la série des temps, et d'observer l'homme de siècle en siècle chez un
même peuple, on pourrait avoir égard à l'espace, et comparer, pour une même époque,

l'homme moyen d'un pays à celui d'un autre.

Sous ce nouveau point de vue, l'homme moyen, pris pour les différentes régions de la terre, pourrait être considéré comme un simple individu; et la moyenne de toutes les tailles particulières, formerait la taille type de l'homme dans sa plus large acception.

C'est en suivant les modifications que cette dernière taille aurait pu subir dans la suite des siècles, qu'on aurait la loi de développement de l'humanité sous le rapport de la croissance.

CHAPITRE IV.

**Harmonie des proportions du corps de l'homme; fixité
de ces proportions.**

Je me suis souvent étonné de ce que, dans
les familles, on ne conservât pas avec plus de
soin l'indication des faits qui concernent chacun
de ses membres. Je voudrais voir, jusque dans
les moindres habitations, des livres où serait
inscrit tout ce qui peut devenir une cause de
joie ou de peine, tout ce qui peut exercer quelque influence sur l'avenir. Avec quelle émotion
ne retrouverions-nous pas des souvenirs de
toute espèce, qui disposeraient l'âme à la bienveillance et contribueraient à nous rendre meil-
leurs ! Quel fils ne verrait avec attendrisse-
ment la page où la main d'un père a signalé son
entrée dans la vie, celle qu'il a mouillée lui-
même de ses larmes, en y inscrivant le jour et
l'heure où la mort l'a séparé de ce père tendrement aimé ! Ces pages qui résumeraient rapidement les annales de la famille, nous porteraient souvent à méditer sur nous-mêmes et
nous familiariseraient avec des idées que nous
perdons trop souvent de vue.

Aux dates des principaux événements qui concernent la famille, on réunirait des indications sur les principales phases par lesquelles nous passons, nous et les nôtres.

Ainsi je voudrais voir recueillir des renseignements sur la croissance des enfants. Ces renseignements ne sont pas seulement un objet de curiosité; ils deviennent encore utiles dans une foule de circonstances. Ils nous apprennent si la croissance se trouve arrêtée, ou bien si elle s'est développée avec trop de précipitation, et nous avertissent qu'il est des précautions à prendre.

Qui pourrait d'ailleurs condamner ce plaisir innocent? Celui qui aime les plantes, suit d'un œil satisfait leurs moindres développements, épie avec constance ce qui peut influer sur leur croissance, les disposer à se parer de fleurs ou à produire des fruits utiles. Descendrions-nous à des détails trop bas, en donnant de pareils soins à nos enfants?

Buffon rapporte, dans ses écrits, que Gueneau de Montbeillard s'était donné le plaisir de suivre la croissance de son fils depuis sa naissance jusqu'à son entier développement: il nous a conservé les mesures recueillies par son savant collaborateur, et il exprime le désir de voir imiter un pareil exemple.

L'une des gloires de l'Allemagne, le célèbre Sömmering, s'occupait également, vers la fin de ses jours, de recueillir des mesures semblables sur le degré de croissance de ses petits-fils; j'en conserve soigneusement les résultats qu'il a bien voulu me transcrire de sa main.

Si je ne craignais d'être indiscret, je pourrais joindre un illustre exemple à ceux que je viens de citer, je le trouverais à Windsor même. L'auguste prince qui a daigné prendre ce livre sous son patronage, n'a pas voulu, dans sa sollicitude paternelle, laisser à d'autres mains le soin de constater le développement de ses enfants, de ces jeunes plantes royales que la vieille Angleterre voit croître avec tant d'orgueil et dans lesquelles elle a placé toutes ses espérances.

La science est plus exigeante encore que la tendresse d'un père, la science du moins telle que je la conçois, celle qui a pour objet de faire connaître les lois du développement physique de l'homme. Elle ne se bornera pas à constater la taille aux différents âges de la vie, elle voudra suivre encore les proportions relatives des différentes parties du corps. Cette étude est intéressante sous plus d'un rapport; elle n'appartient pas seulement à l'anthropologie, elle prête encore aux beaux arts le plus heureux appui. Les anciens s'en étaient occupés d'une manière spéciale ; et les chefs-d'œuvre qu'ils ont produits, dans la statuaire surtout, le prouvent avec évidence. On peut en dire autant des artistes de la renaissance, les Giotto, les Léon Baptista Alberti, les Michel-Ange, les Albert Durer. L'habile directeur de l'Académie des beaux-arts de Berlin, le professeur Shadow, qui, chez les modernes, a étudié avec le plus de soin les proportions de l'homme, me faisait remarquer, dans une de ses lettres, que Raphaël a reconnu, le premier, que l'œil de l'enfant de cinq ans a déjà reçu presque son entier développement. Comment cette observation si simple n'a-t-elle frappé ni les artistes ses contemporains ni ceux qui l'avaient précédé?

Il existe entre les différentes parties du corps une harmonie et des convenances que l'œil saisit mieux que le raisonnement. Cette harmonie a fait depuis longtemps l'objet de mes études spéciales, du moins dans les courts instants de loisir que me laissaient mes autres travaux. J'espère pouvoir publier un jour les résultats que j'ai réunis et les comparer à ceux qui ont été obtenus chez les anciens et chez les modernes. Si je ne me fais illusion, ces rapprochements ne seront pas sans intérêt pour l'histoire des arts.

3

Je ne me suis pas borné à étudier l'homme
entièrement développé ; je l'ai suivi pour ainsi
dire pas à pas depuis sa naissance. J'ai voulu
baser tous mes rapports sur des observations recueillies avec le plus grand soin. La plupart des
artistes qui ont entrepris un semblable travail,
ont établi leurs proportions d'après des individus isolés qu'ils jugeaient les plus régulière-
ment construits, et qu'ils ne prenaient d'ailleurs qu'à certains âges.

Fidèle au principe que je m'étais imposé, j'ai
voulu tracer le développement complet de
l'homme moyen ; mais je fus effrayé d'abord
d'une pareille entreprise. Pour détruire en effet ce qu'il y avait d'accidentel, il semblait qu'il
fallût des mesures innombrables ; et pourtant,
il n'en est pas ainsi. L'un des principaux résultats auxquels je suis parvenu, a singulièrement
simplifié mes recherches.

*Les proportions de l'homme sont tellement fixes,
à quelque âge qu'on le prenne, qu'il suffit d'avoir
observé un petit nombre d'individus, pour que la
moyenne en donne le type.* La grande variété que
nous distinguons parmi les hommes tient plutôt à la finesse de notre coup d'œil, qu'à une
différence bien marquée dans les proportions. La
mobilité des traits, l'élégance des formes, le plus
ou le moins de grâce dans la tenue, le plus ou

le moins d'embonpoint, la fraîcheur et l'éclat
du teint produisent quelquefois les disparités
les plus frappantes, tandis que les proportions
sont à peine altérées. C'est si vrai qu'une même
personne dessinée par vingt artistes donnera
lieu à des portraits extrêmement dissemblables, non-seulement à cause de la diversité des
talents, mais encore à cause de l'appréciation
différente que chaque artiste fera des traits
qu'il reproduit.

L'exemple suivant pourra donner la preuve
de ce que j'avance. Dans mes premières recherches sur les proportions du corps humain, j'ai
mesuré trente hommes de l'âge de vingt ans; je
les ai distribués ensuite en trois groupes, com-
prenant chacun dix hommes. Dans cette sépa-
ration, je n'ai eu égard qu'à une seule condition, celle d'avoir la même taille moyenne pour
chaque groupe, afin de rendre les autres résultats plus facilement comparables, sans avoir à
faire des calculs de réduction. Ainsi la taille
moyenne était la même pour le premier, le second et le troisième groupe; mais quel fut
mon étonnement en trouvant que l'homme
moyen, représentant chacun de mes trois groupes, n'était pas seulement le même pour la hauteur, mais encore pour chacune des parties du
corps? La similitude était telle, qu'une même

personne mesurée trois fois de suite, aurait présenté des différences plus sensibles dans les mesures que celles que je trouvais entre mes trois `moyennes.

Jugeant cette épreuve insuffisante, je l'ai répétée sur trois goupes de personnes âgées de vingt-cinq ans, et j'ai obtenu les mêmes résultats, qui se sont confirmés, depuis, par de nouvelles épreuves.

Cette remarque curieuse m'a permis de simplifier mon travail, en réduisant de beaucoup le nombre des mesures qui m'étaient nécessaires.

Je suis parvenu plus tard à obtenir une nouvelle preuve de la fixité des proportions, en mesurant l'homme d'année en année, depuis sa naissance. J'ai pu reconnaître l'accroissement successif des différentes parties du corps, même en n'opérant que sur un petit nombre d'individus: or, si les proportions étaient réellement sujettes à de grandes fluctuations, dix individus mesurés ne suffiraient pas pour faire disparaître ce qu'il y a d'accidentel. Il serait impossible d'avoir une continuité dans les nombres représentant le développement d'une même partie du corps. Chez l'enfant de dix ans, par exemple, la main pourrait être plus grande que chez l'enfant de neuf ans. Cette anomalie

se remarquera en comparant deux individus entre eux ; mais elle devient à peu près
impossible en comparant les moyennes prises
sur dix.

Ceci peut servir de réponse à une objection
qui m'a été faite dans un ouvrage remarquable, publié récemment sur la théorie des probabilités. « Si l'on mesurait, dit l'auteur, sur
plusieurs animaux de la même espèce, les di-
mensions des divers organes, il pourrait arriver,
et il arriverait vraisemblablement, que les valeurs moyennes seraient incompatibles entre
elles et avec les conditions pour la viabilité de
l'espèce. » Or, l'expérience, comme je viens de
le dire, m'a prouvé le contraire.

Une preuve frappante de la sagesse des lois
du Créateur et de la fixité de son type dans l'espèce humaine, c'est que, dans les écarts de la
moyenne, *les parties les moins sujettes à varier,
sont précisément les plus essentielles*. Ainsi, la tête
s'écarte bien moins du module de la nature que
toutes les autres parties du corps : aussi paraît-
elle trop grosse chez les nains, trop petite chez
les géants ; et cette particularité ne se remarque pas seulement chez l'homme adulte , mais
encore dès la naissance.

L'enfant, en entrant dans la vie, a déjà la tête
plus développée qu'aucune autre partie de son

corps ; c'est l'élément qui varie le moins pendant la croissance ; et quand l'homme est entièrement formé, c'est encore la partie qui varie entre les limites les plus étroites.

Les jambes et les bras au contraire, qui ne sont pas absolument essentiels à la vie, peuvent varier dans des limites très-larges. C'est plus particulièrement par les proportions de ces membres que les géants et les nains se distinguent des autres hommes.

La même loi des causes accidentelles qui préside au développement de la taille et du poids, règle également le développement de chacune des parties du corps humain. Les variations, autour du type moyen, propre à chaque âge et à chaque sexe, se font d'après les mêmes principes ; seulement, elles ont lieu dans des limites d'autant plus resserrées, que les parties sont plus essentielles à l'existence.

Je ferai remarquer dès à présent deux principes que j'ai essayé d'établir dans mon premier ouvrage sur la physique sociale, et que nous aurons souvent occasion de voir se confirmer par la suite : c'est que l'homme moyen, type de notre espèce, est aussi le type de la beauté ; et, d'une autre part, que les limites se resserrent d'autant plus chez un peuple, qu'il se rapproche davantage de la perfection.

Je sais que la première proposition n'a pas été favorablement accueillie par ceux qui n'admettent dans l'esthétique que des formes idéales innées. Cependant ces propositions ne s'excluent pas ; tout au contraire, le Créateur, en formant son type, a dû le graver en nous et nous en donner le sentiment intime.

Que la cause soit innée ou qu'elle ne soit qu'un effet de l'habitude, nous avons tellement le sentiment des proportions du corps humain, sans même en avoir fait d'étude préalable, que la vue d'une statuette nous fait comprendre d'abord, pourvu que l'artiste soit resté fidèle aux lois de la nature, s'il a voulu représenter un géant, un nain, ou un homme de taille ordinaire ; s'il a voulu le faire vigoureux ou faible. Il faut donc que les caractères soient bien marqués, pour qu'on puisse les saisir aussi facilement ; et l'on aurait grand tort de refuser à la science de chercher à dire, d'une manière précise, ce que l'on conçoit si nettement.

Notre tact sous ce rapport est extrêmement délicat, surtout si nous avons quelque habitude de l'observation. Des bras un peu plus longs que la grandeur moyenne, se distinguent d'abord par un défaut d'harmonie : on s'aperçoit d'un écart qui est d'un vingtième de la moyenne et

quelquefois plus faible encore. Un écart d'un
dixième serait véritablement choquant.

Un homme dont les extrémités des mains
descendraient plus bas que les genoux, excite-
rait la curiosité générale. Si cependant, sans
avoir une idée de ce qui se passe chez les hommes que nous voyons habituellement, nous nous
trouvions dans une île éloignée, ayant toujours
vécu parmi des hommes dont les bras descen-
dissent au-dessous des genoux, nous finirions
par regarder ces proportions comme normales ;
et je me trompe fort, ou bien nous les regar-
derions comme très-belles. L'exemple des peuples étrangers nous prouve que, quand ils ont
voulu donner une idée de la beauté, ils n'ont
pas consulté un type idéal qui aurait été le
même pour le Grec, le Français, le Chinois, ou
le nègre, mais un type assorti à chacune de ces
nations. Quoique nos regards se reportent toujours vers les formes antiques, cependant les
Italiens, les Français, les Anglais, tous de la
même race, donnent à leur type du beau, des
nuances particulières qui caractérisent ces peuples. Je serais donc moins disposé à pencher
vers des idées innées au sujet du beau, que vers
des conceptions qui nous sont acquises par l'habitude.

CHAPITRE V.

Poids de l'homme. Loi de son développement comparée à celle de la croissance.

Chaque peuple a son type particulier ; quand nous disons que les Français sont moins grands que les Anglais ou que les Russes, notre assertion n'est vraie que d'une manière générale, et en concevant des comparaisons établies entre les moyennes.

La conception des moyennes existe en dehors de la science qui ne fait que lui donner plus de précision ; pour être complète, elle exige la considération des limites. Toutefois la moyenne et les deux limites entre lesquelles se trouvent resserrées toutes les valeurs individuelles, n'ont point ce vague que le vulgaire leur attribue ; ce sont, comme nous l'avons vu, des quantités bien déterminées et que l'observation peut faire reconnaître avec la plus grande exactitude.

Si l'on a égard, chez un même peuple, au poids des hommes, il existe également un type qu'une appréciation vague nous permet d'établir, mais que la science seule peut déterminer d'une manière précise : l'homme de taille moyenne a un certain poids ; les hommes plus grands ou plus petits ne lui sont pas semblables, dans le sens géométrique de ce mot ; il faudrait pour cela que les poids fussent comme les cubes des hauteurs. Or, l'homme très-grand pèse généralement moins que sa taille ne le comporterait ; tandis que l'homme très-petit pèse davantage.

Les limites sont donc moins larges pour les poids qu'elles ne devraient l'être, si les hommes étaient semblables ; et les individus, dans l'espèce humaine, ne peuvent être assimilés à ce que sont, en géométrie, des pyramides ou des cylindres semblables. Le géant suédois qui servait dans les gardes du corps de Frédéric le Grand, mesurait au delà de 2^m, 52 ; tandis que le nain dont parle Birch, n'avait pas 0^m, 44. Or, en supposant une exacte similitude entre ces deux individus formant pour ainsi dire les limites des grandeurs dans notre espèce, les poids auraient été dans le rapport de 188 à 1. Certainement une disproportion semblable n'a jamais pu exister entre deux hommes.

L'accroissement en hauteur se fait en général aux dépens de l'accroissement en largeur. Les hommes très-grands ont rarement une grosseur en rapport avec leur taille. Le contraire a lieu pour les hommes très-petits ; l'embonpoint prédomine chez eux. Un géant qui serait proportionnellement musclé comme un nain, serait d'une difformité effrayante. La nature n'a pas voulu que ses limites fussent trop larges et que l'homme s'écartât avec excès du type qu'elle a créé.

Buffon admettait que les poids doivent être comme les cubes des hauteurs, pour que la grosseur du corps et celle des membres soient dans les proportions d'un homme bien fait : c'est du moins ce qui résulte du poids qu'il assigne aux hommes de six, de sept ou de huit pieds de haut. Il y a lieu de croire que le célèbre naturaliste n'avait point fait d'expériences directes, et qu'il se bornait à énoncer un résultat de la théorie, en supposant les hommes semblables entre eux dans le sens géométrique. D'après des recherches nombreuses que j'ai entreprises sur la corrélation entre les tailles et les poids des hommes adultes, j'ai cru pouvoir conclure que les poids sont simplement comme les carrés des hauteurs. Encore, en s'écartant de la moyenne, attribuerait-on un poids trop fort peut-être aux hommes les plus grands. Le géant du roi de Prusse aurait pesé 33 fois autant que le nain dont il a été parlé plus haut.

Parmi les hommes d'une grosseur extraordinaire, Buffon cite un Anglais qui mourut en 1775 et qui pesait 649 livres. Le même savant parle d'un nain qui, à l'âge de sept ans, pesait 19 livres ; et qui, plus tard, « accablé de tous les accidents de la vieillesse, » n'en pesait plus que 13. Ces deux poids qu'on peut regarder comme des extrêmes, même très-exagérés, sont dans le rapport de 50 à 1. En supposant le poids du nain de 19 livres, on aurait exactement le rapport 33 à 1, qu'on pourrait considérer comme exprimant les limites relatives du poids que peut acquérir le corps humain. Les limites sont bien moins larges pour la taille ; car elles ne sont pas même comme 6 à 1.

Quand il s'agit des petits enfants, la corrélation entre les poids et les tailles se présente d'une manière un peu différente : les poids croissent plus rapidement que les carrés des hauteurs. Il n'existe point, pendant la croissance, une même relation entre les développements de la taille et ceux du poids.

L'homme a donc, à chaque âge, un poids déterminé et des limites que ce poids ne dépasse point. Ces limites sont numériquement beaucoup plus larges que celles assignées à sa taille.

Mais il se présente ici une circonstance remarquable, c'est que les termes limites sont inégalement éloignés de la moyenne. Ainsi, en

admettant les limites les plus larges que nous
connaissions, nous aurons, d'une part, 649 livres, et de l'autre 13 seulement. La moyenne
du poids de l'homme peut être estimée à 140 livres ; il en résulterait donc que l'Anglais qui pesait 649 livres, dépassait la moyenne de 509 livres ; et que le nain qui n'en pesait que 13, ne
tombait au-dessous de la moyenne que de 127 livres. Ce dernier écart ne forme que la quatrième
partie du précédent. Cet indice seul nous prouve
que les hommes, quant à leur poids, ne se distribuent pas autour de la moyenne d'une manière symétrique, comme quand il s'agit des
tailles. On aurait tort de croire cependant qu'il
n'existe plus de loi qui en règle la distribution.

La courbe qui indique la manière dont la population se trouverait groupée quant aux poids,
n'aurait plus la symétrie de celle qui se rapporte
aux tailles, mais elle serait encore régulière
et se calculerait d'après les mêmes principes. Les groupes se trouveraient encore distribués d'après la loi des variations accidentelles,
mais en admettant deux limites inégalement
distantes de la moyenne, et prises dans le rapport
de 4 à 1.

L'homme moyen pour le poids compterait
probablement autant d'hommes plus pesants
que lui, que d'autres qui le seraient moins. Il

existe bien peu d'expériences à cet égard; cependant celles que j'ai pu recueillir, tendent à
confirmer ce qu'indique la théorie. L'homme
moyen serait donc à la fois un type pour la
taille et pour le poids.

J'attache un grand prix à cette observation
que nous verrons successivement se générali-
ser, parce qu'elle donne la preuve la plus directe que, non-seulement l'homme moyen n'est
pas impossible, comme on avait paru le craindre, mais qu'il est nécessaire. Cette démonstra-
tion *à priori* qu'il existe un type ou *module* de
l'homme, me semble très-importante pour l'objet qui nous occupe; elle donne à la théorie de
l'homme des bases fixes qui lui manquaient.

CHAPITRE VI.

**Pulsations, inspirations, vitesse de marche, etc.
Rapports de ces éléments.**

Je conçois qu'un jour on aura des traités
ethnographiques dans lesquels figureront les
différents peuples de la terre avec les indications précises des éléments qui, chez eux, caractérisent l'homme moyen. On y verra quels
sont, pour chaque pays, sa taille, son poids, sa
force, sa vitesse, l'accélération de son pouls et
tout ce qui, dans sa personne, est susceptible de
mesure.

Ces éléments ne seront pas donnés seulement
pour l'homme développé, mais encore pour chaque âge de la vie, et toujours avec les limites
entre lesquelles ils peuvent varier.

Nous sommes loin encore d'approcher d'un
pareil état de choses. J'avais cru pendant longtemps, en voyant l'attention avec laquelle les
médecins consultent le pouls de leurs malades,
qu'ils en connaissaient au moins l'état normal.
Mais quel n'a pas été mon étonnement, en voulant vérifier par moi-même la fréquence du pouls
chez les vieillards et chez les jeunes gens, de

trouver des résultats tout opposés à ceux qu'in-
diquaient les traités de physiologie? Je crus que
je m'étais trompé ; et ce n'est qu'après bien des
hésitations et des observations répétées, que je
me suis hasardé à dire que les traités ordinaires contenaient à cet égard une erreur (1). Vers
la même époque, deux médecins français,
MM. Leuret et Mitivié, constataient le même
fait, et prouvaient qu'on avait eu tort, en effet,
d'avancer que le pouls devient moins fréquent
dans la vieillesse. C'est encore un exemple remarquable de l'emploi des moyennes et de l'utilité des méthodes de calcul dans la science de
l'homme.

Deux professeurs distingués de la faculté de
Strasbourg, MM. Rameau et Sarrus ont fait, de
leur côté, une remarque intéressante, au sujet
de la fréquence du pouls. En comparant les observations que j'ai publiées et celles qu'ils ont
recueillies par eux-mêmes, ils ont montré qu'il
existe une relation entre la taille et le nombre des
pulsations de l'homme. L'âge n'exercerait d'influence qu'en modifiant la taille qui serait le
véritable élément régulateur.

Le nombre des pulsations serait en raison inverse de la racine carrée de la taille. MM. Rameau et Sarrus, en adoptant 1^m, 684 pour la

(1) *Physique sociale*, tome II, p. 80 et suiv.

taille de l'homme moyen, fixent le nombre des pulsations à 70. Avec ces données, on peut calculer le nombre des pulsations pour une taille quelconque.

Il faudrait des observations plus nombreuses que celles que nous avons, pour admettre ce principe sans restriction. Je doute, par exemple, que les hommes les plus petits, ceux dont la taille ne dépasse pas la taille moyenne des enfants de dix à onze ans, ayent le pouls réglé comme il l'est à ce dernier âge.

L'accélération du pouls est un des éléments qui, chez l'homme, varient dans les limites les plus étroites ; cependant, si le principe énoncé précédemment était exact, la circulation du sang chez le nain serait deux fois et demie aussi rapide que chez le géant, en supposant que les limites extrêmes des tailles fussent dans le rapport de 1 à 6.

On ne saurait méconnaître qu'il existe des rapports bien déterminés entre les différentes qualités physiques de l'homme ; mais ces rapports restent encore à étudier, et il n'est guère possible que de les indiquer dans un premier essai sur la physique sociale. Quoi qu'il en soit, on peut admettre, sans trop s'écarter de la vérité, que le nombre des pulsations, immédiatement après la naissance, est à peu près double de ce

qu'il est vers l'âge de vingt-cinq ans, époque de
la vie où sa valeur présente un minimum. J'ai
trouvé qu'à cette dernière époque le nombre des
pulsations est de 69, 6 environ par minute en
valeur moyenne ; au moment de la naissance, ce
nombre peut être estimé à 135 ou 136 pour les
garçons comme pour les filles. La différence des
sexes ne paraît pas exercer d'influence sur cet élément de notre organisation ; il n'en est pas de
même du sommeil, ni de l'état de veille, ni surtout des orages qui agitent nos facultés morales.

Les inspirations paraissent suivre exactement
les mêmes phases que les pulsations et conserver avec elles un rapport constant qui chez
bien des individus, chez les adultes surtout,
peut être considéré comme étant de 1 à 4 ; en
sorte que, pour l'homme entièrement développé,
il faudrait compter 17,4 inspirations par minute ; ce qu'on observe en effet.

Bien que la marche de l'homme varie dans des
limites très-larges, cependant elle ne semble pas
être sans relations avec l'accélération du pouls.
Quand le pas est très-lent, sa durée paraît être
égale à celle d'une pulsation ; la durée est double, quand le pas est très-rapide. Ces limites,
70 et 140, sont un peu plus larges que celles
qu'on donne au pas du fantassin ; on estime en
effet que le soldat français fait par minute 76

pas ordinaires et 125 *pas de charge* (1). Les limites
sont plus resserrées en Belgique; l'école du pe-
loton porte à 86 le nombre des pas ordinaires
par minute, à 100 celui des pas accélérés, et
à 120 celui des pas de charge.

J'ai fait quelques expériences sur moi-même;
et j'ai trouvé qu'en me promenant avec lenteur,
je faisais à peu près 72 pas par minute; j'ai reconnu que mon pouls, pendant cet intervalle,
avait exécuté le même nombre de battements.
Il y avait donc synchronisme entre ma marche
et la circulation de mon sang. En accélérant
ma marche, je faisais 120 pas par minute;
ce nombre est au précédent comme 5 est à 3.

Il est à remarquer que, d'après les indications
généralement données par le métronome, le
mouvement de la valse, quand elle est lente, comporte également 72 temps par minute ; mais on
accélère ordinairement ce mouvement, et il ne
se met que mieux en harmonie avec les pulsations du valseur qui s'accélèrent aussi par l'a-
nimation de la danse. Au reste, on n'éprouve
point de malaise appréciable, en variant sa
marche de différentes manières. On peut faire
les mêmes observations à l'égard de la musique ;

(1) M. le baron Ch. Dupin, Géométrie et mécanique, et
Arts et métiers, tome III, p. 75. 1826.

il est cependant des mouvements qui semblent
convenir mieux à notre organisation.

S'il existe des rapports simples entre les pulsations, les inspirations et les différents mouvements qu'on exécute, il sera difficile de les dé-
couvrir, car les pulsations et les inspirations
n'ont rien de bien déterminé, sinon une tendance à se mettre à l'unisson avec tout ce qui
présente à peu près la même périodicité de
marche. J'ai été plus d'une fois dans le cas de
me livrer à de semblables remarques. Ainsi, il
y a peu de temps encore, je me promenais pendant une nuit calme sur le bord de la mer; je
n'entendais que le bruissement des vagues auquel se mêlait un bruit monotone et pério-
diquement répété, qui partait d'une barque
peu éloignée de la côte. J'eus l'idée d'examiner
les battements de mon pouls, et je trouvai qu'ils
étaient absolument à l'unisson avec les battements lointains des rames. La circulation de
mon sang était-elle restée la même, ou bien s'é-
tait-elle réglée sur le mouvement périodique
qui fixait mon attention? Quoi qu'il en soit,
mon pouls s'écartait fort peu de son état normal,
et devait battre très-probablement comme celui
des rameurs qui manœuvraient la barque.

Il est à regretter que nous n'ayons pas d'observations continuées avec soin sur les ouvriers

dont le travail présente une certaine périodicité dans l'exercice des membres, sur les forgerons par exemple, les scieurs, les cordonniers, les tailleurs; elles pourraient donner lieu à des résultats intéressants. Nous ne connaissons presque rien sur ce sujet d'études, qu'on semble, de nos jours encore, avoir écarté avec un dédain peu philosophique. Il avait mérité cependant de fixer l'attention d'un des plus grands penseurs de l'antiquité : Pythagore, dit-on, s'arrêtait parfois pour écouter les coups cadencés que frappaient les forgerons et se livrer à ses méditations sur l'harmonie des nombres et les rapports de convenance qu'il supposait exister entre les divers phénomènes de la nature.

CHAPITRE VII.

De la portée des sens. Des choses surnaturelles.

L'homme est physiquement très-borné. Plongé au fond d'une mer immense que l'on nomme atmosphère, il ne lui est pas donné de se détacher de la surface de notre globe, moins favorisé en cela que les oiseaux, dont quelques-uns s'élèvent à des hauteurs considérables, ou que les poissons qui, dans les eaux, s'abaissent à différentes profondeurs. Il n'a pas même l'avantage de la vitesse pour se dédommager de l'assujettissement où il se trouve.

Si l'on considère les sens de l'homme, on trouve que leurs limites sont extrêmement resserrées. Le rayon de la sphère dans laquelle s'exerce l'odorat, est à peu près nul; le goût et le toucher exigent le contact immédiat; l'ouïe étend son influence à des distances assez grandes; cependant les limites les plus larges entre lesquelles les sons se transmettent, ne peuvent guère être portées à plus de vingt à vingt-cinq lieues; encore serait-ce plutôt la terre ou l'eau qui devrait servir de véhicule. Les sauvages, dit-on, sont très-exercés sous ce rapport ; en appliquant l'oreille sur le sol, ils saisissent les bruits lointains même les plus faibles. Il n'est pas rare d'entendre, pendant des batailles, le bruit du canon, ou d'ouïr, pendant un orage, le fracas du tonnerre, à des distances fort éloignées. Je me rappelle qu'à Ostende, sur la plage, j'entendais très-distinctement des coups de canon tirés dans le port de Flessingue, dont j'étais éloigné de douze lieues de France environ.

Celui de nos sens dont la portée est incontestablement la plus grande, c'est la vue. Si nous en étions dépourvus, il nous serait impossible de connaître les choses placées à des distances inaccessibles, et moins encore celles qui se trouvent en dehors de notre atmosphère, telles que les corps célestes. Plusieurs sciences n'existeraient pas ; bien plus, l'homme serait physiquement réduit à vivre dans une sphère tellement circonscrite, que son existence deviendrait impossible.

On objectera que la planète Neptune a été découverte, sans qu'il ait été nécessaire de l'apercevoir, et que la théorie avait assigné sa distance et son orbite, quand aucun œil humain n'avait encore soupçonné son existence. Cette objection n'est que spécieuse, car la théorie a dû se baser, pour s'élever à cette brillante dé-

couverte, sur les anomalies que l'observation
avait constatées préalablement dans la marche
d'Uranus; et ce n'est que pour avoir bien vu,
que la science a pu calculer ensuite avec certitude.

La vue, sans instruments auxiliaires, nous
permet de plonger dans les profondeurs du ciel
jusqu'aux étoiles de cinquième et de sixième
grandeur. Or, si nous admettons, avec l'illustre
W. Herschel, que les grandeurs sont en rapport avec les distances, la sphère d'activité de
notre vue s'étendrait cinq à six fois plus loin
que la distance des étoiles les plus apparentes.
Mais ces derniers astres sont si éloignés, qu'ils
se trouvent au moins cent mille fois plus dis-
tants du soleil que nous, bien que la distance
qui nous sépare du soleil soit de 33 millions de
lieues environ. L'organe de la vue nous dé-
dommage donc bien amplement de l'imperfection des autres sens, ou du moins de leur
faible portée. C'est par lui seul que nous nous
mettons en relation avec les mondes exté-
rieurs.

On trouvera peut-être que je rétrécis trop la
sphère d'activité du toucher; on dira que l'a-
veugle qui ne voit pas le soleil, le sent cependant
fort bien, et s'aperçoit de l'interruption des
rayons calorifiques, comme le clairvoyant pour-

rait s'apercevoir de la suppression des rayons lumineux : tous deux reconnaissent, à leur manière, quand un nuage vient à s'interposer comme un écran entre eux et le soleil, que l'astre a suspendu momentanément son action directe.

Il convient de faire ici une distinction importante. Nos organes peuvent être affectés de deux manières, soit par des substances pondérables, soit par des substances impondérables. Sous le premier rapport, l'organe du toucher a une sphère d'activité à peu près absolument nulle ; sous le second rapport, il n'en est pas de même : le soleil, malgré son éloignement, révèle sa présence au toucher par l'intermédiaire de ses rayons calorifiques ; et il nous serait difficile de dire quelle serait la limite à laquelle son influence cesserait d'être perceptible.

L'œil peut aussi être affecté autrement que par la lumière. Des substances pondérables peuvent agir sur cet organe : ainsi, dans l'obscurité la plus complète, une pression exercée sur l'œil fait naître la sensation d'une lumière éblouissante.

Nous sommes habitués à considérer les choses d'une manière peut-être trop absolue ; nous regardons l'œil comme le siége exclusif de la vue et la lumière comme son excitateur nécessaire. Nous supposons aussi que le toucher doit s'exercer immédiatement sur des objets matériels ; cependant l'électricité lui transmet son action, soit de près, soit à distance. On connaît fort bien le phénomène qui révèle sa présence ; on sait qu'une sensation semblable à celle que ferait éprouver la résistance d'une toile d'araignée, manifeste, d'une manière très-caractérisée, les limites de sa sphère d'activité. L'électricité affecte aussi d'une manière spéciale les organes du goût et de l'odorat. On connaît, d'une autre part, l'expérience par laquelle un courant électrique peut déterminer sur l'organe de la vue une sensation semblable à celle que produiraient de brillants éclairs.

Nous n'avons malheureusement que des notions très-confuses et très-incomplètes sur le mode d'action des fluides impondérables, et particulièrement du fluide magnétique sur l'organisation humaine : quelques auteurs en racontent des merveilles, et ce n'est pas dans les limites de ce chapitre que j'essayerai d'en présenter même un aperçu.

On doit, au sujet du toucher, des expériences bien remarquables au docteur Weber, de Goëttingue. Elles prouvent que chaque partie du corps possède à un degré plus ou moins grand la faculté de sentir. Les extrémités des doigts, et des lèvres surtout, ont cette faculté prononcée à un très-haut degré; le dos au contraire est peu habile à percevoir des sensations; les nuances qu'on observe à cet égard sont assez marquées pour qu'on puisse les exprimer d'une manière *numérique*.

On sait que, chez quelques aveugles, le tact est développé avec tant de délicatesse, qu'il peut, pour certaines choses, suppléer à la vue, et déterminer même la nature des couleurs.

Ceux qui croient le plus à la vertu du magnétisme animal admettent, en général, que l'œil n'est pas l'organe exclusivement nécessaire pour la vision. De même qu'on peut toucher par d'autres organes que par les mains, on pourrait voir, d'après les partisans de la clairvoyance, dans certains états d'excitation, par d'autres parties du corps que par les yeux.

Toutes ces questions sont fort obscures, et il est à craindre qu'elles ne restent longtemps encore dans cet état, si propice aux spéculations du charlatanisme et aux illusions de l'ignorance.

CHAPITRE PREMIER.

Méthodes suivies pour étudier les qualités morales et intellectuelles de l'homme.

Il existe entre le physique et les facultés morales et intellectuelles de l'homme des liens si étroits, qu'ils frappent l'observateur même le plus superficiel. L'étude de ces liens mystérieux a donné naissance à de nombreux travaux, dont quelques-uns sont dus à des penseurs du plus haut mérite. Elle a fait naître aussi une foule de systèmes plus ou moins ingénieux, plus ou moins scientifiques.

On est en général parti de cette idée que nos qualités morales et intellectuelles sont en rapport direct avec des organes spéciaux qui peuvent être considérés comme leur servant, soit de siége, soit d'interprètes. Cette hypothèse, il faut en convenir, peut citer des faits nombreux en sa faveur. Les antagonistes qui l'ont combattue avec le plus de succès, se sont appuyés principalement sur les abus qu'elle a fait naître.

Les travaux de Gall et des physiologistes de son école subsisteront toujours, en dehors de toutes les contestations que peuvent soulever les promesses de la phrénologie, comme un monument scientifique du mérite le plus incontestable.

La phrénologie a peut-être eu le défaut de trop localiser nos facultés ; car, en admettant même que chacune ait son siége dans le cerveau et soit en rapport direct avec une partie ou organe spécial de celui-ci, le phrénologiste ne peut asseoir ses jugements que sur l'examen du crâne, qui est fréquemment trompeur dans ses indications. Assez souvent en effet, à des protubérances extérieures répondent intérieurement d'autres protubérances qui dépriment le cerveau , et doivent ainsi donner lieu à des conclusions erronées. Il faudrait admettre que le crâne eût partout même épaisseur, ou que ses faces intérieure et extérieure fussent parallèles et accusassent fidèlement la forme du cerveau auquel elles servent d'enveloppe. Or, c'est ce qui n'arrive pas. M. Esquirol me fit voir, en 1834, une collection curieuse de crânes qui présentaient de nombreuses anomalies du genre de celles dont je viens de parler.

Quoi qu'il en soit, on a généralement accepté

les grandes divisions qui servent de base à la phrénologie, sans se préoccuper des avantages immédiats qu'on peut retirer de la cranioscopie.

Le docteur Camper avait également cru trouver une mesure de l'intelligence dans la forme extérieure du crâne. Il employait à cet effet l'*angle facial,* déterminé par deux lignes droites, dont l'une horizontale passe par le trou auditif et les dents supérieures de devant, et dont l'autre s'appuye sur les mêmes dents et le point le plus saillant du front. Daubenton substitua à cet angle un autre dont le sommet était dans le grand trou occipital (dans la nuque un peu au-dessous du crâne); l'un des côtés se dirigeait vers le sommet de la tête, et l'autre vers le bord inférieur de l'orbite de l'œil.

Dans les idées des phrénologistes, de Camper et de Daubenton, les appréciations s'établissent sur des parties osseuses, et l'on cherche en quelque sorte, à mesurer l'instrument qui fonctionne.

Lavater, en acceptant de pareilles données, y joignit encore les indications fournies par les parties charnues; il s'attacha surtout à étudier nos facultés morales par les traces qu'elles laissent de leur action. Une observation fine et pénétrante reconnaît en effet que chaque passion fait jouer d'une manière particulière les diffé-

rentes parties de la physionomie et finit par y
laisser des empreintes durables, quand son action a été souvent répétée. Lavater alla plus
loin ; il prétendit qu'il existe entre notre organisation morale et notre organisation physique
des relations si intimes, qu'on peut, en quelque sorte, établir l'une au moyen de l'autre ; il
ne faut pas même que les passions aient modi-
fié nos traits, pour constater leur existence ; le
nez, par exemple, la partie peut-être la plus
passive de la physionomie humaine, lui fournit
des indications sur la nature du caractère, les
dents même et les cheveux ne sont pas négligés
dans ses observations. On ne peut certainement
refuser à l'observateur suisse une grande saga-
cité et souvent beaucoup de vérité dans ses
aperçus, mais jusque-là il n'a point posé les
bases d'une science.

Je ne parlerai pas de la chiromancie ancienne ; ceux qui prétendaient tout voir, à l'in-
spection seule de la main de l'homme, doivent
être placés aujourd'hui, avec les astrologues,
parmi les charlatans qui ont abusé des premiers
rudiments des sciences pour tirer profit de la
crédulité des hommes.

Quelques écrivains ont cru voir aussi dans la
manière d'être de l'homme, des moyens de remonter plus haut et d'en déduire par induction

la nature de ses qualités morales et intellectuelles ; ils ont tour à tour étudié ses allures,
les inflexions de sa voix, son geste et jusqu'à
son écriture. Sans s'arrêter avec les amateurs
d'autographes à la forme de la lettre écrite,
Buffon voulait qu'on étudiât ce qu'elle exprime.
Le style c'est l'homme, disait ce grand écrivain ;
et l'on a répété depuis, en généralisant cette
idée, que la littérature est l'expression de la
société. Ces propositions certainement renferment beaucoup de vrai ; mais il faut une intelligence fort élevée pour avoir des chances d'en
faire d'utiles applications.

La méthode d'analyse la plus commune et la
plus sûre, est celle qu'indique le bon sens ;
c'est d'étudier l'homme par ses *actions* et de
remonter des effets aux causes. Mais cette méthode, quand il s'agit de saisir des résultats généraux et de reconnaître les lois qui peuvent
exister dans l'organisation humaine, n'a point
encore été ramenée à des principes stables.
Chacun adopte une marche et des vues particulières ; je me propose de chercher à établir dans
ce qui va suivre, quelques principes qui semblent devoir nous guider, dans toutes les observations de cette nature, et qui servent en quelque sorte de base à la branche des sciences qu'on
est convenu d'appeler la *statistique morale*.

CHAPITRE II.

Du libre arbitre de l'homme et de son influence sur les phénomènes sociaux.

Nous allons nous occuper de l'étude des lois qui régissent le moral de l'homme. En nous plaçant sur ce terrain, nous devons nous attendre à y rencontrer des difficultés nombreuses, dont quelques-unes même pourront, au premier abord, nous paraître insurmontables.

Ce qui distingue surtout les phénomènes moraux des phénomènes purement physiques, c'est l'intervention du libre arbitre de l'homme. Cet élément capricieux et désordonné, en mêlant son action à celle des causes qui dominent le système social, semble devoir déranger à jamais toutes nos prévisions.

Quand il s'agit des phénomènes physiques et que les causes qui les font naître, restent les mêmes, nous voyons qu'ils se reproduisent fidèlement dans le même ordre; tandis qu'ils se modifient aussitôt que ces causes viennent à changer; mais en sera-t-il de même des phénomènes moraux? C'est ce que l'expérience seule peut nous apprendre.

Parmi les faits relatifs à l'homme, il n'en est

pas où son libre arbitre intervienne plus directement que dans l'acte du mariage. Cet acte est
l'un des plus importants de la vie, et l'homme
ne s'y détermine en général qu'avec la plus
grande circonspection. Cet ordre de faits est
donc très-favorable à l'étude que nous nous
proposons de faire. Nous choisirons, de plus,
nos exemples dans les documents statistiques de
la Belgique, parce que la bonne tenue des livres
de l'état civil nous permet de croire qu'il n'existe
pas de lacunes dans les faits enregistrés. Or, en
les consultant, on reconnaît que, depuis vingt ans,
le nombre des mariages, si l'on tient compte
de l'accroissement de la population, est resté
annuellement le même; il est à peu près égal à
celui des décès dans les villes. Bien que ce
dernier nombre ne soit pas, comme le premier,
sous l'influence du libre arbitre de l'homme, il
a varié dans des limites beaucoup plus larges;
et l'on peut dire que la population belge a payé
son tribut au mariage avec plus de régularité
qu'à la mort; cependant on ne se consulte pas
pour mourir, comme on le fait pour se marier.

Si nous considérons les mariages sous un
point de vue spécial, un fait nous frappera d'a-
bord : nous verrons que, d'année en année, non-
seulement le nombre total des mariages est
demeuré à peu près constant dans les villes

comme dans les campagnes; mais encore que
cette constance s'observe dans les nombres qui
indiquent les mariages entre garçons et filles,
entre garçons et veuves, entre veufs et filles,
entre veufs et veuves. Ces derniers nombres,
quelque faibles qu'ils soient, procèdent avec
une régularité vraiment remarquable, et la
statistique offrirait peu d'exemples aussi curieux.

Ce qui étonne davantage encore, c'est que
cette constance dans la reproduction des mêmes
faits s'observe jusque dans les provinces considérées séparément, bien que les nombres soient
si faibles que quantité de causes accidentelles,
en dehors du vouloir de l'homme, doivent tendre à en détruire la régularité. Dans l'état actuel des choses, et j'insiste sur ce point, tout
se passe donc comme si, d'un bout du royaume
à l'autre, le peuple s'entendait pour contracter
annuellement le même nombre de mariages,
répartis de la même manière entre les différentes provinces, entre les villes et les campagnes, entre les garçons, les filles, les veufs
et les veuves. Si l'on cherchait, ici, les traces
d'une libre volonté de l'homme, ce ne pourrait
être que dans cette répartition si constante, et
certes personne n'a songé à la produire.

Il y a plus ; il semblerait qu'il existe vérita-

blement des dispositions légales qui n'autorisent qu'un certain nombre d'unions pour les
différents âges, tant il règne de régularité à cet
égard. Ainsi, c'est de vingt-cinq à trente ans
que l'on compte le plus de mariages dans les
villes. Pendant les cinq années de 1841 à 1845,
leur nombre a été, pour les hommes, 2681,
2655, 2546, 2698, 2698 ; et, pour les femmes,
2119, 2012, 1981, 2120, 2133. Il faut convenir
que, si le chiffre avait été fixé d'avance, on n'aurait pas trop à se plaindre des infractions à la
règle. Il en est de même pour les autres âges,
même quand on groupe les mariages en ayant
égard aux âges respectifs des deux époux. A voir,
d'année en année, la reproduction à peu près
identique des mêmes nombres, on ne croira jamais que le hasard ait pu présider à de pareils
arrangements ; il se passe là quelque chose de
mystérieux qui confond notre intelligence. Non
certes, le jeune homme de moins de trente ans
qui épousait une femme plus que sexagé-
naire, n'était poussé à cette union ni par la fa-
talité ni par une aveugle passion ; il était
mieux qu'aucun autre en position de raisonner
et d'exercer son libre arbitre dans toute sa plénitude ; cependant il est venu payer son tribut à cet autre budget réglé d'après les usages
et les besoins de notre organisation sociale ; et

ici, encore une fois, ce budget a été payé avec plus de régularité que celui qu'on paye au trésor de l'État.

Que l'on ne croie pas que les mariages forment la seule série de faits sociaux qui procèdent avec tant de régularité et de constance. J'ai fait voir ailleurs qu'il en est de même des crimes, qui se reproduisent annuellement en même nombre et attirent les mêmes peines dans les mêmes proportions. Même constance s'observe dans les suicides, dans les mutilations que se font des individus pour échapper au service militaire, dans les sommes exposées autrefois dans les maisons de jeu de Paris et jusque dans les négligences signalées par l'administration des postes par rapport aux lettres non fermées, manquant d'adresses ou portant des adresses illisibles. Tout se passe, en un mot, comme si ces diverses séries de faits étaient soumises à des causes purement physiques.

Devant un pareil ensemble d'observations, faut-il nier le libre arbitre de l'homme? certes je ne le crois pas. Je conçois seulement que l'effet de ce libre arbitre se trouve resserré dans des limites très-étroites et joue, dans les phénomènes sociaux, le rôle d'une cause *accidentelle*. Il arrive alors qu'en faisant abstraction des individus et en ne considérant les choses

que d'une manière générale, les effets de toutes
les causes accidentelles doivent se neutraliser
et se détruire mutuellement, de manière à ne
laisser prédominer que les véritables causes en
vertu desquelles la société existe et se conserve.
L'Être suprême a prudemment imposé des limites à nos facultés morales, comme il en a mis à
nos facultés physiques ; il n'a pas voulu que
l'homme pût porter atteinte à ses lois éternelles.

La possibilité d'établir une statistique morale et d'en déduire des conséquences utiles,
dépend entièrement de ce fait fondamental que
le libre arbitre de l'homme s'efface et demeure
sans effet sensible, quand les observations s'éten-
dent sur un grand nombre d'individus. C'est alors
seulement qu'on reconnaît les causes constantes et les causes variables qui dominent le système social ; ce sont ces causes qu'il faut s'attacher à modifier, pour pouvoir opérer des changements utiles. Mais je n'insisterai pas ici sur
cette importante théorie, je me réserve d'y revenir plus tard. Répétons néanmoins que, parmi
les causes qui agissent sur le système social, il
en est qui résident dans les qualités morales
de l'homme et qui prennent leur source dans
son libre arbitre.

L'homme, en effet, peut être considéré sous
différents aspects. Il possède, avant tout, son in-

dividualité ; mais, comme je l'ai fait observer
ailleurs, il se distingue encore par un autre pri-
vilége : il est éminemment sociable; il renonce
volontairement à une partie de cette individualité pour devenir fraction d'un grand corps,
d'un peuple qui a sa vie aussi et ses différentes
phases.

C'est la portion d'individualité engagée de la
sorte qui devient régulatrice des principaux événements sociaux. Cette espèce de contribution
personnelle peut être plus ou moins grande et
dépend, en général, moins des limites politiques
que de la conformité des mœurs et des origines.
C'est elle qui détermine les coutumes, les besoins, l'esprit national des peuples, et qui règle
le budget de leur statistique morale ; c'est aussi
sur elle qu'il faut agir pour modifier les chiffres
de ce budget.

Pour savoir jusqu'à quel point notre volonté
se trouve engagée dans le système social, considérons nos moindres actions, même en dehors
des obligations que nous impose notre état,
ainsi que toutes les convenances que nous
avons à consulter dans nos relations avec le
monde extérieur. Nos costumes, nos promena-
des, nos discours, nos plaisirs, les heures de nos
repas, celles même de notre sommeil, sont
fixés par d'autres que par nous. Est-il éton-

nant dès lors qu'il reste des traces de cet esclavage dans l'ensemble des faits que recueille la
statistique? Si l'on se marie, on a des convenances à consulter, des usages à suivre, des
blâmes à éviter, et comme ces obligations sont
générales, les faits qui en résultent le sont aussi.
Ce n'est plus le vouloir de l'individu qui se
trouve ici le seul régulateur, mais celui du
peuple auquel l'individu appartient. Ainsi, chez
le Flamand, les mariages sont plus tardifs de
deux années que chez le Wallon ; les veufs et
les veuves y ont plus de chances de se rema-
rier ; et ces faits s'observent annuellement,
sans que les individus qui concourent à les produire, en aient même la moindre connaissance.

CHAPITRE III.

Appréciation des qualités morales, quand les faits sont comparables. — Mariages.

Il est superflu, je crois, de prévenir que, dans le genre de recherches qui nous occupe, il ne sera jamais question d'une personne prise individuellement ; nos prévisions ne sauraient s'étendre jusqu'à elle. Autant vaudrait rechercher aussi, au moyen d'une table de mortalité, à quel âge elle doit mourir.

Les questions individuelles doivent rester dans le domaine du libre arbitre. Loin de nous la folle prétention de réduire l'homme à l'état de machine dont on calculerait d'avance jusqu'aux moindres mouvements, ou de vouloir enchaîner l'avenir dans une inflexible formule mathématique.

Nous ne considérons ici que l'homme, être abstrait dont la connaissance est déduite des observations faites sur un assez grand nombre d'individus, pour que les effets particuliers du libre arbitre de chacun d'eux aient pu se neutraliser.

Mais, en considérant les choses sous ce point

de vue, quel moyen aurons-nous pour déterminer les qualités morales? Il n'en est pas ici comme des qualités physiques : on mesure la taille, on a des instruments pour apprécier le poids ou la force; mais, pour les qualités morales, l'emploi d'instruments et de mesures est absolument impossible; aussi serait-il absurde de vouloir en donner les valeurs absolues. Tout ce que l'on peut dire c'est qu'un homme a plus ou moins de courage, plus ou moins de prudence à un âge qu'à un autre; que nos actions sont plus ou moins modifiées par le sexe, par les saisons, par les climats, par les professions. Dans ces sortes d'appréciations, on ne peut avoir que des valeurs relatives, exprimées plus ou moins exactement.

C'est aussi le seul but que je me propose ici. Je veux rechercher les moyens d'estimer d'une manière plus précise des choses qui ont été appréciées vaguement jusqu'à ce jour, et tâcher d'en déduire quelques conséquences utiles.

Nous devons procéder comme le physicien qui, pour les phénomènes électriques, ne peut donner également que des valeurs relatives, et se trouve réduit à juger des causes par leurs effets. Nous n'apercevons pas plus ce qui

donne naissance au phénomène moral que ce
qui produit le phénomène électrique. Nous ne
voyons que l'effet en lui-même, et c'est cet
effetque nous cherchons à apprécier.

Si l'homme ne se manifestait par ses actions,
il serait impossible de le juger. Comment, sans
l'avoir vu agir, pourrait-on assurer qu'il est
bon, généreux, plein de courage? C'est tout au
plus s'il pourrait avoir lui-même la conscience
de ses qualités. Dans tous les cas, il serait nul
par rapport à l'état social.

En le considérant sous ce point de vue, j'ad-
mettrai ce principe fondamental de toutes
les sciences d'observation, que *les effets sont
proportionnels aux causes*. Ce sera donc par ses
actions qu'il faudra le juger.

La première difficulté qui se présente, consiste à trouver des actions exactement comparables et qui toutes parviennent à notre
connaissance; malheureusement, il en existe
très-peu qui soient dans ce cas. La statistique
morale en est encore à son enfance; elle a
recueilli très-peu de faits qui appartiennent
exclusivement à son domaine. Je n'en connais
guère qu'une série qui soit dans les conditions
indiquées précédemment, c'est celle qui est relative aux mariages; encore pourrait-on objecter
que ces faits dépendent moins du moral que du

libre arbitre de l'homme. Je m'en servirai cependant, parce qu'il s'agit ici bien moins d'indiquer un sujet spécial de recherches, que de
tracer la marche à suivre pour l'étudier. Je me
réserve de reprendre, dans un des chapitres
suivants, le problème dans toute sa généralité.

Je supposerai donc que nous ayons à rechercher la tendance du Belge à se marier, dans l'état
actuel des choses. Cette tendance, comme je
l'ai dit, n'a rien d'absolu ; elle ne peut avoir
qu'une valeur relative que je vais tâcher d'apprécier.

En suivant les principes indiqués précédemment, il faut étudier les faits pour remonter
aux causes. Si nous jetons les yeux sur les tableaux des mariages en Belgique, en faisant la
distinction des âges, nous y trouverons annuellement une constance qui a déjà fait l'objet de
notre étonnement. Ainsi, nous avons vu que,
pendant les cinq dernières années, le nombre
des hommes de vingt-cinq à trente ans, qui se
sont mariés dans les villes a été de 2681, 2655,
2516, 2698, 2698. Les étroites limites entre lesquelles la moyenne 2652 s'est trouvée resserrée,
permettent de conclure avec une très-grande
probabilité, qu'en 1846, le nombre des hommes
de 25 à 30 ans qui se seront mariés, s'écartera
peu de 2652. La probabilité sera moins forte

pour 1847, et elle diminuerait à mesure que
nous serions portés à étendre nos prévisions plus
avant. On conçoit que le retour des mêmes effets
dépend de la permanence des mêmes causes, et
que plus nous nous éloignons du moment actuel,
plus l'état social peut changer et faire varier
les circonstances qui produisent les mariages.

On peut donc s'attendre, pour 1846, à trouver environ 2652 mariages d'hommes de vingt-
cinq à trente ans. Or, nous savons qu'il existe
en Belgique à peu près 120,000 hommes non
mariés de cet âge, dont le quart se trouve dans
les villes. La probabilité pour le mariage d'un
citadin de vingt-cinq à trente ans, était donc
$\frac{2652}{30000}$ ou 0,0884.

Cette probabilité peut être considérée comme
donnant, dans les villes, la mesure de la *tendance apparente* que le Belge de vingt-cinq à
trente ans a pour le mariage. Je dis avec intention *tendance apparente*, pour ne pas établir de
confusion avec la *tendance réelle* qui pourrait
être très-différente. Un homme conservera,
pendant toute sa vie, une tendance réelle
au mariage, sans se marier jamais; un autre,
au contraire, entraîné par des circonstances fortuites, peut se marier sans avoir aucun penchant au mariage. La distinction est
essentielle. Ce que l'on remarque, ici, corres-

pond à ce qui se voit au jeu. Un joueur peut
avoir une probabilité très-forte de gagner et
néanmoins perdre, tandis que le gain est pour
celui qui avait une très-faible probabilité en sa faveur. Les événements observés ne correspon-
dent pas nécessairement à leurs probabilités
respectives; l'accord ne tend à s'établir qu'a-
près des épreuves longuement répétées. Quand
on aura donc déterminé, par des séries d'observations, la tendance apparente au mariage pour une certaine époque de la vie, on
n'aura qu'une valeur plus ou moins approchée
de la tendance réelle que l'on veut estimer.
L'erreur à laquelle on s'expose en substituant
une valeur à l'autre, peut se calculer directement par la théorie des probabilités; comme
cette erreur dépend du jeu des circonstances
fortuites ou des causes *accidentelles*, elle sera
généralement d'autant plus considérable que
les estimations auront été fondées sur un nombre moins grand d'observations.

On conçoit donc que, dans le cas qui nous
occupe, l'expérience ne peut absolument rien
apprendre à l'égard des individus. Autant vaudrait déterminer, par le résultat d'une seule
partie, la probabilité qu'avait un joueur en se
mettant au jeu.

Un calcul analogue à celui qui a été établi

précédemment , fait connaître , que , pour l'homme de 30 à 35 ans, la probabilité de se marier pendant l'année est 0,0932.

Cette probabilité 0,0932 dépasse un peu celle qui est assignée à l'homme âgé de 25 à 30 ans. Bien que la différence soit très-petite, elle s'est reproduite chaque année; on ne peut donc pas la considérer comme accidentelle.

La tendance au mariage, chez les hommes en Belgique, n'atteint guère son maximum que vers l'âge de 36 à 37 ans; elle décroît ensuite, et pour l'homme de 40 à 45 ans, elle est à peu près la même que pour celui de 25 à 30.

En considérant les choses d'une manière générale, on peut dire que la tendance au mariage suit, dans son développement progressif, une marche extrêmement régulière : elle se manifeste après la puberté, se développe rapidement après 25 ans, atteint son maximum vers 36, puis décroît jusqu'à l'extrême vieillesse.

Il ne faut pas croire que les nombres qui expriment les degrés relatifs de cette tendance soient fictifs; ils méritent tout autant de confiance que ceux des tables de mortalité sur lesquels les sociétés d'assurances basent tous leurs calculs.

L'exemple que je viens de présenter est très-propre à faire concevoir comment, quand on

possède des observations sûres et comparables
entre elles, on peut analyser les penchants de
l'homme et en exprimer numériquement les degrés d'énergie aux différents âges. Cette possibilité, encore contestée par quelques savants,
me semble mise hors de doute, et devoir former, en quelque sorte, l'une des sources les
plus fécondes de la statistique morale.

La loi que suit la tendance au mariage chez
les femmes, pour les différentes époques de la
vie, n'est pas la même que chez les hommes.
Le maximum se manifeste plus tôt et se présente de 28 à 29 ans. Les deux lignes qui suivent, peuvent, par leurs écarts de l'axe hori-
zontal sur lequel sont inscrits les âges, donner
une idée de la tendance au mariage pour les
différentes époques de la vie de l'homme et de
la femme :

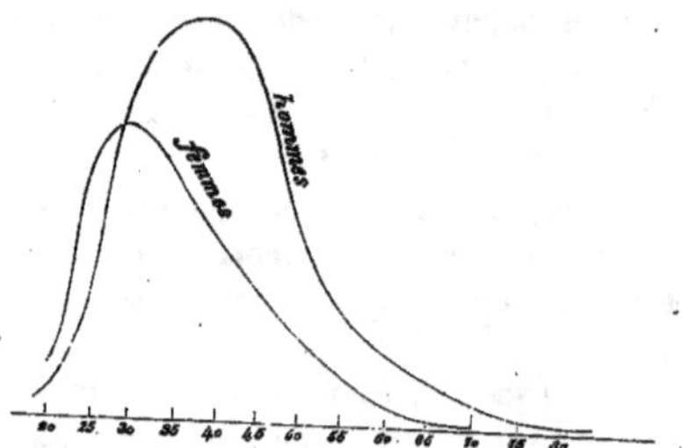

CHAPITRE IV.

Appréciation des qualités morales quand les faits ne sont pas comparables. Crimes et suicides.

Considérons les choses sous un point de vue plus général, et supposons une série de faits de même nature, mais qui ne sont pas rigoureusement comparables entre eux.

L'exemple peut-être le plus défavorable sous ce rapport, est celui que nous présentent les annales des crimes : il semble en effet résumer en lui toutes les difficultés possibles.

D'abord est-on bien d'accord sur ce qu'il faut entendre par crime? Évidemment non. Ce qui est puni chez un peuple, ne l'est pas chez un second; ce qui est réprimé à une époque, est toléré à une autre. Cependant, malgré ces discordances et quoique le crime ne semble avoir rien d'absolu en lui-même, on peut regarder les infractions aux lois comme des actions blâmables.

Ces actions ensuite ne sont pas, toutes, également répréhensibles ou plutôt ne sont pas comparables. L'assassinat et l'infanticide ne doivent pas être mis sur la même ligne. Les infanticides

6

même sont punissables à des degrés bien différents : les uns peuvent être le résultat du besoin ou d'un sentiment de repentir et de honte,
poussé jusqu'à l'excès; d'autres, au contraire,
sont le fruit d'une profonde immoralité.

Voilà donc des séries de faits que nous con-
fondons sous le nom de crimes, et qui ne
sont nullement comparables entre eux. Ils
laissent supposer seulement, chez celui qui les
commet, une tendance apparente plus ou moins
grande à se mettre en hostilité avec la société
dont il fait partie, et à lui causer de véritables préjudices. Sous quelque rapport que
l'on considère cette tendance, nous la nom-
merons *penchant apparent* au crime, que nous
distinguons du *penchant réel*, comme nous l'a-
vons fait précédemment à l'égard de la tendance au mariage.

Faute d'établir cette distinction, on s'exposerait à faire d'étranges méprises, surtout si l'on
ne considérait que les individus. On peut être
fort enclin au crime, sans jamais en avoir commis un seul ; comme aussi l'on peut avoir commis un crime, sans qu'on y eût le moindre penchant. Mais ces exemples doivent être considérés comme exceptionnels ; et, quand on opère
sur de grands nombres, il arrive généralement
que les crimes sont en rapport avec le penchant

naturel que les hommes peuvent avoir à les commettre. Les écarts plus ou moins grands qui s'établissent entre les penchants apparents et les penchants réels, sont dus à des causes accidentelles qui finissent par se compenser, quand les épreuves sont suffisamment répétées.

Il est donc possible de constater, par des observations suivies, les degrés relatifs d'énergie qui entraînent les hommes à exécuter certains faits. De sorte que si je voyais un million d'hommes de 25 à 30 ans produire deux fois autant de meurtres qu'un million d'hommes de 40 à 45 ans, je serais disposé à croire que le penchant au meurtre, chez les premiers, est double en énergie de ce qu'il est chez les seconds. Ma conjecture deviendrait d'autant plus plausible que ce même résultat se reproduirait plus souvent, par des séries d'observations subséquentes.

Je suppose, bien entendu, que les crimes commis des deux parts offrent le même caractère de gravité. Il ne faut comparer entre eux que des faits de même espèce : ainsi, il ne faut pas confondre les vols avec les assassinats, ni les empoisonnements et les faux témoignages avec les coups et blessures.

L'important est donc d'avoir un nombre

d'observations suffisant pour éliminer les effets
de toutes les causes fortuites qui peuvent établir des différences entre le penchant apparent
et le penchant réel que l'on veut déterminer.
La première appréciation est généralement différente de la seconde, dont on peut approcher
autant qu'on le veut, par des observations suffisamment prolongées.

Mais il se présente, ici, un autre genre de difficultés que l'on pourrait croire insurmontables :
c'est qu'il sera impossible à jamais de connaître
tous les crimes qui se commettent. Nous sommes réduits à ne pouvoir prononcer que d'a-
près un certain nombre de crimes déférés devant les tribunaux. Ainsi, non-seulement les
faits ne sont pas rigoureusement comparables,
mais ils sont même incomplets.

Une étude attentive de cette difficulté m'a
permis de reconnaître qu'elle n'existe réellement
pas, quand on se propose d'obtenir des valeurs
relatives et non des valeurs absolues. J'ai fait
voir, en effet, qu'aussi longtemps que la marche
de la justice et celle de la répression restent les
mêmes (1), ce qui ne peut guère avoir lieu que
dans un même pays, il s'établit des rapports
constants entre ces trois choses : 1° les crimes

____

(1) *Lettres sur la Théorie des probabilités, etc.*

commis , 2° les crimes commis et dénoncés à la
justice, 3° les crimes commis, dénoncés à la justice et poursuivis devant les tribunaux. Ce sont
ces derniers seulement que l'on constate dans
les statistiques des tribunaux. Pendant quelques années, la Belgique a fait connaître les
seconds et l'on a pu juger alors que mes conjectures ont été effectivement justifiées, autant
du moins qu'on pouvait s'y attendre.

Quand on s'en tient donc à des rapports , et
qu'on ne cherche pas à avoir des valeurs absolues , on peut substituer ces trois classes de
faits l'une à l'autre.

Or, en se bornant à un même ordre de faits ,
recueillis dans un même pays et sous l'influence
des mêmes lois et de la même répression, il
arrive encore que ces faits n'ont pas tous la
même importance; ils varient entre eux par
une infinité de nuances. Cependant, quand on
opère sur un grand nombre d'hommes, il en
est de leurs qualités morales comme de leurs
qualités physiques : on peut supposer un terme
moyen autour duquel tous les éléments observés viennent se grouper, les uns en plus, les
autres en moins. En outre, leur arrangement
se fait d'après une loi déterminée, qui n'est
autre que la *loi de possibilité*, laquelle se reproduit généralement avec une constance remar-

quable dans tous les faits soumis à l'influence
des causes accidentelles.

*Ce sont, en définitive, des moyennes que l'on
compare entre elles;* et ces moyennes sont d'autant plus dégagées des effets de toutes les causes
accidentelles, que les observations s'étendent
sur un plus grand nombre d'hommes.

La France, depuis une vingtaine d'années,
recueille avec soin les documents statistiques
de ses tribunaux; plusieurs autres pays ont
suivi cet exemple. J'ai pu profiter de leurs données pour appliquer les principes qui précèdent,
à la formation de *tables de criminalité,* c'est-à-
dire de tables qui indiquent, pour les différents âges, les degrés de la tendance au crime.
Or, il se trouve que la loi du développement de
cette tendance est la même pour la France,
pour la Belgique, pour le grand-duché de Bade
et pour l'Angleterre, les seuls pays dont les
observations soient bien connues. *Le penchant
au crime, vers l'âge adulte, croît assez rapidement; il atteint un maximum et décroît ensuite
jusqu'aux dernières limites de la vie.* Cette loi
paraît constante, et n'éprouve de modification
que dans la grandeur et l'époque du maximum. En France, pour les crimes en général,
le maximum se présente vers 24 ans; en Belgique, cette époque arrive deux ans plus tard;

en Angleterre et dans le grand-duché de Bade, au contraire, elle s'observe plus tôt.

Ces différences, bien que faibles, le seraient probablement plus encore, si les tribunaux de ces quatre pays n'avaient à juger que des crimes et des délits du même ordre. Le maximum de la criminalité se déplace, en effet, selon la nature des crimes : ainsi, en France, le maximum du penchant au crime contre les propriétés devance, de deux ans environ, celui du penchant au crime contre les personnes ; et il est deux à trois fois plus prononcé. Si l'on considère en particulier les principaux crimes, ils se présentent, pour la précocité, dans l'ordre suivant : le vol, le viol, les coups et blessures, les meurtres, les assassinats, les empoisonnements, et les faux de toute espèce.

Il existe aussi une différence eu égard aux sexes : en France, le maximum, pour les hommes, arrive une année environ plus tôt que pour les femmes, et il est quatre fois plus grand.

Que l'on ne croie pas que ces différences soient fortuites ; elles se reproduisent, d'année en année, et avec une constance et une régularité plus grandes que celles qu'on pourrait remarquer dans l'ordre des phénomènes purement physiques. Ces exemples présentent une

nouvelle confirmation de ce que j'ai avancé
déjà sur les effets du libre arbitre, relativement
aux faits sociaux.

Le suicide est également soumis à une loi,
laquelle diffère essentiellement de la loi de la
criminalité. *Le penchant au suicide, plus ou
moins développé dès l'enfance, croît sensiblement
vers l'âge adulte, et va continuellement en augmentant jusqu'à la vieillesse la plus reculée.*

Cette loi, qui se vérifie, d'année en année, comporte une probabilité presque aussi
forte que la loi de la mortalité ordinaire.
Il y a plus : non-seulement les suicides sont à
peu près, chaque année, en même nombre;
mais, en les séparant par groupes et d'après les
instruments qui servent à leur exécution, on
trouve encore la même constance.

Cette distribution cependant, constante pour
chaque pays, diffère sensiblement en passant
d'un pays à un autre. Il suffirait, sans doute, de
modifier les causes qui régissent notre système social, pour modifier aussi les résultats
déplorables que nous lisons annuellement dans
les annales des crimes et des suicides. Il serait
d'un aveugle fatalisme de croire que les faits
que nous voyons se reproduire avec tant de
régularité, ne peuvent subir de changements
en améliorant les mœurs et les institutions des

hommes; mais, pour produire des effets appréciables, il faut agir sur les masses et non sur quelques individus qui en font partie. Ce sera au statisticien ensuite à reconnaître si les changements ont été avantageux ou nuisibles.

En considérant les choses sous ce point de vue, on concevra mieux la haute mission du législateur, qui tient, en quelque sorte, entre ses mains le budget des crimes, et qui peut en diminuer ou en augmenter le nombre par des mesures combinées avec plus ou moins de prudence.

CHAPITRE V.

Théorie de l'homme moyen considéré au moral.
Loi des causes accidentelles.

L'observation nous apprend que, pendant le cours de notre existence, nous subissons des modifications très-prononcées, et que chacune de nos qualités morales se développe progressivement, de manière à atteindre un point maximum. Mais ce point, à quel âge faut-il le placer? Est-il possible ensuite d'apprécier, pour les différentes époques de la vie, les valeurs relatives de chacune de nos tendances?

J'ai essayé de répondre à ces diverses questions et de faire comprendre que, pour assigner la loi du développement de chacune de nos qualités morales, ce sont moins les méthodes d'observation qui nous manquent, que des séries d'expériences bien faites. Non-seulement on peut déterminer l'influence de l'âge, mais encore celle des sexes, des professions, des races, et de tout ce qui peut établir des différences dans l'espèce humaine.

Ces sortes d'appréciations reposent sur la théorie des moyennes; il ne faut cependant pas

les accepter dans un sens absolu. Ainsi, de ce
que, en Belgique, la tendance au mariage a le
plus d'intensité vers l'âge de 36 ans, il ne faut
pas conclure que tous les hommes de cet âge
aient en effet une tendance plus grande à se marier que ceux d'un âge différent. Je ne parle ici
que de l'*homme moyen*, être abstrait, qui est, en
quelque sorte, dans un état d'équilibre entre
tous les individus du même âge.

Si nous rapportons tout à cet homme moyen,
il faudra le concevoir aux différents instants de
l'année, comme passant successivement par
toutes les nuances que subit le groupe d'individus qu'il représente. La tendance qu'il aura
au mariage sera plus ou moins énergique, s'é-
cartera plus ou moins de la tendance moyenne;
mais les écarts seront d'autant plus rares, qu'ils
seront plus grands; et ces écarts seront assujettis, pour le nombre et la grandeur, à la
loi des causes accidentelles. Cette conséquence
curieuse résulte de ce que j'ai dit précédemment sur le retour constant des mêmes faits,
qui ne peut avoir lieu sans la destruction des
effets des causes accidentelles; or, cette destruction s'opère effectivement, toutes les années,
de la même manière.

*L'homme, pour les facultés morales, est donc,
comme pour les facultés physiques, soumis à des*

*écarts plus ou moins grands d'un état moyen ; et
les oscillations qu'il subit autour de cette moyenne,
suivent la loi générale qui régit toutes les fluctuations que peut subir une série de phénomènes sous
l'influence de causes accidentelles.*

J'insiste cependant sur une restriction ; c'est
que les faits sociaux ne peuvent rester les
mêmes qu'autant que la société reste sous l'influence des mêmes causes.

Il en est de la tendance au crime comme de
la tendance au mariage : ses variations sont
soumises à des fluctuations bien déterminées.
On peut concevoir tous les hommes comme
susceptibles de se mettre, par quelque côté,
en hostilité avec les lois. Chez les uns, cette
tendance peut, même dans ses excès, rester si
faible, qu'on doive la considérer comme nulle ;
chez d'autres, au contraire, elle est fortement
développée, et il y a tout à parier qu'elle se
manifestera par des actes plus ou moins répréhensibles. Ces deux extrêmes seront généralement très-rares. Chez d'autres, et ce sont
les plus nombreux, cette tendance existera
dans des limites resserrées ; ce qui ne veut cependant pas dire que la majorité des hommes aura un penchant décidé au crime. Il
est nécessaire de ne laisser aucun doute à ce
sujet.

Supposons que l'attention soit fixée sur tous les hommes de 30 ans. Nous concevons qu'il existe, chez chacun d'eux, une certaine possibilité, (le mot *tendance* en dirait trop peut-être), de se mettre en hostilité avec les lois. Cette possibilité, quelque minime qu'elle soit, admet des degrés inférieurs, jusqu'à pouvoir devenir absolument nulle; comme aussi, elle peut croître jusqu'à devenir égale à la certitude. Ainsi, quelques hommes ne se mettront certainement pas en opposition avec les lois; tandis que, chez d'autres, au contraire, cette opposition se manifestera. Le reste des hommes, en plus grand nombre, se rapprochera plus ou moins de la moyenne; la figure suivante pourra rendre cette distribution plus sensible aux yeux.

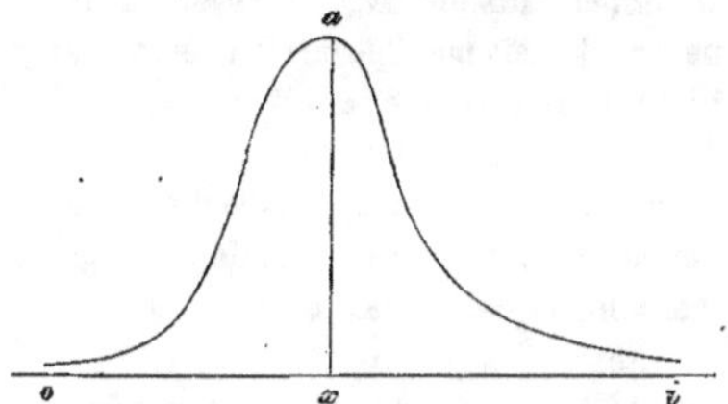

Au point *o*, la probabilité du crime, ou le penchant au crime, est absolument nul. La probabilité augmente, à mesure qu'on s'éloigne

de *o* pour avancer à droite, et elle se convertit
en certitude au point *i*. La ligne courbe *o a i*,
par ses écarts de la ligne droite *o i*, indique le
nombre des personnes qui correspond à chaque probabilité.

Cette même ligne *o a i*, qui fait connaître
comment les hommes se distribuent entre eux,
sous le rapport du penchant au crime, affecte,
encore ici, la forme de la courbe des causes accidentelles. Il est à remarquer que nous re-
trouvons, pour les qualités morales, la même
loi qui règle la distribution des hommes sous
les rapports de l'élévation de la taille, du poids
du corps, de la force et des autres qualités
physiques. Je dois prévenir, toutefois, que je
ne présente pas ce résultat comme se déduisant
directement des faits observés; je crois même
qu'il ne sera jamais possible de rien démontrer
à cet égard, autrement que par voie d'induction.

Quoi qu'il en soit, la courbe qui convient
aux hommes de 30 ans, n'est plus la même aux
autres époques de la vie : sa forme doit changer
en même temps que le maximum et l'étendue
de ses limites.

Ces analogies vont plus loin et deviennent
applicables à l'individu. Je m'explique : nous
admettons que tout homme a une certaine
tendance à enfreindre les lois. Or, cette ten-

dance ne reste pas constamment la même ; elle varie tantôt en plus, tantôt en moins ; et, s'il était possible d'en apprécier la valeur, au milieu de toutes les modifications qu'elle subit, nous trouverions qu'elle est soumise aussi à la loi des causes accidentelles, qui régit en quelque sorte tout notre univers. Les limites et la forme de la courbe changent chez les différents hommes: pour les uns, la probabilité de commettre le crime va jusqu'à la certitude, tandis que, pour le plus grand nombre, elle est très-faible, même dans ses plus grands écarts.

Il ne faut pas conclure de ce que je viens de dire que toutes les actions de l'homme, que toutes ses tendances soient soumises à des lois fixes ; et que, par suite, je suppose son libre arbitre absolument anéanti. Afin d'écarter toute méprise à cet égard, quelques explications seront d'autant plus nécessaires qu'elles pourront jeter du jour sur la question du libre arbitre, l'une des plus difficiles et des plus intéressantes que nous puissions rencontrer dans les études qui nous occupent.

Si, pour ne prendre qu'un seul exemple, nous considérons, chez l'homme, sa tendance au crime, nous remarquerons d'abord que cette tendance dépend de son organisation particulière, de l'éducation qu'il a reçue, des circonstances dans lesquelles il s'est trouvé, ainsi que de son libre arbitre auquel j'accorde volontiers l'influence la plus grande pour modifier tous ses penchants. Il peut donc , s'il le veut , devenir autre qu'il n'est. Cependant, on conçoit que nos différentes facultés finissent par se mettre dans un état d'équilibre, et par contracter entre elles certains rapports, dont nous cherchons à nous départir le moins possible. C'est l'état qui va le mieux à notre organisation ; des causes accidentelles peuvent l'altérer, mais nous tendons toujours à y revenir. Des événements imprévus peuvent exciter nos passions, nous porter au mal comme aussi nous élever au-dessus de nous-mêmes ; ce sont ces causes accidentelles qui nous font osciller plus ou moins autour de notre *état moyen* ; et par cela même que les variations s'accomplissent sous leur influence, nos différents états sont soumis à la loi de possibilité. Quant au libre arbitre, bien loin de jeter des perturbations dans la série des phénomènes qui s'accomplissent avec cette admirable régularité, il les empêche au contraire, dans ce sens qu'il resserre les limites entre lesquelles se manifestent les variations de nos différents penchants.

L'énergie avec laquelle notre libre arbitre

tend à paralyser les effets des causes accidentelles, est en quelque sorte en rapport avec l'é-
nergie de notre raison. Quelles que soient les
circonstances dans lesquelles il se trouve , le
sage ne s'écarte que peu de l'état moyen dans
lequel il croit devoir se resserrer. Ce n'est que
chez les hommes entièrement abandonnés à la
fougue de leurs passions, qu'on voit ces transitions brusques, fidèles reflets de toutes les causes extérieures qui agissent sur eux.

Ainsi donc, le libre arbitre, bien loin de porter obstacle à la production régulière des phénomènes sociaux, la favorise au contraire. Un
peuple qui ne serait formé que de sages, offrirait
annuellement le retour le plus constant des
mêmes faits. Ceci peut expliquer ce qui semblait d'abord un paradoxe, c'est-à-dire que *les
phénomènes sociaux, influencés par le libre arbitre
de l'homme, procèdent, d'année en année, avec plus
de régularité que les phénomènes purement influencés par des causes matérielles et fortuites.*

CHAPITRE VI.

Influence réciproque du physique et du moral.

Assujetti comme il l'est à mille influences différentes, l'homme est très-dissemblable à lui-même ; il flotterait constamment indécis entre des limites beaucoup plus larges que celles que la nature a fixées à ses qualités physiques, si sa raison n'empêchait des écarts trop grands. Son moral est tour à tour dominé par le milieu dans lequel il vit, par ses relations de famille, par les institutions politiques, par la religion dans laquelle il a été élevé, par les devoirs de son état. Les variations de l'atmosphère même laissent des traces de leur passage : quelques degrés de latitude de plus suffisent pour changer son humeur ; un accroissement de température enflamme ses passions, et le rend plus enclin à des actes de courage ou de violence.

Que dire ensuite des causes modificatives qui résident en lui-même ? Sans parler de l'âge dont l'action est si puissante, les moindres dérangements de santé exercent sur lui une influence sensible. En l'absence même du danger, une douleur passagère suffit pour changer entièrement ses dispositions : une migraine, une névralgie, un simple mal de dents vont le bouleverser ; l'agitation d'un vaisseau suffira pour briser son énergie. On pourrait presque assurer que l'homme, pendant deux instants consécutifs, ne reste pas exactement le même.

Malgré ces fluctuations, nous avons vu que les qualités morales de l'homme oscillent autour d'un état moyen et suivent, dans leurs plus grands écarts, des lois déterminées.

L'influence du physique sur le moral se manifeste surtout quand on étudie l'homme dans ses écarts de l'état moyen. Qu'on oppose par exemple le nain au géant, un hercule à un individu faible et chétif, on leur trouvera des passions et des qualités morales tout à fait différentes. L'esprit vif et mordant du bossu est devenu proverbial ; constamment sur la défensive contre d'injustes provocations, il a en quelque sorte exercé son esprit à repousser promptement les attaques dont il peut être l'objet. Chez des individus entièrement disgraciés de la nature, on observera généralement un fond de misanthropie qu'ils ont peine à dissimuler. Et comment pourrait-il en être autrement ? Lisant constamment la pitié ou le dé-

dain sur le front de ceux qui les entourent,
leur âme n'a pu s'exercer à des sentiments de
bienveillance.

Le moral réagit à son tour d'une manière
bien prononcée sur le physique. La joie, la tris-
tesse, la crainte, l'espérance, surtout quand elles
sont portées à l'excès, suffisent pour exalter ou
pour abattre complétement nos forces. La nièce
de Leibnitz, en voyant les trésors que lui laissait son oncle, fut saisie d'un plaisir si vif qu'elle
en mourut subitement. Bien des maladies ne
s'établissent en nous qu'après avoir eu d'a-
bord leur siége dans notre imagination. Aussi,
je crois qu'un système médical qui opérerait sur
cette dernière faculté, aurait souvent plus de
succès que s'il opérait directement sur le physique. C'est un fait bien connu, que le changement
de médecin produit presque toujours un mieux
passager, même dans les maladies les plus dés-
espérées.

Une grande force morale est un puissant élément de vitalité ; elle a, dans bien des circonstances, reculé, pour ainsi dire à son gré, les
approches de la mort. Cette puissance active
que nous possédons, peut expliquer des coïnci-
dences presque miraculeuses que l'on a obser-
vées bien des fois et que l'on a commentées de
mille manières.

L'action du moral sur le physique se fait aussi remarquer dans les ressemblances de famille. Les enfants, toujours prompts à recevoir les impressions de toute espèce, façonnent en quelque sorte leurs traits sur ceux de leurs parents ; ils empruntent leurs allures, leurs gestes et jusqu'aux moindres manifestations qui les caractérisent. Quelquefois, ces impressions se transmettent, par l'intermédiaire de la mère, avant même que l'enfant ait reçu le jour ; les physiologistes en citent de nombreux exemples. Cette opinion d'ailleurs n'est pas nouvelle, et l'on prétend que les Grecs, pendant la grossesse de leurs femmes, éloignaient d'elles tout ce qui pouvait les choquer et qu'ils attiraient au contraire leurs regards sur ce qui devait exciter en elles le sentiment de la beauté.

Notre imagination exercerait donc une action sensible non-seulement sur nous-mêmes, mais encore sur nos enfants. Il suffit, du reste, des plus faibles moyens pour mettre en jeu cette faculté puissante. Quelques sons harmonieux que nous avons entendus autrefois, des odeurs presque imperceptibles, un mot, une inflexion de voix, vont réveiller subitement une série d'idées, et nous replacer, sans que nous sachions même comment, dans les mêmes circonstances où nous étions à une autre époque.

De même, quelques traits que nous saisissons sur la physionomie d'une personne que nous n'avons jamais vue, vont exciter la sympathie ou un sentiment répulsif ; et, si nous venons à chercher la cause de ces dispositions, nous les trouverons presque toujours dans des ressemblances avec d'autres personnes.

Rarement une idée s'isole de toutes les autres ; nos conceptions sont généralement complexes, et il suffit d'en réveiller une seule, pour revivifier toutes celles qui s'y rattachent plus ou moins directement. Quelquefois un seul mot produit le même effet sur plusieurs personnes à la fois ; et, sans qu'elles sachent comment, elles sont conduites à s'occuper des mêmes pensées en même temps.

CHAPITRE VII.

Analogies entre les lois physiques et les lois morales.

Nous sommes si vains , si fiers de la faible
portion d'intelligence que l'Être suprême a
mise en nous, que l'idée d'avoir quelque chose
de commun avec la matière suffit pour exciter
notre indignation. Si nous venons à nous heurter contre un obstacle ou à choir accidentelle-
ment, nous rougissons de subir le sort de la
pierre abandonnée à son propre poids; et cependant toutes les forces de notre raison ne
pourraient, pendant notre chute, altérer les
conséquences des lois de la gravitation. Galilée
même, en tombant du haut de la tour de Pise,
aurait fourni un exemple de plus de l'inva-
riabilité de la loi que son génie a fait connaître.

L'homme semble croire que la matière seule
obéit à des principes immuables de mouvement
et de conservation, comme si le Créateur avait
laissé ses œuvres imparfaites et s'était moins
occupé d'assurer la stabilité du monde moral
que celle du monde physique.

Je m'étais occupé autrefois de réunir des observations à ce sujet. Dans un moment où les
passions étaient vivement excitées par les événements politiques, j'avais cherché, pour me
distraire, à établir des analogies entre les principes de la mécanique et ce qui se passait sous
mes yeux. Ces rapprochements que j'avais
faits, sans y attacher d'abord plus de valeur
qu'à un jeu d'esprit, me parurent ensuite
prendre le caractère de la vérité. J'y ai souvent
pensé depuis; et tout récemment encore, les
feuillets sur lesquels j'avais consigné mes idées,
me tombèrent entre les mains. Qu'il me soit
permis d'en citer quelques passages. On voudra
bien juger de leur valeur, sans y attacher plus
d'importance que je ne l'ai fait alors en les
écrivant.

« Je nomme *force* tout ce qui influe moralement sur l'homme et le détermine à agir dans
un sens plutôt que dans un autre.

« Il faut considérer, dans les forces morales
comme dans les forces physiques, leur intensité et leur direction.

« Notre volonté est une force aussi, mais
une force dont nous usons rarement; dans le
plus grand nombre des cas, on peut la considérer comme nulle.

« L'instinct est une force plus active, et qui

est généralement développée en rapport inverse de notre raison. La nature semble l'avoir mise dans chaque individu pour assurer mécaniquement sa conservation.

« On doit distinguer, dans les phénomènes sociaux, comme en mécanique, deux espèces de forces; les unes agissent par une impulsion unique, et les autres d'une manière continue. Un avis est communiqué à une personne qui se met aussitôt en mouvement; il s'agit d'une place avantageuse à obtenir, ou de faveurs à solliciter; cet avis doit être assimilé à une force de la première espèce. Aux forces de la seconde espèce, que je nomme aussi *forces vives*, je rapporte l'intérêt personnel qui dirige incessamment nos vues vers un objet désiré, l'amour-propre et l'orgueil de famille, qui rêvent des agrandissements quels qu'ils soient, l'instinct qui veille à notre conservation et multiplie notre espèce.

« L'intérêt personnel peut agir à la fois comme force morte ou comme force vive; il peut nous porter à faire ou à dire une chose qui influera sur notre avenir, sans qu'il agisse ultérieurement; ou bien, il peut nous déterminer à diriger constamment nos vues vers un même but. Un homme se fait militaire; sans arrière-pensée d'avancement, il ne songeait qu'à se créer un état ; ou bien, il se fait militaire , avec l'espoir de se pousser un jour jusqu'au grade de général ; il fait tous ses efforts pour l'atteindre. Dans le premier cas, on a l'exemple d'une force morte ; dans le second , celui d'une force vive.

« Si ce dernier homme ne rencontre pas d'obstacles ni de forces étrangères, il deviendra général et il sera porté vers son but avec une force croissante à mesure qu'il s'en approchera.

« Mais en pareil cas, les obstacles qu'on éprouve, se multiplient en raison du carré de la vitesse qu'on a dans sa marche. L'envie est un milieu résistant des plus actifs, surtout dans les petits états.

« L'homme qui tend toujours vers le même but, finit par acquérir une force morale immense. Il n'est pas de si petite pierre qui, tombant d'une grande hauteur, ne parvienne à agir comme un poids considérable.

« Le moyen le plus sûr de ne pas tomber est de marcher droit. Pour bien conserver cette position verticale qui vous donne tant d'avantages, ne chargez pas vos épaules de fardeaux trop lourds ; vous seriez bientôt contraint de vous courber.

« La ligne droite est le chemin le plus court ; bien des personnes paraissent ignorer cet axiome ; elles savent généralement mieux que la ligne droite n'offre pas le chemin qui conduit le plus vite au point où elles veulent arriver. Cette vérité mathématique a besoin d'être démontrée; cependant c'est celle que l'on conteste le moins et qu'on applique le plus souvent.

« Il existe dans l'homme moral abandonné à lui-même, un point autour duquel toutes les passions, toutes les forces qui le dominent se font équilibre. Ce point est l'analogue de celui qu'on désigne dans les corps sous le nom de centre de gravité : je le nomme *centre moral.*

« Pour connaître ce point, il faut avoir recours à l'observation, à peu près comme on le fait pour connaître le centre de gravité des corps que l'on suspend librement dans deux positions différentes, en les livrant aux seules actions de la gravité. Il faut également observer l'homme dans différentes positions de sa vie, quand il n'agit que d'après les forces que la nature et l'éducation ont mises en lui, et qu'il n'est sous l'influence d'aucune force étrangère. Ce procédé est assez généralement mis en pratique, quand on veut connaître le caractère et les tendances d'un homme.

« Une bille placée entre deux forces égales et directement opposées, ne peut se mouvoir; il en est de même d'un homme placé moralement entre deux forces égales et directement opposées. Si la bille placée dans la direction commune de ces deux forces, n'offre pas assez de résistance, elle sera brisée. Cette remarque peut être utile à ceux qui seraient tentés de se placer entre deux partis opposés et également forts.

« Si un homme est porté à faire une chose par intérêt personnel, et si le sentiment du devoir lui dit de faire exactement le contraire, avec tout autant d'énergie, cet homme se trouvera dans un état d'équilibre moral, et il lui sera impossible de prendre une détermination. Si les forces, au lieu d'agir en sens opposé, agissent dans le même sens, il sera mis en mouvement avec une rapidité double ; si elles l'entraînent dans des directions divergentes avec des forces inégales, il suivra une direction intermédiaire, qui le rapprochera cependant du sens dans lequel agit la force la plus énergique.

« Il en est de même pour autant de forces que l'on voudra ; leur combinaison produit une force unique avec une direction déterminée. Ainsi, l'homme en proie à toutes les passions, obéissant à tous ses intérêts, à toutes les suggestions dont il peut être l'objet, suivra en définitive une certaine ligne de conduite. Sa raison peut intervenir comme force active pour modifier cette résultante et sa direction, du moins dans de certaines limites.

« Quelquefois la résultante de toutes les forces qui agissent sur l'homme est nulle; c'est ce qui constitue l'état d'équilibre. Il n'existe, dans ce cas, aucune tendance à se porter dans un sens plutôt que dans un autre.

« Il peut arriver que l'ensemble des forces présente une résultante qui passe par le centre moral, l'homme procède alors d'une manière régulière. Mais, si la résultante ne passe pas par ce centre, il pivotera sur lui-même; c'est ainsi que l'homme fortement sollicité à la fois par l'avarice et par le penchant à l'amour ou à l'ambition, ou par d'autres passions qui n'ont aucun point de commun dans leur direction, pourra pivoter sur lui-même, à peu près comme la toupie sous la main de l'enfant, ou comme la girouette sous le souffle des moindres vents.

« Pour être sûr d'atteindre le but, il ne faut jamais le perdre de vue, et surtout ne pas choisir un but trop éloigné. Les moindres forces étrangères qui viendraient à nous frapper latéralement, nous exposeraient à décrire une trajectoire plus ou moins longue dans l'espace; cette trajectoire peut devenir une courbe fermée et nous exposer à tourner constamment autour du but désiré, sans pouvoir jamais l'atteindre.

« En n'obéissant qu'à sa tendance naturelle, la terre serait depuis longtemps sur le soleil; elle

doit à une impulsion latérale de rouler éternellement sur elle-même et de circuler autour de
l'astre brillant vers lequel elle se sent poussée.
Combien de personnes pour qui un mariage
mal assorti, un défaut de conduite, un caprice
même ont servi de force latérale pour les faire
tourner éternellement autour d'une position
brillante, objet de tous leurs vœux.

« Le sage étudie par lui-même les forces qui
agissent sur lui, afin de modifier à son gré la
grandeur et la direction de la résultante. En
marchant ainsi, il va toujours où il veut aller, et
n'avance qu'avec la vitesse qu'il veut avoir ; maître de sa marche qu'il règle librement, il suivra,
pour passer d'une position à une autre, la ligne
droite ; et, partisan rigoureux du *principe de la
moindre action* que l'Être suprême suit en toutes
choses, il s'attachera à détruire toutes les forces
qui pourraient le faire dévier de la route ou pivoter sur lui-même. En suivant le mouvement de
son siècle, il se rangera vers le centre ; et, tandis
que les ambitieux chercheront à monter au haut
de la roue de la fortune, il se placera tranquil-
lement sur l'axe, pour ne pas s'exposer, comme
eux, à se trouver écrasé, au premier tour de
roue, ou à être projeté dans la poussière.

« Les corps participent au mouvement de ceux
auxquels ils adhèrent ou sur lesquels ils sont

placés. C'est pour ne pas avoir égard à cette vérité, que bien des personnes se brisent en se jetant brusquement hors d'une voiture rapidement emportée, ou bien hors d'un tourbillon politique dont elles ont partagé le mouvement.

« La ligne droite est le plus court chemin pour aller d'un point à un autre, avons-nous dit ; mais elle n'est pas la ligne de plus *vite descente* d'une position à une autre ; cette dernière ligne est courbe, et la géométrie montre que la chute est le plus sensible au point où elle commence.

« Quel que soit le chemin qu'on suive pour aller d'un point à un autre, par une suite de plans inclinés, la vitesse acquise en arrivant est la même ; ce qui semble le plus expéditif, c'est d'aller par un seul plan et en ligne droite ; le chemin est le plus court et la pente est constamment la même. D'ailleurs, dans les passages d'un plan à un autre, il y a des changements brusques qui se font toujours avec une certaine perte de forces vives, en sorte que, en définitive, on arrive moins haut qu'on ne serait arrivé par un seul et même plan.

« Quand le point d'arrivée est sur une même ligne horizontale avec le point de départ, et que la vitesse était nulle en ce dernier point, elle l'est aussi au premier ; c'est ce qui arrive aux

deux extrémités de la vie; de quelque manière
que l'on ait fourni sa carrière, on a descendu
autant qu'on a monté quand on arrive au tombeau; on a même descendu plus qu'on n'a
monté, s'il y a eu des changements brusques;
en sorte que le principe de M. Azaïs n'est pas
entièrement vrai, il n'y a pas compensation absolue; tout ce qu'on perd par la chute, n'a pas
été gagné par la montée.

« Puisqu'il y a compensation entre ce qu'on
gagne et ce qu'on perd, en montant et en des-
cendant, le sage, pour ménager la route, suivra encore ici la ligne droite, bien persuadé
qu'il arrivera le plus haut possible, avec le
moins de secousses possible.

« Ce qu'on gagne en force, on le perd en
temps, et réciproquement. Ce principe ne paraît pas très-favorable aux méthodes de ceux
qui prétendent enseigner une science en quelques leçons.

« Je veux mouvoir cette pierre; je puis la
pousser de la main ou du pied, ou la déplacer
au moyen d'un levier.

« Quand on veut agir sur un autre homme, on
peut le faire immédiatement, ou bien encore
par des agents intermédiaires qu'on emploie
comme on use des leviers ou des poulies. On
peut même leur appliquer les principes de la

statique. Ainsi, en prenant votre *point d'appui* tout près du point de la *résistance* que vous voulez vaincre, vous n'aurez presque pas de force à employer pour réussir. Un solliciteur habile fait agir adroitement sur l'homme en place, un parent, un ami ou mieux encore une maîtresse.

« Quand on emploie des machines pour amplifier la force, il y a ordinairement une perte de temps plus ou moins considérable.

« Il ne faut pas oublier non plus que, dans l'emploi des machines, on doit tenir compte de la roideur des cordages que l'on fait jouer, des frottements qui enlèvent une partie de la force, des résistances des milieux, etc.

« Malgré tous ces obstacles, on conçoit qu'avec une force médiocre, on peut, en choisissant et en disposant bien ses machines, produire de très-grands effets; mais il faut de la patience et ne pas craindre de perdre du temps; il faut surtout savoir graisser convenablement les rouages et les empêcher de crier.

« L'homme adroit examinera attentivement la flexibilité de tous les rouages qu'il met en action. Il se gardera bien de prendre pour levier un bâton vermoulu qui se romprait dans la main. Il ne saurait mettre trop de soin à s'assurer de la qualité des agents intermédiaires. »

8

CHAPITRE PREMIER.

Ce qui est dû à la science, ce qui est dû à l'organisation. Qualités intellectuelles.

L'appréciation des qualités intellectuelles de l'homme présente les difficultés les plus grandes; tout en effet semble manquer pour établir nos jugements sur des bases un peu solides. Nous ne sommes pas plus d'accord sur ce qui est beau au physique que sur ce qui est bon au moral.

A tout instant on fait les méprises les plus étranges : l'intelligence portée au plus haut point et concentrée sur une question difficile de la science, est presque traitée de monomanie; et l'homme de génie, en poursuivant une grande découverte, court souvent risque de passer pour un fou. Les hommes vulgaires d'ailleurs, en se comparant à lui dans tout ce qui sort du cercle de ses études habituelles, sont fréquemment dans le cas de se donner l'avantage, et ils se trouvent dès lors disposés à nier une supériorité qu'ils ne peuvent apprécier et qu'ils regardent comme chimérique. La Fontaine, si l'on ne considère que ses œuvres, est un des premiers écrivains français; et, pour qui ne connaissait que sa personne, il passait tout au plus pour un *bonhomme*. N'est-ce pas de lui que sa garde-malade disait au père Poujet : Eh ! ne le tourmentez pas tant; il est plus bête que méchant : Dieu n'aura pas le courage de le damner.

S'agit-il des œuvres de l'intelligence? les appréciations sont tout aussi peu sûres. La généralité ne juge pas d'après des principes stables, d'après des convictions individuelles, mais d'après le goût dominant et les caprices de quelques hommes qui disposent des jugements des autres. Les littérateurs, aujourd'hui , se sont partagés en deux camps, et le public s'est groupé autour de leurs bannières. Faut-il, avec les uns, continuer notre admiration à Racine, à Despréaux? ou faut-il, avec les autres, la leur refuser et casser les arrêts prononcés par nos aïeux ?

En considérant le développement de l'intelligence d'une manière générale, on ne peut pas même, comme pour les facultés morales, s'appuyer sur un grand nombre d'observations qui compensent ce qu'il y a d'accidentel dans les faits recueillis. Tous les hommes se manifestent, au moral, par des actions bonnes ou mauvaises ; mais tous les hommes ne produisent pas des ouvrages littéraires, des tableaux, des compositions musicales, des ouvrages philosophiques.

Quelque difficile que soit l'étude qui nous occupe, je ne la crois pas absolument inabordable ; je pense même qu'on peut essayer avec succès quelques incursions sur ce terrain nouveau. Nous formulons, chaque jour, des jugements vagues, des appréciations hasardées ; peut-être parviendrons-nous à donner plus de rectitude et de précision à ces jugements.

Nous convenons tous que l'âge développe la raison. Mais quand s'arrête ce développement ? existe-t-il ensuite une époque de la vie après laquelle la raison s'affaiblit ? Quelle est cette époque et quels sont les degrés relatifs de développement aux différents âges ? Voilà bien des problèmes qui se présentent à la fois ; pourra-t-on les résoudre jamais ? Je n'ose l'assurer encore ; mais ce serait avoir fait un premier pas si l'on arrivait à des notions moins vagues que celles que nous avons jusqu'à présent.

Il faut distinguer d'abord deux choses dans nos facultés intellectuelles : ce que nous devons à la nature, et ce que nous tenons de l'étude.

Ces deux choses sont bien différentes ; quand elles se trouvent réunies et portées à un haut degré de perfection, chez un même individu, elles produisent des merveilles ; quand elles se présentent isolées, elles n'enfantent que des médiocrités. Un élève aujourd'hui, au sortir des écoles, en sait plus que ne savait Archimède, mais fera-t-il avancer la science d'un seul pas ? D'une autre part, il existe plus d'un Archimède à la surface du globe, sans qu'il ait la chance de produire son génie au grand jour, parce que la science lui manque.

Il faudrait donc pouvoir juger séparément et de l'organisation et de la science de l'homme. Ceci nous montre que, toutes choses égales, il est des talents qui ne pourront se manifester qu'après un temps plus ou moins long ; parce que la condition pour se produire, dépendra de l'acquisition d'une certaine masse de connaissances, et que cette acquisition n'est pas la même pour les différents genres de talents. Le peintre et le musicien, par exemple, ont à faire des études moins longues que le philosophe, pour arriver à leur point culminant : Raphaël et Mozart ont produit leurs chefs-d'œuvres, en sortant à peine de l'adolescence ; tandis qu'il a fallu à Molière toute la maturité de l'âge pour s'élever à la hauteur de ses ouvrages principaux.

CHAPITRE II.

Appréciation du degré de science chez les individus.

Puisque la science est un des éléments essentiels au développement de l'intelligence, selon que nous l'aurons plus ou moins cultivée nos facultés intellectuelles seront aussi plus ou moins développées. Il importe donc de pouvoir constater, chez l'homme, le degré auquel il est parvenu, sous le rapport des connaissances acquises.

Or, cette dernière appréciation peut se faire sans peine. On l'emploie avec succès dans un grand nombre de circonstances, et on en fait usage non-seulement pour les hommes considérés en masse, mais encore pour les individus isolés.

Remarquons en effet que la méthode d'interrogation suivie dans plusieurs pays pour l'admission aux écoles supérieures, est fondée sur la possibilité d'exprimer numériquement le degré de connaissances acquises. On pose aux individus soumis à l'examen une série de questions qui portent sur les différentes branches de la science; puis on estime numériquement

la valeur de chaque réponse : on représente,
par exemple, par vingt la réponse la meilleure;
par zéro, une réponse absolument mauvaise, et,
par des nombres plus ou moins grands entre
zéro et vingt, les différentes nuances que comportent les réponses. La valeur moyenne de
tous ces nombres exprime en définitive, d'une
manière très-approximative, le degré de savoir
de l'individu dans la science qui fait l'objet
de l'examen.

Cette espèce d'appréciation demande, il est
vrai, une certaine habitude; mais elle conduit
en général à des estimations plus exactes que
celles qu'on établit sans tenir compte numériquement de la valeur des réponses.

A l'école royale militaire de Bruxelles, où ce
mode d'examen est suivi par les professeurs, les
examinateurs et les répétiteurs, il n'est pas
rare de trouver une parfaite identité d'appréciation pour les mêmes élèves et le même classement pour leur mérite relatif. La moyenne,
prise sur les élèves de toute une année, établit
la *valeur* du cours. Cette appréciation a permis
de reconnaître que, depuis l'existence de l'é-
cole, la valeur d'un même cours a toujours varié dans des limites très-étroites.

Un autre résultat intéressant a pu être constaté. Certains cours sont donnés alternative-

ment, tantôt par un professeur, tantôt par un autre. Or, il se trouve, en définitive, que l'influence du professeur a été à peu près nulle sur la valeur moyenne du cours, parce que le grand nombre de répétitions et d'interrogations, qui se font en dehors des leçons, supplée aux lacunes de son enseignement.

Ces divers résultats sont établis de la manière la plus incontestable, et prouvent mieux que tous les raisonnements possibles jusqu'où peut aller l'appréciation scientifique dans ces sortes de matières. Les élèves, de leur côté, habitués à des interrogations fréquentes, finissent par acquérir une habitude assez grande pour se rencontrer souvent avec l'examinateur quant au chiffre qui leur est donné.

L'appréciation par chiffres a prévalu dans plusieurs autres examens, qui se font annuellement, sous les auspices du gouvernement belge. Il est à regretter cependant qu'elle ne soit pas adoptée dans les examens qui se font pour l'admission aux grades, devant les jurys pour les sciences, les lettres, le droit et la médecine. Sans aucun doute, elle abrégerait de beaucoup les discussions des juges.

Il existe encore à cet égard de fortes préventions qui ne pourraient être surmontées que par une expérience suffisamment prolongée et par des hommes dégagés des préjugés d'une aveugle routine.

Si, chaque année, le mérite des examens avait été traduit en nombres, on aurait, aujourd'hui, les documents les plus précieux pour se faire une idée de la force des études et de la bonté de l'enseignement supérieur.

On se borne à constater les résultats définitifs des examens. Ces résultats classent les récipiendaires en trois catégories, selon qu'ils sont *admis*, *rejetés* ou simplement *ajournés*. Or, d'après l'expérience de huit années (de 1836 à 1843 inclusivement), bien que cette expérience soit encore incomplète, on arrive à quelques conclusions intéressantes.

On trouve d'abord que les deux tiers des élèves incrits ont été reçus par les divers jurys d'examens. Les résultats des quatre universités de Gand, de Liége, de Louvain et de Bruxelles tombent, tous, au-dessus de cette moyenne; ceux donnés par les études privées restent au contraire considérablement au-dessous : en effet, la moitié seulement des élèves inscrits dans cette catégorie ont été admis. L'application de la théorie des moyennes montre, ici, à l'évidence la supériorité des études conduites d'une manière régulière sur des études faites sans lien systématique.

Les quatre universités, quand on ne fait aucune distinction des facultés, ont compté proportionnellement à peu près le même nombre d'admissions. Cette presque identité montre que le résultat indiqué n'est point accidentel.

Mais l'identité ne se soutient plus quand on sépare les facultés; on obtient alors des différences assez notables, qui permettent de reconnaître l'influence exercée par les facultés les plus fortes.

Les exemples que je viens de citer et tous ceux que je pourrais choisir en France prouveraient, je crois, que des appréciations numériques peuvent être employées avec succès pour constater le degré de savoir des individus. Le seul point que l'on pourrait contester, ce n'est pas la valeur de la méthode, mais bien l'exactitude des observations. Mais il en est ici comme de toutes les sciences expérimentales ; il faut s'abstenir de conclure, quand on a lieu de croire les données fautives.

CHAPITRE III.

Développement des facultés intellectuelles. Productions scientifiques, littéraires, artistiques.

Si la phrénologie parvenait un jour à réaliser ses promesses, nous aurions le moyen de mesurer directement l'organisation intellectuelle de l'homme ; nous posséderions, par suite, les éléments de solution d'un problème extrêmement complexe ; nous saurions ce que chaque individu doit à la nature et ce qu'il doit à la science ; nous pourrions même établir numériquement les valeurs de ces deux portions de son intelligence ; mais nous sommes loin encore d'entrevoir même la possibilité d'un pareil résultat.

Faute de moyens de résoudre le problème à priori, il faut donc, par l'expérience et par des faits bien observés, tâcher de remonter des effets aux causes ; c'est le même principe que celui dont nous nous sommes servis pour apprécier les qualités morales. Seulement, il sera difficile, pour ne pas dire impossible, de séparer les deux éléments qui concourent à produire les faits observés ; nous aurons une appréciation

bien moins de l'intelligence que du talent,
lequel dépend à la fois de l'organisation de l'individu et de sa science acquise.

Une des études les plus curieuses qu'on
puisse se proposer relativement à l'homme,
concerne le développement progressif de ses
différentes qualités intellectuelles ; il s'agirait
de reconnaître celles qui se manifestent les premières, de constater l'époque où elles attei-
gnent leur maximum d'énergie, et d'apprécier
les degrés relatifs de leur développement aux
différentes époques de la vie.

Raphaël n'avait guère plus de 22 ans quand
il peignit la sacristie de Sienne; et, vers l'âge de
25 ans, il entreprit la composition de plusieurs
de ses fresques les plus remarquables : la Dis-
pute du Saint-Sacrement, l'École d'Athènes, le
Parnasse et la Jurisprudence. Son imagination
brillante avait pu se développer dans toute
sa vigueur, malgré le temps employé pour acquérir la science nécessaire à la création de ces
œuvres capitales. Ce grand artiste avait donc
atteint à peu près le point culminant de son
talent vers l'âge de 25 à 27 ans.

Mozart commença plus jeune encore: à l'âge
de sept ans, il produisit ses premières compositions; à douze ans, il donna son premier ouvrage dramatique, *la Finta Semplice;* et, à trente-

six ans, il avait accompli sa brillante carrière.

Blaise Pascal, l'un des hommes les plus extraordinaires qui aient jamais existé, était géomètre dès l'âge de 16 ans ; il se montra tour à tour profond mathématicien, physicien ingénieux, écrivain et dialecticien du premier ordre, penseur sublime ; et cette brillante existence était terminée à l'âge de trente-neuf ans. Pascal avait vécu deux ans de plus que Raphaël et trois de plus que Mozart. Ces décès prématurés semblent témoigner qu'un développement trop rapide de l'imagination avait exercé une influence fatale sur le physique.

Bien des personnes s'étonneront de voir un développement si précoce du talent mathématique ; on pourrait cependant citer de nombreux exemples de cette espèce. Lagrange avait produit son ouvrage le plus original, le *calcul des variations,* à 18 ans ; Newton, à peine âgé de 24 ans, possédait déjà, du moins le paraît-il, les découvertes qui lui ont fait le plus d'honneur par la suite. On est habitué à considérer les mathématiques comme placées en dehors du domaine de l'imagination, tandis qu'il n'existe peut-être aucune branche de nos connaissances qui exige un plus grand développement de cette faculté, pour arriver à d'importantes découvertes. D'une autre part, le savoir nécessaire pour qu'une brillante

intelligence puisse se produire avec avantage sur
le terrain des sciences exactes, ne suppose point
de longues études, surtout s'il s'agit de découvertes plutôt que de travaux d'érudition ou
de l'examen de théories déjà plus ou moins dis-
cutées par les savants.

« J'avais passé beaucoup de temps dans
l'étude des sciences abstraites, dit l'illustre
Pascal ; mais le peu de gens avec qui on peut
en communiquer m'en avait dégoûté. Quand
j'ai commencé l'étude de l'homme, j'ai vu que
les sciences abstraites ne lui sont pas propres,
et que je m'égarais plus de ma condition en y
pénétrant, que les autres en les ignorant : et je
leur ai pardonné de ne pas s'y appliquer. Mais
j'ai cru trouver au moins bien des compagnons
dans l'étude de l'homme, puisque c'est celle qui
lui est propre. J'ai été trompé. »

En abordant l'étude des mathématiques avant
celle de la philosophie, Pascal écoutait bien
moins le désir de complaire aux hommes, qu'il
ne suivait la loi de sa propre organisation. Un
esprit aussi indépendant que le sien ne fait pas
de semblables concessions. Pascal a d'abord
donné carrière à son imagination, parce que
c'est la première faculté qui s'est développée
chez lui avec une intensité très-prononcée; il a
été physicien ensuite, puis philosophe, parce

que l'esprit d'observation, en se développant à son tour, s'est attaché successivement à étudier les choses et les hommes.

Si l'on voulait y voir de près, on trouverait en général la même succession chez tous les hommes qui se sont le plus distingués. C'est l'imagination qui, d'abord, cherche à se faire jour ; elle emprunte à cet effet le langage du poëte ou celui du mathématicien, selon l'allure plus ou moins sévère de l'esprit. Le jeune De Candolle s'occupait de poésie avant que son talent d'observateur se fût complétement révélé à lui. Il en était de même d'Ampère qui préludait par des poésies et des recherches mathématiques aux profondes conceptions du physicien, ainsi qu'à des travaux philosophiques. Jean-Jacques Rousseau, en arrivant à Paris, n'y apportait que des poésies et des combinaisons mathématiques qu'il cherchait à introduire dans l'art musical. Ces exemples sont si nombreux, qu'on les rencontre dans presque toutes les biographies.

On trouve, au contraire, peu d'hommes qui aient abandonné les sciences d'observation ou les études philosophiques, pour s'appliquer aux arts d'imagination, à la poésie ou aux mathématiques pures. Si j'excepte quelques jeunes gens, poussés par leurs parents dans une car-

rière qui n'allait point à leur organisation intellectuelle, je chercherais vainement, je crois,
des exemples un peu remarquables de pareilles
transitions. On citera peut-être le brillant
écrivain de *Paul et Virginie*, l'élégant interprète
des Études et des Harmonies de la nature; mais
il est permis de douter que Bernardin de Saint-
Pierre se fût sérieusement occupé des études
qui font l'ingénieur géographe. Je n'en veux
d'autres témoignages que ses étranges théories
sur la forme de notre globe et sur les causes
des marées.

Plusieurs des hommes qui se sont le plus
distingués dans la carrière de l'imagination,
ont cultivé simultanément les différentes branches des connaissances qui s'y rattachent. Je
citerai l'exemple des Léonard de Vinci, des
Michel-Ange, des Albert Dürer, des Rubens;
ces grands artistes n'étaient pas seulement
peintres, ils s'étaient occupés de poésie, de
mathématiques, de musique, d'architecture,
d'optique, etc. Albert Dürer et Léonard sont
rangés parmi les plus grands géomètres de leur
époque. Ce n'est que dans nos temps modernes, que l'on s'est pris à répéter que les mathématiques ne supposent pas le développement
de l'imagination.

Quant à ceux qui cultivent exclusivement la

poésie, les mathématiques ou les beaux-arts, on voit leur talent se modifier avec l'âge et subir des transformations qui se succèdent à peu près constamment dans le même ordre. Ainsi, le mathématicien commence par des recherches de mathématiques pures; il passe plus tard aux applications, au perfectionnement des méthodes; puis enfin, à l'examen métaphysique de ces mêmes méthodes. Il manie d'abord hardiment l'arme du calcul; il en examine ensuite le tranchant, et finit par en approfondir la théorie. Il semble que ce ne soit pas là l'ordre naturel des choses; et pourtant on marche aussi, sans avoir appris d'abord la science de l'équilibre.

Le peintre, le statuaire, le musicien produisent, dans leurs débuts, des ouvrages plus brillants par la forme que solides par la pensée; ils s'occupent ensuite de donner plus de style à leurs conceptions; leurs ouvrages sont mieux combinés, plus savamment composés, mais souvent c'est aux dépens de la verve et de l'originalité.

Le talent poétique prend aussi plus ou moins tardivement son essor, selon le genre de composition dont on s'occupe. Le poëte tragique dont les passions et une imagination vive sont les principaux éléments de succès, peut arriver plus tôt au complet développement de son talent,

que le poëte qui consacre son génie à la haute
comédie et à la peinture des mœurs. Il ne
suffit pas en effet, pour ce dernier, d'avoir une
imagination riche et de posséder parfaitement
toutes les ressources de sa langue ; il doit avoir
encore un puissant esprit d'observation, qui est
l'apanage de l'âge mûr bien plus que de la jeunesse. Molière, lui-même, n'a commencé à produire ses œuvres capitales que vers l'âge de 46
ans, époque où il donna le Misanthrope, le
Tartufe, l'Avare, le Bourgeois gentilhomme ; les
Femmes savantes ne furent composées que vers
la fin de sa vie.

L'imagination est donc l'une de nos facultés
intellectuelles qui se développent les premières,
l'observation et la réflexion dominent plus tard ;
et, plus tard encore, se manifeste le génie philosophique qui ne s'arrête plus à l'examen d'objets purement matériels, mais qui veut se rendre compte des principes des choses et s'enfoncer
dans toutes les abstractions métaphysiques.

Nous verrons bientôt que l'histoire des sciences assigne au développement de l'esprit humain, considéré de la manière la plus générale, les mêmes phases qu'au développement
de l'intelligence de l'individu.

La mémoire est peut-être la faculté qui, dès
notre enfance, se manifeste avec le plus d'inten-

sité. Néanmoins, si nous voulons faire un appel à nos premiers souvenirs, nous trouverons qu'ils ne remontent guère au delà de l'âge de trois à quatre ans. Cette faculté précieuse est un des éléments les plus essentiels pour l'acquisition de nos connaissances ; c'est aussi l'un des éléments que nous perdons le plus tôt. La mémoire des noms semble nous quitter la première ; et vers l'âge de quarante-cinq ans, beaucoup de personnes en font déjà la triste expérience.

La mémoire se développe plus tôt que l'imagination, qui ne fait que reproduire en quelque sorte les éléments acquis par la mémoire, pour en déduire ou des conceptions scientifiques ou des images que la littérature et les arts savent mettre à profit. La raison exige un temps plus long pour arriver à sa maturité.

On pourrait dire que le développement des facultés intellectuelles se fait successivement dans un ordre toujours le même, chez les différents êtres de la création ; mais qu'il est plus ou moins complet, selon leur organisation plus ou moins parfaite. On ne saurait contester la mémoire aux animaux ; on peut leur refuser l'imagination et surtout le raisonnement.

CHAPITRE IV.

**Influence de l'âge sur le développement du talent
dramatique.**

J'ai essayé, dans un autre ouvrage, d'étudier comment se fait le développement du talent dramatique, et de rechercher par quels degrés il passe successivement pour arriver à son point culminant. Mes recherches ont eu particulièrement pour objet le théâtre français et le théâtre anglais ; et je n'ai tenu compte que des ouvrages qui sont restés à la scène.

J'ai pu constater ainsi, qu'en France le talent dramatique ne se manifeste qu'après l'âge de 20 ans, qu'il se développe ensuite avec énergie vers l'âge de 30 ans, continue à croître, atteint un maximum et se soutient avec assez de vigueur jusque vers l'âge de 50 à 55 ; il diminue alors sensiblement, surtout si l'on a égard à la valeur des ouvrages produits.

En Angleterre, il suit à peu près exactement les mêmes phases, seulement il est un peu plus précoce qu'en France ; les auteurs entrent un peu plus tôt dans la carrière dramatique et arrivent aussi plus tôt au complet développe-

ment de leur talent. On conçoit que cette précocité de quelques années peut tenir au caractère des études nationales, à la facilité de faire
représenter les ouvrages sur la scène et à bien
d'autres causes. Il est aisé de reconnaître néanmoins que les phases du développement sont les
mêmes, que le génie producteur se manifeste
vers 20 ans et commence à baisser insensiblement vers 55 ans, après avoir passé par un
état maximum.

C'est entre 20 et 55 ans qu'ont été produits
tous les chefs-d'œuvre de la scène française ; en
dehors de ces limites, on ne trouve plus que
des ouvrages de second ordre ; et il en est de
même en Angleterre. Ces trente-cinq années
forment donc, en quelque sorte, la carrière de
l'auteur dramatique.

J'ai déjà fait remarquer que le talent de
l'auteur tragique arrive à sa maturité plus tôt
que celui du poëte qui consacre son talent à la
haute comédie. Pour le premier, le maximum
se prononce entre 30 et 40 ans ; et, pour le
second, entre 40 et 55. Cette observation subsiste non-seulement en ayant égard à la fécondité du talent, mais encore au mérite des ouvrages.

La méthode que j'ai suivie pour constater
ces résultats, suppose qu'on ait égard à la fois

au nombre et à la valeur des ouvrages produits
à chaque âge. C'est la méthode indiquée par le
bon sens, mais régularisée autant que possible
par la science.

Ces résultats, une fois connus, semblent
pouvoir s'expliquer de la manière la plus naturelle. La tragédie met plus particulièrement
en jeu les passions et l'imagination du poëte ;
la comédie exige un développement plus grand
de la raison, une connaissance plus approfondie
des hommes et cet esprit calme que l'observateur ne peut guère posséder qu'après avoir vu
s'amortir le jeu de ses propres passions.

CHAPITRE V.

Excès du travail nuisible. — État d'équilibre. — Aliénation mentale. — Morts prématurées.

Il est un état d'équilibre nécessaire entre nos facultés intellectuelles et nos facultés physiques. Quand cet état existe, l'homme produit intellectuellement tout ce qu'on peut attendre d'une brillante organisation, sans qu'il y ait maladie par excès ou par défaut ; quand au contraire l'équilibre est rompu, ses facultés souffrent et sont exposées à des maladies spéciales qui méritent, par cela même, toutes nos études.

Un développement trop prononcé de notre physique rend l'intelligence paresseuse et souffrante ; trop peu de développement, surtout si le système nerveux vient à prédominer, donne à notre intelligence une surexcitation qui peut lui devenir funeste. Ce n'est pas sans raison que l'on insiste sur l'adage *mens sana in corpore sano*.

C'est particulièrement sur l'enfance, époque où se fait le développement des facultés les plus précieuses de l'homme, qu'il faut étendre

une sollicitude éclairée; il faut alors donner de
la rectitude au coup d'œil, de la finesse au tact,
de la justesse à l'ouïe. Quand ces organes ont
été exercés avec prudence, l'enfant conçoit avec
plus de facilité, et ses facultés intellectuelles se
prononcent avec plus d'harmonie et de force.

L'irréflexion et la vanité des parents font
qu'on suit généralement une marche tout opposée. On a hâte de saisir les premiers indices
du développement de l'intelligence, on s'ap-
plaudit de voir s'épanouir un esprit précoce, et
l'on ignore presque toujours à quel prix on
achète ces satisfactions de l'amour-propre.

L'entendement porté à sa maturité avec trop
de précipitation, détruit le physique. Les jeunes
plantes élevées en serre chaude portent promptement leurs fruits et dépérissent après avoir
satisfait une curiosité trop impatiente. De même
la plupart des jeunes prodiges qui ont été offerts
à l'admiration des hommes, ont fini par avorter
après avoir excité pendant quelque temps un
étonnement peu réfléchi; et ceux dont l'intelligence ne s'est pas complétement arrêtée, ont
succombé à une mort prématurée. On ne bouleverse pas impunément les lois de la nature.

Le défaut de culture de l'esprit produit
d'autres inconvénients; il laisse bien souvent
au physique une prédominance fâcheuse, ou

bien il lâche la bride à des passions désor-
données. En général, le manque de développement de l'intelligence porte obstacle au développement des qualités physiques, il ne
permet pas à la physionomie de prendre de
l'expression et de la noblesse, à nos membres
d'acquérir de la souplesse et de la grâce, à notre
démarche d'avoir cet aplomb et cette majesté
qui accusent le roi de la création. C'est avec
raison que la Bruyère a dit : « Il n'y a rien de
si délié, de si simple et de si imperceptible, où
il n'entre des manières qui nous décèlent. Un
sot ni n'entre, ni ne sort, ni ne s'assied, ni ne
se lève, ni ne se tait, ni n'est sur ses jambes,
comme un homme d'esprit (1). »

Il existe donc, pour chaque intelligence, un
certain degré de développement qu'il ne faut
pas chercher à dépasser. Je vais même plus loin,
et je maintiens que les trois principaux éléments
de l'homme, les facultés physiques, morales et
intellectuelles, sont tellement liées, tellement
dépendantes les unes des autres qu'on ne saurait agir sur elles séparément. Il se présente
donc ici un problème de maximum d'effet, qui
consiste à rechercher dans quel rapport les facultés doivent être généralement développées :

(1) *Les Caractères*, chap. ii, Du mérite personnel.

je dis généralement, parce que ce rapport ne peut
être le même en passant d'un individu à un autre. Chez l'un, il faut exercer plus particulièrement le physique; chez l'autre, c'est le moral ou
l'intelligence. S'attacher à développer un élément seulement sans consulter les deux autres,
c'est s'exposer à produire les résultats les plus
fâcheux.

Une maladie affreuse frappe l'homme dans le
trop ou le trop peu de développement de son
intelligence. Pendant longtemps on a désigné
sous le nom de folie, tous les dérangements auxquels notre raison est exposée; on a mieux
compris plus tard qu'il est essentiel de distinguer l'idiotisme de l'aliénation mentale; ce
sont en quelque sorte les deux états extrêmes
entre lesquels flotte notre intelligence.

L'idiotisme est un manque de développement
intellectuel, produit souvent par une organisation physique vicieuse; il se distingue de la démence qui est l'affaiblissement de la raison,
occasionné par la vieillesse ou par des excès.

L'aliénation mentale au contraire est une
surexcitation, un état de l'intelligence qui dépasse la portée de notre organisation physique.
Cette surexcitation est d'ordinaire d'autant plus
aiguë qu'elle se concentre davantage sur un
même objet; de là, les idées fixes, la monomanie.

Si notre distinction est exacte, l'idiotisme
et la démence doivent se rencontrer aux deux
extrémités de la vie : d'une part, dès l'enfance,
l'intelligence est dominée par la matière, et
désormais tout remède est impossible; de l'autre, l'intelligence affaiblie cesse également
d'être en équilibre avec le physique et se trouve
hors d'état d'exercer ses fonctions.

Pour ce qui concerne l'aliénation mentale,
on la rencontre souvent chez les organisations intellectuelles les plus heureuses, au
plus bel âge de la vie, et quand notre esprit
est dans sa plus grande activité. D'après les documents de plusieurs pays, j'ai trouvé que l'a-
liénation mentale marche à peu près parallèle-
ment avec le développement de la raison, et que
c'est aussi entre 30 et 55 ans qu'elle se manifeste
avec le plus d'intensité et cause les maladies
dont la guérison rencontre le plus d'obstacles.

Ce rapprochement est curieux sous plus d'un
rapport; par exemple, à l'âge de 45 ans, nos facultés mentales flottent entre des limites plus ou
moins étendues; tantôt elles s'exercent très-mé-
diocrement, tantôt avec beaucoup d'activité, et
plus souvent d'une manière modérée et dans un
état d'harmonie avec notre organisation. Ce dernier état s'observe chez la généralité des hommes; et, plus on s'écarte de l'état normal, plus

les exceptions deviennent rares. Il nous serait
impossible de grouper un grand nombre
d'hommes d'après la grandeur des écarts de
leur raison par rapport à l'état normal, mais tout
porte à croire que'nous retrouverions, encore
ici, un classement analogue à celui donné par
la loi des causes accidentelles. On conçoit du
reste que les écarts ne peuvent être estimés
que relativement; ce qui est écart pour l'un est
un état très-modéré pour l'autre; il en est des
forces de l'esprit comme de celles du corps.

La loi des causes accidentelles existerait donc
pour les facultés mentales, comme pour les facultés physiques. Chaque individu présenterait un écart plus ou moins grand par rapport à l'état moyen; et l'ensemble de ces écarts
serait subordonné à la loi de continuité que
nous avons déjà rencontrée dans tout ce qui
tient à notre espèce. L'homme même, pris dans
son individualité, a un développement intellectuel plus ou moins prononcé dont il s'écarte à
chaque instant, soit en plus soit en moins; mais
ces écarts sont généralement faibles, et se trouvent sous l'influence de causes accidentelles
dont ils subissent aussi la loi.

Il est une distinction qu'il importe de faire
par rapport aux états extrêmes de l'intelligence.
Parmi les individus qui naissent, il s'en trouve

probablement autant qui pèchent par défaut
d'intelligence et qui sont destinés à rester idiots,
que d'autres qui pèchent par un excès contraire,
et par une tendance trop forte à laisser prédominer l'intelligence sur le physique; ceux-ci
succombent d'une manière prématurée et à des
époques peu éloignées de la naissance, tandis
que les premiers sont destinés à végéter et à
vivre de la vie animale.

Si nous considérons l'homme pendant le cours
de son existence, nous aurons à faire la même
remarque. Quelquefois son intelligence s'écarte
de beaucoup de ces limites ordinaires, soit en
moins, soit en plus ; or, on ne voit pas que les
écarts extrêmes en moins aient de graves conséquences, tandis qu'il n'en est pas de même
des écarts en plus qui produisent les fièvres
cérébrales, les aliénations mentales et quelquefois la mort même. L'antagonisme qui s'établit entre la vie animale et la vie intellectuelle,
quand elles rompent leur harmonie habituelle,
ne se fait donc pas avec les mêmes chances d'accidents. Dans ses écarts en moins, l'intelligence
ne tue point le physique, comme elle le fait
assez généralement dans ses écarts en plus.
Est-ce parce qu'en sortant de nos limites habituelles, nous rencontrons encore, d'une part,
des êtres vivants dont nous partageons la vie

animale? tandis que, de l'autre part, nous ne saisissons plus rien qui ait des rapports avec nous ; il faudrait sortir de l'humanité et nous élever au-dessus de la chaîne des êtres qu'embrasse la création.

142   LIV. I. — DE L'HOMME.

animale? tandis que, de l'autre part, nous ne saisissons plus rien qui ait des rapports avec nous ; il faudrait sortir de l'humanité et nous élever au-dessus de la chaîne des êtres qu'embrasse la création.

LIVRE DEUXIÈME.

DES SOCIÉTÉS.

SECTION PREMIÈRE.

DE L'ÉTAT PHYSIQUE.

CHAPITRE PREMIER.

Des liens qui unissent les hommes entre eux.

L'homme se trouve presque constamment sous l'empire de deux sentiments opposés : le besoin d'affection et d'appui qui le rapproche des autres hommes, et l'égoïsme qui tend sans cesse à l'isoler.

Dans cet état d'antagonisme, les forces attractives qui portent les individus à s'unir entre eux, finissent généralement par exercer une prépondérance qui détermine différentes espèces de combinaisons. La plus simple et la plus naturelle est sans contredit celle de la famille ;

on la retrouve à toutes les époques et chez tous les peuples. Quelquefois même les liens de famille s'établissent avec une intensité si forte qu'ils absorbent, jusqu'à un certain point, l'individu et entravent sa libre faculté d'agir. La *vendetta*, chez le Corse, montre jusqu'à quel point les exigences de parenté peuvent être impérieuses et tyranniques.

Je ne m'arrêterai pas à rechercher quels sont les différents genres d'agrégation qui peuvent réunir les hommes entre eux , ni les causes qui les font naître. Je me bornerai à parler de la combinaison la plus importante pour le genre d'études qui nous occupe, de celle que présente un peuple ou plutôt une nation. La conformité d'origine, de mœurs, de langue, de religion, de souvenirs historiques, l'occupation d'un même territoire, la crainte des mêmes dangers, le besoin d'un appui mutuel, telles sont ordinairement les principales bases d'une pareille combinaison.

Une nation est donc un corps composé d'éléments homogènes qui fonctionnent avec unité et qui sont animés d'un même principe vital. Ce corps naît, se développe, passe par les différentes phases que présentent les êtres organisés, et paye comme eux son tribut à la mort. Pour le bien connaître, il faut l'étudier comme

nous avons étudié l'homme isolé , sous le triple
rapport des qualités physiques, morales et intellectuelles.

Nous aurions à considérer comment les peuples naissent, comment ils grandissent ; à quels
signes on reconnaît leur état plus ou moins
prospère ; comment on apprécie leur force physique et morale, le caractère qui les distingue
à chaque âge ; enfin , dans quelle période de
temps se trouve limitée leur vie moyenne.

Je ne puis avoir la prétention de résoudre ces
différents problèmes , mais leur examen pourra
sans doute suggérer quelques remarques intéressantes.

CHAPITRE II.

Ce qui constitue un peuple, une nation, un État.

Quand une nation se révèle, elle a déjà en elle-même le principe de vie nécessaire pour assurer son existence et la défendre au besoin.

Une nation ne se forme pas toujours d'éléments homogènes ; assez souvent, au contraire, elle est le résultat de l'invasion et du mélange des vainqueurs et des vaincus. Sur les débris d'un peuple qui périt, il se forme un peuple nouveau. L'enfantement peut être plus ou moins long, plus ou moins difficile ; il faut que le temps ait pu calmer les passions et effacer la ligne de démarcation entre les oppresseurs et les opprimés.

Chacun alors consent à sacrifier, dans l'intérêt de tous, une partie de son individualité. Ce qu'il engage de la sorte, il l'acquitte avec d'autant plus d'exactitude qu'il sent davantage la nécessité de maintenir l'unité, et de donner de la force au gouvernement pour écarter les dangers communs. Un pareil pacte ne se

conclut pas d'une manière solennelle ; il s'établit
en quelque sorte à l'insu de ceux qui le contrac-
tent. Chacun veut jouir paisiblement de ce qu'il
a et de la portion de liberté qu'il s'est réservée.
C'est quand on se croit sûr de ces garanties,
que l'esprit public se refroidit et que l'égoïsme
se réveille ; c'est alors que la nation, privée du
tribut que lui devait chaque citoyen, perd successivement de sa force et voit se multiplier les
chances d'une ruine prochaine.

Une nation peut, sans cesser d'exister, changer la forme de son gouvernement ; c'est ainsi
que la nation romaine a vu se succéder la
royauté, la république et l'empire ; elle peut
aussi se fractionner en différents États, comme
anciennement la nation grecque et, dans les
temps modernes, la nation allemande.

Quelquefois la formation d'un *État* est le résultat d'arrangements politiques auxquels le
peuple n'a pris aucune part. Le peuple nouveau, uni par des liens qu'il doit à des mains
étrangères ou à un pouvoir oppresseur, est
moins disposé à les respecter ; ceux qu'il doit à
la nature ou à une origine commune et qui
constituent la *nation*, exercent une influence
plus profonde et plus durable. Le peuple grec
se divisait en différents États, mais il formait
toujours une seule et même nation ; de même

la nation italienne, bien que morcelée, a toujours conservé une tendance à rétablir son unité.

L'instinct de conservation qui forme les agrégations d'hommes et qui est le premier germe de la nationalité, unit quelquefois plusieurs peuples entre eux, quand ils se trouvent en présence d'un ennemi commun qui menace leur existence. C'est ainsi que les peuples chrétiens se liguaient, au moyen âge, pour repousser les invasions des Sarrasins; c'est ainsi qu'ils se sont unis, plus tard, pour combattre les progrès de l'islamisme.

Pour qu'une nation soit puissante, il faut que toutes les parties de ce grand corps fonctionnent dans un juste équilibre; il faut que les membres agissent avec harmonie, dès que l'intelligence qui les dirige leur imprime le mouvement. C'est avec cette organisation vigoureuse que la nation grecque, malgré l'infériorité du nombre, a successivement vaincu toutes les armées asiatiques qui fondaient sur elle; c'est ainsi que Rome est devenue la maîtresse du monde.

Une des premières conditions d'une existence durable chez un peuple, c'est la forme de son gouvernement. On conçoit que, parmi toutes les combinaisons politiques, il en est une qui

lui convient mieux que toutes les autres et qui,
avec le moins de sacrifices possible pour les
individus, leur procure toutes les garanties dé-
sirables. Selon que le législateur s'en écarte
plus ou moins, il rend aussi plus ou moins problématiques les conditions de stabilité de la
nation dont les destinées lui sont confiées.

Comme tous les peuples n'ont pas les mêmes besoins, il en résulte aussi qu'ils n'ont
pas les mêmes sacrifices à faire. Ces besoins
dépendent du territoire qu'ils occupent, du
degré de maturité où ils sont parvenus, de
leur caractère particulier et d'une infinité d'autres causes.

Il n'existe sous ce rapport rien d'absolu ;
telle constitution politique qui convient à un
peuple, serait essentiellement nuisible à un
autre ; il y a plus, elle peut être parfaitement
appropriée à un peuple à peine naissant et ne
pas lui convenir à une autre époque de son existence. Les peuples, comme les individus, changent de besoins selon les différents âges.

L'expérience semble prouver que le gouvernement monarchique est celui qui convient le
mieux à une nation naissante. L'activité de la
vie, pendant la jeunesse, se concentre davantage sur un même point. Les plus anciens empires, et particulièrement ceux d'Assyrie et

d'Égypte, ont été gouvernés par des rois pendant toute leur longue existence. Les républiques de la Grèce ont aussi commencé par le gouvernement monarchique et il en a été de même de la nation romaine.

Les premiers âges des peuples modernes présentent la même forme gouvernementale ; le pouvoir se trouve généralement réuni dans une seule main ; chez quelques-uns, dans un âge plus avancé, le pouvoir tend à se diviser ; les gouvernements constitutionnels forment une espèce d'intermédiaire entre la monarchie et la république.

On objectera peut-être que les États-Unis d'Amérique ont débuté par le gouvernement républicain ; mais il est à remarquer que le peuple n'était pas essentiellement nouveau ; il faut le considérer plutôt comme une fraction de la nation anglaise qui, parvenue à l'âge adulte, s'est émancipée et détachée avec violence de la mère patrie.

Quand un peuple vieillit et se désorganise, on remarque, en général, la même faiblesse et les mêmes besoins que ceux de l'enfance ; le pouvoir se replace encore dans une seule main. Rome a fini comme elle avait commencé, par reconnaître des maîtres sous d'autres noms.

J'ai déjà fait observer que chacun sacrifie,

comme membre de l'État, une partie de sa liberté individuelle ; cette partie est plus ou
moins grande, et le sacrifice est fait en échange
de la protection qui lui est accordée pour sa
personne et pour ses biens. Pour que le contrat soit équitable, il faut que le bénéfice ré-
ponde au prix payé pour l'obtenir. On engage
une partie de sa liberté, pour jouir avec sécurité
de l'autre.

Que m'importe de vivre sous un gouvernement libre, si la liberté est telle qu'elle touche
de près à la licence, si chacun se rapprochant
de l'état de nature peut me porter préjudice,
sans que les lois aient la force nécessaire pour
me donner protection !

D'une autre part, la protection pour ma personne et mes biens peut être très-puissante,
mais ma liberté individuelle être tellement circonscrite, qu'elle se trouve à peu près aliénée.

Dans les gouvernements représentatifs on a
placé à côté du pouvoir exécutif, sous les noms
de députés ou de représentants et de pairs ou
de sénateurs, des défenseurs de l'élément dé-
mocratique et de la propriété. Ils sont chargés
de peser avec équité ce que chaque individu
doit au gouvernement.

Il n'existe pas d'État possible avec une liberté
individuelle illimitée. Mais si, d'un côté, l'ins-

tinct de conservation nous prescrit de nous
soumettre aux lois et de n'aliéner qu'une partie
de notre liberté dans notre propre intérêt; de
l'autre, la nature et notre diignié nous disent
de faire que cette partie soit aussi faible que
possible. C'est donc à l'atténuer que doivent
tendre tous nos efforts, pourvu que la force de
l'État ne soit pas compromise.

Il est nécessaire aussi qu'un État soit non-
seulement fort au dedans, mais encore respecté
au dehors, car de là dépend la considération
dont jouiront à l'étranger les individus dont il
se compose. Il en est des peuples comme des
familles : on ne s'y attache véritablement que
quand il y a honneur à leur appartenir. Ceux
qui ne peuvent se distinguer par la puissance,
par la richesse ou par d'anciens souvenirs historiques, doivent chercher à se concilier l'estime par le développement de l'industrie, des
sciences ou des beaux-arts. Les peuples les plus
puissants de la terre n'ont jamais permis qu'on
portât atteinte à leur pavillon, parce qu'ils
sentaient qu'affaiblir leur puissance morale, c'é-
tait relâcher un des liens les plus sûrs de leur
existence.

Qu'importe qu'un lambeau de soie, fixé à
l'extrémité d'une lance, soit placé un peu plus
haut ou un peu plus bas qu'un autre; mais,

quand ce lambeau est le signe de ralliement
d'un peuple, il en est tout autrement, et plutôt
que d'en abandonner un pouce, l'on sacrifierait
des milliers d'hommes et l'on exposerait à la
dévastation les plus belles provinces : tant l'o-
pinion a de puissance et tant elle demande à
être respectée.

CHAPITRE III.

De la grandeur des États.

Un État, pour se trouver dans les circonstances les plus favorables, doit se tenir resserré dans de justes limites. Dans un corps
trop grand, la vie circule avec peine jusqu'aux
extrémités; l'administration devient difficile;
le gouvernement se trouve insuffisant pour prévenir tous les besoins; il faut employer un
nombre considérable de rouages intermédiaires
qui compliquent la machine et l'empêchent de
fonctionner avec harmonie et promptitude.

D'une autre part, un État trop petit ne peut
protéger ses membres avec toute l'efficacité désirable; il devient, sous beaucoup de rapports,
tributaire de ses voisins, en sorte que les bénéfices que les individus sont en droit d'attendre
de l'État, deviennent à la fois très-problémati-
ques et très-onéreux.

Il arrive aussi que les États trop resserrés
sont dans l'impossibilité d'exécuter de grandes
choses qui, en dehors des avantages qu'en retirent les particuliers, servent encore au bien-
être de l'humanité.

« Comme la nature a donné des termes à la stature d'un homme bien conformé, passé lesquels elle ne fait plus que des géants ou des nains, il y a de même, a dit J. J. Rousseau (1), eu égard à la meilleure constitution d'un État, des bornes à l'étendue qu'il peut avoir, afin qu'il ne soit ni trop grand pour être bien gouverné, ni trop petit pour pouvoir se maintenir par lui-même. Il y a, dans tout le corps politique, un *maximum* de force qu'il ne saurait passer et duquel souvent il s'éloigne à force de s'agrandir. Plus le lien social s'étend, plus il se relâche; et, en général, un petit État est proportionnellement plus fort qu'un grand. »

Les preuves que le philosophe genevois apporte à l'appui de son opinion, sont exposées avec force et précision. Il serait, du reste, impossible, comme on le conçoit, de fixer une grandeur absolue qui devrait être appliquée également à tous les États. Cette uniformité parmi les peuples serait moins naturelle encore qu'une uniformité de grandeur parmi les individus; c'est qu'en dehors des convenances qui règlent les limites, il faut consulter encore d'autres éléments, tels que le territoire, les mœurs, la religion.

(1) *Contrat social,* chap. ix.

Un peuple dont le territoire borde la mer, et qui, par ses vaisseaux, peut, en quelque sorte, s'étendre indéfiniment, sentira moins le besoin de reculer ses limites du côté de la terre. S'il se trouve resserré au milieu des montagnes, il se bornera à ses frontières naturelles, sans chercher à en établir de conventionnelles, dont la conservation serait moins sûre.

Si des circonstances fortuites présidaient seules à la formation des États et en fixaient les limites, on arriverait à cette conséquence remarquable qu'il existerait en définitive une grandeur moyenne appropriée aux besoins des hommes, et que tous les États ne s'éloigneraient de ce territoire type que par des différences en plus et en moins, susceptibles d'être déterminées *à priori*. Leur étendue serait réglée par la loi des causes accidentelles, dont l'application est si féconde dans tous les phénomènes relatifs à la nature et à l'ordre social. Mais un pareil état de choses ne peut exister dans la réalité. Les États sont trop peu nombreux, et les causes accidentelles qui déterminent leurs limites trop multipliées, pour que leurs effets puissent se compenser.

La forme la plus avantageuse semblerait être la fédération entre un grand nombre de petits États, si l'expérience ne prouvait que la fédération n'est guère possible que chez des peuples parfaitement homogènes et où le besoin d'union maintient encore la force. D'ailleurs, de pareils liens ne s'établissent qu'au prix de certains sacrifices; et il se trouve, en définitive, que les libertés individuelles reconnaissent deux dépendances au lieu d'une.

CHAPITRE IV.

Durée moyenne des nations et des États.

Tous les êtres organisés parcourent le cycle
de leur existence, en présentant à peu près les
mêmes phases. Ce cycle, pour chacun d'eux,
est plus ou moins long, et ne semble avoir de
rapport direct ni avec leur grandeur ni avec
aucune autre de leurs qualités physiques. Il en
est de même des peuples; la durée de leur
existence est très-inégale : les uns apportent en
naissant le germe d'une prochaine dissolution ;
d'autres, au contraire, doués d'une constitution robuste, résistent avec énergie à toutes les
chances de destruction. Si l'on considère, cependant, les nations sous un point de vue général, on trouvera qu'elles ont une vie moyenne,
dont on peut assigner la longueur. Je n'entre-
prendrai pas d'établir ici ce calcul, quelque intérêt qu'il puisse présenter; je me bornerai à
jeter un coup d'œil rapide sur la durée des
principaux empires, et à essayer de faire un pas
vers la solution d'un problème intéressant.

Je considérerai d'abord deux des empires les
plus anciens dont l'histoire fasse mention,

puisque leur origine remonte à peu près à l'é-
poque du déluge : ce sont l'empire des Assyriens et celui d'Égypte.

La fondation du premier empire est attribuée
à Assur, petit-fils de Noë, et remonte à 2347 ans
avant Jésus-Christ. Après une durée de 1580
ans, cet empire fut détruit par Arbace, qui con-
traignit Sardanapale à se renfermer dans Ni-
nive et à se donner la mort.

La succession des rois d'Égypte, d'après Rol-
lin(1), remonte à Menès ou Mesraïm, fils de Cham,
environ 2188 ans avant Jésus - Christ. On sait,
d'une autre part, que l'empire d'Égypte fut
détruit après le roi Psammenit, et passa sous
la domination des Perses, après avoir existé
pendant 1663 années. « C'est, comme le remarque Bossuet (2), une assez belle durée d'a-
voir subsisté pendant seize siècles. »

Les deux plus anciens empires, dont les débris subsistent encore, ont donc eu à peu près
la même durée, et tous deux ont été constamment gouvernés par des rois.

Le peuple juif mérite à son tour de fixer
l'attention et par son ancienneté et par le rôle
qu'il a joué dans l'histoire. Quarante ans après

______

(1) *Histoire ancienne*, tome 6, p. 662, table chronologique.
(2) *Discours sur l'Histoire universelle*, 3ᵉ partie, chap. III.

sa sortie d'Égypte et 1451 ans avant Jésus-
Christ, il s'établit dans la terre promise, y constitua un État, et Josué, sous le titre de juge,
devint son premier chef. Après avoir subi différentes vicissitudes et avoir vu son territoire réduit en province romaine, le peuple juif se
révolta et fut vendu comme esclave, 71 ans
après Jésus-Christ. En sorte qu'il faut compter
1522 ans pour la durée de son existence comme
nation.

Le peuple grec se constitua en État à peu
près vers la même époque que le peuple juif.
La fondation du royaume d'Athènes, en effet,
remonte à environ 1556 ans avant Jésus-Christ,
et celui de Lacédémone à 1520. C'est aussi vers
la même époque que Cadmus quitta la Phé-
nicie et Pélops l'Asie-Mineure, pour venir s'établir en Grèce; en sorte qu'on peut reporter à
ces temps reculés l'origine de la nation grecque, qui fut réduite en province romaine 146
ans avant Jésus-Christ. La durée de la Grèce,
comme État indépendant, a donc été de 1410
années.

L'empire romain, dont les développements
ont été si considérables et qui semblait avoir
pour mission la destruction des autres empires,
a duré moins de temps encore. Son origine
remonte à 654 ans avant l'ère chrétienne, et sa

ruine a été consommée 475 ans après cette même ère. Sa durée a donc été de 1129 ans.

Si maintenant l'on compte 1580 ans pour durée de l'empire des Assyriens, 1663 pour les Égyptiens, 1522 pour les Juifs, 1410 pour les Grecs, et 1129 pour les Romains, on trouvera que la durée moyenne de ces cinq empires qui ont eu le plus de retentissement dans l'histoire, a été de 1461 ans. Ce rapprochement assez singulier, et qui est purement accidentel, c'est que cette même durée constitue exactement la période *Sothiaque* ou le cycle caniculaire des Égyptiens; c'est dans la longueur de ce cycle qu'était renfermée l'existence du Phénix. Cet oiseau, en renaissant de sa cendre, formait l'emblème de la coïncidence qui se rétablissait entre les années des Égyptiens et celles des Indiens.

Les nations ont nécessairement une durée plus longue que les États; elles périssent d'ordinaire à la suite d'invasions étrangères et en passant sous d'autres lois. Il peut arriver aussi qu'une nation cesse d'exister, sans que le peuple périsse. Le peuple juif en est un exemple; il a conservé ce qui constitue une nation, moins ses magistrats et ses lois, moins son territoire qu'il a dû abandonner.

La Grèce a passé par deux espèces d'États:

elle a vécu pendant 556 ans sous des rois, et pendant 854 sous la république.

Rome a connu la royauté pendant 145 ans, la république pendant 478 et l'empire pendant 506 ans.

Le peuple juif a également vu se succéder trois espèces de gouvernements : celui des juges pendant 476 ans, celui des rois pendant 920, et celui de la république pendant 121 ans.

Les trois empires qui se sont formés sur les débris de l'ancien empire des Assyriens, ont duré, tous trois, pendant 211 ans, jusqu'à l'époque où Cyrus fonda l'empire des Perses, qui, à son tour, dura pendant 206 années (1).

La durée moyenne des dix formes de gouvernement dont il vient d'être question, est de 448 ans ; ce qui constitue un peu plus du tiers de l'existence de chacune des cinq nations dont il a été parlé en premier lieu.

Si nous considérons les villes anciennes qui se sont établies avec le plus d'éclat pendant l'antiquité, nous trouverons successivement Tyr, Carthage et Syracuse. Or, l'histoire de Rollin nous fournit les données suivantes.

L'ancienne Tyr, fondée 1252 ans avant l'ère chrétienne, fut prise et détruite par Nabucho-

____

(1) Rollin, *Histoire ancienne*, tóme 6, tableau chronologique, p. 672.

donosor, roi des Assyriens, 572 ans avant la même ère, et conséquemment après une existence de 680 ans. Ses habitants se retirèrent dans une île voisine où ils construisirent une ville nouvelle, qui fut prise successivement par Alexandre le Grand et par Antigone. Ce dernier événement eut lieu, l'an 259 avant Jésus-Christ. Il abaissa la puissance de la ville, mais ne l'anéantit pas.

Carthage, fondée 846 ans avant Jésus-Christ, fut détruite par Scipion, après 701 ans d'existence, sans que les Romains y laissassent subsister le moindre monument.

Syracuse, fondée 709 ans avant l'ère chrétienne, fut prise par Marcellus, 504 ans après cette époque, et réduite en province romaine.

Ces trois villes remarquables ont eu une existence moyenne de 627 ans. Cette durée est moins longue que celle des deux républiques, qui, dans les temps modernes, ont joué le même rôle; je veux parler de Venise et de Gênes. Les îles vénitiennes qui, jusqu'en 697, avaient été gouvernées par des tribuns, se réunirent, à cette époque, sous un seul gouvernement et élurent pour chef Paul Anafeste. Ce fut le commencement de cette république si puissante dont l'existence se prolongea pendant onze siècles.

Gênes fut constituée indépendante dès le neuvième siècle; et cette rivale de Venise succomba comme elle, vers la fin du dix-huitième, en sorte qu'elle compte aussi neuf à dix siècles d'existence.

La durée des villes n'est pas plus soumise au jeu régulier des causes accidentelles que la durée ou l'étendue des nations; on peut bien lui assigner une valeur moyenne comme à la vie de l'homme, mais chaque ville en particulier porte en elle-même ses conditions spéciales de vie et de mort. On pourrait, tout au plus, construire pour les villes une table analogue à celle de la mortalité pour les hommes; cependant une pareille table aurait peu de chances d'être exacte. D'abord, le nombre d'observations que nous présente l'histoire est extrêmement restreint; et, d'une autre part, l'origine et la fin d'une ville ne sont pas marquées d'une manière précise, comme les deux termes extrêmes qui limitent la vie humaine.

CHAPITRE V.

Théorie de la population.

L'Être suprême, en créant les différentes espèces d'animaux et de plantes, et en les soumettant chacune à son principe universel
d'ordre et d'harmonie, n'a pu concevoir la
pensée de leur donner une existence éphémère,
comme il l'a fait pour les individus qui les
composent. Tout, dans chaque espèce, au contraire, porte le caractère de la permanence.
Ainsi, les animaux et les plantes se reproduisent en suivant une progression ascendante,
quelquefois très-rapide. S'il en était autrement,
ces espèces seraient bientôt éteintes, en supposant même que chaque individu reproduisît son
semblable, sans pouvoir jamais s'écarter de
cette loi, ni en plus ni en moins ; et, en effet,
chaque décès prématuré causerait nécessairement une perte irréparable.

Ces remarques sont également applicables à
l'espèce humaine. L'expérience, d'accord avec
le raisonnement, prouve que nous avons une
tendance naturelle à nous reproduire, selon
une progression géométrique ascendante. Ce

principe, reconnu depuis longtemps, et mis en évidence par de nombreux travaux, et surtout par ceux de Malthus, n'a été sérieusement contesté par personne.

Comment alors se fait-il que l'espèce humaine ne couvre pas, depuis longtemps, toute la surface du globe? Mais on peut faire la même demande au sujet de tous les êtres vivants de la création, car tous, comme je l'ai dit, ont une tendance à se multiplier selon une progression géométrique, et quelques-uns ont cette tendance infiniment plus développée que l'homme. Cependant nous voyons toutes les espèces demeurer numériquement resserrées entre des limites qu'elles ne dépassent pas.

Ces limites existent aussi pour l'homme. Il est donc une cause qui contre-balance les effets du principe énoncé précédemment et qui empêche notre espèce de se multiplier d'une manière indéfinie. Cette cause, d'après la plupart des économistes et des statisticiens modernes, se trouverait dans la difficulté de se procurer les moyens de subsistance.

Les progrès des lumières et une pratique mieux entendue de l'agriculture peuvent augmenter, selon eux, les produits de la terre; mais l'accroissement de ces produits, pour une surface donnée, ne sera jamais aussi rapide que l'accroissement de la population qui la couvre. Comme d'ailleurs l'étendue du globe est bornée, il doit arriver un instant où la terre ne produirait plus assez pour ses habitants, s'ils continuaient, toutefois, à se développer sans obstacles.

La rupture d'équilibre peut se manifester, même sans sortir des limites de l'Europe. Ces principes ont pu être contestés aussi longtemps que les guerres et les autres fléaux, qui ont décimé les hommes, portaient assez obstacle à l'accroissement de la population pour que l'on n'eût pas à craindre les effets des disettes. Mais depuis qu'une paix profonde a laissé prendre aux différentes populations de l'Europe un libre développement, on a commencé à reconnaître, dans quelques localités, qu'on était arrivé à peu près au point où les subsistances pourraient manquer aux besoins des hommes.

L'insuffisance de la production se fait surtout ressentir, quand des années calamiteuses réduisent les récoltes au-dessous de leur état normal ; ce qu'on importe de l'étranger à des prix fort élevés, est loin de pouvoir réparer les pertes ; c'est alors que commencent les privations pour les classes inférieures ; l'excès du travail, nécessaire pour se procurer une nourriture même insuffisante, finit par miner les

meilleures constitutions et par produire une
mortalité rapide.

Dans les pays où la population s'est accrue
au point d'atteindre ce fatal niveau, le vase doit
nécessairement déborder et le trop plein se répandre et se perdre. Il n'y aurait que deux
moyens de faire cesser cet état de crise; ce serait d'ôter à la population sa tendance à se
multiplier au delà de ses limites, ou de multiplier les moyens de subsistance. Et, par ces
derniers mots, je n'entends pas seulement qu'il
faut faire produire à la terre plus qu'elle n'a
rendu auparavant, mais encore augmenter les
productions de toute espèce, afin de donner au
peuple les moyens d'acheter à de hauts prix,
s'il le faut, les nourritures qu'on ira prendre à
l'étranger, pour suppléer à l'insuffisance des
productions du territoire.

Si les récoltes seules réglaient la grandeur de la population, la Crimée et les autres
pays qui fournissent du grain à l'Europe, auraient bientôt une population immense qui em-
pêcherait les exportations; mais, pour que
l'homme vive, il lui faut autre chose encore que
du pain. Telle contrée du centre de l'Europe
pourrait ne pas récolter un hectolitre de froment, et cependant produire plus que la Crimée.

Quelle que soit l'activité de l'homme, le remède doit bientôt devenir insuffisant, à cause de sa tendance rapide à se reproduire.

C'est cette tendance qu'il faut combattre; les guerres, les famines, les pestes, le défaut de liberté et de lumières qui restreignent la population, et bien d'autres fléaux se chargeaient de ce soin, dans des temps barbares et même à des époques assez rapprochées. Depuis que ces moyens dérivatifs ont manqué, quelques peuples ont cherché à y suppléer par des émigrations. C'est ainsi que l'Allemagne exporte annuellement 60 à 80 mille de ses habitants vers l'Amérique septentrionale. Mais ces émigrations occasionnent des frais immenses et ne font que pallier temporairement le mal, sans en arrêter le cours.

En Bavière, on a cherché à mettre obstacle à des mariages inconsidérés, en les défendant à ceux qui ne remplissent pas certaines conditions. Mais, en voulant remédier à un mal, n'a-t-on pas produit un autre mal plus grand encore ? N'a-t-on pas jeté la perturbation dans les familles ? On trouve, en effet, que le nombre des enfants illégitimes y est presque égal à celui des enfants légitimes.

L'établissement des couvents, en favorisant la vie contemplative et en imposant le célibat

comme obligatoire, avait également pour effet
de porter remède au mal social qui nous occupe.

En Chine, où la population déborde depuis
longtemps, on a recours aux moyens les plus
affreux pour éviter le fléau envahisseur. On sait
quel sort déplorable attend les nouveau-nés
dont le nombre pourrait devenir inquiétant.

Les Grecs, malgré leurs guerres presque con-
tinuelles et malgré leurs nombreuses colonisations, avaient également entrevu les dangers
dont ils étaient menacés. Placés dans les circonstances physiques les plus heureuses du
monde, ils avaient compris la tendance de
l'homme, dans sa reproduction, à dépasser les
bornes de la fécondité de la terre; et chez eux,
l'avortement, l'infanticide même, n'étaient
point des crimes comme dans les sociétés chré-
tiennes. L'un de leurs philosophes les plus éclairés, Aristote, s'est chargé de faire l'apologie de
ces moyens préventifs, réprouvés de nos jours
par la morale et punis par nos lois. Des turpitudes qu'on se refuserait à croire, si elles n'a-
vaient été célébrées par leurs poëtes les plus
distingués, tendaient également à entraver la
marche de la nature.

On le voit, à toutes les époques et partout,
on s'est préoccupé des dangers qu'entraîne

l'excessive tendance de l'homme à se reproduire, et l'on a cherché par différents moyens
à y porter obstacle.

Malgré l'expérience du passé et les progrès
des sciences sociales, on ne saurait disconvenir
que, de nos jours encore, il ne soit très-difficile
de porter remède au mal. Ce qui le prouve le
mieux, c'est l'indécision des économistes à cet
égard.

Nous avons assez de moralité et de religion
pour ne pas tomber dans les hideux excès des
peuples anciens, mais nous en avons trop peu
pour pratiquer les vertus qui pourraient nous
arrêter sur le bord de l'abîme. La prévoyance
devrait surtout nous imposer l'obligation de
ne pas contracter d'unions irréfléchies, et nous
détourner de donner le jour à des enfants qu'il
nous sera impossible de nourrir.

On dira peut-être qu'il ne convient pas de
détruire un penchant naturel de l'homme et
d'étouffer l'instinct qui le porte à la reproduction. Mais cette objection est-elle bien sérieuse;
et l'Église catholique, par exemple, se met-elle
en opposition avec la morale, quand elle prescrit le célibat au prêtre? D'ailleurs il ne s'agit
pas de créer des lois qui défendent le mariage;
il suffit de recommander la prévoyance et de
conseiller le célibat à ceux-là seulement qui se

croiraient hors d'état de pourvoir à leur subsistance et à celle de leur famille ; c'est un acte
d'humanité qu'on demande. On ne s'adresse
au surplus qu'à des hommes assez religieux et
assez moraux pour qu'ils ne se jettent pas dans
d'autres excès plus répréhensibles encore.

Les anciens admettaient l'infanticide et l'a-
vortement; quelques modernes ont voulu laisser
à la nature son libre cours, sans que ces crimes
devinssent nécessaires pour limiter la trop
grande multiplication de notre espèce; ils ont
permis les mariages, sous la condition d'en
éviter les conséquences. Pour arrêter le mal
plus près de sa source, leurs moyens préventifs différaient-ils essentiellement de ceux
des anciens? Ils ont, en tout cas, excité de vives
réclamations qui ont également été dirigées
contre ceux qui se bornaient à demander un
célibat absolu à qui ne pouvait élever une
famille.

Quoi qu'il en soit, on a cru reconnaître, dans
les familles aisées, une tendance moins grande
à se reproduire que chez le bas peuple. Cette
différence tient-elle à plus de moralité, à plus
de prévoyance? il serait difficile de le dire. Il
est certain que, chez des peuples où la misère
a produit le découragement et la dégradation,
les mariages et les naissances sont généralement

très-fréquens ; mais les enfants ne font pour ainsi dire que passer du berceau dans la tombe ; à côté d'une grande fécondité, on trouve une mortalité excessive.

« De toutes les raisons que l'on a données jusqu'ici du peu de durée que semble comporter cette existence moyenne, dit M. Benoiston de Châteauneuf, en parlant des familles nobles, les plus vraisemblables, celles qui semblent le plus naturellement indiquées par les faits..... (1), sont l'état militaire d'abord, et ensuite l'état ecclésiastique ; de ces deux professions, embrassées par la plus grande partie des nobles, l'une les obligeait au sacrifice de leur vie, l'autre les condamnait à ne pas la donner. J'ajouterais encore à ces deux causes une troisième : la grande quantité d'enfants qu'ils perdaient, ou qui, parvenus à l'âge d'homme, mouraient sans avoir été mariés. »

Les grandes familles, pour être dans les mêmes conditions que le reste de la société, devraient demeurer stationnaires ou être légèrement croissantes. Mais si l'on considère que le reste de la population ne conserve ce dernier état qu'en tenant compte des naissances

____

(1) *De la durée des familles nobles de France*, p. 792, tome 2 des Mém. de l'Académie royale des sciences morales et politiques.

illégitimes, on concevra que, toutes choses
égales, les grandes familles, et en général toutes les familles qui se transmettent par des
naissances légitimes, ont peu de chances de se
conserver. Le niveau de la population ne peut
se soutenir, en effet, que par des naissances
légitimes et illégitimes; or, plus ces dernières
naissances seront nombreuses, et plus, toutes
choses égales d'ailleurs, les familles éprouveront
de difficultés à se transmettre en ligne directe.

En résumé, il faut concevoir un état d'équilibre vers lequel tendent sans cesse les populations. Quand cet état est atteint, un peuple
consomme annuellement ce qu'il peut produire
par son travail; et comme il conserve toujours
une tendance à croître, il ne tarde pas, s'il
manque de prévoyance, à dépasser la limite
où à la mortalité ordinaire vient se joindre la
perte de l'excédant qui s'est formé. Ces excédants périssent plus ou moins rapidement, selon que les années sont plus ou moins calamiteuses.

Déjà même, avant que l'état d'équilibre soit
atteint, la population éprouve une diminution
sensible dans sa tendance à se développer; elle
marche, mais elle avance avec plus de difficultés, et comme si elle avait à vaincre un milieu
résistant.

On peut même dire que plus la tendance à croître devient grande, plus les obstacles qui s'opposent aux accroissements deviennent considérables. Il en est ici comme des autres phénomènes de la nature : tout tend à montrer que les obstacles croissent comme le carré de la vitesse qu'a la population dans sa marche ascendante. L'on concevra qu'il doit en être ainsi : la population, en effet, prend ses accroissements dans une augmentation du nombre des enfants qui, d'une part, sont plus exposés à la mortalité, et qui, de l'autre part, ne contribuent en rien à la production des subsistances qu'ils diminuent au contraire.

CHAPITRE VI.

**Caractères d'une bonne population. Vie moyenne.
Mesure de la force d'une population.**

Les États ont le plus grand intérêt à connaître avec exactitude le nombre annuel des naissances et celui des décès. Ces deux chiffres
donnent, à eux seuls, les renseignements les
plus utiles sur l'état de la population et sur sa
valeur physique.

Quand, chaque année, ces deux chiffres sont
sensiblement égaux entre eux et que les vides
formés par la mort sont compensés par des
naissances, on dit que la population est *stationnaire*. Je suppose toutefois que les émigrations et les immigrations se balancent; la différence de ces deux derniers nombres est
d'ailleurs généralement faible dans les différents
pays.

Quand le nombre des naissances dépasse
celui des décès, la population est *croissante;*
dans le cas contraire, elle est *décroissante.*

Maintenant, lequel de ces trois états est le
meilleur? Quel est celui qui indique le plus de
prospérité et qui prouve le plus en faveur du

gouvernement? Dans le siècle dernier, l'éloquent auteur du *Contrat social* n'hésitait pas à se prononcer en faveur d'une population croissante. « Pour moi, disait Jean-Jacques Rousseau, je m'étonne toujours qu'on méconnaisse un signe aussi simple, ou qu'on ait la mauvaise foi de ne pas en convenir. Quelle est la fin de l'association politique? c'est la conservation et la prospérité de ses membres. Et quel est le signe le plus sûr qu'ils se conservent et prospèrent? c'est leur nombre et leur population. N'allez donc pas chercher ailleurs ce signe si disputé. Toutes choses d'ailleurs égales, le gouvernement sous lequel, sans moyens étrangers, sans naturalisations, sans colonies, les citoyens peuplent et multiplient davantage, est infailliblement le meilleur; celui sous lequel un peuple diminue et dépérit est le pire. Calculateurs, c'est maintenant votre affaire; comptez, mesurez et comparez (1). »

On ne saurait être plus explicite. Cependant le célèbre écrivain genevois avait-il examiné la question d'assez près? et les travaux statistiques étaient-ils assez avancés à son époque, pour permettre de trancher la question avec autant d'assurance? On ne saurait nier sans doute qu'un accroissement actuel de la popu-

______

(1). *Le Contrat social,* chap. IX, livre III.

lation ne soit généralement un signe de bien-
être ; mais c'est quelquefois aussi un signe de
misère, d'imprévoyance et de relâchement. Un
accroissement rapide de population a été remarqué chez les peuples qui, dans ces derniers
temps, se sont précipités avec le plus d'activité
dans la voie du paupérisme.

Il est facile de comprendre, d'ailleurs, qu'une
population sans cesse croissante doit infailliblement marcher à sa perte, et arriver bientôt à
cette limite où les moyens de subsistance lui
manqueront.

Une population constamment décroissante
serait tout aussi déplorable ; elle marcherait
également à sa ruine, et finirait par s'éteindre,
tandis que l'autre languirait dans la misère.

On a compris, et sir Francis d'Ivernois, le
compatriote de Jean-Jacques, a fait voir que
l'état le plus favorable pour une population est
l'état stationnaire, mais sous certaines conditions.

Une population en effet peut être stationnaire
de différentes manières, puisqu'il suffit que le
nombre de ceux qui s'en vont, soit égal au nombre de ceux qui arrivent, et qu'il n'est pas du
tout indifférent que l'on parte à un âge plutôt
qu'à un autre.

Il convient donc d'avoir égard à la *vie moyenne*,

c'est-à-dire au nombre d'années qu'un individu atteint moyennement. Il faut, à cet effet, faire la somme des *années vécues* par ceux qui sont décédés, et la diviser par ce même nombre de décédés.

La population doit satisfaire alors à cette double condition d'être stationnaire, en présentant la vie moyenne la plus longue possible. C'est dans ce sens que J. B. Say écrivait : « Le genre humain est tenu au complet avec moins de naissances et moins de décès , ce qui est beaucoup plus favorable à son bonheur (1). »

Il est bien entendu que je ne parle ici que des anciennes populations européennes, qui ont à peu près atteint leur état d'équilibre. Pour un peuple nouveau et qui n'a pas encore eu le temps de se développer, autant que le comporte son territoire, il y aurait évidemment détriment à devenir trop tôt stationnaire.

Il existe des lois de convenance entre la grandeur d'une population et l'étendue du territoire qu'elle occupe. Le rapport croît avec la fertilité du sol et avec les ressources qu'offre la position du pays pour le commerce et l'industrie. Quand ce rapport doit nécessairement rester faible, à cause de l'infertilité de la terre, il en résulte du désavantage, par la difficulté de protéger

(1) *Sur l'objet et l'utilité des statistiques,* dans la Revue encyclopédique, Septembre 1827.

un espace trop grand avec de faibles moyens, et par le manque de communications entre les habitants.

J'ai dit que la vie moyenne est un élément précieux à consulter pour reconnaître la valeur matérielle d'un peuple ; cependant cette mesure aussi exige un examen sérieux, et peut-être ne mérite-t-elle pas toute notre confiance.

La vie moyenne peut en effet rester la même dans différentes circonstances, qui sont loin d'être également favorables. Ainsi, la vie moyenne serait de trente ans pour deux individus, qui auraient vécu, l'un deux ans, et l'autre cinquante-huit ; ou l'un dix ans, et l'autre cinquante ; ou l'un vingt ans, et l'autre quarante. Cependant ces différentes combinaisons n'ont pas les mêmes valeurs, et je vais essayer de le faire comprendre.

La vie de l'enfant n'est pas comparable à celle de l'homme adulte ; elle est plutôt une charge qu'un bien pour l'État. Sous le point de vue politique, tout individu qui échappe à l'enfance a contracté une espèce de dette dont le minimum est de plus de 1000 fr., somme payée par la société pour l'entretien de l'enfant qu'on abandonne à sa charité (1).

(1) *Recherches statistiques sur le royaume des Pays-Bas,* par A. Quetelet. Bruxelles, 1829. 1 vol. in-8, p. 9.

Il importe donc, quand on veut estimer la valeur physique d'une population, de ne pas confondre les années *onéreuses* avec les années *productives* de la vie ; or, c'est ce qui arrive précisément dans le calcul de la vie moyenne : on n'y tient aucun compte de la qualité des années vécues, on n'a égard qu'à la quantité.

J'ai cru devoir proposer, pour remédier à cet inconvénient, de comparer numériquement les hommes utiles à ceux qui ne le sont pas (1). En considérant les choses sous ce point de vue, je partageais une population en deux parties, l'une ayant moins, l'autre ayant plus de quinze ans. Cette manière de compter, plus exacte que celles employées précédemment, laisse cependant encore à désirer sous quelques rapports.

La méthode qui me semble la plus rationnelle, est celle qui repose sur l'appréciation suivante. *La mesure de l'importance physique d'une nation est dans le rapport entre le nombre des années productives et le nombre des années onéreuses, comptées pour tous les individus qui composent cette nation.* En adoptant cette base de calcul, on aurait, pour la première des combinaisons présentées plus haut, deux années

____

(1) *Physique sociale*, tom. I, p. 322.

onéreuses du premier individu et quinze du
second, ce qui donne en tout dix-sept années
onéreuses, lesquelles, comparées aux quarante-
trois années productives vécues par le second
pour atteindre l'âge de cinquante-huit ans,
donnent la fraction 43⁄17 ou 2,53 pour l'importance de cette combinaison; on aurait de
même 1,40 pour l'importance de la seconde
combinaison; et seulement 1,00 pour celle de
la troisième. Voilà des valeurs bien différentes,
et qui cependant se traduisent par le même
nombre, quand on a recours au calcul de la
vie moyenne. Ces résultats montrent suffisamment, je pense, la nécessité de ne pas s'en
tenir au chiffre de la vie moyenne, quand on
veut estimer les ressources physiques dont une
nation peut disposer.

Peut-être, pour plus de précision, faudrait-
il tenir compte des années de la vieillesse, en
leur attribuant une valeur moins grande que
si elles étaient complétement productives, ou
même les omettre dans ce calcul.

La distinction qui vient d'être établie, sera
surtout sensible, si l'on considère avec les économistes, l'homme comme un instrument de
production. Que dirait-on, en effet, de l'indus-
triel qui, consulté sur l'importance de son établissement, compterait comme métiers en ac-

tivité, non-seulement ceux qui fonctionnent réellement, mais encore ceux qui, par la suite des temps, ont été mis hors d'usage, ou ceux qui, se trouvant en construction, lui causent, chaque jour, des dépenses plus ou moins considérables ?

On a quelquefois fait usage du chiffre des centenaires ; mais il est à remarquer que ce genre de documents n'apprend à peu près rien sur le sujet qui nous occupe. M. Benoiston de Châteauneuf, qui s'est spécialement occupé des centenaires, a été conduit à cette conclusion que, « malgré leurs désavantages, tous les climats sont compatibles avec une longue durée de la vie, parce qu'en effet les divers accidents physiques du sol les ramènent tous, quelque différents qu'ils soient, aux conditions sans lesquelles l'homme ne pourrait les habiter (1). »

On peut aussi placer parmi les caractères qui différencient les populations, la quantité de produits nécessaires à l'existence d'un individu dans des temps ordinaires. Plus cette quantité sera considérable, et plus les conditions dans lesquelles se trouve la population, pourront être considérées comme avantageuses. Les popula-

(1) *De la durée de la vie humaine dans les principaux États de l'Europe*, Annales d'Hygiène, tome XXXVI, 2ᵉ partie.

tions les mieux nourries sont les plus vigou-
reuses; il importe d'ailleurs que, dans les années calamiteuses, un peuple puisse, sans danger, diminuer sa consommation ordinaire ; celui
qui doit retrancher sur son strict nécessaire,
dépérit infailliblement.

Il est donc à désirer que le goût de l'aisance
s'allie chez un peuple à des habitudes de prévoyance. Un pareil état de choses prévient les
catastrophes qui peuvent naître par suite des
fluctuations dans les quantités de subsistances
ou des accroissements de population. Il ne
faut pas en effet que les limites de la population soient étendues au point de ne pouvoir
s'élargir davantage sans se rompre.

Qu'il me soit permis d'appuyer ces considé-
rations, de l'opinion d'un savant dont le nom
fait autorité dans ces matières. « Dans les contrées où les fatigues, les privations, l'insalu-
brité, les misères assaillissent les habitants, dit
M. Villermé, il y a beaucoup de jeunes enfants
avec peu d'adultes et de vieillards, parce que
l'on y paye, chaque année, un large tribut à la
mort, que les générations s'y succèdent rapidement, et que les naissances y sont d'ordinaire
très-nombreuses. Dans les pays, au contraire,
où l'aisance est générale et la population bien
portante, il y a beaucoup d'hommes faits avec

peu de jeunes enfants, parce que les naissances et les décès y sont en petit nombre. C'est
du moins ce qu'on observe généralement dans
notre vieille Europe. (1) »

(1) *Mémoire sur la distribution de la population française,*
Tome 1er des Mémoires de la classe des Sciences morales et politiques, p. 89.

CHAPITRE VII.

Des émigrations.

Quand les moyens de subsistance commencent à manquer dans un pays, la population surabondante doit nécessairement descendre au tombeau ou passer dans des pays plus favorisés. L'émigration et la mort se chargent de maintenir le niveau fatal ; ces deux extrêmes sont d'autant plus déplorables qu'ils ne font que pallier le mal sans le détruire : chaque année en effet, quand la prudence humaine fait défaut, la nation se retrouve avec ses mêmes tendances à croître et ses mêmes excédants ; c'est une plaie toujours ouverte et toujours saignante.

Les émigrations, par les dépenses qu'elles occasionnent, sont une nouvelle cause d'épuisement pour l'État qui, dans de pareilles circonstances, en supporte assez souvent tous les frais.

Si ce sont, au contraire, des familles jouissant d'une certaine aisance qui s'expatrient, les pertes ne sont pas moins réelles. Le pays est privé d'hommes utiles qui s'éloignent avec leur industrie et leurs moyens d'existence, pour se

soustraire à toutes les charges qui les entourent. Ces charges alors doivent être supportées
par un plus petit nombre d'hommes; et il est à
remarquer que les consommateurs improduc-
tifs sont restés et qu'il se présente des générations nouvelles d'enfants, toujours prêtes à en-
vahir les moindres vides qui se forment.

Les émigrations, du reste, peuvent avoir différentes causes : les plus fatales peut-être pour
un État, sont celles que provoquent des lois
injustes et oppressives. La révocation de l'édit
de Nantes a été une calamité pour la France,
et au contraire une source de prospérité pour
la Hollande et les pays qui recueillirent les
familles expatriées. A cette époque, la plupart
des contrées de l'Europe laissaient encore des
vides à remplir dans leurs populations, et il y
avait bénéfice à les combler par des hommes
adultes qui apportaient avec eux leurs fortunes
et plusieurs branches d'industrie.

On ne peut que plaindre les pays où les émigrations sont devenues nécessaires, car elles
accusent toujours une plaie physique ou morale dans la nation. L'homme éprouve en général de vives répugnances à quitter les lieux qui
l'ont vu naître, et il ne s'expatrie que quand il
y est contraint par de rudes nécessités.

Nous avons déjà vu que la position la plus favorable pour un pays consiste à avoir une population qui soit à peu près au niveau de ses moyens de subsistance et qui se maintienne à ce niveau avec le moins de naissances possible ; les charges de toute espèce y sont d'autant moins lourdes qu'il se trouve plus d'individus en état de les partager.

Quand le niveau n'est pas atteint, il se présente deux moyens pour remplir les vides : ou la nature y pourvoit par des naissances, ou l'homme par des immigrations. De même, quand le niveau est dépassé, la population surabondante doit s'écouler, soit dans le tombeau, soit par l'émigration.

Les moyens employés, dans ce dernier cas, par la nature, pour suppléer à l'imprévoyance des hommes, sont trop violents pour qu'on ne cherche pas à soustraire à la mort les surnuméraires de la population, si je puis m'exprimer ainsi, en les transportant dans d'autres climats. L'humanité en fait un devoir et la raison d'ailleurs en démontre suffisamment l'utilité et la convenance. Mais on pourrait ne pas être également d'accord sur les moyens de suppléer aux vides de la population ; cette question mérite donc d'être examinée.

Nous remarquerons d'abord qu'il est dangereux de faire un appel à la tendance de l'homme

à se reproduire et de provoquer une fécondité que l'on ne sera peut-être plus maître
d'arrêter par la suite. D'ailleurs, un appel semblable ne produit que des enfants qui, pendant
longtemps, seront une charge pour l'État. L'im-
migration, au contraire, procure généralement
des hommes adultes qui peuvent se rendre immédiatement utiles ; et, lors même qu'ils n'ap-
porteraient que leurs bras, ils sont un bénéfice
réel pour la nation dans laquelle ils viennent
s'incorporer.

Les pays neufs ont donc intérêt à faire des
emprunts d'hommes aux pays anciens qui ont
une surabondance de population. Les avantages
sont réciproques ; d'une part, on sauve des
hommes du tombeau ; de l'autre, on les substitue à des enfants.

Les colonisations, quand elles sont bien faites, résument ces doubles avantages au profit
d'une même nation. C'est ce qu'avaient fort
bien compris les peuples anciens qui se sont le
plus distingués dans la voie de la civilisation,
et ce que pratiquent encore plusieurs peuples
modernes.

Sans sortir des bornes de la Belgique, quelque resserrées qu'elles soient, on y trouve des
populations dont les besoins sont bien différents.
Dans les provinces de Luxembourg et de Na-

mur, il manque évidemment des bras pour
mettre les terres en culture ; et, bien que le
nombre des naissances y soit très-supérieur
à celui des décès, les mêmes besoins s'y feront sentir longtemps encore. Ne serait-il pas
préférable que cette excessive fécondité qui
augmente la population, chaque année, d'un
nombre considérable d'enfants, fût remplacée
par des immigrations de laboureurs flamands ?
A une substitution aussi désirable, se joindrait
un acte d'humanité : on arracherait à une mort
presque certaine des malheureux qui ne trouvent plus, dans le travail, les moyens de subvenir à leur existence. De pareils déplacements,
du reste, doivent se faire avec d'autant plus de
prudence que les populations diffèrent davantage par les mœurs et par les besoins qu'elles
se sont créés.

CHAPITRE VIII.

L'art de guérir exerce-t-il une influence sur le système social ?

S'il est vrai que le taux de la population soit réglé par le taux de la production, quelle est donc la mission de l'art de guérir?

Si je réponds qu'il ne peut sauver les uns qu'aux dépens des autres ; et que lorsqu'à force de soins, il parvient à fermer quelques-unes des cent portes ouvertes à la mort, les autres ne font que s'ouvrir davantage et qu'il s'en forme de nouvelles au besoin, j'aurai l'air de parler peu sérieusement, et cependant je n'aurai fait qu'exprimer la vérité.

Chaque nation, selon ses moyens de production et selon les besoins de ses habitants, ne peut disposer que d'un certain nombre de places au banquet de la vie ; et quand, par une cause quelconque, il se trouve des privilégiés, ce ne peut être qu'aux dépens des autres citoyens. Chacun en général désire d'y conserver le plus longtemps possible la place qu'il occupe, et il emploie tous les moyens possibles pour s'y maintenir.

l'une ou à l'autre de ces conditions, et surtout à la dernière, que les résultats de la médecine sont si problématiques.

On pourrait presque affirmer qu'une surveillance éclairée auprès des malades, est d'un effet plus sûr que les secours mêmes de l'art. La mortalité des hôpitaux diffère bien moins par l'inégalité de mérite des médecins, que par la nature des soins de surveillance donnés aux malades.

Ces remarques ne s'appliquent pas seulement aux hommes, considérés dans l'état de maladie, mais à tous les hommes en général, vivant ensemble sous un même régime. Une administration dépourvue de lumières, peut produire une mortalité plus ou moins rapide, et quelquefois excessive, dans les prisons, dans les hospices, dans les dépôts de mendicité, dans les ateliers, dans les casernes, et partout enfin où des hommes se trouvent réunis.

Je ne saurais trop le répéter, une hygiène bien entendue, une administration éclairée rendent infiniment plus de services que la médecine pratiquée par les hommes les plus habiles.

Loin de moi la pensée de déprécier l'art de guérir ; je crois au contraire qu'un médecin prudent et instruit peut, dans les familles, rendre au phy-

sique les mêmes services qu'un bon pasteur y
rend au moral; tous deux méritent d'être ho-
norés dans leur profession. Mais il y a lieu de
croire, en considérant les choses sous un point
de vue général et en tenant compte des méprises faites par des médecins peu instruits ou peu
soigneux, que l'art de guérir, circonscrit dans
ses propres moyens, exerce peu d'influence sur
la nature et la durée des maladies, et n'en
exerce point sur le nombre des morts.

Je n'ai parlé, dans ce qui précède, que de l'art
de guérir, ainsi que de l'hygiène publique qui
a pour mission de développer plus avantageusement notre physique, et de donner plus de
force et de souplesse à nos organes. Sous ce
rapport, cette science ajoute singulièrement à la
valeur de l'homme et par suite à celle d'un peuple. Si elle n'augmente pas le nombre des citoyens,
elle peut du moins rendre leur constitution plus
saine et plus vigoureuse. La chirurgie, de son
côté, peut aussi, par des soins bien entendus,
faire qu'une population soit physiquement meilleure et compte moins d'individus estropiés ou
difformes.

Telle est donc, en résumé, la mission de l'art
de guérir, dans son acception la plus large, et
dans les pays où la population se trouve au complet; il exerce peu d'influence sur le nombre des

décès, mais il en a beaucoup pour améliorer physiquement le peuple ; et il diminue la somme des douleurs, en même temps qu'il donne des consolations. Cette mission est assez belle pour qu'on puisse ranger cet art parmi ceux qui servent le mieux l'humanité.

SECTION DEUXIÈME.

CHAPITRE PREMIER.

Des mœurs, des lois et de l'opinion.

Les mœurs se développent par l'éducation et par les principes religieux ; elles dépendent aussi, en grande partie, de notre constitution physique et du milieu dans lequel nous vivons.

Il ne faut pas confondre l'éducation avec l'instruction ; la première s'adresse au moral de l'homme, la seconde à son intelligence. L'instruction nous prépare à mieux profiter de l'éducation ; on peut la regarder comme un instrument qui double la valeur de l'homme, quand il est bien employé ; et qui, dans certaines circonstances aussi, devient une arme fatale, un moyen de commettre des crimes.

C'est sous l'influence des circonstances diverses au milieu desquelles il est forcé de vivre, que l'individu développe ses qualités morales ; il finit par prendre un état plus ou moins stable vers lequel il tend toujours à revenir, quand des causes accidentelles l'en ont détourné. Il en est de même d'une nation; l'on peut juger de sa moralité, non-seulement par son état le plus habituel, mais encore par les fluctuations qu'elle subit autour de cet état.

Les lois ont pour objet de maintenir l'ordre et de faire respecter les droits de tous; leur but est de prévenir les excès qui pourraient devenir nuisibles au corps social; elles répriment donc les mœurs dès qu'elles franchissent les limites convenables, sans s'occuper de ce qui se passe dans l'intérieur même de ces limites.

Il est de la plus haute importance qu'il règne de l'harmonie entre les lois et les mœurs d'un peuple; quand cette harmonie n'existe pas, l'une de ces deux choses doit nécessairement fléchir devant l'autre.

Quand les lois restreignent trop les limites dans lesquelles une nation est forcée de se mouvoir moralement, celle-ci doit changer de manière d'être, ou rompre violemment les barrières qu'on lui oppose. Il peut arriver aussi que les lois faiblissent, et cessent d'être respectées pour avoir été trop souvent enfreintes.

Le législateur doit donc connaître à fond les mœurs du peuple dont les destinées lui sont

L'opinion publique, ici, est absurde et cruelle, mais elle n'atteint que quelques particuliers ; tandis que plus généralement, quand sa direction est mauvaise, elle tend à saper les bases mêmes de la morale et de l'État. Il suffit de l'exemple d'un mauvais prince, pour entraîner un peuple vers la débauche et la démoralisation, jeter le désordre dans les familles et relâcher tous les liens de la société.

Il n'est pas rare, dans nos sociétés modernes, de voir ce qu'on nomme un élégant, un homme du monde, se vanter des séductions qu'il a exercées, des femmes qu'il a perdues, et chercher à capter les suffrages de ceux-là même qui auraient applaudi à son meurtre, si le mari outragé avait pu le surprendre.

Le vol n'est plus vol, quand il s'agit des deniers de l'État ; on tire vanité de la fraude. On a vu l'ivrognerie et les autres vices mis successivement à l'ordre du jour, et, sous le nom de *mode,* on a fait accueillir favorablement toutes les extravagances.

Cependant, il faut en convenir, l'opinion publique peut produire aussi de bons résultats, et bien souvent elle supplée au silence des lois ; elle flétrit les vices qu'aucun jugement légal ne saurait atteindre. Dans des circonstances importantes, elle élève les hommes et les peuples au dessus d'eux-mêmes, et les rend capables des plus grandes choses.

Ce n'est pas sans raison que Pascal proclamait sa toute-puissance : « Qui dispense la réputation ? s'écriait ce profond penseur (1) ; qui donne le respect et la vénération aux personnes, aux ouvrages, aux grands, sinon l'opinion ? combien toutes les richesses de la terre sont-elles insuffisantes sans son consentement ! L'opinion dispose de tout ; elle fait la beauté, la justice et le bonheur, qui est le tout du monde. Je voudrais de bon cœur voir le livre italien, dont je ne connais que le titre, qui vaut lui seul bien des livres, *Della opinione regina del mondo.* »

Un autre écrivain illustre a fixé l'attention sur le rôle important que joue l'opinion dans les affaires sociales. Après avoir parlé des relations nécessaires qui existent entre l'État et ses différents membres, J. J. Rousseau ajoute : « A ces trois sortes de lois il s'en joint une quatrième, la plus importante de toutes, qui ne se grave ni sur le marbre, ni sur l'airain, mais dans les cœurs des citoyens ; qui fait la véritable constitution de l'État ; qui prend tous les jours de nouvelles forces ; qui, lorsque les autres lois vieillissent ou s'éteignent, les ranime

(1) *Pensées*, première partie, art. vi, pensée 3.

ou les supplée, conserve un peuple dans l'esprit de son institution, et substitue insensiblement la force de l'habitude à celle de l'autorité. Je parle des mœurs, des coutumes et surtout de l'opinion ; partie inconnue à nos politiques, mais de laquelle dépend le succès de toutes les autres ; partie dont le grand législateur s'occupe en secret, tandis qu'il paraît se borner à des réglements particuliers qui ne sont que le cintre de la voûte, dont les mœurs plus lentes à naître forment enfin l'inébranlable clef (1). »

Personne n'est plus avantageusement placé que le Prince pour agir sur l'opinion ; il peut la diriger habilement et profiter de ce levier puissant pour améliorer les mœurs et donner aux lois plus d'autorité et de force. Cette arme, généralement méconnue, a fait des prodiges entre les mains de ceux qui ont su en faire usage ; c'est l'instrument le plus sûr de la victoire dans tous les genres de luttes ; il n'est guère de commotion politique dont l'opinion publique n'ait été l'âme, ni de parti vainqueur qui ne lui ait dû ses avantages.

Mais qui règle généralement l'opinion ? quand il s'agit de l'instant présent, il serait bien difficile de le dire. La voix qui la prépare, se perd

____

(1) *Du Contrat social*, liv. II, chap. II.

au milieu des mille voix qui lui servent d'échos.
Mais, quand il s'agit de la postérité, il ne reste
plus que quelques voix qui y produisent un long
retentissement, et ce sont celles qui s'énon-
cent avec le plus d'éloquence et de force, qui
finissent par prédominer. L'écrivain le plus habile est donc en définitive celui qui devient le
dispensateur de la gloire et du blâme ; c'est lui
qui est, en quelque sorte, l'arbitre et le souverain juge des hommes et des peuples. Les prin-
ces qui ont le mieux entendu leurs intérêts, se
sont attachés à se rendre favorables ceux qui pouvaient éterniser leur nom. Alexandre le Grand
n'avait permis qu'au seul Apelles de faire son
portrait, et certes il consultait bien en cela le
soin de sa réputation. Cependant le plus illustre des peintres de l'antiquité a beaucoup moins
fait pour la gloire d'Alexandre que Quinte-
Curce, dont le nom cependant ne brille pas en
première ligne parmi ceux des historiens.

Les plus grands hommes de l'antiquité et des
temps modernes ont si bien senti la nécessité de
se rendre l'opinion publique favorable, que quelques-uns ont cru devoir présenter eux-mêmes
l'exposition des faits auxquels ils ont pris part.
Xénophon, Thucydide, César et Napoléon en
sont des exemples bien remarquables.

CHAPITRE II.

De la démoralisation et du paupérisme. Des institutions de bienfaisance.

Un grand nombre de fléaux affligent la société ; il en est un surtout qui cause de grands ravages et dont on n'a peut-être pas examiné les conséquences avec assez d'attention.

La débauche est généralement répandue dans tous les rangs, mais surtout chez le peuple des grandes villes ; un goût effréné du luxe sert d'aliment à ces désordres. Une jeune fille, dans les classes inférieures, ne rougit plus d'un enfantement illégitime ; elle n'a point à reculer devant les conséquences d'un pareil malheur. Et pourquoi s'en alarmer ? L'opinion ne la flétrit point, et elle se crée les chances d'obtenir une pension, ou même de contracter un mariage auquel elle n'aurait pu aspirer autrement. Que lui importe qu'elle répande dans des familles respectables le trouble et le désordre, pourvu qu'elle parvienne à s'y introduire en même temps.

Si ses plans intéressés viennent à échouer, la philanthropie n'a-t-elle pas pourvu à tout ?

Reçue dans un hospice de maternité, elle sera entourée de toutes sortes de prévenances; quel souci pourrait-elle avoir? elle abandonnera son enfant aux soins de la société qui a promis de pourvoir à son existence.

Quant à elle-même, la jeune fille reprendra ses anciennes habitudes. Elle a désormais rompu avec la morale; les lois sont sans action sur elle, et l'opinion publique, qui seule aurait pu réprimer son inconduite, l'opinion reste indifférente.

Telle est notre organisation sociale actuelle; et cet état de choses produit annuellement environ dix mille naissances illégitimes dans les seules limites de la Belgique, et soixante-dix mille dans celles de la France!

Or, si nous considérons que ce nombre de naissances illégitimes forme à peu près le tiers de l'accroissement annuel de la population, c'est-à-dire de cet élément qui nous conduit avec tant de rapidité vers le paupérisme, nous comprendrons qu'il n'existe pas là seulement une question de morale et d'honneur, mais qu'il s'est formé une véritable plaie sociale qui grandit chaque jour, et qui doit finir, si l'on n'y porte remède, par dévorer le corps le mieux constitué.

Le mal se fait ressentir surtout dans les villes;

et l'on peut dire, sans exagérer, que l'accroissement de la population s'y forme à peu près
exclusivement de naissances illégitimes. C'est
aussi par les enfants provenant de ces naissances, que se recrutent habituellement les populations des hospices.

Telle est donc, en grande partie, la source du
mal qui depuis longtemps fait l'objet des méditations des économistes. Les plus habiles ont
reconnu l'insuffisance des lois pour combattre
ce fléau ; c'est qu'une pareille difficulté n'est pas
en effet de leur compétence ; il s'agit ici d'un
relâchement de morale et d'un manque de prévoyance, et l'opinion publique ne fait rien pour
suppléer au silence des lois.

La question en définitive est de savoir, pour
un pays où règne le paupérisme, qui fera place
aux intrus qui viennent ainsi annuellement, par
des portes illégitimes, prendre des parts à peine
suffisantes pour la population ; car, il n'y a pas
à transiger, les surnuméraires doivent se rési-
gner à la mort ou à l'exil.

Dans cet état de choses, il faudrait peut-être
recourir aux lois et leur demander des garanties dont le corps social sentira désormais de
plus en plus la nécessité. Est-il juste qu'il continue, sous les apparences de la charité, d'ali-
menter et d'encourager le vice, et que le con-

pable échappe non-seulement à toute punition, mais qu'on ne songe pas même à lui faire atténuer le mal qu'il produit ?

Loin de moi de demander qu'on cesse les soins charitables dont on entoure une mère dans un hospice, et surtout qu'on prive son enfant des secours qui lui sont nécessaires; mais que cette mère sache d'avance qu'elle contracte une dette envers la société, et qu'elle doit l'acquitter par son travail et sa prévoyance. Il faut se dépouiller ici des sentiments d'une philanthropie mal entendue; il faut de grands remèdes, parce que nous sommes en présence de grands maux.

La philanthropie, si respectable dans ses intentions, a souvent complétement manqué le but qu'elle voulait atteindre, faute de lumières nécessaires pour se diriger dans les circonstances délicates où elle voulait s'interposer.

Un des principes généraux qu'on ne devrait jamais perdre de vue, consiste en ce que *la société doit éviter de se substituer aux individus pour tout ce qui concerne la prévoyance.*

D'une autre part, quand la société vient en aide au malheureux, il faut qu'elle agisse comme la Providence et que la main qui donne reste inaperçue.

Le citoyen n'a pas légalement droit à des secours; il ne peut demander qu'au nom de la morale et non des lois, qui ne lui doivent que protection pour lui et pour les siens.

C'est quand les États veulent réglementer la bienfaisance et la formuler en lois, qu'ils vont directement au but opposé à celui qu'ils voulaient atteindre; ils créent légalement le paupérisme.

Je conçois qu'un pays prélève volontairement un impôt pour combattre un fléau, tel qu'une guerre, une disette, une épidémie, une inondation, que nulle puissance humaine n'avait pu prévoir et qui atteint une partie plus ou moins grande du corps social. Je conçois encore qu'on cherche à indemniser une classe de citoyens dont les traités internationaux ont compromis les intérêts ou ruiné les industries; mais, pour des maux particuliers, il faut laisser aux individus le soin de les guérir. On peut toutefois en faciliter les moyens, en invitant des hommes honorables à prendre l'initiative et en accordant à ces mêmes hommes toute la considération nécessaire pour qu'ils accomplissent leur mission; mais évitons surtout que la bienfaisance ne s'exerce ostensiblement; il faut que le pauvre n'ait point à rougir en recevant et que ceux qui donnent, ne créent point une charge.

Quand du reste l'homme reconnaît son insuffisance pour subvenir à ses propres besoins et à ceux de sa famille, il doit à la société certaines garanties en échange des secours qu'il lui demande ; il contracte une dette, et la société est en droit de lui imposer certaines conditions. Si l'on trouvait ces exigences trop fortes, que l'on se rappelle que, dans bien des États civilisés, elles sont portées beaucoup plus loin, puisqu'on prive de sa liberté et qu'on punit de l'emprisonnement, celui qui implore la commisération publique et se livre à la mendicité.

Il faut éviter surtout que le pauvre abandonne ses foyers et se livre au vagabondage ; il serait perdu sans ressource. S'il ne gagne que vingt sous, et que, dans des années désastreuses, vingt-cinq lui soient indispensables pour soutenir son existence, il est nécessaire que la charité subvienne à ce qui lui manque, sous peine de devoir bientôt payer le tout sans espoir de mettre un terme à une pareille charge.

Pour ceux qui ne sont point dans l'indigence, mais qui se trouvent sur cette limite où l'on commence à la craindre, il faut, par tous les moyens possibles, éveiller le sentiment de la prévoyance. Il faut les porter à faire des économies pour les circonstances difficiles par lesquelles ils auront à passer. Si une année désastreuse ou une maladie les trouve dépourvus de ressources, ils peuvent se perdre à jamais. Chez la plupart des hommes, une ruine complète équivaut à une démoralisation qui en est la compagne ordinaire.

On ne saurait trop encourager les institutions qui ont pour objet de favoriser la prévoyance : telles sont les sociétés de secours mutuels, les caisses d'épargne, les sociétés d'assurances quand elles ne sont pas des spéculations industrielles.

On s'est demandé si les assurances, surtout celles contre l'incendie, ne devraient pas se faire par l'État et devenir obligatoires. La théorie des probabilités montre, en effet, que plus le nombre des assurés est grand, et plus on a de chances de voir se réaliser les résultats indiqués par l'expérience des années précédentes. Les garanties sont aussi plus fortes que celles présentées par de simples particuliers.

On peut toutefois objecter à ce mode d'assurances, que l'administration faite par l'État est généralement plus coûteuse ; que la surveillance exercée serait moins active que celle des sociétés directement intéressées, et qu'enfin l'on se fait moins de scrupules de la frauder lorsqu'on a affaire à un gouvernement. En cas de guerre ou de crise, on pourrait aussi, pour créer des embarras à l'État, chercher à multiplier les incendies. D'une autre part, en temps de paix, le peuple serait intéressé à soutenir l'État, qui le protégerait et qui garantirait ses biens contre les différentes éventualités désastreuses.

La question des assurances par l'État est d'une haute importance ; elle mérite d'être examinée avec d'autant plus de soin, qu'elle peut se compliquer par des intérêts locaux. Il faut éviter ensuite de trop charger les administrations et de rendre leur action impossible en voulant trop l'étendre.

CHAPITRE III.

Des crimes et des châtiments.

Nous avons vu qu'il était à peu près impossible de comparer entre elles deux nations contemporaines, sous le rapport de la moralité. Lors même qu'on s'en tiendrait à établir des rapprochements entre les crimes constatés des deux parts, on aurait à tenir compte de la différence des lois, de l'organisation des tribunaux, de l'activité de la justice et d'une foule d'autres circonstances.

Dans tous les cas, on n'aurait ainsi qu'un seul élément de comparaison ; pour être juste, il faudrait placer à côté des actes répréhensibles, ceux qui prouvent en faveur des peuples que l'on compare. On pourrait trouver d'un côté plus de crimes, mais qui seraient compensés en quelque sorte par un nombre plus grand d'actions vertueuses ; c'est ce qui se remarque assez souvent à la suite des grandes commotions politiques et de tous les événements qui tendent à exalter les passions de l'homme. La révolution française, déjà si remarquable par la place qu'elle occupe dans l'histoire des peuples, a fait naître, chez les individus, une foule d'actions d'héroïsme bien propres à rassurer l'humanité et à lui faire oublier les sanglants sacrifices qui ont signalé cette époque mémorable. Dans les grandes oscillations que subit un peuple dès qu'il abandonne son état normal, il ne suffit pas de le voir dans une de ses phases extrêmes, il faut le suivre dans tout l'intervalle qu'il parcourt.

On peut se demander encore si un même peuple est comparable à lui-même, à différentes époques de son existence? J'avoue que de pareilles comparaisons me semblent plus légitimes, surtout si les lois n'ont point sensiblement varié et si l'activité de la justice ne s'est pas relâchée. Mais alors même, il ne faut pas se borner à compter les délits, il faut aussi apprécier les causes qui les ont fait naître.

Si la France continue à publier les documents recueillis par ses différents tribunaux, il sera curieux de rechercher plus tard si certains crimes se sont multipliés, et de reconnaître les causes des variations qui ont pu survenir.

Pour faire comprendre ma pensée, je citerai un exemple. Je prendrai pour point de départ, la courbe de criminalité, c'est-à-dire la ligne qui, pour l'époque actuelle et pour chaque âge de la vie, indique le degré plus ou moins

grand du penchant au crime. Nous avons vu que
c'est vers l'âge de vingt-cinq ans que ce penchant atteint son maximum, et ce résultat s'est
reproduit d'année en année. Maintenant est-il
à présumer qu'il subsistera encore dans un
siècle, dans deux siècles, et avec la même intensité ?

Les fluctuations que subira le maximum,
donneront naissance à une courbe nouvelle
qui, par ses ondulations, indiquera le développement du penchant au crime pour la nation,
comme le fait pour les individus la courbe que
nous connaissons déjà. Ce ne sera plus l'homme
moyen qu'on suivra pendant les différentes périodes de sa vie, mais tout un peuple pendant la
succession des siècles. Nous nous formerons ainsi
une idée des variations qui auront été produites.

Nous pourrons figurer de la même manière
les fluctuations des autres qualités morales de
l'homme, qui sont susceptibles d'être exprimées en nombres, et rechercher ensuite les
causes qui les ont modifiées aux différentes
époques.

Le nombre des crimes ne dépend pas seulement de la moralité des individus et des conditions sociales dans lesquelles ils se trouvent,
mais encore des lois qui devraient être en parfaite harmonie avec les mœurs et les besoins

des peuples. C'est en général de ce défaut
d'harmonie que naissent les désordres de la société.

Quelquefois aussi le crime prend sa source
dans l'esprit d'imitation, que l'homme possède
à un haut degré et qu'il manifeste en toutes
choses. Il n'est pas d'action si extravagante, de
crime si atroce qui ne trouve des imitateurs,
surtout si le public s'en est préoccupé. Aussi
est-il fort à regretter que les journaux et les
divers écrits que le peuple lit avec le plus d'a-
vidité, se fassent les continuels échos de toutes
les turpitudes qui affligent un État. Ils deviennent, sans le savoir, une cause puissante de démoralisation. On devrait couvrir d'un voile
épais ces fléaux, non-seulement parce qu'ils affligent et dégradent le corps social, mais encore parce qu'ils exercent une influence conta-
gieuse.

Les maladies morales sont comme les maladies physiques : il en est de contagieuses ; il en
est qui sont épidémiques ; il en est d'autres qui
sont héréditaires. Le vice se transmet dans de
certaines familles comme les scrofules et la
phthisie. La plupart des crimes qui affligent un
pays, partent de quelques familles qui exige-
raient une surveillance particulière, un isolement semblable à celui qu'on impose aux ma-

lades soupçonnés de porter des germes pesti-
lentiels.

A quoi sert, en France, de donner tant d'éclat .
au jugement et à la punition des régicides?
Tout cet appareil déployé par la première as-
semblée du royaume est une ovation éclatante
que bien des fanatiques consentent à payer au
prix de leur tête. Et si le coupable meurt avec
quelque sang-froid, s'il montre du courage,
c'est un nouvel appel à la vanité et au crime.

Il est des héros de toute espèce : il en est
pour toutes les classes de la société. L'assassin
qui porte avec fermeté sa tête sur l'échafaud,
est un héros aussi; il trouve des admirateurs,
et trop souvent des imitateurs serviles.

Si l'on croit à la nécessité de la peine de
mort, qu'on ne l'étale du moins pas sous les
yeux du peuple. Dès que le crime a été constaté d'une manière solennelle et publique, dès que
la loi a prononcé, que le glaive frappe, mais
que ce soit entre les murs d'une prison. Qu'on
n'attire pas les regards du peuple sur un hideux supplice qui épouvante les uns et habitue
les autres à ces spectacles sanguinaires.

L'effet moral que veut produire le législateur, serait obtenu d'une manière plus sûre par
le silence mystérieux qui couvrirait le supplice.
Quelques témoins seulement seraient appelés

à y assister, pour présenter toutes les garanties que la société peut exiger dans une pareille circonstance.

On devrait éloigner à jamais des yeux du peuple ces échafauds, restes hideux du moyen âge, où l'homme est exposé au mépris de ses semblables, où on le montre, fixé à un pilori, comme une bête sauvage, où on le stigmatise d'un fer brûlant, où on le mutile pour l'égorger ensuite.

Que peut-on espérer, même de la moins cruelle de toutes ces punitions? Croit-on produire une impression bien vive sur le peuple? Ce qui doit le frapper avant tout, c'est *la certitude que le crime ne peut rester impuni* et que la justice l'atteindra d'une manière sûre et avec promptitude.

La plupart de ceux qui montent sur l'échafaud avaient compté sur l'impunité. Or, c'est l'espoir de cette impunité qu'il faut leur ravir.

Quant au coupable même à qui l'on veut ménager les moyens de s'amender et de rentrer un jour dans la société, de quel front osera-t-il y reparaître, surtout s'il porte sur lui cette marque brûlante de l'infamie qui l'avertit incessamment qu'il s'est établi une barrière insurmontable entre la société et lui; que toute la bienveillance qu'il peut mériter encore, ne doit s'acquérir qu'au prix de mensonges et par le soin qu'il mettra à cacher cette flétrissure qui lui a été imprimée par la main du bourreau?

Vous vous étonnez du nombre des récidives, mais c'est vous qui les avez fait naître. Vous commencez par flétrir, et ce qu'ont dégradé vos mains, vous exigez qu'il reparaisse dans son éclat primitif.

Les hommes qui se sont occupés avec le plus de soin du régime pénitentiaire, ont senti la nécessité d'isoler les condamnés, d'empêcher même qu'ils ne puissent se reconnaître entre eux, afin de leur ménager les moyens de venir, un jour, reprendre leur place dans la société. On les a vus, dans un congrès spécial tenu à cet effet, se préoccuper de l'espèce de vêtement qu'il fallait donner aux détenus dans l'intérieur des prisons et dessiner jusqu'à la forme des casquettes qui cacheraient le mieux leurs traits aux yeux des malheureux compagnons de leur infortune. Et tandis que ces hommes compétents croient à la nécessité de tant de précautions dont quelques-unes sont peut-être exagérées, d'une autre part, le condamné, avant d'entrer dans cette prison où il deviendra l'objet de tant de sollicitude, est exposé, en plein jour, à la curiosité insultante du public; et toutes les précautions ont été prises par le bourreau pour qu'il lui soit impossible de s'y soustraire. Étrange contradiction! Que penser de nos pénalités mises en présence de nos doctrines actuelles?

CHAPITRE IV.

De l'antagonisme des nations.

Avant que des liens de bienveillance et des lois protectrices eussent uni les hommes entre eux, chacun devait veiller à sa propre conservation, chacun était arbitre de ses droits et les faisait valoir, s'il en avait la force, sans qu'un tiers eût à exercer le moindre contrôle sur ses actions. Le plus fort dépouillait le plus faible, enlevait ce qui pouvait exciter sa convoitise, portait l'insulte et la mort chez ses voisins, et se faisait impunément des trophées du produit de ses brigandages.

Grâce aux progrès des lumières, cet état de choses ne subsiste plus. Des lois pleines d'humanité ont assuré les droits du faible contre l'oppresseur ; la justice est descendue parmi les hommes. L'être le plus chétif trouve aide et protection pour sa personne et pour ses biens ; et ces garanties sont établies d'une manière si solide, qu'il n'est point d'homme qui ne repoussât avec indignation l'assurance qu'elles n'existent pas dans la nation dont il fait partie.

Comment se fait-il donc que, pendant que

ces sentiments d'équité sont si profondément
gravés dans le cœur des hommes quand il s'a-
git des individus, on en ait encore des notions
si confuses quand il s'agit des peuples?

Eh quoi, l'on trouve que la civilisation a fait
des progrès immenses, et les nations, considérées dans leurs rapports mutuels, sont encore
dans la plus complète barbarie! Qu'un État,
par son activité, par son industrie, porte om-
brage à un État voisin plus puissant que lui,
qu'il vienne à exciter sa jalousie, il le verra,
sous le prétexte le plus futile, ruiner son commerce, brûler ses flottes, saccager ses villes. Il
se trouvera réduit à un état si misérable, que,
de longtemps, il ne pourra se relever des coups
qu'il aura reçus.

Les plus forts s'enrichissent des dépouilles
de ceux qu'ils peuvent écraser impunément;
chaque larcin devient pour eux l'objet d'un
triomphe; et ces exactions se poursuivent jusqu'au jour où, eux-mêmes, ils sentent le besoin de s'entre-détruire pour s'assurer l'empire
suprême. C'est ainsi que Rome est demeurée la
maîtresse du monde, après avoir vaincu et ruiné tous les peuples qui étaient restés debout
devant elle.

Il est des lois contre le vol, le duel, le meurtre, l'assassinat, dès qu'il est question des indivi-

dus ; mais il n'en existe pas quand il s'agit des nations. Sous le nom de droit des gens, on est convenu de quelques formes qui rendent moins odieux en apparence les crimes que les États commettent entre eux ; on règle en quelque sorte le cérémonial, on arrête la forme du duel, quand deux peuples vont s'égorger.

Il faut le dire à la gloire de l'humanité, le dix-neuvième siècle tend à entrer dans une voie nouvelle ; il a compris qu'il doit exister aussi des lois et des tribunaux pour les peuples, et que les crimes de nation à nation, pour être exécutés sur une échelle plus grande, ne sont pas moins haïssables que les crimes d'individu à individu.

Plusieurs des grands peuples de l'Europe ont pris une glorieuse initiative ; ils se sont constitués juges des différends qui pouvaient survenir. Toutefois un tribunal si puissant et qui s'est attribué la suprématie, comme le font les plus forts chez les peuples naissants, ne peut, dès son début, marcher d'un pas ferme dans le chemin de l'équité. Plus d'un procès a été jugé, sans que la partie mise en accusation ait été entendue ; plus d'un jugement a été rendu par l'un ou l'autre juge individuellement qui s'en appropriait les bénéfices.

Combien de temps faudra-t-il encore pour

que l'égalité devant la loi, qui règne parmi les hommes, s'établisse aussi parmi les nations? Sera-t-il possible jamais d'obtenir des juges parfaitement désintéressés dans les causes où ils auront à prononcer?

A voir les attitudes des peuples, de ceux même qui font étalage des relations les plus amicales, des sympathies les plus vives, on dirait qu'ils sont en hostilité perpétuelle. Toujours sous les armes, s'observant toujours, on les croirait à la veille d'un combat ; des sentinelles de toute espèce couvrent leurs frontières ; le paisible voyageur ne peut traverser leurs lignes sans avoir été questionné ou molesté par les uns, fouillé ou rançonné par les autres. Je laisse aux économistes le soin d'examiner les nécessités politiques d'un pareil système *protecteur*. Il faut bien, puisqu'en général elles subsistent encore chez les nations les plus civilisées, il faut bien croire que ces nécessités sont grandes et qu'elles sont universellement senties.

Il y a loin de cet état de choses à un cosmopolitisme prêché par quelques écrivains et qui consisterait à faire passer un niveau de plomb à la surface de notre globe, et à détruire toute espèce d'*esprit national;* autant vaudrait étouffer aussi, chez l'homme, cet amour-propre bien entendu, ce sentiment de dignité personnelle

qui l'élève au-dessus de lui-même et le rend capable des plus belles actions comme des plus
grandes entreprises.

Il faut savoir se préserver de ces deux
écueils qui peuvent devenir également funestes.
Trop peu de nationalité relâche tous les liens
qui constituent le corps social ; trop de nationalité, au contraire, en resserrant les mêmes
liens outre mesure, finit par étouffer l'individualité au dedans, et par produire l'isolement
au dehors.

SECTION TROISIÈME.

ÉTAT INTELLECTUEL.

CHAPITRE PREMIER.

Des sciences, des lettres et des beaux-arts ; époque où ils fleurissent.

Tout ce qui est doué d'un principe de vie à la surface de notre globe, a 'une existence dont la durée est plus ou moins longue, mais dont les phases sont généralement les mêmes. Ainsi, tous les êtres organisés exigent un temps déterminé pour arriver à leur complet développement, et ce n'est qu'après avoir atteint ce dernier terme, qu'ils produisent leurs fruits. Quand ils approchent de cette période de fécondation, la nature les pare de ses plus riches trésors, et leur donne un air de santé et de fête, comme pour célébrer, d'une manière solennelle, l'époque qui doit assurer la perpétuité de l'espèce.

Les peuples considérés sous le rapport de

l'intelligence, suivent les mêmes lois de développement. Ce n'est qu'après avoir acquis la force physique nécessaire pour consolider leur existence, et quand la puissance vitale a atteint son plus haut degré, que les facultés intellectuelles commencent à se manifester avec énergie et à produire leurs fruits.

Les lettres, la philosophie, les sciences et les beaux-arts sont aux peuples, ce que les fleurs et les fruits sont aux plantes; ils indiquent, d'une manière certaine, que le développement physique est accompli et que désormais la nation jouit de toute la plénitude de sa force.

Assez généralement la poésie devance cette époque et se mêle à l'enfance des peuples, comme l'imagination domine l'enfance de l'homme; elle jette ses reflets séduisants sur la carrière qu'il s'apprête à parcourir et l'entoure de ses plus brillantes illusions.

Le premier besoin d'une nation est de se consolider, de se créer une existence indépendante et de se procurer les moyens d'y répandre quelques charmes. C'est lorsqu'elle est parvenue à obtenir tous ces avantages et à jouir du bien-être matériel, qu'elle cherche à y joindre les trésors de l'intelligence. Le peuple alors complète son organisation ; il fait acte de virilité. Les sciences et les lettres ne se développent, chez lui, qu'à la

condition qu'il soit entièrement développé lui-
même et qu'il possède le sentiment de sa nationalité.

Dès que le bien-être physique augmente, et
qu'il a dépassé une certaine limite, les liens sociaux se relâchent, parce que les individus n'en
sentent plus la nécessité : l'égoïsme remplace les
vertus du citoyen, et les fruits de l'intelligence
deviennent plus rares. Cette période est la troisième et la dernière de la vie des peuples. On
commence alors à marcher vers une dissolution
imminente.

Le peuple romain avait pris déjà un immense
développement physique, quand, à l'exemple des
Grecs, il se mit à s'occuper des sciences, des lettres et des arts. Les fruits qu'il recueillit furent
tardifs et d'assez courte durée. On les vit disparaître en même temps que se relâchaient les
liens qui tenaient unies toutes les parties de
l'empire.

La Rome nouvelle qui se consolida à l'ombre
de la croix, ne le céda pas, pour la puissance,
à sa sœur aînée ; et son front se couronna,
comme le sien, de tous les prestiges des produits de l'intelligence.

Il n'est guère de peuple qui n'ait présenté
les phases que je viens d'indiquer. On pourrait
dire même que ceux qui n'ont pas marqué

leur existence, en laissant des traces d'un développement intellectuel, ont été des peuples incomplets. La plupart sont oubliés aujourd'hui, et leur mémoire n'éveille aucune sympathie.

Le peuple grec, au contraire, sera à jamais l'objet de l'admiration des hommes. Il a eu le talent et l'énergie nécessaires pour faire de grandes choses, et le mérite de les avoir exposées avec dignité et consacrées par des monuments qui attestent son génie.

Ici encore, les produits de l'intelligence ne se sont manifestés qu'à partir d'une certaine époque; et ils ont cessé dès que la puissance du peuple grec a commencé à chanceler et que son patriotisme a fléchi.

BIBLIOTHEQUE   NATIONALE

SERVICE DES NOUVEAUX SUPPORTS

58, rue de Richelieu, 75084 PARIS CEDEX 02 Téléphone   266 62 62

Achevé de micrographier le :   17/05/ 1978

Défauts constatés sur le document original

Ce qui caractérise surtout nos temps modernes, c'est l'association se substituant aux individus chaque fois que ceux-ci, dans leur cercle étroit, ont épuisé tous leurs moyens d'action. Les exemples sont nombreux dans tout ce qui tient à l'intelligence et spécialement dans ce qui concerne l'étude de notre globe.

On a vu, sous le règne de Louis XV, les astronomes et les géomètres de l'Académie royale des sciences de Paris, entreprendre avec dévouement des voyages lointains pour reconnaître la figure de la terre. Tandis que les uns se rendaient en Laponie, les autres passaient les mers et s'enfonçaient dans l'intérieur du Pérou, où les attendaient les dangers les plus grands.

L'Académie royale de Berlin a fait, de nos jours, un appel aux astronomes et leur a demandé d'inventorier les différentes régions du ciel. Cet immense travail a été exécuté avec un zèle qui nous a valu déjà les découvertes les plus importantes. Les étoiles ont été enregistrées avec des soins assez minutieux pour qu'il ne soit plus permis de les confondre avec les corps étrangers qui autrefois passaient inaperçus au milieu d'elles. Aussi, il n'est pas rare de voir que des planètes nouvelles ou des comètes qui, par leur médiocrité, semblaient devoir échapper à toutes les investigations, sont signalées à la fois par plusieurs sen-

tinelles avancées de la science, dès qu'elles se
présentent dans des circonstances où le téles-
cope peut les atteindre.

Que dire ensuite de l'empressement avec lequel les observateurs de presque toutes les nations ont répondu, de nos jours, à l'appel fait par
la Société royale de Londres dans la vue d'avancer
l'étude des grands phénomènes de la physique du
globe ? Les cinq parties de la terre sont couvertes
d'observatoires temporaires, où des savants zélés
étudient attentivement, jour et nuit, d'heure en
heure , les moindres manifestations des instruments, et cherchent à surprendre à la nature des
secrets qui auraient certainement échappé aux
études les plus assidues des observateurs isolés.

Quand il s'agit de pourvoir aux intérêts matériels d'un État, chacun est appelé à payer sa
dette au trésor ; mais il n'en est plus de même
quand il s'agit des intérêts intellectuels. Il serait
d'ailleurs superflu de faire un appel général : la
plupart des hommes devraient reconnaître leur
insuffisance. Ceux, au contraire, qui se sentent la
force et les moyens nécessaires pour se rendre
utiles, finissent par réunir leurs efforts et constituent les académies et les sociétés savantes
qui représentent en quelque sorte les facultés intellectuelles de la nation.

Du reste la plupart de ces corps ont des ten-

dances à s'isoler dans un État et à vivre d'une
vie particulière: ils ont leurs temps de prospérité aussi, leurs maladies, leur vieillesse et les
différentes phases qui caractérisent l'existence
des êtres animés.

Bien que les sciences n'appartiennent à aucun
peuple en particulier, cependant quand une société savante, constituée par un État, n'en devient pas la manifestation intellectuelle, et ne
cherche pas, tout en élargissant le champ des découvertes, à s'en assimiler les principaux fruits
pour les répandre autour d'elle, nécessairement
elle manque le but de son institution. Elle reste
sans force et sans considération, parce qu'elle
se place en dehors du corps dont elle devrait
faire partie intégrante.

Les associations en général, quel que soit le
but de leur institution, quand elles s'isolent dans
un État, finissent d'ordinaire par lui devenir
plus ou moins nuisibles, à moins que ce ne
soient des corps inertes. Ces agrégations ne
diffèrent des individus que parce qu'elles ont
plus de moyens d'action ; or, si l'individu doit,
non-seulement se soumettre aux lois de l'État,
mais encore leur donner son appui, à plus forte
raison peut-on établir les mêmes exigences à
l'égard des associations.

Beaucoup de choses doivent se faire par les

gouvernements, non-seulement parce qu'ils
sont forts, mais encore parce qu'ils ont un caractère de permanence et qu'ils offrent des garanties qu'on ne rencontre pas chez les individus. De simples particuliers, moyennant certaines rétributions, pourraient bien se charger
d'exercer la police, de faire respecter les lois,
de donner un enseignement général, d'entretenir les chemins et les canaux, d'organiser des
armées ; mais on conçoit qu'outre le peu de
garanties que l'on aurait, il serait imprudent
de faire dépendre des choses aussi importantes
d'un seul individu, qui prendrait d'ailleurs
dans l'État une influence dangereuse et tout à
fait anormale.

C'est donc à l'État qu'il appartient de régler
de pareils intérêts ; et l'on conçoit que plus il a
de charges, plus il a droit d'exiger. Il serait,
par suite, absurde de juger du bonheur des habitants par les sommes qu'ils payent au trésor.
Il ne faut pas, en effet, se borner à examiner le
taux des contributions, il faut voir encore ce
que chacun reçoit en retour de ce qu'il paye.

Il se trouve aujourd'hui que les États les plus
éclairés sont généralement ceux où le contri-
buable paye le plus. Est-ce un mal, s'ils font
aussi le plus dans l'intérêt de tous? Il ne faut
cependant pas qu'ils substituent partout leur

action à celle des individus; qu'ils descendent aux moindres détails; qu'ils finissent par loger les citoyens, par préparer et dispenser leur nourriture, par confectionner jusqu'à leurs habits. C'est, à la vérité, l'opinion de quelques écrivains modernes qui applaudiraient à un pareil état de choses. Nous ne pourrions jamais y voir, quant à nous, qu'un malheureux empiétement de l'association sur l'individualité. L'une finirait par tuer l'autre; et un pareil sacrifice serait un sacrilége.

Mais quelles sont les limites où doit cesser l'action de l'individu, pour faire place à une action d'un ordre plus élevé, à celle de la nation? Ce problème a été très-peu examiné; et jusqu'à présent, c'est la pratique bien plus que la théorie qui s'est occupée de le résoudre. Ainsi, en Belgique, il est des dépenses de plusieurs espèces : il en est pour le trésor de l'État, pour la province, pour la commune; c'est qu'on a senti en effet que les exigences ne sont pas les mêmes pour toute l'étendue de l'État, quelque circonscrit qu'il soit, ni même pour toute une province. C'est donc au bon sens et à l'équité qu'on s'en rapporte aujourd'hui, pour régler des parts à payer qui soient en rapport avec les avantages que l'on espère en recueillir.

———

CHAPITRE III.

**Corrélation entre les sciences qui concernent l'homme
et les sciences qui concernent la société.**

En résumant ce qui précède, on peut conclure qu'il existe une corrélation nécessaire entre les sciences qui s'occupent de l'homme et celles qui concernent le corps social.

Les analogies vont même plus loin qu'on ne le croirait au premier abord : ainsi, tout ce qu'on peut considérer comme un être organisé, tout ce qui est doué de vie, se compose de différentes parties essentielles, dont l'étude constitue une science à part que l'on nomme *anatomie*. On dit ensuite anatomie végétale, animale ou humaine, selon qu'elle se rapporte aux plantes, aux animaux ou à l'homme. Le corps social a son anatomie aussi, qu'on a désignée improprement sous le nom de *statistique*.

Quand on établit un parallèle entre les éléments constitutifs de deux pays, on fait de la statistique *comparée*, comme on ferait de l'anatomie comparée, en établissant des rapprochements entre les êtres organisés du règne végétal ou du règne animal.

Si l'on considère les phénomènes relatifs à la vie, les mêmes analogies subsistent encore; et la science qui s'occupe de ces phénomènes, prend le nom de *physiologie*. On dit, en suivant toujours le cours des mêmes idées, la physiologie végétale, animale, humaine, selon qu'il est question des plantes, des animaux ou de l'homme. Mais, quand il s'agit des phénomènes vitaux que présente le corps social, quel nom convient-il d'employer ? Faut-il dire aussi *physiologie sociale?* Les idées de corrélation sembleraient le vouloir. C'est dans ce sens qu'en parlant de la société, j'écrivais dans un autre ouvrage (1) : « Ce grand corps subsiste en vertu de principes conservateurs, comme tout ce qui est sorti des mains du Tout-Puissant; il a aussi sa physiologie, comme le dernier des êtres organisés. Quand nous nous croyons au plus haut de l'échelle, nous trouvons des lois aussi fixes, aussi immuables que celles qui régissent les corps célestes; nous rentrons dans les phénomènes de la physique, où le libre arbitre de l'homme vient s'effacer entièrement pour laisser prédominer sans atteinte l'œuvre seule du Créateur. L'ensemble de ces lois, qui existent en dehors des temps, en dehors des caprices

______

(1) *Lettres sur la Théorie des probabilités*, p. 263.

des hommes, forme une science à part, à laquelle j'ai cru pouvoir donner le nom de *physique sociale.* »

Quand on se place sur le terrain des sciences morales et politiques, on trouve que l'homme donne matière à plusieurs études importantes qui ne peuvent avoir leurs analogues chez les animaux et les plantes. La médecine légale et l'hygiène publique n'existent que comme des produits nécessaires de la civilisation; ces sciences se rapportent exclusivement au corps social; et la dernière s'occupe de l'état sanitaire du peuple, comme l'hygiène privée s'occupe de la santé des individus dont le peuple se compose. Il existe, ici, la même corrélation qu'entre l'économie domestique et l'économie politique; la première de ces sciences étudie ce qui peut assurer le bien-être des particuliers, et la seconde, exclusivement occupée de l'État, recherche comment les richesses se forment, se répartissent et se consomment.

Il ne faut pas confondre l'économie politique avec ce que j'ai nommé la physiologie sociale, ce serait confondre les principes par lesquels l'homme modifie et augmente ses biens matériels, avec les lois divines qui règlent les phénomènes de sa vie. Il faut aussi la distinguer de la physique sociale : cette science étudie plus spécialement les lois de conservation qui perpétuent l'homme et le système social, et qui constituent cette autre mécanique céleste dont le Créateur a si habilement combiné les bases mystérieuses.

Nous avons déjà vu que l'étude et l'application des lois humaines, qui ont été portées à un si haut degré de perfection quand il s'agit des individus, laissent encore les lacunes les plus fâcheuses quand il faut régler les droits et protéger les intérêts des peuples. A voir ce qui se passe autour de soi, on peut se demander si les principes de justice prennent un caractère différent selon qu'il est question des uns ou des autres.

On peut faire la même question au sujet de la morale : les principes qui dirigent l'homme dans sa conduite, subsistent-ils sans modification quand il est question des peuples, et la même science est-elle également applicable au corps et aux éléments dont il se compose? De quelque manière que l'on considère les choses, il ne saurait guère y avoir de doute à cet égard. Les liens qui unissent les individus entre eux et qui constituent la société devraient, en effet, cesser d'exister, dès l'instant qu'il n'y aurait pas assentiment commun au sujet des mêmes principes de morale.

« Ma conviction profonde, dit M. le baron Bignon, est que, dans tout pays, dans tout mode d'administration, donner à la politique extérieure une direction conforme à la morale et à la justice, c'est-à-dire à l'intérêt général des hommes, ne serait pas seulement une œuvre digne de l'éloge des peuples et de l'histoire, mais un système sage, bien entendu, propre à procurer au gouvernement qui en serait capable, des avantages vrais, solides, durables, dont il aurait droit de s'enorgueillir (1). »

Les lois qui président au développement successif des facultés intellectuelles de l'homme, sont encore trop peu explorées pour qu'il soit permis d'établir les moindres rapprochements entre elles et les lois de développement des facultés intellectuelles des peuples, qui n'ont pour ainsi dire point été examinées du tout. Cependant, contrairement aux idées reçues, cette dernière étude jetterait peut-être un grand jour sur la première ; et nous en dirons autant des recherches qui ont pour objet le développement des qualités morales.

Depuis bien des siècles on a disserté sur le libre arbitre de l'homme, sans arriver à aucun

(1) *Sur la conciliation progressive de la morale et de la politique,* tome 1er des Mémoires de l'Académie royale des sciences morales et politiques de l'Institut de France.

résultat positif. Les plus beaux génies ont abordé ce problème épineux avec une force de raison et quelquefois avec une éloquence admirables ; cependant ont-ils bien réellement porté la conviction dans les esprits? On peut en douter, à voir les dissentiments qui existent encore à cet égard chez les écrivains les plus distingués.

Le cercle étroit dans lequel ils se sont toujours renfermés, en isolant l'homme et en le soumettant exclusivement à leurs recherches, ne leur a pas permis de voir la question dans toute son étendue, ni de reconnaître par quelles admirables combinaisons la Divinité a voulu que l'homme se meuve librement dans des limites, qui se resserrent d'autant plus que son action tend à s'étendre davantage.

Quand deux sciences sont corrélatives, il n'est pas indifférent de placer l'étude de l'une avant celle de l'autre. Les nombres que nous donne la statistique morale, font pour ainsi dire toucher du doigt les étroites limites dans lesquelles agit notre libre arbitre, quand il se trouve en présence de la société et surtout des lois éternelles qui en règlent la marche. La connaissance de l'homme se déduit, ici, de l'étude du corps social. Nul doute que des observations pareilles, continuées avec toute la prudence qu'exigent des matières aussi graves et aussi difficiles, ne fassent reconnaître des faits qui intéressent au plus haut point les sciences morales et qui resteraient inaperçus, en recourant aux études philosophiques les plus persévérantes, et en poursuivant la vérité à travers le champ des abstractions.

La marche que j'indique est plus timide sans doute, mais elle expose moins à s'égarer : si l'on quitte un instant la bonne voie, on est presque toujours sûr de pouvoir y rentrer. Ajoutons encore que les résultats que l'on retire de ces explorations, sont d'une application plus directe et plus immédiatement utile.

LIVRE TROISIÈME.

DE L'HUMANITÉ.

CHAPITRE PREMIER.

L'homme intellectuel a progressivement effacé l'homme physique.

En déroulant les annales de l'humanité, un premier fait fixe notre attention, c'est le triomphe toujours croissant de l'homme intellectuel sur l'homme physique. Tandis que l'un reste stationnaire, l'autre est essentiellement progressif; et, par cette faculté précieuse, il se distingue entre tous les êtres de la création.

Aux premiers âges du monde, l'homme se regardait comme le maître et le roi de la nature, il s'exagérait à la fois son importance et la place qu'il occupe dans l'univers. Il semblait que tout eût été créé pour lui, que les éléments fussent ses tributaires et que rien ne pût résister à sa puissance matérielle.

Pendant longtemps encore le plus fort fut le plus considéré, et le courage fut rangé parmi les principales vertus. Même à l'époque où la Grèce envoyait devant Troie l'élite de ses guerriers, le héros le plus distingué était celui qu'on réputait capable de tuer de sa main le plus d'ennemis. Ajax, fils de Télamon, était le rival d'Achille; et il disputa au prudent Ulysse les armes d'Hector. Cependant Ajax est en quelque sorte le type de la force matérielle, tandis qu'Ulysse est celui de la sagesse et de l'intelligence.

A travers les fictions poétiques du moyen âge, on voit les qualités physiques prédominer encore sur les qualités morales et intellectuelles : Roland est la personnification de ce que l'humanité a de plus relevé; et si le puissant Charlemagne prend noblement sa place à côté de lui, c'est moins parce qu'il est grand législateur et monarque d'une haute intelligence, que parce que, dans un combat, il ne le cède à personne pour la vaillance et la force de son bras.

On aurait peu d'estime aujourd'hui pour un prince qui n'opposerait à ses ennemis qu'une vigueur herculéenne et une bravoure à toute épreuve. Ce n'est pas seulement dans les combats que l'homme a vu la suprématie physique s'abaisser devant la suprématie intellectuelle ;

quand il a jeté ses regards autour de lui et qu'il s'est mis à mesurer la place qu'il occupe dans l'univers, cette place s'est d'autant plus resserrée à ses yeux, que ses connaissances se sont étendues davantage.

La science lui a fait comprendre que ce globe, dont il n'occupe qu'un coin, ne doit être considéré lui-même que comme un grain de poussière perdu dans l'immensité des cieux ; que des millions de mondes flottent, ainsi que le nôtre, dans l'espace dont nous ne pouvons sonder les profondeurs qu'avec les yeux de l'intelligence ; elle lui a permis cependant de reconnaître les distances de plusieurs de ces mondes, leurs mouvements, leur poids, et de déterminer jusqu'aux lois de la pesanteur à leur surface.

L'homme a donc fini par sentir, et son orgueil a dû en être satisfait, que, s'il est physiquement très-borné, son intelligence est immense, et qu'il n'a été donné qu'à lui seul de pénétrer dans les secrets de la création et d'en étudier les lois mystérieuses : lui seul peut acquérir la science, cet élément indispensable de tout progrès et sans lequel il resterait à jamais stationnaire.

Depuis l'origine du monde nos facultés physiques ne semblent pas s'être développées ; ni

notre vue ni notre <u>bras</u> n'ont acquis plus de
puissance. Il paraîtrait au contraire que, plus
nous nous éloignons de l'état de nature, plus
nous baissons sous le rapport physique : faute
d'exercice, la vue perd de sa pénétration, l'ouïe
de sa finesse, l'odorat et le goût de leur discer-
nement instinctif, et nos membres de leur souplesse. Nos facultés intellectuelles mêmes, considérées comme forces actives, ont peut-être
moins de vivacité. La poésie moderne n'a point
fait oublier les chants d'Homère ; nos sculpteurs
et nos architectes s'applaudissent quand ils ont
heureusement imité les monuments anciens ;
quant à la musique, il nous est malheureusement impossible de porter un jugement, mais,
à en croire les témoignages de l'antiquité, c'est
l'art qui doit y avoir été porté au plus haut
point de perfection ; c'est du moins celui qui
produisait le plus de merveilles et d'enivrement.

Les modernes ne luttent avec succès contre
les anciens qu'en prenant la science pour
auxiliaire ; dès qu'ils sont abandonnés à leurs
propres forces, ils doivent souvent reconnaître
leur infériorité. Mais combien cet auxiliaire
ne leur donne-t-il pas de puissance ? Il prête
à chacune de leurs facultés une portée immense et qui s'accroît encore chaque jour.
Pour n'en citer qu'un exemple, la vue, celle de

nos facultés que la nature semble avoir développée avec une prédilection particulière, la
vue, grâce aux progrès de l'optique, a élargi
prodigieusement la sphère de son action. Non-
seulement elle a pu saisir, au moyen du téles-
cope, des corps célestes assez éloignés pour
qu'elle n'en soupçonnât pas même l'existence,
mais encore elle a reconnu à leur surface les
différentes particularités qu'ils présentent.

La science qui reculait ainsi, pour l'homme,
les limites naturellement visibles de la création,
s'efforçait aussi de reculer d'autres limites et de
lui faire saisir les moindres détails des corps qui,
par leur petitesse, paraissaient devoir rester éternellement enveloppés d'un voile mystérieux.

Par ses progrès constants, la science n'a pas
seulement amplifié la portée de nos facultés
physiques, elle a donné aussi plus de consistance à nos facultés morales et intellectuelles, en leur offrant des points d'appui
nombreux qui favorisent leur action. Chaque
jour, elle étend le domaine de l'homme et multiplie ses jouissances. Ce n'est donc pas sans
raison que ses plus fidèles interprètes reçoivent
aussi, chaque jour, une part de considération
plus large dans notre organisation sociale et
que l'estime se mesure sur les services réellement rendus.

Le monument qui s'élève et qui est uniquement dû aux travaux intellectuels de l'homme, prend sans cesse des proportions plus majestueuses, sans qu'il soit possible de prévoir quelles seront les limites de son développement, ni la hauteur à laquelle il pourra jamais atteindre. En contemplant ce noble édifice, ouvrage de tant de siècles et de tant de persévérance, on fait involontairement un douloureux retour sur soi-même; on se demande, en mesurant la faiblesse et l'audace de l'homme, si son intelligence ne s'occupe pas de réédifier, sous une autre forme, cette même Babel que ses mains construisaient autrefois.

Quel que soit l'avenir réservé à ce monument gigantesque, l'homme, en y travaillant, obéit à un instinct irrésistible, à une force mystérieuse qui enchaîne sa volonté. Lui seul, dans la création, a été appelé à l'honneur de le construire; mais il ne lui a pas été donné de commencer une partie avant l'autre; chaque pierre doit être placée en son temps, doit occuper son lieu; tout est prévu, tout est combiné, et l'on sent que c'est la main même du grand architecte de l'univers qui en a tracé le plan et déterminé les proportions.

CHAPITRE II.

**Le développement intellectuel de l'humanité suit les
mêmes phases que le développement
intellectuel des individus.**

Observez l'homme, et suivez dans son enfance
le développement de ses premières notions ; il
est frappé des moindres phénomènes, et dans
l'impuissance de se les expliquer et d'en reconnaître les causes, il les attribue à des êtres surnaturels.

Plus tard, son attention se fixe davantage sur
les choses qu'il aperçoit : il les observe; il cherche à reproduire les faits pour les mieux étudier ; il tente la voie de l'expérience ; et, cette
fois, il cherche à ce qui le frappe des causes
naturelles dont il étudie le mode d'action et
l'intensité. Si même son esprit est suffisamment
cultivé par la science, il s'efforcera d'apprécier,
au moyen du calcul, les effets produits, et d'aller
au-devant des faits, en les déduisant de la théorie comme des conséquences nécessaires.

Telle est aussi la marche de l'esprit humain, ou
plutôt telle est l'histoire des sciences. L'homme,
dans la série des siècles, n'a pas procédé autrement : il a vu ; il a observé les faits ; il a tenté

de les reproduire par l'expérience pour les mieux étudier sous toutes leurs faces; il en a recherché les causes; il a apprécié les forces qui les font naître ou qui les modifient; puis il a calculé *à priori* toutes les particularités qu'ils peuvent présenter. Cette succession d'opérations s'applique également à toutes nos sciences, seulement toutes ne sont pas également avancées et ne se trouvent pas dans la même période de leur évolution.

Ainsi la propriété de l'aimant naturel était connue dans l'ancienne école d'Ionie, six siècles avant l'ère chrétienne; et probablement, déjà bien avant cette époque, elle avait fixé l'attention des hommes. Nous ignorons quels sentiments ont dû naître en eux, à la vue de ces attractions exercées à distance entre des corps entièrement indépendants les uns des autres ; mais il paraît très-vraisemblable qu'ils ont dû éprouver plus que de l'étonnement et croire à des causes surnaturelles.

Ces phénomènes, plus connus et mieux observés, ont pris rang ensuite dans la science ; on les a reproduits par l'expérience ; on a construit des aimants artificiels et constaté des propriétés qui avaient échappé d'abord aux observateurs. L'action de la terre sur l'aimant a fait naître l'idée de la boussole, et la conquête de notre globe a été le fruit de cette curieuse et féconde invention. Cependant on était loin encore d'avoir pu réduire à des principes fixes le mode d'action des aimants. La théorie mathématique du magnétisme appartient à ce dernier siècle ; elle nous permet, à son tour, de descendre des lois générales aux faits particuliers et d'aller en quelque sorte au-devant de ce qui a pu échapper à l'observation. C'est ce dernier terme qui est l'indice le plus sûr du perfectionnement d'une science.

L'astronomie a suivi les mêmes phases : les phénomènes qu'elle présente ont également excité l'étonnement des premiers hommes, leur ont fait supposer aussi des agents surnaturels dans les moindres mouvements célestes. L'observation plus calme a permis de mieux voir les choses, de les ranger en leur véritable place et d'en déterminer exactement la nature. La science a reconnu ensuite les forces qui produisent ces divers phénomènes ; et la mécanique céleste est venue couronner l'œuvre en déduisant d'un grand principe, comme conséquences naturelles, non-seulement tous les mouvements célestes que l'observation avait constatés, mais encore ceux qui avaient échappé à ses recherches.

Pendant que l'humanité marchait ainsi d'un

pas ferme vers le noble but qu'elle se proposait d'atteindre, tous les peuples dont elle se compose ne prenaient pas une égale part à ce grand mouvement de l'intelligence. Aujourd'hui même, nous les trouvons encore inégalement avancés dans la carrière parcourue. Les uns se trouvent au point de départ, et pour eux la science n'a rien produit : semblables à l'enfant qui se connaît à peine ou aux hommes des temps primitifs, chaque chose devient à leurs yeux un sujet d'étonnement, souvent même un prodige.

D'autres, plus nombreux, sont en possession des fruits acquis par l'observation et par l'expérience, mais ils n'ont point eu l'énergie nécessaire pour se porter en avant jusqu'aux dernières limites connues de la science. Ceux qui ont pu atteindre ces limites sont les peuples privilégiés, et que l'on peut regarder comme les sentinelles avancées de la civilisation.

Les deux limites entre lesquelles se rangent les différents peuples, sont donc extrêmement larges, et elles tendent à se séparer encore, chaque jour, par les progrès des sciences. Mais comment les peuples sont-ils distribués entre ces limites? Se classent-ils conformément à la loi des causes accidentelles? c'est ce que nous ignorons, et ce qu'il sera toujours difficile, sinon impossible de reconnaître.

Et chez un même peuple, comment faut-il classer les individus? Quelques-uns sont arrêtés au commencement de la carrière, tandis que d'autres ont parcouru tous les degrés par lesquels a dû passer l'intelligence humaine. On a pu dire de quelques hommes d'élite qu'ils étaient comme le Nil, dont on ne connaît pas la source. Il en est en effet qui franchissent la carrière avec tant de rapidité, qu'on ne commence à les remarquer que quand ils se trouvent de front avec les plus avancés.

Il n'est peut-être pas deux hommes qui, dans une même nation, aient exactement le même degré de lumières, la même masse de connaissances; et, bien qu'il soit impossible de les classer sous ce rapport, nous concevons cependant fort bien qu'il s'en trouve peu vers les limites extrêmes; le plus grand nombre se rapproche d'un état moyen qui n'est pas le même pour les différents peuples, mais qu'on doit s'efforcer de relever de plus en plus. C'est par cette moyenne en effet qu'il faut juger les lumières d'une nation. Le peu d'hommes qui se trouvent à la limite supérieure, donnent ensuite la mesure de ce que cette nation peut faire pour activer l'avancement des sciences et contribuer aux progrès de l'esprit humain.

CHAPITRE III.

Les limites entre lesquelles varient les éléments relatifs à l'homme tendent à se resserrer.

En remontant à l'origine des choses et en suivant l'humanité dans sa marche progressive, on trouve, à chaque époque, une diversité marquée entre les éléments dont elle se compose. Une entière égalité n'a jamais existé parmi les hommes, ni au physique, ni au moral, ni sous le rapport de l'intelligence.

Quoique nous ne possédions aucune donnée précise à ce sujet, nous avons de puissants motifs de croire que, dans les temps les plus reculés, comme aujourd'hui, les hommes ont conservé le même type, et n'ont pu différer entre eux qu'en restant assujettis à la loi des causes accidentelles. Cette loi domine la nature entière ; elle constitue en quelque sorte la vie de cet univers ; elle produit le mouvement et la variété, en laissant à chaque chose son type inaltérable.

Ainsi, sous le rapport physique, les hommes, à une époque quelconque, ont pu être très-dissemblables entre eux pour la taille ou la force, sans que la valeur moyenne de ces deux éléments fût autre qu'elle n'est de nos jours. Alors, comme à présent, ils se trouvaient répartis autour de la moyenne, soit en moins, soit en plus, d'après la même loi ; seulement les limites extrêmes entre lesquelles ces oscillations avaient lieu, pouvaient être très-différentes.

Or, tout porte à croire que, pour les qualités physiques du moins, l'homme moyen n'a point sensiblement varié, mais que les limites se sont progressivement resserrées.

En faisant la part des exagérations qu'on trouve dans les récits anciens, tout prouve en effet qu'il n'existe plus, de nos jours, de ces lignes profondes de démarcation entre les hommes des classes inférieures et ceux des classes privilégiées. Les premiers, mal nourris, mal vêtus, courbés sous un esclavage humiliant, traînaient une malheureuse existence, tandis que les derniers appliquaient tous leurs soins au développement de leurs qualités physiques, qui devenaient la source de leurs succès dans les combats et de leur gloire parmi leurs concitoyens. Les héros d'Homère se classaient, en quelque sorte, d'après le degré de développement des qualités physiques, et ceux qui se distinguaient le plus prenaient rang parmi les dieux.

Il en est de même sous le rapport moral. Nous ne connaissons plus cette affreuse dépravation que quelques anciens n'ont pas rougi d'avouer, d'ériger même en vertu; mais nous ne voyons pas non plus ces caractères sublimes, ces âmes nobles et fermes qui répandent un si puissant intérêt sur l'histoire ancienne. Insensiblement nous nous sommes trouvés resserrés dans des limites plus étroites.

Quant à ce qui concerne l'intelligence, il est une distinction importante à faire : il ne suffit pas de considérer les facultés mentales en elles-mêmes; quand on les prend dans un sens absolu, elles n'ont probablement pas varié; mais il faut tenir compte du progrès des sciences. L'homme placé au faîte des connaissances humaines diffère bien plus aujourd'hui qu'à aucune autre époque, de celui qui est resté dans une profonde ignorance; et cela doit être : la différence qui existe entre eux est mesurée par toute la distance que les sciences ont parcourue depuis leur origine.

Si, d'une autre part, on abandonne ces extrêmes, qui se composent de rares exceptions, pour ne considérer que la moyenne, il devient intéressant de rechercher si le plus grand nombre, ou ce qu'on est convenu de nommer la masse, s'écarte plus aujourd'hui de cet état moyen qu'à des époques plus reculées. Or, je pense qu'ici, comme pour les qualités physiques et morales, on peut affirmer, sans crainte de s'éloigner de la vérité, que la civilisation, en relevant insensiblement la moyenne, a resserré en même temps les limites entre lesquelles l'homme intellectuel peut varier.

Cette proposition se confirme surtout, quand on considère la position politique et le bien-être des peuples. Par un sentiment naturel, l'homme cherche à resserrer les limites entre lesquelles sont comprises les différentes conditions sociales, et à produire, s'il le peut, une complète égalité. Ce sentiment se trouve particulièrement développé dans la jeunesse, quand l'homme obéit à ses premiers penchants et qu'il n'a pas encore appris à connaître les véritables plaies de la société. Pour lui, la république est de toutes les combinaisons politiques la plus désirable.

On se demandera toutefois si le resserrement indéfini des limites entre lesquelles les hommes peuvent varier, doit être considéré comme un bien, et, en tout cas, si cet état de choses est possible?

L'égalité absolue, si elle pouvait se réaliser, ramènerait la société à son point de départ; et, si elle devenait durable, la plongerait dans la plus complète atonie : la variété et le mouvement se trouveraient anéantis; le pittoresque s'effacerait à la surface du globe; les arts et les sciences cesseraient d'être cultivés; ce qui fait le plus d'honneur au génie humain serait abandonné; et, comme personne ne voudrait obéir ni se soumettre à un autre homme, les grandes entreprises deviendraient impossibles.

Si l'égalité absolue doit être considérée comme un mal, il n'en reste pas moins vrai de dire que le resserrement des limites, poussé jusqu'à un certain point, est un véritable bienfait. Mais quelles sont les limites les plus convenables? Ce problème, aussi nouveau que difficile, reste encore à résoudre.

CHAPITRE IV.

Les moyennes et les limites ne varient que par la science.

L'homme dépourvu du bienfait de la science, serait nécessairement stationnaire, avons-nous dit; il subirait le sort de tous les êtres animés et présenterait, dans ses divers éléments, des fluctuations qui auraient leurs phases et leurs limites déterminées. Mais ces fluctuations, depuis l'origine du monde, n'auraient point subi de variations, parce que rien ne prouve que la nature, depuis cette époque, ait altéré ses lois. Les causes naturelles, qui agissent sur les animaux et les plantes depuis que l'homme a pu les observer, sont restées les mêmes. Je ne parlerai pas des époques antérieures que la géologie nous a révélées, et qui semblent annoncer l'existence de causes que des lois providentielles peuvent avoir modifiées.

Sous le beau ciel de la Grèce, l'olivier suit encore, dans son développement, les mêmes degrés de croissance et les mêmes phases qu'on observait au temps de Codrus. L'arbre type est resté le même ; seulement les individus subissent encore, comme alors, des fluctuations dans les divers éléments dont ils se composent ; ainsi, jusqu'au nombre des feuilles, si l'on pouvait les compter, jusqu'à la grandeur de ces mêmes feuilles, si l'on pouvait les mesurer successivement, tout enfin aurait conservé la même valeur moyenne et les mêmes limites dans ses variations ; tout serait réglé par la même loi des causes accidentelles.

Les seules causes qui puissent apporter des altérations dans les lois naturelles proviennent de l'homme qui, en s'appuyant sur la science, change la culture et parvient à altérer les moyennes et les limites, pendant que la nature, en luttant contre ces forces perturbatrices, conserve toujours la même tendance à rétablir la moyenne et à rentrer dans ses limites qu'on a forcées.

Les animaux, depuis la création, n'ont également rien fait pour changer leur état ou perfectionner les industries qui leur ont été enseignées par la Providence. Ainsi, quelque ingénieuse que soit la fourmi, quelque bon architecte que soit le castor, ils travaillent toujours, depuis qu'on les observe, de la même manière et sans accuser aucun progrès. L'abeille n'a rien ajouté à ses connaissances architectoniques ; l'araignée ne file point son tissu avec plus de perfection qu'elle ne le faisait du temps de nos premiers aïeux.

L'homme seul, par la science, a trouvé le moyen de faire varier les divers éléments dont il dépend, soit sous le rapport de la moyenne, soit sous celui des limites entre lesquelles ces éléments peuvent osciller.

Quant au physique, bien qu'il soit difficile d'établir des comparaisons, parce que nous sommes dépourvus de données qui le permettent, nous reconnaîtrons sans peine qu'il s'est opéré des modifications importantes. La science a corrigé jusqu'à un certain point nos organes, lorsqu'ils devenaient défectueux. Des dissemblances moins grandes ont eu lieu entre les hommes, et pendant que les limites se resserraient, la moyenne s'est élevée successivement.

J'ai déjà parlé des progrès immenses que l'optique a faits depuis quelques siècles ; elle a étendu le champ de la vision pour les presbytes et les myopes, à qui elle a donné la faculté de voir à toutes les distances. Que dis-je ? elle a fortifié la vue au point de permettre de saisir les moindres détails de mondes qui échappaient à l'analyse, soit par leur petitesse, soit par leur prodigieux éloignement. Des infortunés qui,

autrefois, restaient condamnés à ne plus voir
la lumière ni le spectacle de la création, ont
pu jouir encore de ce bienfait.

L'acoustique a également étendu la portée
de l'ouïe, et tous les hommes ont été appelés
indistinctement à recueillir les fruits de ses
découvertes.

La science a fait sentir partout son action
salutaire; elle a diminué le nombre des défauts
corporels, et de tous les fléaux en général qui
tendent à détériorer notre espèce. On doit
surtout à la vaccine, à l'orthopédie, à l'art chi-
rurgical de compter aujourd'hui moins de difformités; tandis que la gymnastique et l'hygiène
s'efforcent de donner plus de souplesse et de
force à nos membres et un développement normal à toutes nos facultés physiques.

Les progrès des sciences médicales ont rendu
certaines maladies moins longues et moins douloureuses et ont contribué à prolonger la vie
moyenne de l'homme. Il ne faut pas espérer
cependant, avec Condorcet, que cette moyenne
puisse s'allonger indéfiniment. Nous avons déjà
vu que la mortalité se règle d'après d'autres
lois que celles qu'on serait tenté de déduire de
l'avancement de l'art de guérir.

Les épidémies sont devenues moins fréquentes, les disettes moins destrüctives; et quand

arrive une de ces années désastreuses qui mois-
sonnaient tant de monde à des époques plus reculées, l'aisance plus générale fait que chacun
aujourd'hui doit moins en craindre les conséquences.

Les fortunes particulières, d'une autre part,
tendent vers une certaine égalité ; les lois dans
la plupart des États civilisés, sont faites de manière à ne plus concentrer de grands capitaux
dans des familles privilégiées.

En considérant la société sous le rapport
moral, on trouve que les crimes et les dévastations sont moins nombreux, les guerres moins
fréquentes et généralement accompagnées de
moins de circonstances affligeantes ; les prison-
niers sont aussi traités avec plus d'humanité.
Depuis longtemps l'esclavage a cessé d'être
connu dans l'Europe civilisée ; dans plusieurs
États même, tous les hommes sans distinction,
ont été déclarés égaux devant la loi.

Chacun jouit de plus de sécurité pour sa personne et pour ses propriétés; les caisses d'épargne et les sociétés d'assurances cherchent à prévenir les désastres qui atteignent les particuliers, en faisant peser d'une manière équitable,
sur tous, les maux qui autrefois ne frappaient
qu'un seul. Ces maux s'atténuent et s'effacent
en quelque sorte en se distribuant dans les

masses, au lieu de se concentrer sur un même
point.

Sous le rapport intellectuel, les développements de l'instruction tendent, de leur côté, à
faire naître plus d'égalité parmi les hommes;
les connaissances se répandent avec facilité dans
tous les rangs de la société. L'imprimerie a
surtout favorisé cette immense diffusion des
lumières.

L'établissement des chemins de fer, en mul-
tipliant de nos jours les points de contact entre
les peuples, doit nécessairement amener des résultats analogues. Grâce à cette merveilleuse
invention, secondée par celle des machines à
vapeur, le globe même semble avoir resserré
ses limites.

L'influence de l'homme ne s'est pas exercée
seulement sur sa personne; elle s'est étendue sur tout ce qui l'entoure : sur les plantes, sur les animaux et même jusque sur
les climats dont il est parvenu à modifier la
nature. Partout on voit la science resserrant
les limites des éléments assujettis à des variations, en même temps qu'elle relève les
moyennes.

CHAPITRE V.

Marche de la civilisation à la surface du globe.

L'histoire des progrès de l'esprit humain forme le plus beau titre de noblesse que l'homme puisse invoquer; ce monument lui appartient sans partage.

Mais comment le grand mouvement de la civilisation s'est-il propagé sur le globe, et dans quels lieux a-t-il pris naissance ? Sa marche, dans les premiers temps, a été enveloppée d'épaisses ténèbres ; tout cependant porte à croire qu'il s'est d'abord manifesté dans l'Orient, et qu'il a passé plus tard en Égypte. En s'établissant ensuite dans la Grèce, la civilisation y brilla de l'éclat le plus vif, jusqu'au moment où abandonnant la cause des vaincus, elle suivit les aigles victorieuses du peuple romain qui semblait vouloir l'étouffer dans l'asile qu'elle s'était choisi, et qui finit par devenir lui-même son tributaire. Après avoir lutté pendant longtemps contre les invasions des barbares du nord, elle prit une activité nouvelle et se dirigea vers les régions mêmes qui avaient failli compromettre son existence. Ce torrent immense a pu

s'arrêter quelquefois devant les barrières qui
lui étaient opposées, mais jamais il n'a remonté
vers sa source. On peut bien, à l'aide de l'histoire, étudier les pentes qu'il a suivies, les af-
fluents qu'il a reçus, les bassins dans lesquels il
a séjourné ; mais quel œil assez pénétrant pourrait prévoir la marche qu'il aura désormais,
reconnaître les pays qu'il est destiné à parcourir et les nouveaux progrès qu'on peut en attendre ? C'est depuis l'instant où la civilisation
s'est établie dans la Grèce, qu'on a pu commencer à étudier ses développements d'une
manière plus régulière. « La Grèce, dit M. Mi-
gnet, dans un travail remarquable *sur l'introduction de l'ancienne Germanie dans la société
civilisée de l'Europe occidentale* (1), la Grèce qui
était dans le voisinage des pays orientaux et
qui se trouvait dès lors la mieux située pour
recevoir leur civilisation, en eut la première
communication. Depuis, celle-ci fut transmise
de proche en proche, sur le continent euro-
péen, en s'y étendant sans cesse, quoique d'une
manière intermittente. Cette intermittence fut
due à l'action réciproque et au triomphe alter-
natif des deux masses civilisée et barbare, dont

____

(1) *Mémoires de l'Institut de France, Académie des sciences
morales et politiques*, tome III, p. 678.

la première fit toujours des progrès, même après ses défaites, et dont la seconde continua ses pertes, même après ses victoires. »

La civilisation n'est point parvenue à la hauteur où elle se trouve actuellement par des accroissements réguliers et successifs ; plusieurs fois elle a été stationnaire, et plusieurs fois aussi elle a reçu des impulsions puissantes et imprévues. Il semble que la paix doive être la condition indispensable de son développement ; et cependant c'est presque toujours au milieu des batailles qu'on l'a vue se raffermir et s'étendre.

La science, avons-nous dit, est le plus puissant élément civilisateur ; tout ce qui tend à la propager doit donc hâter les progrès de l'esprit humain. Toutefois, il faut juger de la civilisation, non par quelques esprits d'élite qui apparaissent toujours en petit nombre, mais par la masse des connaissances répandues chez le peuple.

Il se pourrait que l'invention de l'imprimerie n'eût point fait naître un seul génie de plus ; mais, en versant à grands flots la lumière parmi les hommes, elle a rendu des services immenses. Quelques individus ne sont rien dans le corps social ; c'est la moyenne prise sur tous les hommes qu'il faut considérer ; et tant qu'on n'a point réussi à la relever, on n'a rien fait pour l'humanité.

Celui qui parviendrait à établir une langue universelle, aurait donné à l'esprit humain une des impulsions les plus fortes qu'il puisse recevoir. La diversité des langues forme un véritable obstacle à l'échange des lumières et à l'acquisition de connaissances nouvelles. Tous les philosophes qui se sont occupés des progrès de l'esprit humain, sont unanimes sur ce point; mais il est dans la nature de voir ce qui est le mieux, sans pouvoir l'exécuter.

Un petit peuple qui a sa langue particulière et qui ne consentirait pas à en parler d'autres, s'isolerait aujourd'hui au milieu de l'Europe, et finirait bientôt par se trouver en dehors de la civilisation. C'est par des rapprochements nombreux que la science se répand parmi les hommes, et que la civilisation s'affermit. Sous ce rapport encore, l'application de la vapeur aux moyens de locomotion, et l'invention des chemins de fer doivent trouver une place remarquable dans l'histoire des progrès de l'esprit humain.

CHAPITRE VI.

Types pour le beau et pour le bien; difformités, et excès.

La théorie que je vais exposer sommairement me forcera de revenir sur quelques idées émises dans les deux livres précédents, dont ce chapitre forme en quelque sorte le résumé. Je tâcherai toutefois de me resserrer dans les bornes les plus étroites possible.

Nos différentes qualités sont soumises à des fluctuations plus ou moins grandes ; mais ces fluctuations ne sont pas toutes de même nature; plusieurs se font autour d'un état moyen *constant*, et ne subissent que l'influence des causes accidentelles. Ce sont ces qualités qui vont nous occuper d'abord.

Prises dans leur état normal et telles que la nature nous les a données, elles peuvent être considérées comme le type de la perfection; ce n'est que dans leurs plus grands écarts par rapport à l'état moyen, qu'elles présentent des défectuosités; et ces anomalies deviennent d'autant plus choquantes que les écarts sont plus considérables.

Trop ou trop peu de taille, trop ou trop peu d'embonpoint constituent des difformités au physique. Nous avons déjà vu en effet que, pour arriver à cet état, il faut non-seulement s'écarter de l'unité qui sert de type, mais encore altérer les rapports de grandeur : ainsi, le géant aura la tête trop petite relativement à sa taille ; et le nain, au contraire, l'aura trop grande.

Chacun des membres de l'homme a une proportion normale, et se trouve en rapport avec l'ensemble du corps ; quand cette proportion est dépassée, nous en sommes péniblement affectés, soit que l'habitude de voir et de comparer imprime en nous l'idée d'un type, soit que cette idée y préexiste et souffre d'être blessée.

Je considère donc l'homme moyen comme étant, au physique, le type de la beauté, et les hommes les plus difformes sont ceux qui s'en écartent le plus. Il est bien entendu que ce type n'est pas le même à chaque âge.

Cette assertion est vraie aussi pour nos organes. Ainsi, notre vue a une certaine portée normale ; et, quand cette portée n'est point atteinte ou se trouve dépassée, l'homme est myope ou presbyte, défectuosités dont la science est heureusement parvenue à corriger les inconvénients.

En général, tout ce qui, chez l'homme, est susceptible d'une appréciation exacte, et les qualités physiques sont dans ce cas, présente évidemment un état normal et des fluctuations plus ou moins étendues autour de cet état. Ces fluctuations dépendent, comme nous l'avons dit, d'une même loi, de la loi des causes accidentelles.

L'état normal, pour quelques-unes de nos qualités, est facilement saisissable, pour celles par exemple, qui tombent sous le sens de la vue ; aussi en avons-nous une conscience si intime qu'elle équivaut en général à un sentiment inné. Il n'en est pas tout à fait ainsi quand il s'agit de se prononcer sur des qualités que nous sommes habituellement moins à même d'apprécier et de comparer entre elles. Le sentiment nous manque tout aussi bien que l'expérience pour distinguer ce qui est normal et ce qui est beau, de ce qui est anomalie ou difformité.

Qui pourrait expliquer pourquoi la portée de la vue, dans l'état normal et pour obtenir la vision distincte, ne va pas au delà de huit pouces ? Qui nous dira le motif pour lequel, chez l'homme adulte, le nombre des battements du pouls s'élève à soixante-dix ? Avons-nous une idée préconçue de ce dernier nombre ou

bien de celui des inspirations? Non, certainement; et néanmoins, quand nous remarquons
chez des individus de grandes anomalies à cet
égard, nous soupçonnons des défectuosités physiques ou bien l'état de maladie.

On objectera peut-être que quelques qualités
physiques, dans leurs excès, sont loin d'être
considérées comme des défectuosités, et qu'elles
deviennent assez souvent un objet d'admiration. Ainsi, un excès de taille, de poids ou de
force excite l'attention au point qu'on s'em-
presse d'aller voir les hommes qui présentent
de pareils phénomènes. Mais alors c'est plutôt
une chose extraordinaire qui nous attire,
qu'une chose qui soit réellement digne de
notre admiration. Nous souffrons même intérieurement, par un sentiment qui nous dit que
ces qualités extraordinaires sont presque toujours acquises aux dépens d'autres qualités
plus précieuses, et surtout de l'intelligence. Il
ne suffit pas qu'une de nos qualités soit belle
en elle-même, il faut encore qu'elle ait des
rapports de convenance avec toutes les autres.

« Cet état, qui tient le milieu entre les extrêmes, a dit Pascal, se trouve en toutes nos
puissances. Nos sens n'aperçoivent rien d'extrême. Trop de bruit nous assourdit, trop de
lumière nous éblouit, trop de distance et trop

de proximité empêchent la vue ; trop de longueur et trop de brièveté obscurcissent un discours, trop de plaisir incommode, trop de con-
sonnances déplaisent. Nous ne sentons ni l'extrême chaud, ni l'extrême froid. Les qualités
excessives nous sont ennemies et non pas sensibles. Nous ne les sentons plus, nous les souffrons. Trop de jeunesse et trop de vieillesse empêchent l'esprit ; trop et trop peu de nourriture
troublent ses actions ; trop et trop peu d'instruction l'abêtissent. Les choses extrêmes sont
pour nous comme si elles n'étaient pas, et nous
ne sommes point à leur égard : elles nous échappent, et nous à elles (1). »

L'auteur des *Pensées* est revenu à plusieurs
reprises sur cette idée fondamentale des moyennes, et il l'a fait avec sa supériorité de vues habituelle. On peut s'étonner cependant qu'il ait
cru que « c'est sortir de l'humanité que de sortir du milieu (2). » *Les choses extrêmes* appartiennent à l'humanité tout aussi bien que les
moyennes ; elles complètent la chaîne qui unit
entre eux tous les hommes, et forme ce vaste
ensemble que l'on nomme le corps social. Pascal, lui-même, l'a compris et l'a très-convena-
blement exprimé dans la pensée suivante :

(1) PASCAL, *Pensées,* tome II, p. 80.
(2) PASCAL, *Pensées,* tome II, p. 143.

« On ne montre pas sa grandeur pour être en une extrémité, mais en touchant les deux à la fois, et remplissant tout l'entre-deux. Mais peut-être que ce n'est qu'un soudain mouvement de l'âme de l'un à l'autre de ces extrêmes, et qu'elle n'est jamais en effet qu'en un point, comme le tison de feu que l'on tourne ; mais au moins cela marque l'égalité de l'âme, si cela n'en marque l'étendue (1). »

Aristote plaçait chacune de nos vertus entre deux vices opposés. Ainsi la libéralité poussée à l'excès devient prodigalité ; et, dans son excès contraire, elle est avarice. Le courage est une qualité brillante, tandis que trop ou trop peu de courage donne naissance à la témérité ou à la couardise.

Cette manière d'envisager nos qualités morales a prédominé chez le plus grand nombre des philosophes et des poëtes de l'antiquité. *In medio virtus* était leur adage, auquel ils ont appliqué toutes les transformations possibles. Horace, l'un des plus spirituels et des plus habiles observateurs, a particulièrement professé la doctrine de la modération en toutes choses, et il a soutenu que le mal ne se trouve que dans les

_____

(1) PASCAL, *Pensées*, tome II, p. 148.

écarts de l'état moyen, *aurea mediocritas*. Il s'indigne contre ceux qui tendent à s'en écarter.

> *Est modus in rebus : sunt certi denique fines*
> *Quos ultra citraque nequit consistere rectum.*
>
> (1ᵉ SATIRE.)

Cette tempérance, qui fait éviter tous les excès, n'a pas besoin d'être enseignée par la philosophie ; il suffit d'écouter notre raison pour la
suivre ; la nature même nous en fait une loi.
S'écarter de la voie qu'elle nous indique, c'est
s'exposer, au physique, à tous les genres d'infirmités et de maladies ; et, au moral, à tous les
vices qui souillent l'humanité.

Nous avons sous les yeux les types de tout
ce qui est bien comme aussi de tout ce qui est
défectueux ; l'essentiel est de pouvoir en faire
la distinction. Chacune des qualités de l'homme
se trouve représentée, dans le système social,
avec toutes les nuances qu'elle comporte entre
ses limites extrêmes ; et ces nuances se trouvent réparties numériquement selon la loi générale qui règle les fluctuations de tous les éléments relatifs à l'homme.

Cette loi montre que le nombre de nuances le
plus grand, pour chaque qualité, se rapproche
de l'état normal, et qu'à mesure qu'on s'écarte
de cet état, les défectuosités, en devenant plus
sensibles, deviennent aussi plus rares.

18

En supposant les facultés physiques et morales *stationnaires*, le type du beau, pour les unes et pour les autres, aurait une valeur constante. Mais cette valeur n'aurait plus rien d'absolu en passant d'un peuple à un autre ; chaque peuple est en effet un fragment de l'humanité, et possède un type qui appartient spécialement à l'agrégation qu'il constitue.

Ce qui vient d'être dit s'observe également à l'égard des facultés intellectuelles ; il faut seulement établir une distinction entre nos facultés intellectuelles en général et celles qui sont *progressives* en même temps que la science.

Si l'on parle de l'imagination ou de la mémoire, ces facultés ne semblent pas variables dans la succession des temps, bien qu'elles puissent être plus ou moins prononcées chez les hommes d'une même époque et qu'elles subissent probablement les fluctuations indiquées par la loi de possibilité.

Un excès de mémoire peut étonner comme un excès de taille ou de force ; mais cette anomalie, curieuse en elle-même, s'achète ordinairement au détriment d'autres qualités précieuses et devient ainsi une véritable défectuosité. L'imagination surexcitée tient de bien près à la folie ; vers l'autre limite, elle se rapproche de l'idiotisme ; elle ne devient véritablement avantageuse que quand sa marche est régularisée par la raison.

La perfection n'est pas dans l'exagération d'une partie; elle consiste dans l'harmonie et la convenance de toutes les parties entre elles. Cependant un excès de mémoire ou d'imagination présente ce côté utile qu'il rend plus propre à acquérir la science, élément essentiel de tout progrès.

Quand il s'agit des qualités de l'homme, qui sont nécessairement stationnaires et qui ne varient que par l'effet des causes accidentelles, la moyenne, avons-nous dit, peut être prise comme type du beau. Il n'en est plus de même pour les qualités qui sont progressives et se perfectionnent par la science. La limite supérieure ne saurait être considérée comme une défectuosité, puisque tous nos efforts tendent au contraire à ce que la moyenne s'élève, un jour, à la hauteur de cette limite.

En conséquence, plus les éléments progressifs de l'homme tiennent de près à la science, moins leurs écarts par rapport à la moyenne sont défectueux.

Le savoir, du reste, n'est pas une qualité naturelle de l'homme. Bien qu'il admette une moyenne avec deux limites, et qu'on puisse supposer que, dans une nation, toutes les nuances intermédiaires sont parcourues conformément à la loi de possibilité, cependant on ne doit pas considérer cette moyenne comme le type de la perfection; elle ne fait que constater le degré de diffusion des lumières, et la limite supérieure indique le degré d'avancement absolu de la science; c'est tout ce qu'on en peut déduire.

Il en est à peu près de même de l'état d'aisance des individus, que l'on doit tâcher d'augmenter le plus possible, en resserrant toutefois les limites extrêmes.

Une excessive misère chez quelques individus comme une excessive opulence chez d'autres, sont des anomalies qu'on doit s'efforcer de faire disparaître, en se plaçant au point de vue de la politique et de l'humanité. Est-ce à dire cependant qu'une grande fortune soit un mal? Non certainement pour celui qui la possède; mais c'en est un pour la grande généralité qui voit s'accumuler avec profusion dans quelques mains un superflu qui serait nécessaire à bien des existences.

En résumé, nous voyons le savoir et la richesse, ces biens qu'ambitionnent les hommes, répartis de la manière la plus inégale et soumis aux fluctuations les plus grandes. Tandis que

les individus tâchent de se placer à la limite supérieure, l'humanité, de son côté, s'efforce de
resserrer de plus en plus l'espace qui sépare les
deux limites et de relever la moyenne ; en sorte
que si les deux tendances pouvaient avoir leur
plein effet, les limites se confondraient avec la
moyenne, et les inégalités cesseraient d'exister
parmi les hommes, qui marcheraient invariablement dans la voie de la perfectibilité.

Quant aux qualités individuelles mêmes,
nous pouvons résumer ainsi qu'il suit, tout ce
qui a été dit précédemment.

La beauté consiste, au physique comme au
moral, dans un juste équilibre entre nos facultés. Tout ce qui peut blesser cette harmonie est
nécessairement vicieux.

S'il est vrai que nos facultés oscillent autour
d'un état moyen constant, il faut en conclure
que le type du beau doit être invariable, et
avoir une valeur absolue.

Ce type ne peut être déterminé que par des
observations faites sur l'humanité tout entière ;
en se bornant à l'étudier sur une fraction de ce
grand corps, sur un peuple, par exemple, on
n'obtient qu'une valeur relative qui s'éloigne
plus ou moins de la valeur absolue.

Le beau consiste également, sous le rapport
de l'intelligence, dans un juste équilibre entre

toutes les facultés dont elle se compose; aucune ne saurait s'y trouver en excès, sans nuire aux autres. Cet équilibre peut exister de différentes manières; on conçoit en effet que les facultés intellectuelles de l'homme, bien que restant toujours dans une parfaite harmonie entre elles, soient plus ou moins développées. Une intelligence peut être belle et puissante à des degrés différents.

CHAPITRE VII.

Des hommes supérieurs.

L'homme supérieur est en général celui qui exerce sur les autres hommes un certain ascendant, soit par son intelligence soit par d'autres qualités éminentes. Cet ascendant peut se manifester de différentes manières : quelquefois il fait naître le respect ou l'admiration, et quelquefois aussi il imprime le mouvement à tout un peuple et le rend capable des plus grandes entreprises, comme aussi des plus grands sacrifices.

On n'est point homme supérieur, parce que l'on se distingue par des qualités physiques, quelque belles qu'elles soient d'ailleurs : un ensemble remarquable de qualités morales ne suffirait pas même, s'il n'était en rapport avec l'intelligence. C'est ce dernier élément, pris dans le sens le plus large, qui constitue la vraie supériorité, du moins dans nos sociétés modernes. Nous ne pensons pas à cet égard comme les anciens, qui accordaient beaucoup plus aux qualités physiques, et qui même les avaient divinisées.

C'est à l'intelligence qu'appartient aujourd'hui la suprématie. Cependant ces hommes privilégiés qui brillent par une heureuse harmonie entre toutes leurs facultés mentales, ceux même qui pourraient être considérés comme des types du beau intellectuel, n'exercent en général que peu d'action sur leurs concitoyens, s'ils s'en éloignent trop par leurs habitudes ou par la nature de leurs études. On les respecte, on les admire; mais ils restent isolés au milieu de cette admiration générale, à peu près comme ces monolithes de l'antiquité, chargés de transmettre aux siècles à venir le souvenir des grands événements contemporains. Leur hauteur ne sert qu'à donner la mesure du développement intellectuel de l'humanité à l'époque où ils vivaient.

Il est quelques écrivains cependant qui ont influé puissamment sur les autres hommes et qui ont laissé des empreintes profondes de leur passage. Mais, pour arriver à produire de pareils effets, ils ont dû agir à la fois sur le moral et sur l'intelligence; ils ont dû se mettre d'abord en harmonie avec ceux qui les entouraient, et mériter leurs sympathies, car c'est moins par les qualités de l'esprit que par celles du cœur que les hommes se mettent en contact. C'est quand cet accord existe, que l'écrivain, devenant l'interprète de tous, est sûr aussi de recueillir tous les suffrages et de disposer à son gré de l'opinion publique, cette puissance capricieuse qui bien souvent usurpe la place des lois.

En général, ce n'est point en s'élevant à la limite supérieure, même pour les qualités les plus brillantes, et en s'y tenant isolé, qu'on finit par dominer un peuple et en disposer à son gré, mais en se rapprochant de la moyenne et en se conciliant toutes les sympathies. Étudiez les hommes qui ont joué un rôle dans l'histoire et exercé de l'ascendant sur les masses ; de quelque rang qu'ils soient sortis, vous reconnaîtrez que, sous bien des rapports, ils pouvaient servir de type à l'époque où ils vivaient et qu'ils résumaient en eux les sentiments et les facultés de tous. Ils formaient véritablement le centre de gravité autour duquel le système était en mouvement.

Souvent ces hommes ont méconnu la véritable source de leur grandeur ; et ce n'est que plus tard, quand eux-mêmes ils avaient préparé leur chute, qu'ils ont pu reconnaître leur erreur et voir qu'ils avaient fini par se placer en dehors du centre du mouvement. Les mêmes lois régulatrices qui, à leur insu, formaient toute leur puissance, devenaient ensuite les causes de leur ruine.

CHAPITRE VIII.

Du plaisir et de la peine.

Le plaisir n'a rien d'absolu ; il dépend plus
encore de nous et des circonstances dans lesquelles nous nous trouvons, que des causes qui
semblent devoir lui donner naissance. Rien n'est
plus capricieux ; quand nous l'avons éprouvé,
nous avons beau, pour le ressaisir, nous placer
identiquement dans les mêmes circonstances :
il suffit d'un souvenir, d'un coup d'œil, d'un
rien, pour changer en mélancolie ou même en
douleur ce qui devait produire les sensations
les plus délicieuses.

En vain, nouveaux sybarites, nous cherchons
à prolonger indéfiniment nos plaisirs ; au milieu de nos jouissances, nous nous sentons in-
commodés par le pli d'une rose ; et lors même
que nous parviendrions à écarter jusqu'aux
moindres souffrances, nos sens émoussés seraient inhabiles à percevoir le bonheur que
nous appelons de tous nos vœux ; autant vaudrait demander de brillants effets de peinture,
sous la condition de ne point employer d'ombres pour relever les lumières.

Le plaisir doit naître au milieu des contrastes ; la nature a voulu qu'on l'achetât par la peine. Nous sommes constitués pour vivre dans un état continuel d'alternatives, et notre âme a besoin d'émotions ; elle est comme la corde de la lyre qui ne résonne pas sans être mise en vibration, et qui résonne d'autant plus fort que les vibrations sont plus étendues. Cependant il ne faut pas dépasser certaines limites, et acheter des plaisirs vifs, en s'exposant à toutes les infirmités dont la nature punit ceux qui méconnaissent ses lois. Laissons au joueur ces alternatives brusques qui le font passer des émotions les plus enivrantes aux angoisses les plus douloureuses. Les états extrêmes sont de véritables maladies de l'âme.

Il est un art bien difficile ; c'est celui de savoir ménager les transitions, et d'arriver de la peine au plaisir par une succession de contrastes habilement ménagés et qui ravivent nos jouissances. Le mouvement constitue la vie morale, comme il est l'essence de la vie physique ; le tout est de savoir jusqu'où peuvent aller les oscillations et de les modérer à son gré. Puisque la peine est nécessaire à notre organisation, il faut s'en créer soi-même qu'on puisse maîtriser facilement. Or la nature semble nous en avoir indiqué les moyens ;

elle a voulu que l'homme vécût pour le travail.
La peine que l'homme se crée ainsi peut être
prolongée autant qu'il le désire ; il peut l'augmenter à volonté, en choisir la nature, la mettre en rapport avec ses goûts et son organisation ; et cette peine affecte le physique, sans
blesser ni le moral ni l'intelligence ; elle tend
au contraire à donner plus de force et de ressort à l'un et à l'autre.

Nous trouvons ici une extension curieuse
d'une loi de la physique, c'est que l'action est
égale à la réaction. Quand nous sortons de notre état habituel par une cause quelconque qui
amène le plaisir ou la peine, nous tendons à y
rentrer ensuite, mais nous n'y réussissons qu'en
le dépassant pour arriver à un état contraire.
Qui n'a fait cette expérience si simple, qui n'a
ressenti, le lendemain d'un jour de plaisir et
d'effusion, un vide mélancolique dont il cherchait inutilement à s'expliquer la cause ?

Il n'existe point d'homme qui se soit trouvé
constamment dans le plaisir ou dans la peine.
Ce ne sont pas les dehors que l'on doit consulter,
il faudrait pouvoir saisir l'homme quand il est
en présence de lui-même. J'ai connu des personnes pleines d'une gaieté étourdissante dans
le monde, et qui, rentrées chez elles, se prenaient à pleurer comme si elles eussent éprouvé

des chagrins réels. D'autres en apparence mélancoliques éprouvaient, d'une manière continue, des sensations douces et tranquilles, qu'elles n'auraient pas échangées contre toutes les joies de la terre.

Si nous pouvions analyser toutes nos sensations, nous trouverions que nous oscillons constamment autour d'un état moyen déterminé et entre des limites plus ou moins larges qui dépendent de notre position sociale, de notre organisation morale et physique, ainsi que de notre libre arbitre. Resserrer ces limites de manière à rendre sa vie monotone, c'est pour ainsi dire se donner la mort avant le terme fixé par la nature. Élargir trop les mêmes limites, et s'exposer aux effets réunis de toutes les causes accidentelles, c'est se jouer sur les bords d'un abîme, et vouloir des malheurs ou des jouissances qui dépassent notre faible portée. Le sage évite également ces excès ; et, sans se condamner à la froide immobilité du tombeau, il se resserre dans de justes limites, de manière à rester toujours maître de sa marche.

Mais cet état moyen a-t-il quelque chose d'absolu ; et tous les hommes, en payant leur tribut à la mort, ont-ils eu la même part de plaisir et de peine ? Je ne le crois pas. Les moyennes d'ailleurs ne sont pas comparables ;

elles n'ont de valeur qu'en les mettant en rapport avec les organisations des individus et
leurs positions sociales respectives. Il en résulterait que la moyenne, même pour un seul individu, n'aurait pas une valeur constante ; ce
qui aurait été pour lui un sujet de plaisir, à une
époque de sa vie, ne l'est plus à une autre époque. Cet élément n'admet que des valeurs relatives, et son appréciation dépendrait de trop
de circonstances pour pouvoir l'évaluer d'une
manière satisfaisante. La plupart des hommes
n'apprécient véritablement que les plaisirs
matériels ; il en est bien peu qui donnent la
préférence au bonheur moral ou à des jouissances purement intellectuelles. On conçoit en
effet que ces trois sources de plaisir, le physique, le moral et l'intelligence, ont des besoins
différents, et que c'est en les satisfaisant, chacune selon son degré de développement, qu'on
peut arriver à un certain maximum qui doit nécessairement être très-variable.

C'est de l'ensemble de toutes ces moyennes
que se compose le bien-être d'une nation, bien-
être qui présente également un état moyen et des
limites pour les diverses fluctuations auxquelles
la nation peut être assujettie.

L'humanité, à son tour, résume en elle-même
ce qui appartient à chaque nation en particu-

lier, et présente également son état moyen avec ses limites. Tout ce que nous pouvons reconnaître, c'est que les jouissances morales et intellectuelles tendent de plus en plus à prédominer, par suite du progrès des sciences. Comme d'ailleurs ce progrès est basé en même temps sur un développement plus complet de la raison, il y a lieu de supposer que, pendant que la moyenne se relève, les limites des oscillations tendent à se resserrer; et qu'ainsi le corps social, en augmentant son bien-être, voit diminuer les chances de tomber dans des états extrêmes. Sous ce rapport encore, il y aurait donc perfectionnement et progrès.

CHAPITRE IX.

**Des forces qui régissent le Système social et des lois
auxquelles elles sont soumises.**

Les causes qui agissent sur le système
social sont de différente nature : les unes
constantes, les autres variables ou même purement accidentelles. Ainsi, le climat, la direction des fleuves, la disposition des montagnes
et des mers appartiennent aux causes *constantes*.
Tel pays ne pourra jamais recevoir un complet
développement de l'industrie , parce que les
causes locales y porteront éternellement obstacle. D'autres ne se prêtent pas au progrès de
l'agriculture; dans quelques-uns même, la marche de la civilisation doit éprouver des entraves,
de même que celle des sciences. Dans des climats rigoureux, où l'homme est sans cesse aux
prises avec le besoin, et où il ne pourvoit que
difficilement à son existence, il lui devient à
peu près impossible de se livrer aux jouissances
de l'esprit.

Parmi les causes *variables,* les opinions doivent être placées en première ligne. Elles exercent leur action sur les peuples comme sur les

individus; elles glorifient le lendemain ce qu'elles ont brisé la veille ; et, dans le monde politique, rien ne pourrait résister à ce torrent capricieux.

L'instinct de conservation existe également chez les peuples ; il se développe en raison des dangers qui menacent leur existence, et souvent il les rend capables des plus grandes actions.

Nous devons aussi répéter, pour les peuples, ce qui a été dit pour les individus : 1° les causes qui agissent sur eux, soit physiquement, soit moralement, sont proportionnelles aux forces qu'elles développent; 2° quand plusieurs forces concourent vers un même point, elles ont une résultante qui, dans certains cas, peut être nulle. Ce dernier état constitue l'état d'équilibre.

Si cet équilibre n'a pas lieu par lui-même, on peut le produire en ajoutant aux forces existantes une nouvelle force égale et directement opposée à leur résultante. C'est dans l'estimation de la nature et de la direction de cette résultante, que réside tout l'art de gouverner. Il faut connaître parfaitement les forces et les tendances des partis qui divisent ordinairement un État, pour juger des moyens les plus propres à les combattre et à les paralyser.

19

Les gouvernements ont donc comme les individus leurs conditions d'équilibre ; et il est des
indices auxquels on peut reconnaître si cet équilibre est *stable* ou *non stable*. Dans le premier cas,
le gouvernement peut subir des secousses, mais
qui sont sans danger pour son existence, et qui
s'effectuent autour d'un état moyen déterminé.
Dans le second cas, au contraire, les moindres
perturbations entraînent sa ruine. On reconnaît
si cette ruine est imminente, en examinant si les
perturbations qui surviennent, tendent à éloigner rapidement le système de son état primitif.

Ceux qui provoquent les révolutions, commencent par toucher aux institutions et aux
lois de leur pays ; ils cherchent à en modifier les
habitudes et les coutumes ; ils ne se bornent
pas à demander les réformes exigées par les
progrès des lumières, ils attaquent l'édifice à sa
base même ; et chaque jour, par de nouvelles
secousses, ils s'efforcent de lui faire perdre son
aplomb. Aussi un gouvernement sage met-il la
plus grande circonspection dans la réforme des
lois ; et il faut pour détruire des abus, surtout s'ils sont devenus héréditaires, que la nécessité en soit bien généralement reconnue par
tous les citoyens. L'Angleterre qui occupe un
rang si élevé dans l'échelle de la civilisation,
nous en donne des exemples frappants.

Lorsqu'un système de corps est en mouvement, sa marche demeure invariablement la même, à moins que les causes de ce mouvement ne viennent à varier. C'est ainsi qu'un État verra annuellement le retour des mêmes effets, comptera le même nombre de naissances, de décès, de mariages, de crimes, d'actions vertueuses, pourvu que les lois, les coutumes, les mœurs, les lumières et toutes les conditions de cet État ne changent pas. Le libre arbitre de l'homme semblerait seul pouvoir modifier le cours des choses ; mais nous savons déjà que son action est très-restreinte et qu'elle s'efface complétement devant les causes qui dominent le système social.

Nous pousserons plus loin ces analogies et nous rappellerons que le principe de mécanique cité précédemment, peut s'énoncer d'une manière plus générale, en disant : quelles que soient les forces qu'exercent les unes sur les autres les différentes parties dont se compose un système de corps, pourvu qu'il ne survienne pas d'action nouvelle qui s'ajoute à celles qui existent déjà, le centre de gravité poursuit invariablement sa marche en ligne droite. C'est cette marche que suit également, dans le système social, l'homme d'État qui sait juger sainement des choses et prendre la place qui lui convient ; il avance sans froissement, soutenu pour ainsi dire par toutes les opinions qui viennent se neutraliser autour de lui ; il est véritablement l'homme moyen de ce monde politique.

Le système social se trouve, comme tous les corps physiques, soumis à deux espèces de forces, les unes attractives et les autres répulsives ; l'état d'agrégation dépend du degré d'intensité de ces forces. Il est très-difficile de maintenir le système dans un état d'équilibre qui conserve l'ensemble, tout en laissant du jeu et du ressort aux parties dont il se compose.

Les changements brusques ne se font jamais sans une certaine perte de forces vives ; d'après ce principe, les révolutions politiques sont toujours funestes, à moins que l'on ne donne aux forces une direction plus utile, en consentant à en perdre une partie.

Qui ne sait les dévastations, les excès et les crimes qu'a fait naître la révolution française ? Que de choses et de personnes ont été s'abîmer dans ce gouffre ! Mais aussi quelle influence immense ce changement brusque n'a-t-il pas exercé sur la marche de la civilisation ! Tout en regrettant les sacrifices qu'il a fallu faire, ne doit-on pas s'applaudir des résultats qu'on a obtenus ?

Les révolutions sont bien propres à faire comprendre les analogies nombreuses qui exis-

tent entre les principes d'équilibre et de mouvement qui régissent le monde matériel et ceux
qui dominent le monde moral.

Celui qui veut produire un changement brusque doit calculer, avant tout, si ce qu'un pays
va perdre se trouvera suffisamment compensé
par le bien que ce changement est destiné à
produire. La suppression subite des douanes
et la proclamation de la liberté entière du commerce feraient naître, sans aucun doute, beaucoup de ruines particulières, feraient tomber
différentes sortes d'industrie, causeraient des
froissements dans tous les rangs ; cependant il
ne faudrait pas reculer devant ces maux temporaires, si c'était le seul moyen d'obtenir des
biens nombreux et permanents capables de les
compenser et d'ajouter au bien-être de l'humanité.

Les changements brusques, du reste, sont rarement d'une nécessité absolue : dans le plus
grand nombre de circonstances, un gouvernement sage et éclairé réussit à les prévenir.
Quand il y a urgence de passer d'un certain
ordre de choses à un autre, il applique ses soins
à y parvenir sans froissement, sans secousses et
par conséquent sans perte de forces vives, à peu
près comme un ingénieur habile passe d'un
chemin sur un autre par des raccordements

adroitement ménagés et qui ne permettent pas même de s'apercevoir de la transition.

Les peuples, comme les individus, mettent à tout instant en évidence la vérité de cette loi, que, quand deux corps agissent l'un sur l'autre, les actions et les réactions sont égales. Les mouvements populaires ne sauraient avoir des conséquences graves, quand l'oppression n'a point été vive. La révolution française que j'ai souvent citée comme exemple, n'a été si violente que parce qu'il s'agissait de rompre avec les restes de la féodalité et de secouer un fardeau qui, pendant plusieurs siècles, avait pesé sur le peuple d'une manière accablante.

Nous pourrions porter plus loin ces rapprochements curieux entre les lois qui dominent le monde matériel et celles qui régissent le monde moral ; nous pourrions parler de la communication du mouvement, des ricochets, du plus ou du moins d'élasticité des corps, etc. ; mais ce qui a été dit suffira sans doute pour que chacun puisse faire, par lui-même, les comparaisons que comportent les principes de la mécanique.

Les sciences médicales se prêteraient également à des rapprochements intéressants, si l'on entreprenait d'en faire, et l'on trouverait que le corps social a ses maladies tout aussi bien que le corps humain. Ces maladies admettraient à peu près les mêmes classifications, et quelques-unes se manifesteraient par les mêmes symptômes. Ainsi, dans l'ordre physique, la nature expulse tous les éléments de désorganisation ; il en est de même dans le monde moral ; quand ces tendances cessent d'exister, un peuple touche de près à sa dissolution complète.

CHAPITRE X.

Dépendances mutuelles des différentes parties du Système social.

Pour que le système social présente les conditions les plus favorables, il faut qu'il existe
un parfait équilibre entre l'individualité, la nationalité et l'humanité. L'un de ces trois états
ne peut prendre de prépondérance qu'aux dépens des deux autres : l'individualité trop forte
rend la nationalité impossible; de même, une
nationalité trop prononcée absorbe l'individualité et place un peuple en dehors de l'humanité.

L'équilibre nécessaire entre les différents
états où l'homme peut se trouver, soit comme
individu, soit comme élément d'une agrégation plus ou moins composée, mérite une
attention sérieuse ; il est d'autant plus intéressant qu'il a été moins étudié.

Les deux états extrêmes, l'individualité et
l'humanité, ne sont pas le résultat des combinaisons humaines ; ils sont déterminés par
l'Être suprême qui a établi entre eux des lois
de dépendance. La philosophie s'est occupée
d'en rechercher la nature et de reconnaître ce

qùe chacun se doit à soi-même et les devoirs qu'il est tenu de remplir envers les autres.

L'homme peut méconnaître ces lois, les contrarier et donner lieu à des désordres plus ou moins graves. Le défaut de lumières, les vices du cœur, et surtout le besoin impérieux de pourvoir à son existence ont pour effet d'exalter l'individualité et de produire l'égoïsme. Quand l'homme se trouve porté vers cet état extrême, l'humanité doit nécessairement en souffrir.

Le sauvage, dominé par l'instinct de sa propre conservation, se place à tout instant en dehors de l'humanité; il n'a pas même l'idée de ce grand corps ni des liens par lesquels il s'y trouve rattaché.

D'une autre part, l'humanité froissée réagit contre l'individu qui la méconnaît; elle cherche à paralyser ses tendances et à le détruire partout où elle le trouve en hostilité contre elle.

On peut dire que l'état d'individualité absolue n'existe véritablement pas, ou n'existe que comme une anomalie. Le sauvage même possède à un haut degré le sentiment de la famille et des devoirs qui le rattachent à sa tribu. Forcé de se défendre contre des dangers incessants, il a dû recourir à l'association qui s'étend ensuite selon les lieux et les circonstances.

Mais on conçoit que cet état de combinaison se-
condaire est, avant tout, l'ouvrage de l'homme
et de la nécessité.

L'association peut être plus ou moins forte,
les exigences plus ou moins grandes; et c'est ici
que se rencontre la difficulté. Si la justice régnait
partout sur la terre, les nations n'auraient pas,
à la vérité, à organiser des moyens de défense
contre de coupables agressions; en l'absence
de forces perturbatrices, leur existence se trouverait garantie par les lois mêmes de conservation qui dominent le système social. Mais il
leur resterait encore à pourvoir à d'autres besoins; elles sentiraient la nécessité de se maintenir dans un but d'utilité générale et de réunir les efforts des membres qui les composent,
pour arriver à produire de grands résultats
avec de faibles moyens.

Aux yeux de bien des gens, ces combinaisons secondaires deviendraient inutiles, ou du
moins ils en admettraient les formes, en étei-
gnant le souffle de vie qui les anime; la nationalité irait se perdre dans un vaste cosmopolitisme qui embrasserait tout le globe. Non-seulement cet état de choses n'est pas réalisable,
mais, en théorie même, il est contraire à tout
ce que nous observons dans l'univers. La nature, dans ses ouvrages les plus sublimes, nous

donne l'exemple des combinaisons que l'homme
adopte comme par instinct, mais qui dans la
réalité sont les conséquences nécessaires de ses
lois immuables.

Ainsi, l'homme résume en lui-même un monde
tout entier. Il conçoit cependant qu'il ne peut
rester isolé sur la terre, et qu'il existe autour
de lui d'autres hommes avec lesquels il a des
rapports nécessaires, qu'il gravite en quelque
sorte avec eux vers un même point et en suivant
une marche commune; tandis que, plus loin et
en dehors de sa sphère d'activité, il voit encore
un nombre considérable d'autres êtres qui lui
ressemblent, mais avec lesquels il n'a que des
rapports très-éloignés, et qui forment à leur tour
des combinaisons diverses entre eux ou de véritables systèmes plus ou moins intimement liés
au système dont lui-même il fait partie.

Ce que nous présente l'humanité n'est que
le tableau réduit du spectacle imposant de
l'univers; nous y trouvons des lois de subor-
dination analogues à celles qui lient entre eux
tous les corps dont l'espace est peuplé. Si nous
considérons séparément notre terre, elle a son
individualité, si je puis m'exprimer ainsi; et
son existence, au premier abord, ne paraît en
aucune manière subordonnée à celle des planètes qui lui ressemblent et qui se meuvent

dans son voisinage. Cependant la science montre
que ces différents globes, ainsi que notre terre,
sont rattachés entre eux par des liens mystérieux, bien que des millions de lieues les sépa-
rent ; qu'ils sont doués d'un même principe de
mouvement et se trouvent entraînés ensemble
autour d'un centre commun de gravité. Aux
yeux de l'astronome leur dépendance mutuelle
n'a rien d'accidentel, rien de désordonné ; elle
est au contraire la conséquence nécessaire d'une
seule et même loi, de celle qui préside à la
conservation de chaque globe en particulier
et règle sa marche, en sorte que les mondes qui forment notre système solaire, ne doivent être considérés en réalité que comme un
seul et même corps.

Plus loin de nous, circulent dans les espaces
célestes une infinité de systèmes solaires semblables au nôtre ; et bien qu'ils laissent entre
eux des intervalles immenses, tous les corps qui
les composent, ceux qui brillent à nos yeux,
comme ceux qui par leur éloignement prodigieux nous échapperont à jamais, forment à leur
tour un tout, un vaste ensemble obéissant à la
loi commune de l'attraction et emporté probablement d'un mouvement général autour
d'un même centre de gravité.

Si le grand architecte de l'univers n'avait

parfaitement équilibré toutes choses, on conçoit quel chaos effroyable se produirait au milieu de ces myriades de mondes circulant dans l'espace d'une manière désordonnée et se heurtant les uns les autres.

C'est par des lois semblables que sa divine sagesse a tout équilibré aussi dans le monde moral et intellectuel ; mais quelle main soulèvera le voile épais jeté sur les mystères de notre système social et sur les principes éternels qui en règlent les destinées et en assurent la conservation ? Quel sera l'autre Newton qui exposera les lois de cette autre mécanique céleste ?

NOTES.

« *On obtient des constantes que j'attribue à un être fictif que je nomme l'*HOMME MOYEN. » n. page 13.

J'ai essayé d'exposer mes idées sur la théorie de l'homme moyen dans un ouvrage spécial, intitulé *Sur l'homme et le développement de ses facultés ou Essai de physique sociale*. 2 vol. in-8°, Paris, chez Bachelier, 1835. J'y détermine les constantes de l'homme telles que la taille, le poids, la force, la vitesse de marche, etc. D'autres constantes que j'avais dû omettre, faute d'observations, ont été données dans les notes des traductions de cet ouvrage qui ont été publiées en Allemagne par M. le docteur Rieke, en 1838; et à Édimbourg, par M. R. Smibert, sous la surveillance de M. le docteur R. Knox, en 1842.

L'idée de l'homme moyen n'est pas nouvelle; on la trouve déjà dans les écrits de plusieurs philosophes anciens et particulièrement d'Aristote; mais elle n'a pu prendre quelque consistance que par l'application de la théorie des moyennes à l'observation de l'homme.

Je dois à l'obligeance de M. Gruyer, auteur de plusieurs ouvrages philosophiques estimés, la connaissance d'un petit livre intitulé : l'*Art de connoistre les hommes*, par le sieur De La Chambre, conseiller du Roy, etc., in-18, imprimé à Amsterdam, chez Jacques Lejeune, en 1660. L'auteur part de cette idée fondamentale « que la Conformation des parties et le Temperament, qui sont les Instruments des facultez de l'Ame, ayent la même mediocrité qu'elles ont. De sorte que les parties ne doivent estre ny trop grandes ny trop petites, ny les qualitez qui composent le temperament, exceller l'une sur l'autre, mais toutes doivent estre dans un égal equilibre, et dans une juste mediocrité.»

De La Chambre emploie le mot *médiocrité* dans le même sens que Pascal, pour désigner l'état moyen. « De cette verité ainsi establie, dit-il plus loin, on tire une consequence qui confirme ce que nous avons dit de la Mediocrité qui se doit trouver dans les puissances de l'Ame, non seulement dans celles qui sont subalternes ; mais encore dans celles qui sont supérieures comme est l'Entendement et la Volonté. Car puisque le Temperament modifie toutes les facultez, les rendant plus ou moins fortes selon les degrez qu'il a, et que s'il est chaud par exemple, il fortifie l'Imagination et affoiblit le Jugement ; qu'au contraire, s'il est froid, il sert au Jugement et nuit à l'Imagination, et ainsi de toutes les autres ; il s'ensuit que s'il doit estre égal, pour rendre l'Homme parfait, il faut que toutes les facultez de l'Ame se ressentent de cette justesse, et qu'elles gardent la mesme moderation qui se rencontre dans le temperament.

« De sorte que la perfection naturelle de l'homme
ne demande pas une Imagination trop vive, ny un Jugement trop circonspect, ny une memoire trop heureuse : elle ne peut pas mesmes souffrir ces esprits sublimes qui sont toûjours attachez à la contemplation
des choses hautes et difficiles; non seulement parce
qu'elle veut que l'Homme qui est destiné pour la so-
cieté, s'applique également à la contemplation et à l'action : Mais principalement parce qu'il est impossible
que le corps ait sa perfection naturelle quand il a les
dispositions qui sont nécessaires à la sublimité de l'esprit : Car il faut que le corps soit foible quand l'esprit
est trop fort, comme la trop grande force du corps diminue et affoiblit l'esprit, ainsi que nous montrerons
plus amplement cy-apres. »

« *Il est une loi générale qui domine notre univers et
qui semble destinée à y répandre la vie.* » page 15.

J'ai cru devoir la nommer *loi des causes accidentelles,* parce qu'elle indique comment se distribuent à la
longue une série d'événements dominés par des causes constantes, mais dont des causes accidentelles
troublent les effets. Ces causes accidentelles finissent
par se paralyser et il ne reste en définitive que le résultat qui se serait invariablement reproduit chaque
fois, si les causes constantes seules avaient exercé leur
action.

J'ai développé longuement, dans un autre ouvrage,
ce que j'entends par la *loi des causes accidentelles* ou
la loi de possibilité : *Lettres à S. A. R. le duc régnant*

de Saxe-Cobourg et Gotha, sur la théorie des probabi-
lités appliquée aux sciences morales et politiques;
1 vol. in-8º, Bruxelles, 1846.

Un géomètre distingué, M. Bienaimé, dont les travaux ont éclairci plusieurs points difficiles de la théorie des probabilités, me faisait observer que c'était à
tort que je m'étais servi de la dénomination de loi des
causes accidentelles, puisqu'il s'agit d'événements qui
en définitive se présentent dans un ordre nécessaire et
calculable à priori; que les fluctuations qu'on remarque, n'ont réellement plus rien d'accidentel, quand on
les prend en nombre suffisant. Je conviens en effet
qu'il n'existe même pas une seule cause accidentelle
au monde, et que chaque cause a son origine nécessaire, quelque faible qu'elle soit; j'ai voulu me confor-
mer seulement au langage ordinaire, espérant bien
que je serais compris de mes lecteurs.

————

« D'après des recherches nombreuses que j'ai faites sur
la corrélation entre les tailles et les poids des hommes
adultes, j'ai cru pouvoir conclure que les poids
sont simplement comme les carrés des hauteurs. »
page 43.

Examinons les conséquences de cette proposition.
Nous savons qu'en désignant par a la taille moyenne
des hommes d'un pays, il s'en trouve autant qui dépassent cette taille de la quantité b, que d'autres
qui lui sont inférieurs de la même quantité; d'après
cela, un homme de chacun de ces deux groupes aurait

pour poids, en représentant par P celui de l'homme moyen :

$$P\left(\frac{a+b}{a}\right)^2 = P\left(1 + \frac{2b}{a} + \frac{b^2}{a^2}\right)$$

$$P\left(\frac{a-b}{a}\right)^2 = P\left(1 - \frac{2b}{a} + \frac{b^2}{a^2}\right)$$

Or, la moyenne des poids ne reproduirait pas, comme pour la taille, le poids de l'homme moyen ; on aurait en effet,

$$P + P\frac{b^2}{a^2} \qquad \text{au lieu de P.}$$

La moyenne des poids surpasserait donc la moyenne réelle P de la grandeur $P\frac{b^2}{a^2}$. Par exemple, la taille de l'homme moyen en Belgique est $1^m,684$; et il est autant d'hommes qui mesurent $1^m,784$ que d'autres qui ne mesurent que $1^m,584$. Maintenant, le poids de l'homme moyen est de $63^k,7$ environ, et le poids moyen déduit des deux groupes d'hommes qui auraient la taille de $1^m,784$ et de $1^m,584$, le surpasserait de :

$$63^k,7 \times \left(\frac{0,100}{1,684}\right)^2 = 0^k,225.$$

Cette différence n'est pas même d'un quart de kilogramme, pour le poids moyen pris sur des hommes de tailles cependant bien différentes.

S'il était vrai que l'homme moyen pour la taille, le fût également pour le poids, on voit qu'on pourrait admettre, sans erreur sensible, que les poids sont comme les carrés des hauteurs. Les différences ne deviendraient très-sensibles que pour des individus remarquables par un excès ou par un défaut de taille ; et ceux-ci sont toujours peu nombreux.

« *Je conçois qu'un jour on aura des traités ethnographiques dans lesquels figureront les différents peuples de la terre, avec les indications précises des
éléments qui, chez eux, caractérisent l'homme
moyen.* » Page 47.

Pour réaliser cette idée, autant que possible, j'ai
recueilli un grand nombre de mesures prises sur le
corps humain, et je me propose de les réunir et de
les discuter, un jour, dans un travail spécial. Ces
mesures se rapportent particulièrement aux organes externes; un travail analogue sur les organes
internes a été entrepris par mes deux savants amis,
MM. les professeurs Schwann et Gluge, qui en ont
inséré quelques résultats dans les *Mémoires de l'Académie royale de Belgique.* M. le professeur Valentin,
de Berne, a, de son côté, donné dans son *Repertorium
für Anatomie und Physiologie*, tome III, une table
indiquant la quantité de sang que renferme le corps
humain aux différents âges; il serait à désirer que ces
genres de travaux pussent être plus multipliés qu'ils
ne le sont.

On trouvera, dans le tableau suivant, les mesures
que j'ai prises sur quelques hommes en Belgique,
sur l'hercule américain Cantfield et sur cinq Indiens
de la tribu des O-jib-be-Wa's; parmi ceux-ci se trouvaient le chef de la tribu et un chef de guerre. Tous ces
hommes pouvaient être considérés comme généralement fort bien conformés; ils comptaient de 18 à 25
ans, à l'exception des deux chefs qui en avaient l'un 32
et l'autre 42.

	LE CHEF indien.	LE CHEF de guerre.	MODÈLE belge.	TROIS jeunes Indiens.	DIX soldats belges.	Cantfield
Age......................................	42	52	25	20	20à25	21
Taille ou hauteur totale.........	1,852	1,875	1,860	1,753	1,750	1,730
Largeur des bras étendus.......	1,900	1,972	1,910	1,818	1,864	1,800
Hauteur de la tête...............	0,225	0,242	0,242	0,232	0,236	0,226
Plus grand diamètre de la tête..	0,255	0,264	0,252	0,253	0,255	0,238
Circonférence par les sinus frontaux.....................................	0,595	0,573	0,578	0,577	0,569	0,572
Distance extérieure des yeux...	0,098	0,095	0,102	0,098	0,094	0,094
Largeur du nez aux narines....	»	0,040	0,036	0,038	0,036	0,053
Grandeur de la bouche..........	»	0,062	0,061	0,051	0,053	0,047
Distance des épaules entre les apophyses acromions........	0,420	0,420	0,420	0,410	0,400	0,420
Largeur de la poitrine (aisselles).	0,372	0,342	0,320	0,349	0,301	0,350
Distance des deux seins........	0,260	»	0,205	0,234	0,202	0,230
Grandeur de la main...........	0,200	0,205	0,211	0,192	0,196	0,198
Grandeur du pied..............	0,257	0,270	0,275	0,242	0,268	0,260
Depuis le trochanter jusqu'à terre..................................	0,968	0,968	0,960	0,889	0,920	0,887
Depuis le milieu de la rotule jusqu'à terre..........................	0,528	0,548	0,510	0,479	0,494	0,508
Diamètre entre les trochanters..	0,388	0,390	0,370	0,358	0,352	0,320
Circonférence de la poitrine....	0,968	0,920	0,964	0,923	0,928	1,007
Longueur du bras, depuis les apophyses acromions jusqu'à l'extrémité de la main.......	0,840	0,859	0,850	0,772	0,855	0,748

En faisant des rapprochements entre Cantfield et la moyenne des trois jeunes Indiens qui avaient à peu près le même âge et la même taille, et dont le développement était d'ailleurs extraordinairement beau, on pourra remarquer une similitude très-grande. Peut-être s'étonnera-t-on de trouver que la tête des Indiens était un peu plus forte que celle de l'hercule. La largeur de la poitrine, chez ce dernier, était tout aussi remarquable et la distance des deux seins dépassait également de trois centimètres environ celle qui avait été observée sur les poitrines de dix soldats belges d'un régiment d'élite (les *guides*).

*« Le pouls des jeunes gens est-il plus lent que celui
des vieillards? »* Page 48.

Nous extrayons les passages suivants de l'ouvrage
de MM. Leuret et Mitivié, intitulé : *De la fréquence du
pouls chez les aliénés*. Paris, chez Crochard 1832,
in-8°, pages 29 et suiv.

Galien, dans son *Traité sur le pouls*, traité dont
on a dit trop de bien et trop de mal, et que l'on n'a
pas assez lu, s'exprime ainsi : « Le pouls de l'enfant
est très-fréquent, celui du vieillard est très-rare ; pour
les autres le pouls varie suivant que les âges se
rapprochent de l'enfance ou de la vieillesse. »

Pendant toute la période de temps qui s'est écoulée
depuis Galien jusqu'à Haller, la même progression a
été indiquée, sans qu'à notre connaissance au moins,
personne ne l'ait révoquée en doute. Haller s'exprime
ainsi : « La connaissance de l'état du pouls est très-
importante, elle est d'un usage continuel, et le fondement de tout pronostic.

« Kepler est, si je ne me trompe, continue Haller,
e premier qui ait entrepris de déterminer combien il
y a de pulsations dans un temps donné ; ensuite Jean
Floyer a indiqué les variétés que présente le pouls
chez les différents sujets et suivant les maladies. Tho-
mas Schwenke, Bryan, Robinson et Rye ont traité la
même question. Moi-même, à l'aide d'une horloge
marquant les secondes, j'ai fait de très-nombreuses
expériences sur mon pouls et sur celui des personnes
de ma famille.

« Floyer fixe à 134 le nombre des pulsations d'un
enfant nouveau-né ; huit jours après la naissance,

Bryan en a compté 150 ; pour moi, je n'ai jamais pu
en compter au delà de 140. Sauvages en a compté 120
chez un enfant de trois mois; Floyer, 105 chez un enfant de cinq à six ans ; Boissier, 90 chez un enfant de
sept ans, et 80 chez un enfant de quatorze ans.

« Le pouls est un peu moins fréquent dans l'âge
adulte que dans la jeunesse et l'enfance, je croirais assez que la différence, pour cet âge, est comprise entre
60 et 80. Je n'admettrais pas volontiers que le pouls
d'un homme bien portant descende au-dessous de 60,
ni qu'il monte beaucoup au delà de 80.

« J'ai déjà dit que le pouls des vieillards est plus
rare que celui des adultes. Rolfing a compté 50 pulsations chez un vieillard phlegmatique; Floyer fixe à 55
le nombre des pulsations des vieillards; Boissier, à 60.
Si l'on en croit Sauvages et Marquet, le pouls de certains vieillards aurait baissé jusqu'à 40, 30 et même
20 pulsations » (Haller, *Elem. phys.*, lib. 6, sect. II,
chap. 16).

Depuis Haller jusqu'au temps présent, l'opinion du
décroissement dans la fréquence du pouls, suivant les
progrès de l'âge, s'est conservée invariable.....

(MM. Leuret et Mitivié montrent ensuite, d'après
leurs propres observations, que le pouls des jeunes
gens est plus lent que celui des vieillards.)

« *On ne saurait méconnaître qu'il existe des rapports
bien déterminés entre les différentes qualités physiques de l'homme.* » page 49.

En prenant pour unité le nombre des inspirations
de l'homme pendant une minute, on arrive à des rap-

ports assez simples, qu'on trouvera dans le tableau
suivant :

Unités.	Par minute.	
1	17,5	inspirations.
2	35,	
3	52,5	
4	70,0	pulsations, pas du promeneur, tours de valse, battements des rameurs.
5	87,5	pas modérément accéléré.
6	105,0	pas accéléré.
7	122,5	pas de charge.
8	140,0	pas le plus rapide.

Je me suis rappelé à ce sujet des observations
que j'ai faites autrefois, avec M. Plateau, sur les intermittences auxquelles la rétine est soumise dans le
phénomène des couleurs accidentelles. Voici quelle
était notre manière d'opérer. L'un de nous regardait
fixement, pendant un nombre déterminé de secondes,
un morceau de papier orangé placé sur un fond noir
dans un lieu bien éclairé; puis, il portait aussitôt les
yeux sur un mur blanc. Alors il indiquait avec le plus de
précision possible les instants où l'impression accidentelle atteignait ses maxima successifs d'intensité, tandis que l'autre observateur, muni d'une montre marquant les demi-secondes, notait aussitôt le temps. L'effet produit dans les expériences se bornait à des dispa-
ritions et réapparitions de l'impression accidentelle,
sans retours de l'impression primitive.

Voici nos résultats : les nombres expriment les
temps écoulés depuis l'instant où l'observateur cessait
de regarder l'objet, jusqu'à ceux où l'impression atteignait ses maxima successifs.

APRÈS AVOIR REGARDÉ L'OBJET				
1° PENDANT 15″.		2° PENDANT 30″.	3° PENDANT 60″.	
M. Quételet.	M. Plateau.	M. Quételet.	M. Quételet.	M. Plateau.
2″,5	3″,0	2″,5	2″,5	2″,7
8 ,9	8 ,5	8 ,2	7 ,8	7 ,0
15 ,1	16 ,8	16, 4	14 ,4	15 ,0
23, 7	23 ,5	25 ,4	24 ,7	23 ,0
		35 ,1	34 ,0	34 ,5
		45 ,1	45 ,6	48 ,0
		55 ,1	52 ,6	54 ,0
			67 ,9	65 ,5

Sous le rapport de l'optique, on pourra voir les résultats déduits de ces expériences, dans les notes que j'ai insérées à la suite de la traduction que M. Verhulst a donnée du *Traité de la Lumière* par sir J. Herchel, p. 521, tome II. Je ne m'y arrêterai point ici, si ce n'est pour remarquer que j'omets, dans la 3e série des observations, quelques réapparitions secondaires que M. Plateau voyait et qui échappaient à mes yeux.

Ce qui mérite ici de fixer notre attention, c'est que les 3e, 5e, et 7e réapparitions tombaient sensiblement sur des instants qui se rapportent à ceux de notre échelle relative aux inspirations et aux pulsations. Les nombres sont en effet 17″,5 ; 35″,0 ; 52″,5, et s'éloignent très-peu de ceux donnés par les intermittences éprouvées par la rétine, si l'on remarque surtout combien ces dernières expériences sont difficiles et peuvent laisser de doute sur les appréciations.

314   NOTES.

*« Il semblerait qu'il existe véritablement des disposi-
tions légales qui n'autorisent qu'un certain nombre
d'unions pour les différents âges, tant il règne de
régularité à cet égard. »* page 67.

Il suffira pour s'en convaincre de jeter les yeux sur
le tableau suivant :

NOMBRE DE MARIAGES (*en Belgique*)

EN AYANT ÉGARD A LA FOIS À L'ÂGE DE L'HOMME ET DE LA FEMME AU MOMENT DE LEUR UNION.

AGES.		1841	1842	1843	1844	1845
Hommes de 30 ans et au-dessous et femmes.	de 30 ans et au-dessous.	12,788	12,422	12,368	13,024	13,157
	de 30 ans à 45 ans.	2,630	2,626	2,406	2,375	2,438
	de 45 » à 60 »	93	121	125	129	102
	de 60 » et au-dessus.	7	6	8	5	5
Hommes de 30 ans à 45 ans accomplis et femmes.	de 30 ans et au-dessous.	6,122	5,803	5,617	5,948	5,810
	de 30 » à 45 ans.	5,531	5,396	5,106	5,205	4,981
	de 45 » à 60 »	529	542	479	493	539
	de 60 » et au-dessus.	18	12	18	21	21
Hommes de 45 ans à 60 ans accomplis et femmes.	de 30 ans et au-dessous.	376	346	380	355	346
	de 30 » à 45 ans.	896	879	896	951	993
	de 45 » à 60 »	461	447	433	462	460
	de 60 » et au-dessus.	23	19	29	36	28
Hommes de 60 ans et au delà et femmes.	de 30 ans et au-dessous.	46	33	43	41	36
	de 30 » à 45 ans.	139	147	133	119	125
	de 45 » à 60 »	155	170	157	112	145
	de 60 » et au delà.	62	52	48	50	31
		29,876	29,023	28,220	29,326	29,210

« *J'ai fait voir ailleurs qu'il en est de même des crimes,
qui se reproduisent annuellement en même nombre
et attirent les mêmes peines dans les mêmes proportions.* » page 69.

J'avais fait cette remarque depuis 1829, et je l'avais
formulée de la manière suivante : « il est un budget
qu'on paye avec une régularité effrayante, c'est celui
des prisons, des bagnes et des échafauds ; c'est celui-là
surtout qu'il faudrait s'attacher à réduire. » Cette observation avait trouvé bien des incrédules ; cependant,
d'après l'expérience de dix-neuf années, elle se trouve
pleinement confirmée aujourd'hui.

Déjà, en 1842, M. Benoiston de Chateauneuf ter-
minait, par les mots suivants, un *Rapport sur les résultats des comptes de l'administration de la justice
criminelle en France de 1825 à 1839*, qu'il lisait devant l'Académie royale des sciences morales et politiques :

« Aujourd'hui quinze ans se sont écoulés et la valeur de ces deux rapports est à peine changée. Depuis
1825, on compte, année moyenne, un accusé sur
4,500 habitants ou 7,206 par an.

« *On peut donc regarder comme un fait déjà établi
sur un assez grand nombre d'années, qu'à l'état de
paix, de liberté, d'instruction, d'aisance, de civilisation enfin où la France est arrivée, il se produit,
année moyenne, sur une population moyenne aussi de
32 millions d'habitants, 7,206 malfaiteurs connus ;
encore serait-il juste de retrancher de ce nombre un
cinquième pour les récidives.*

« Certes il n'y a là rien dont il faille s'effrayer, et

qui place un assassin ou un fripon derrière chaque citoyen ; et cependant, si ce nombre venait tout à coup
à s'élever à 10,000, bien qu'il fût aussi complétement
absorbé que 7,000 dans une population de 32 millions
d'individus, il y aurait là pour la société une juste raison de s'alarmer ; car il ne saurait arriver dans les lois
de l'ordre moral comme dans celles de l'ordre physique,
de perturbation subite, sans que l'homme ne craigne
aussitôt pour son existence ou pour ses intérêts. Deux
écrivains qui se sont occupés avant moi de l'examen
des comptes de la justice (MM. Quételet et Guerry) ont
tous les deux exprimé cette opinion, « que la plupart
« des faits moraux considérés dans les masses et non
« dans les individus, sont déterminés par des causes
« régulières dont les variations se renferment dans
« d'étroites limites, et qu'ils peuvent être soumis,
« comme ceux de l'ordre matériel, à l'observation di-
« recte et numérique. »

« Sans réduire aussi complétement la conscience à un
rapport de quantité, et sans emprisonner le libre arbitre de l'homme dans une formule d'algèbre, j'a-
vouerai cependant que je n'ai pas vu sans le plus vif
sentiment d'intérêt, quelques-uns des penchants les
plus cachés de l'homme se trahir chaque année dans
le retour constant, régulier des mêmes nombres, et
quelques simples chiffres mettre à nu le cœur humain.

« Cet intérêt dont je n'ai pu me défendre, j'ai pensé
que l'Académie peut-être l'éprouverait ainsi que moi,
et je lui ai communiqué cette note. »

Pendant l'impression de cet ouvrage, il a paru dans
le *compte rendu* des séances de l'Académie royale des
sciences morales et politiques de Paris, cahier de novembre 1847, un mémoire de M. Fayet, intitulé :

Essai sur la statistique intellectuelle et morale de la France. Dans cet essai, l'auteur confirme également, la plupart de nos résultats publiés depuis 1829.

« Ainsi, dit-il, nous sommes fondés à conclure que, pendant la période des 19 ans qui viennent de s'écouler, la criminalité spécifique de l'homme n'a pas notablement varié; d'où il semble résulter qu'à moins d'influence plus puissante, elle ne variera pas non plus d'une manière considérable dans les premières années qui vont suivre cette période.

« La constance de l'influence de l'âge sur la criminalité est telle, que nous pouvons, après 19 ans d'observations, déduire la plupart des conséquences que MM. Quételet et Guerry avaient tirées des 4 ou 5 premières années de cette longue période. Il y a là, ce nous semble, en faveur de la statistique criminelle, un argument qui devrait bien la dédommager du dédain avec lequel certaines personnes semblent la traiter, quand elle a le malheur de heurter des opinions admises à priori ou des préjugés enracinés. »

J'ai eu l'occasion de soumettre moi-même à un nouvel examen les différents documents des *comptes rendus de la justice* d'après les 19 années de 1826 à 1844, dans un travail récemment imprimé dans les Mémoires de l'Académie royale de Bruxelles et portant pour titre : *Sur la statistique morale et les principes qui doivent en former la base.* La constance des faits est telle que je n'ai pas eu à modifier une seule des conclusions auxquelles j'étais parvenu dans mon *Essai de physique sociale,* imprimé en 1835, ou même dans mes *Recherches statistiques,* publiées en 1829. Les faits parlent si haut, qu'il serait en effet impossible de les interpréter diversement.

« *Je supposerai donc que nous ayons à rechercher la tendance du Belge à se marier, dans l'état actuel des choses.* » page 76.

Pour connaître à quelle époque de la vie la fréquence des mariages est la plus grande, il faut fractionner la population par âges, et rapprocher du nombre de chaque catégorie le nombre des mariés qui y appartient. Le rapport entre ces deux quantités donne la mesure de l'élément que l'on veut apprécier. Le tableau suivant présente un exemple de ce calcul. Le nombre des célibataires et des veufs est calculé d'après la table de population de l'*Annuaire de l'Observatoire de Bruxelles*, table qui laisse à désirer aujourd'hui, puisqu'elle est basée sur les éléments de l'ancien recensement de 1829. Les mariages sont donnés pour les quatre années 1841 à 1844, d'après les documents officiels de la Belgique, en supposant que les mariages avaient lieu, pour les hommes, à partir de 18 ans, et, pour les femmes, à partir de 16.

AGE.	HOMMES.			FEMMES.			Fréquence relative des mariages.
	CÉLIBAT. et veufs.	MARIÉS.	Fréquence des mariages.	CÉLIBAT. et venves.	MARIÉES.	Fréquence des mariages.	
21 ans et au-dessous.	24,448	3,288	134	41,948	11,242	261	0,3
21 — à 25 ans.	30,331	19,348	637	30,434	30,370	998	0,6
25 — à 30 —	26,675	38,500	1,443	26,442	34,104	1,290	1,1
30 — à 35 —	14,851	25,069	1,690	17,378	19,105	1,098	1,6
35 — à 40 —	7,929	13,803	1,740	12,424	10,430	841	2,1
40 — à 45 —	5,368	7,962	1,482	10,073	5,894	585	2,3
45 — à 50 —	4,556	3,881	855	9,141	2,965	324	2,6
50 — à 55 —	4,605	1,882	410	9,765	1,341	137	3,0
55 — à 60 —	4,162	1,226	294	8,898	570	64	4,6
60 — à 65 —	4,270	809	190	8,873	246	27	7,0
65 — à 70 —	4,025	438	108	8,844	97	11	9,8
70 — à 75 —	3,235	180	55	6,453	59	9	6,1
75 — à 80 —	2,504	49	19	4,767	11	2	9,5
80 — et au delà	1,911	13	6	3,418	1	0	»

Le nombre des célibataires et des veufs est calculé sur une population de 1 million d'habitants ; il faudrait donc plus que quadrupler les chiffres contenus dans les 2e et 5e colonnes, pour avoir le véritable nombre des célibataires et des veufs qui ont donné lieu aux mariages indiqués dans les colonnes 3 et 6. Il nous suffisait, pour notre objet, de connaître les valeurs relatives.

« D'abord est-on bien d'accord sur ce qu'il faut entendre par crime ? Évidemment non. » p. 81.

Il faut entendre comment s'exprime l'auteur des *Pensées* sur ce sujet.

« On ne voit presque rien de juste ou d'injuste qui ne change de qualité en changeant de climat. Trois degrés d'élévation du pôle renversent toute la jurisprudence. Un méridien décide de la vérité, ou peu d'années de possession. Les lois fondamentales changent. Le droit a ses époques. Plaisante justice, qu'une rivière ou une montagne borne ! Vérité en deçà des Pyrénées, erreur au delà.

« Le larcin, l'inceste, le meurtre des enfants et des pères, tout a eu sa place entre les actions vertueuses. Se peut-il rien de plus plaisant qu'un homme ait droit de me tuer parce qu'il demeure au delà de l'eau, et que son prince a querelle avec le mien, quoique je n'en aie aucune avec lui ?

« Il y a sans doute des lois naturelles ; mais cette belle raison corrompue a tout corrompu : *nihil amplius nostri est ; quod nostrum dicimus, artis est ; ex*

*senatus consultis et plebiscitis crimina exercentur ;
ut olim vitiis, sic nunc legibus laboramus.*

« De cette confusion arrive que l'un dit que l'essence de la justice est l'autorité du législateur ; l'autre, la commodité du souverain ; l'autre, la coutume présente : et c'est le plus sûr ; rien, suivant la seule raison, n'est juste en soi ; tout branle avec le temps ; la coutume fait toute l'équité, par cela seul qu'elle est reçue ; c'est le fondement mystique de son autorité. Qui la ramène à son principe, l'anéantit : rien n'est si fautif que ces lois qui redressent les fautes ; qui leur obéit, parce qu'elles sont justes, obéit à la justice qu'il imagine, mais non pas à l'essence de la loi : elle est toute ramassée en soi ; elle est loi, et rien davantage (1). »

L'idée exprimée dans le premier paragraphe se retrouve encore dans une autre pensée de Pascal :

« Pourquoi me tuez-vous ? Eh, quoi ! ne demeurez-vous pas de l'autre côté de l'eau ? Mon ami, si vous demeuriez de ce côté, je serais un assassin, cela serait injuste de vous tuer de la sorte ; mais puisque vous demeurez de l'autre côté, je suis un brave, et cela est juste (2). »

———

« *La France, depuis une vingtaine d'années, recueille avec soin les documents statistiques de ses tribunaux.* » page 86.

Nous reproduisons ici les principaux nombres de ces tableaux, pour permettre de juger de la constance

(1) Pascal, tome II, *Pensées*, p. 99.
(2)   id.   p. 138.

des rapports pour les différents âges. Cette constance,
du reste, apprend seulement que les causes qui ont influé sur l'état social n'ont pas sensiblement changé. Si
ces causes variaient, nul doute que les résultats ne sui-
vissent leurs variations. On pourrait dire de pareils
chiffres, bien mieux que de la littérature, qu'ils sont
l'*expression de la société*.

Une seule série de nombres a subi une diminution
sensible, c'est celle relative aux accusés de moins de 16
ans. La diminution est assez prononcée pour qu'elle ait
dû avoir une cause, telle que les soins plus grands
donnés aujourd'hui à l'éducation des enfants. Dans les
premières années, les accusés de moins de 16 ans étaient
à peu près aussi nombreux que ceux de 60 à 65 ans;
mais ce dernier nombre s'est maintenu, malgré ses
fluctuations, tandis qu'il n'en a pas été de même du
premier.

NOMBRE DES ACCUSÉS EN FRANCE, D'APRÈS LES AGES. (CRIMES DIVERS.)

AGES.	1826.	1827.	1828.	1829.	1830.	1831.	1832.	1833.	1834.	1835.	1836.	1837.	1838.	1839.	1840.	1841.	1842.	1843.	1844.	TOTAUX.	NOMBRES proportionnels.
Moins de 18 ans. . .	124	136	143	117	114	127	114	98	107	94	96	113	89	78	86	69	82	66	74	1,927	1,3
16 à 21 ans	1,101	1,022	1,278	1,226	1,161	1,121	1,225	1,130	1,289	1,142	1,256	1,363	1,223	1,227	1,380	1,294	1,193	1,170	1,162	22,914	16,2
21 à 25	1,163	1,003	1,168	1,183	1,121	1,230	1,229	1,169	1,087	1,155	1,190	1,398	1,376	1,360	1,326	1,195	1,082	1,122	1,100	22,697	16,1
25 à 30	1,300	1,295	1,403	1,277	1,224	1,406	1,474	1,278	1,139	1,302	1,220	1,340	1,315	1,443	1,345	1,268	1,198	1,171	1,202	24,599	17,4
30 à 35	937	967	1,002	1,140	1,124	1,279	1,357	1,121	1,017	1,057	1,017	1,105	1,202	1,070	1,169	1,038	979	1,048	968	20,587	14,6
35 à 40	643	664	685	734	683	781	940	836	812	868	876	951	980	880	938	825	773	819	798	15,486	11,0
40 à 45	601	555	556	587	463	541	630	551	523	532	551	663	634	696	791	716	613	677	661	11,541	8,2
45 à 50	398	451	424	437	416	427	453	424	380	392	373	426	428	378	452	426	424	488	501	8,108	5,7
50 à 55	261	279	282	277	300	287	349	312	268	258	258	276	305	279	288	239	230	254	264	5,266	3,7
55 à 60	188	175	167	158	155	181	189	173	168	193	184	204	199	205	207	162	168	179	182	3,417	2,4
60 à 65	135	132	135	120	90	112	150	109	106	111	107	130	136	138	136	120	130	119	140	2,366	1,7
65 à 70	77	65	75	58	57	74	76	60	63	62	58	76	78	60	59	63	78	67	93	1,299	0,9
70 à 80	41	49	59	52	49	38	49	48	38	51	42	44	43	41	56	49	49	44	44	886	0,6
80 et au-dessus. . .	3	2	7	7	5	2	2	6	5	6	4	5	4	3	3	1	5	2	6	78	0,1
Age inconnu.	46	24	»	»	»	»	»	»	»	»	»	»	»	»	»	»	»	»	»	70	0,1
Total général. .	6,988	6,929	7,396	7,373	6,962	7,606	8,237	7,315	6,952	7,233	7,232	8,094	8,014	7,858	8,226	7,462	6,953	7,226	7,195	141,241	100,0

« *J'ai pu profiter de leurs données pour appliquer les principes qui précèdent, à la formation de tables de criminalité.* » page 86.

On trouvera, dans le tableau qui suit, l'estimation du penchant au crime pour les différents âges et pour chacune des cinq périodes quinquennales. La presque identité des chiffres montre suffisamment que, malgré toutes les fluctuations accidentelles, malgré même la révolution de 1830, il existe une parfaite permanence dans la reproduction des crimes et que, par suite, les circonstances sociales dont elle dépend, n'ont pas dû être sensiblement altérées.

Afin de rendre les comparaisons plus faciles, les nombres de chaque colonne ont été réduits proportionnellement, de manière que leur total fût partout égal à 100. La dernière colonne renferme les moyennes des nombres contenus dans les quatre colonnes précédentes.

AGES.	FRACTIONNEMENT de LA POPULATION française.	ÉCHELLE DE CRIMINALITÉ d'après les périodes.				MOYENNES des 4 périodes.
		1826-1830	1831-1835	1836-1840	1841-1844	
Moins de 16 ans .	11,234,800	0,4	0,3	0,2	0,2	0,3
16 à 21 ans.....	3,017,480	12,2	11,8	12,3	12,3	12,2
21 à 25 »	2,288,440	15,9	15,6	16,6	15,1	15,8
25 à 30 »	2,688,560	15,3	14,9	14,5	14,0	14,6
30 à 35 »	2,489,080	13,2	14,2	12,9	12,7	13,3
35 à 40 »	2,285,760	9,5	11,2	11,6	10,9	10,8
40 à 45 »	2,079,410	8,4	8,1	9,2	9,9	8,9
45 à 50 »	1,866,210	7,2	6,7	6,5	7,7	7,0
50 à 55 »	1,639,560	5,4	5,4	4,9	4,7	5,1
55 à 60 »	1,393,030	3,9	3,9	4,1	3,9	3,9
60 à 65 »	1,124,190	3,6	3,2	3,3	3,5	3,4
65 à 70 »	839,280	2,4	2,4	2,3	2,8	2,5
70 à 80 »	855,930	1,8	1,6	1,2	1,7	1,6
80 et plus.......	188,600	0,8	0,7	0,6	0,6	0,6
Totaux.....	....	100,0	100,0	100,0	100,0	100,0

Ce tableau est remarquable sous, plus d'un rapport.
Il montre d'abord que le penchant au crime, en général, se développe, en France, avec le plus d'énergie
de 21 à 25 ans, ou plus exactement vers l'âge de 24
ans. Ce fait est constaté par chacune des quatre périodes que nous avons considérées ; il se prononce
même dans les résultats de chaque année individuellement. A partir de là, ce penchant s'amortit faible-
ment jusqu'à l'âge de 35 à 40 ans, puis d'une manière
plus rapide jusqu'à la fin de la vie.

Ce que révèle l'observation, le raisonnement pouvait le prévoir jusqu'à un certain point. L'homme a
le plus de penchant au crime quand le développement
physique est à peu près complétement achevé, quand
les passions règnent dans toute leur fougue, quand l'é-
mancipation légale vient d'avoir lieu, et que la raison
n'a pas encore atteint sa maturité. Ce penchant perd,
au contraire, de son activité quand l'homme se marie,
quand les prévisions doivent s'étendre sur sa famille et
quand la raison commence à dominer la violence des
passions.

« Si l'on considère en particulier les principaux cri-
mes, ils se présentent, pour la précocité, dans l'or-
dre suivant : Le vol, le viol, les coups et blessures,
les meurtres, les assassinats, les empoisonnements,
et les faux de toute espèce. » Page 87.

Pour permettre des comparaisons, nous avons, dans
le tableau qui suit, rapproché le nombre des accusés
de celui des individus de même âge que renferme la

société, en sorte que chaque quantité exprime la pro-babilité relative d'être mis en accusation, probabilité qui, comme nous l'avons vu, peut être prise pour celle d'être réellement reconnu criminel. De plus, les divers nombres sont *réduits proportionnellement*, de manière que le total de chaque colonne soit égal à 100.

AGES.	DEGRÉS DU PENCHANT AU CRIME.							
	VOLS.	VIOLS.	COUPS et Blessures.	MEURTRES	ASSASSI-NATS.	EMPOISON-NEMENTS.	Fausse MONNAIE et faux.	Faux TÉMOIGN. subornat.
Moins de 16 ans.	0,4	0,1	0,1	0,2	0,1	0,3	0,1	0,1
16 à 21 ans.....	16,0	14,1	10,9	7,3	6,0	5,4	3,8	4,6
21 à 25 »	18,4	14,5	13,5	15,3	14,2	9,5	10,1	9,1
25 à 30 »	14,7	12,6	20,1	16,9	14,4	13,9	11,8	8,8
30 à 35 »	13,2	11,1	16,7	14,0	15,3	12,2	13,4	11,0
35 à 40 »	10,7	8,8	11,8	11,1	10,6	11,5	12,8	11,7
40 à 45 »	6,6	7,5	6,8	8,5	9,7	13,0	11,5	11,0
45 à 50 »	6,4	6,4	6,5	7,3	8,2	9,4	9,7	10,0
50 à 55 »	4,5	4,1	4,7	5,8	6,3	6,5	7,6	9,5
55 à 60 »	3,1	4,4	3,3	4,5	5,2	4,8	5,5	8,3
60 à 65 »	2,6	4,8	2,9	4,0	4,3	4,8	5,4	6,9
65 à 70 »	1,8	5,2	1,6	3,0	3,2	5,1	3,9	5,4
70 à 80 »	1,2	4,5	0,8	1,7	1,7	3,0	3,0	3,8
80 et au-dessus.	0,4	2,1	0,5	0,9	0,6	2,8	1,4	»
TOTAUX...	100,0	100,0	100,0	100,0	100,0	100,0	100,0	100,0

Les nombres sur lesquels les rapports précédents ont été calculés sont ceux donnés par les tribunaux de France, pendant les dix-neuf années, de 1826 à 1844 inclusivement. La population a été estimée d'après l'*Annuaire du bureau des longitudes*.

Les chiffres relatifs aux différents crimes attei-gnent, chacun, un maximum et décroissent ensuite. Le viol seul fait exception. La tendance à ce crime est une des premières à se développer dans toute son intensité ; le maximum se manifeste dès l'âge de 22 ans. Mais ce crime présente cette circonstance toute particulière qu'après avoir diminué, pour la fréquence, jusqu'à l'âge de 50 à 55 ans, il reprend ensuite un nouveau degré d'énergie et passe par un nouveau maximum entre 65 et 70 ans.

———

« Le suicide est également soumis à une loi, laquelle diffère essentiellement de la loi de criminalité. » page 88.

Les comptes rendus de la justice en France font connaître le nombre des suicides avec les âges, pour la période décennale de 1835 à 1844; ceux de la Belgique le donnent aussi, mais seulement pour quatre années, de 1835 à 1839 inclusivement. Les tables suivantes ont été calculées de la même manière que celles de la criminalité : pour juger de la fréquence du suicide à chaque âge, on a tenu compte de la population correspondante à chacune des catégories spécifiées dans le tableau.

AGES.	NOMBRE des Suicides comparé à la population POUR LA FRANCE.		RAPPORT entre Les Hommes et les FEMMES.	NOMBRE RELATIF des suicides comparé à la population.		
	Hommes.	Femmes.		EN FRANCE.		EN BELGIQUE.
				Hommes.	Femmes.	Hom. et fem.
Moins de 16 ans.	13	4	3,2	0,2	0,1	0,2
16 à 21 ans.....	286	156	1,8	3,5	5,7	2,2
21 à 30 »	645	225	2,9	8,0	8,3	7,6
30 à 40 »	781	219	3,6	9,7	8,1	10,0
40 à 50 »	1,028	322	3,2	12,8	11,9	12,7
50 à 60 »	1,067	381	2,8	13,2	14,0	17,1
60 à 70 »	1,260	455	2,8	15,7	16,7	15,6
70 à 80 »	1,486	487	3,1	18,5	18,0	17,3
80 et plus.......	1,474	467	3,2	18,4	17,2	17,5
TOTAUX....	8,040	2,714	3,0	100,0	100,0	100,0

On voit que les suicides sont très-peu fréquents
pendant les premiers temps de la vie, que leur nombre
croît avec l'âge et que la loi est à peu près exactement
la même pour les hommes et pour les femmes. Chez
ces dernières, cependant, le suicide est relativement un
peu plus fréquent vers l'âge de 20 à 25 ans, et l'on
peut présumer que la cause est à peu près la même
que celle qui conduit à l'infanticide. Du reste , considéré d'une manière absolue, le nombre des suicides
en France est trois fois aussi grand chez les hommes
que chez les femmes.

Tout ce qui précède nous montre que l'homme, en
général, procède avec la plus grande régularité dans
toutes ses actions. Qu'il se marie, qu'il se reproduise
ou qu'il se tue, qu'il attente à la propriété ou à la vie
de son semblable, toujours il semble agir sous l'influence de causes déterminées et placées en dehors de
son libre arbitre.

Nous nous garderons bien cependant de conclure de
là, que cette constance est le résultat d'un fatalisme
désolant. Nous n'y voyons, pour nous, que la preuve
de la permanence des circonstances morales qui font
naître les suicides, pendant la période qu'embrassent
nos observations.

« *Ainsi donc, le libre arbitre, bien loin de porter
obstacle à la production régulière des phénomènes
sociaux, la favorise au contraire.* » Page 97.

M. Fayet déduit des conclusions analogues de l'examen qu'il vient de faire des *Comptes rendus de la*

justice criminelle en France. « En calculant, dit-il, la criminalité spécifique de l'homme aux différents âges de sa vie, en avançant que, dans le même pays et pendant un temps plus ou moins long, cette criminalité devait être à peu de chose près invariable, nous n'avons pas voulu dire que l'homme fût fatalement entraîné d'une manière plus ou moins énergique vers le mal; nous savons que l'homme, à toutes les époques de sa vie, est libre de résister au mal, et voilà pourquoi tous les législateurs le déclarent punissable; mais nous savons aussi que, malgré cette liberté inhérente à sa nature, l'homme succombe plus ou moins fréquemment à ses mauvais penchants, suivant la violence des tentations, suivant les mauvaises influences sous lesquelles il se trouve. Quelque mauvaises que soient ces influences, il y a des hommes qui résistent ; mais aussi, quelque bonnes et bienfaisantes qu'elles soient, il y a de mauvaises natures qui se livrent à l'esprit du mal. C'est ainsi qu'au milieu des familles les plus dégradées on trouve quelquefois des âmes d'élite, et qu'au sein des familles les plus vertueuses et les plus respectables, se forment des êtres vils et dégradés. C'est ainsi que dans les écoles les plus mal tenues, on trouve quelquefois de bons élèves, et qu'on en trouve de fort mauvais dans les meilleures écoles; c'est ainsi qu'au sein des sociétés en décadence, on trouve de remarquables et puissantes individualités, et qu'au sein des nations les plus morales et les plus progressives, on trouve des individus pervertis et dépravés.

« Malgré ces exceptions plus ou moins fréquentes, il n'en est pas moins vrai, qu'en général l'homme moral est en grande partie en raison de l'éducation qu'il reçoit, du milieu qui l'entoure, des influences sous.

lesquelles il vit ; et qu'il aura le plus de chances favorables possible, toutes choses égales d'ailleurs, si,
étant né au sein d'une famille honnête et vertueuse,
et élevé dans une bonne et forte école, il vit au milieu
d'une nation zélée pour le bien et pour la vertu.

« En deux mots, l'homme reste toujours libre ; mais
les faits prouvent que, durant toute sa vie, il succombe
plus ou moins fréquemment au mal, suivant les circonstances ; et que, par conséquent toutes ces circonstances ne changeant pas la probabilité, la chute reste
la même.

« Et voilà dans quel sens le calcul peut être appliqué
aux faits moraux, presque avec autant d'exactitude
qu'aux autres phénomènes de la nature physique. »
(*Compte rendu* des séances de l'Académie royale des
sciences morales et politiques, nov. 1847, page 418.)

« *Il n'existe sous ce rapport rien d'absolu ; telle constitution politique qui convient à un peuple serait
essentiellement nuisible à un autre*, etc. » Page 149.

Montesquieu dit, en parlant des lois : « Elles doivent être tellement propres au peuple pour lequel
elles sont faites, que c'est un très-grand hasard si celles d'une nation peuvent convenir à une autre.... Elles
doivent être relatives au *physique* du pays, au climat
glacé, brûlant ou tempéré ; à la qualité du terrain, à
sa situation, à sa grandeur ; au genre de vie des peuples, laboureurs, chasseurs ou pasteurs ; elles doivent
se rapporter au degré de liberté, que la constitution

peut souffrir ; à la religion des habitants, à leurs in-
clinations, à leurs richesses, à leur nombre, à leur
commerce, à leurs mœurs, à leurs manières. Enfin,
elles ont des rapports entre elles ; elles en ont avec
leur origine, avec l'objet du législateur, avec l'ordre
des choses sur lesquelles elles sont établies. C'est dans
toutes ces vues qu'il faut les considérer. » *Esprit des
lois*, livre I, chap. 3.

« *Comme la nature a donné des termes à la stature
d'un homme bien conformé, passé lesquelles elle ne
fait plus que des géants ou des nains, il y a de même,
eu égard à la meilleure constitution d'un État, des
bornes à l'étendue qu'il peut avoir, afin qu'il ne
soit ni trop grand pour être bien gouverné,
ni trop petit pour pouvoir se maintenir par lui-
même.* » Page 155.

Voici comment J. J. Rousseau développe cette même
idée, dans le chapitre IX, de son *Contrat social :*
« Mille raisons démontrent cette maxime. Premiè-
rement, l'administration devient plus pénible dans les
grandes distances, comme un poids devient plus lourd
au bout d'un plus grand levier. Elle devient aussi plus
onéreuse à mesure que les degrés se multiplient ; car
chaque ville a d'abord la sienne, que le peuple paye ;
chaque district la sienne, encore payée par le peuple ;
ensuite chaque province, puis les grands gouvernements, les satrapies, les vice-royautés, qu'il faut toujours payer plus cher à mesure qu'on monte, et tou-

jours aux dépens du malheureux peuple; enfin vient
l'administration suprême qui écrase tout. Tant de
surcharges épuisent continuellement les sujets : loin,
d'être mieux gouvernés par tous ces différents ordres,
ils le sont moins bien que s'il n'y en avait qu'un seul
au-dessus d'eux. Cependant à peine reste-t-il des ressources pour les cas extraordinaires; et quand il y faut
recourir, l'État est toujours à la veille de sa ruine.

« Ce n'est pas tout : non-seulement le gouvernement
a moins de vigueur et de célérité pour faire observer
les lois, empêcher les vexations, corriger les abus,
prévenir les entreprises séditieuses qui peuvent se
faire dans des lieux éloignés; mais le peuple a moins
d'affection pour ses chefs, qu'il ne voit jamais, pour la
patrie, qui est à ses yeux comme le monde, et pour ses
concitoyens, dont la plupart lui sont étrangers. Les
mêmes lois ne peuvent convenir à tant de provinces
diverses qui ont des mœurs différentes, qui vivent
sous des climats opposés, et qui ne peuvent souffrir la
même forme de gouvernement. Des lois différentes
n'engendrent que trouble et confusion parmi des peuples qui, vivant sous les mêmes chefs et dans une communication continuelle, passent ou se marient les uns
chez les autres, et, soumis à d'autres coutumes, ne savent jamais si leur patrimoine est bien à eux. Les talents sont enfouis, les vertus ignorées, les vices impu-
nis, dans cette multitude d'hommes inconnus les uns
aux autres, que le siége de l'administration suprême
rassemble dans un même lieu; les chefs, accablés
d'affaires, ne voient rien par eux-mêmes; des commis
gouvernent l'État. Enfin les mesures qu'il faut prendre pour maintenir l'autorité générale, à laquelle tant
d'officiers éloignés veulent se soustraire ou en impo-

ser, absorbent tous les soins publics ; il n'en reste plus
pour le bonheur du peuple, à peine en reste-t-il pour
sa défense au besoin ; et c'est ainsi qu'un corps trop
grand pour sa constitution s'affaisse et périt écrasé
sous son propre poids.

« D'un autre côté, l'État doit se donner une certaine
base pour avoir de la solidité, pour résister aux se-
coùsses qu'il ne manquera pas d'éprouver, et aux efforts qu'il sera contraint de faire pour se soutenir : car
tous les peuples ont une espèce de force centrifuge, par
laquelle ils agissent continuellement les uns contre les
autres, et tendent à s'agrandir aux dépens de leurs
voisins, comme les tourbillons de Descartes. Ainsi les
faibles risquent d'être bientôt engloutis ; et nul ne peut
guère se conserver qu'en se mettant avec tous dans une
espèce d'équilibre qui rende la compression partout à
peu près égale.

« On voit par là qu'il y a des raisons de s'étendre et
des raisons de se resserrer ; et ce n'est pas le moindre
talent du politique de trouver entre les unes et les autres la proportion la plus avantageuse à la conservation de l'État. On peut dire, en général, que les premières, n'étant qu'extérieures et relatives, doivent être su-
bordonnées aux autres, qui sont internes et absolues.
Une saine et forte constitution est la première chose
qu'il faut rechercher ; et l'on doit plus compter sur la
vigueur qui naît d'un bon gouvernement, que sur les
ressources que fournit un grand territoire.

« Au reste, on a vu des États tellement constitués, que
la nécessité des conquêtes entrait dans leur constitution même, et que, pour se maintenir, ils étaient for-
cés de s'agrandir sans cesse. Peut-être se félicitaient-
ils beaucoup de cette heureuse nécessité, qui leur

montrait pourtant, avec le terme de leur grandeur,
l'inévitable moment de leur chute. »

————

« *On peut même dire que plus la tendance à croître devient grande, plus les obstacles qui s'opposent aux
accroissements deviennent considérables.* » P. 175.

J'avais avancé, dans mon *Essai de physique sociale,*
que les obstacles peuvent être considérés comme se
développant en raison du carré de la vitesse avec laquelle une population tend à croître. J'ai trouvé, depuis, que la même idée avait été émise par **M.** le baron
Fourier, dans l'une de ses excellentes introductions
aux *Recherches statistiques sur Paris.*

M. Verhulst s'est occupé de rechercher si les obstacles croissent bien réellement comme le carré de la
vitesse , ou s'il ne faut point adopter une autre hypothèse (*Mémoires de l'Académie royale de Bruxelles,*
t. **XVII**). Dans le dernier Mémoire qu'il a publié à ce
sujet (*Mémoires de l'Académie,* t. **XX**), il a cru devoir
admettre l'hypothèse que *les obstacles à l'accroissement de la population augmentent proportionnellement au rapport de la population surabondante à la
population totale.*

————

« *Chaque nation, selon ses moyens de production et
selon les besoins de ses habitants, ne peut disposer
que d'un certain nombre de places au banquet de la
vie,* etc. » Page 191.

Il existe, chez les gens du monde, bien des préjugés
à cet égard. On est généralement préoccupé de l'instant
présent, et l'on juge fort mal des traces que certains
fléaux peuvent laisser dans la société, tels que les guerres, les épidémies et les ravages de la petite vérole. Je
citerai à ce sujet les judicieuses observations qui sont
émises par mon savant ami, M. Villermé, dans son
Mémoire intitulé : *Des épidémies sous les rapports de la
statistique médicale et de l'économie politique.*

« Ni les épidémies, ni les guerres ou les famines qui
traînent les épidémies à leur suite, ne sont pas, comme
on le répète partout, ce qui fait toujours diminuer la
population, ou même l'empêche de s'accroître. C'est
seulement dans certains cas qu'elles ont cet effet, et
d'une manière passagère. De même aussi, l'absence
des famines, des guerres, des épidémies, quelque longue qu'on la suppose, n'augmente jamais la population, du moins directement. La destruction produite
par ces fléaux, destruction que des récoltes assez abon-
dantes, la paix et un état de bonne santé publique
préviennent, est remplacée dans les circonstances ordinaires au milieu desquelles vivent les sociétés européennes actuelles, par une autre qui, pour frapper des
coups moins violents et inaperçus, n'est pas moins certaine. Enfin, comme on l'avait déjà dit avant M. Malthus, qui a le mérite de l'avoir mieux établi que tous les
autres, la population d'un pays, ou le nombre de ses

habitants, dépend toujours des moyens d'existence, de la quantité des aliments qu'il fournit ou qu'on peut s'y procurer. En d'autres termes, la population est réglée, bornée par eux, et elle croît ou décroît avec eux.

« Si ce qu'on vient de dire est vrai, si la population se met toujours au niveau des moyens de subsistance, les nouveaux venus ne peuvent vivre qu'autant que d'autres s'en vont ou que la masse des subsistances augmente ; et, par conséquent, la vaccine ne peut faire arriver à l'âge adulte des enfants qui seraient morts de la petite vérole, que de deux manières :

« Ou, en empêchant la naissance d'un certain nombre d'enfants, effet que l'on ne conçoit point d'abord ;

« Ou, en condamnant au malheur, à une misère excessive, et par suite à une mort anticipée, ceux que les enfants conservés à la vie par la vaccine, privent d'une partie de leurs aliments. Il y a donc, en supposant qu'aucune prudence ne limite notre fécondité, un déplacement de la mort, qui frappe aujourd'hui tel individu qu'elle eût encore épargné, et laisse vivre encore tel autre qu'elle eût frappé. Il est évident que cette substitution, ce remplacement d'un individu par un autre, si important pour les familles, ne touche en rien les États.

« Il est bien entendu que cette proposition ne serait point fondée, si on l'appliquait aux lieux dont les habitants étendent autant qu'ils le veulent le sol cultivable, ou bien disposent de moyens d'existence qui peuvent entretenir une plus forte population. Dans ces lieux, au contraire, la vaccine, comme tous les préservatifs d'épidémie ou de maladie mortelle, concourt directement à l'accroissement de la population ; mais telle n'est point notre Europe, surtout prise en masse. On se tromperait grandement si l'on pensait qu'un homme

laborieux y a constamment et partout la certitude de
subsister aisément avec sa famille, même dans les
pays où le sol est le plus fertile, les institutions les plus
sages, et l'administration la meilleure.

« Si ce que je viens de dire n'est pas erroné, il en résulte que repousser chez nous la vaccine, ou par son
insouciance ne pas y avoir recours pour sa progéni-
ture, c'est, aux dépens de l'existence de ses propres
enfants, assurer celle des autres ; c'est, sans le savoir,
être le meurtrier des siens.

« Il n'est pas moins certain aussi, que dans toute société où, comme chez nous, ce sont en général les
classes instruites, les classes aisées, qui font vacciner
leurs enfants, et le bas peuple qui s'y refuse, l'heureuse
découverte de Jenner profite surtout à ceux qui, sous
tant d'autres rapports déjà, ont tiré, que l'on par-
donne cette expression, le meilleur billet dans la lote-
rie de la vie.

« Toutefois, il ne faut pas croire que la vaccine ou
tout autre préservatif des épidémies ou maladies de
l'enfance, ne puisse jamais, en aucune manière, contribuer à l'accroissement de la population. En substituant, pendant un laps de temps donné, un enfant qui
devient adulte à deux enfants qui consomment et meu-
rent avant que de pouvoir rien produire, la vaccine
favorise la production, et, par conséquent, indirecte-
ment l'accroissement de la population, en raison de
l'excédant des produits ou des moyens de subsistance
qui en résulte. Mais, il faut le reconnaître, cet effet
indirect de la vaccine sur la population, dont les économistes ont oublié de tenir compte, sans doute à
cause de son peu d'importance, est bien minime, en
comparaison surtout de celui que si généralement on

attribue à la vaccine : car il est bien démontré, par l'observation unanime de tous les pays, que la popution tend à s'accroître, par ses seules forces reproductives, beaucoup plus rapidement que ne le permet tout accroissement possible dans la masse des aliments. »

———

« *Une administration dépourvue de lumières, peut produire une mortalité plus ou moins rapide, et quelquefois excessive, dans les prisons, dans les hospices, dans les dépôts de mendicité, dans les ateliers, dans les casernes et partout enfin où des hommes se trouvent réunis.* » Page 193.

MM. Villermé, Casper, Julius, Porter, Fletcher, Chadwick et plusieurs autres statisticiens se sont attachés à montrer ce que peut devenir la mortalité dans les prisons et dans les lieux où l'on réunit un grand nombre de travailleurs, quand l'administration y est mauvaise. J'ai rappelé moi-même l'immense mortalité qui s'était déclarée dans la prison de Vilvorde, près de Bruxelles, pendant les années 1802, 1803 et 1804, où elle était de 1 sur 1,27, 1,67 et 1,91 de la population moyenne ; *Physique sociale*, t. I, p. 263.

L'attention s'est particulièrement tournée dans ces derniers temps vers les jeunes travailleurs, et ce n'est point sans raison. « C'est sur l'enfance que repose l'espoir de la société ; pour avoir des hommes forts, intelligents, moraux, c'est de l'enfance qu'il faut s'occuper avant tout. Eh bien ! si par une cupidité effrénée, on pressure, on écrase à force de travail ces constitutions juvéniles, qui ont besoin d'air pour se développer, ces esprits qui aspirent à la lumière de la pensée, on portera une atteinte funeste au capital moral de la nation ; on arrivera à produire une population étiolée, rabougrie, sans énergie contre le mal, sans intelligence pour le bien. Supposons que ce vice social existe, faudra--il que, par un respect superstitieux pour la liberté du travail, le gouvernement tolère cette véritable traite des blancs, signalée récemment avec courage par un écrivain habile, M. Léon Faucher. Le mal n'est pas poussé aussi loin en France, qu'il l'a été en Angleterre ; mais n'oublions pas que nos campagnes sont encore plus peuplées que nos villes, et n'attendons pas la transformation plus complète de la famille agricole en famille manufacturière, pour appliquer le remède. » M. L. Wolowski, *Cours de législation industrielle,* introduction, page 16, 1840.

Les économistes allemands et particulièrement MM. Mittermaier, Ch. H. Rau, de Mohl, Schubert qui se sont le plus occupés de la science administrative, ont montré la nécessité de mettre la législation en rapport avec nos institutions modernes.

———

« *Qui dispense la réputation? qui donne le respect et la vénération aux personnes, aux ouvrages, aux grands, sinon l'opinion?* etc. » page 200.

La pensée de Pascal commence par les mots suivants (1) :

(1) Pascal, tome II, Pensées, p. 95.

« Cette superbe puissance, ennemie de la raison, qui
se plaît à la contrôler et à la dominer, pour montrer
combien elle peut en toutes choses, a établi dans
l'homme une seconde nature. Elle a ses heureux et ses
malheureux ; ses sains, ses malades ; ses riches, ses
pauvres ; ses fous et ses sages ; et rien ne nous dépite
davantage que de voir qu'elle remplit ses hôtes d'une
satisfaction beaucoup plus pleine et entière que la
raison : les habiles par imagination se plaisant tout
autrement en eux-mêmes que les prudents, ne peuvent
raisonnablement se plaire. Ils regardent les gens avec
empire ; ils disputent avec hardiesse et confiance ; les
autres avec crainte et défiance ; et cette gaieté de visage leur donne souvent l'avantage dans l'opinion des
écoutants, tant les sages imaginaires ont de faveur auprès de leurs juges de même nature ! Elle ne peut rendre sages les fous ; mais elle les rend contents, à l'envi
de la raison, qui ne peut rendre ses amis que miséra-
bles. L'une les comble de gloire, l'autre les couvre de
honte. »

On lit dans une autre Pensée (1) :

« Comme la mode fait l'agrément, aussi fait-elle la
justice. Si l'homme connaissait réellement la justice,
il n'aurait pas établi cette maxime la plus générale de
toutes celles qui sont parmi les hommes : que chacun
suive les mœurs de son pays : l'éclat de la véritable
équité aurait assujetti tous les peuples, et les législateurs n'auraient pas pris pour modèle, au lieu de cette
justice constante, les fantaisies et les caprices des Per-

(1) Pascal, tome II, Pensées, p. 139. Ce passage du reste est
emprunté à Montaigne.

ses et des Allemands ; on la verrait plantée par tous
les États du monde, et dans tous les temps.

« La justice est ce qui est établi ; et ainsi toutes nos
lois établies seront nécessairement tenues pour justes
sans être examinées, puisqu'elles sont établies.

« Les seules règles universelles sont les lois du
pays, aux choses ordinaires ; et la pluralité aux autres.
D'où vient cela ? de la force qui y est. »

« *Sous le nom de droit des gens, on est convenu de
quelques formes qui rendent moins odieux en apparence les crimes que les États commettent entre eux.* »
Page 221.

On comprend que je ne veux point contester ici le
mérite de plusieurs ouvrages très-savants qui ont été
publiés sur le droit naturel et sur le droit des gens.
Je n'entends parler que de ce qui existe dans l'état actuel des choses. Sous ce rapport, je ne vais certainement pas aussi loin que plusieurs légistes. « Les peuples, dit l'un d'eux, ne sont soumis à d'autres lois qu'à
celles de la nature ; car la loi est toujours un ordre
émané d'un supérieur légitime, et les nations sont entre elles dans un état d'indépendance parfaite. Or,
pour qu'il existât un droit des gens positif, il faudrait
qu'il y eût expression de la volonté générale de tous
les peuples, soit par eux-mêmes, soit par des représentants ; c'est ce qui n'est pas, et c'est ce qui ne sera
jamais. » G. L. J. C... é. *Dict.* de Courtin.

« *Ma conviction profonde, est que, dans tout pays, dans
tout mode d'administration, donner à la politique
extérieure une direction conforme à la morale et à la
justice, c'est-à-dire à l'intérêt général des hommes,
ne serait pas seulement une œuvre digne de l'éloge
des peuples et de l'histoire, mais un système sage,
bien entendu, etc.* » Page 258.

M. le baron Bignon, à qui nous empruntons cette
phrase, a inséré, dans le tome Ier des *Mémoires de l'A-
cadémie royale des sciences morales et politiques*, un
écrit sur la *Conciliation progressive de la morale et de
la politique*, dans lequel on lit encore ce qui suit :
« Au premier coup d'œil on est tenté de croire que
la politique extérieure est peu susceptible d'un perfectionnement graduel et soutenu, parce que le mélange
de bien et de mal qui, généralement, se produit dans
ses œuvres, ne permet presque pas de distinguer une
marche suivie vers une amélioration déterminée, qui
ait pu servir de point de départ pour une amélioration
nouvelle. Cependant, malgré ces alternatives de mal
et de bien, toujours l'humanité a fait en avant quelques pas de plus ; insensiblement on est arrivé à des
doctrines plus saines, et il est dans l'ordre de la nature qu'à la longue, les saines doctrines, pénétrant for-
cément dans les actes, reçoivent une application plus
étendue et plus constante. Pourquoi, en effet, existerait-
il, à l'égard de la politique extérieure, une exception
fatale qui la condamnât à rester seule incapable de
progrès au milieu de tous les autres développements
de l'esprit humain ? Jusqu'à ce jour on s'est représenté
la politique extérieure d'après ce qu'elle a été ; il faut

la juger d'après ce qu'elle doit être, d'après ce qu'elle est déjà, quelquefois par un heureux accident, d'après ce qu'elle est appelée à devenir en règle générale.

« Quel doit être son véritable but ? La conservation. Quel a été son but habituel ? L'envahissement.

« Partout aujourd'hui, avant de faire la guerre, on tâche de persuader aux peuples qu'on ne s'y décide que pour la défense de leurs intérêts ou de leurs droits ; partout on est forcé de reconnaître qu'il n'y a de guerres dignes de leur dévouement et de leurs sacrifices que de justes guerres. La ressource de l'ambition sera donc d'emprunter les couleurs de la justice ; mais cette simulation deviendra graduellement moins aisée ; et le jour arrivera où la difficulté de faire accepter pour juste ce qui ne le serait pas, rendra la guerre et plus rare et moins funeste dans ses conséquences. Depuis qu'une publicité presque générale livre au jugement des nations la conduite des gouvernements, il est des injustices qu'on ne commettra plus, parce qu'on n'oserait plus les avouer. On ne reculerait pas devant l'acte lui-même peut-être ; on reculera devant l'improbation qui doit l'atteindre. »

« Lui seul peut acquérir la science, cet élément indispensable de tout progrès. » Page 243.

Voici comment s'exprime à ce sujet mon respectable ami, M. Droz, dans son ouvrage sur la *Philosophie morale*.

« Tout change, et dans le mouvement universel des êtres, le genre humain est soumis à la double influence

du temps et de sa propre activité : mais a-t-il une marche progressive, avance-t-il vers un but, de manière
qu'on doive espérer pour lui sur la terre des destinées
meilleures, ou ne fait-il que tourner continuellement
dans un cercle, revenant au point d'où il est parti, pour
s'en éloigner de nouveau, et pour y revenir encore?

« Il faut observer nos facultés, nos divers travaux et
leurs résultats. Je vois d'abord avec une extrême surprise que l'imagination si vive, si féconde, est cependant de toutes les facultés de notre esprit, celle dont
les productions se trouvent circonscrites dans les bornes
les plus étroites. La poésie, les beaux-arts, heureux
enfants de l'imagination, naissent, prospèrent, décli-
nent, périssent chez un peuple ; ils renaissent chez un
autre, pour offrir les mêmes phénomènes ; et l'on ne
peut dire que dans les dernières contrées qui en jouis-
sent, les poëtes et les artistes obtiennent sur leurs prédécesseurs une évidente supériorité. Quelques écrivains
ont développé avec beaucoup de talent une opinion
contraire ; ils ont prétendu que la littérature moderne
surpasse la littérature ancienne ; mais ces écrivains,
séduits par un ingénieux système, me paraissent plus
jaloux de lui prêter des charmes que de rendre
hommage à la vérité. La poésie, en parcourant la
Grèce, l'Italie et la France, a déployé dans ces divers
États des richesses à peu près égales. On peut prendre
indistinctement des vers d'Euripide, de Virgile ou de
Racine, pour montrer à quel point de perfection il est
donné au génie de parvenir dans cet art brillant. Le
goût particulier d'un peuple lui fera préférer ses compositions dramatiques à celles de tous les autres ; mais
soyons sans partialité, et nous jugerons qu'on n'a point
surpassé les Grecs dans l'art de faire goûter aux spec-

tateurs de vives et nobles émotions : on compose dif-
féremment, sans composer mieux. Non, la littérature
n'a point une marche progressive; elle décrit un cercle. Le peuple qui succède à ceux qu'abandonne la
gloire littéraire, ne continue pas leur ouvrage; il le
recommence.

« Des travaux plus sérieux présentent un phénomène
très-différent. Le pouvoir que l'homme a de recueillir
des faits, de les comparer et d'en tirer des conséquences, de créer ainsi des sciences fécondes en applications
utiles, ce pouvoir s'exerce sur un domaine immense
dont il est impossible d'assigner les limites. Ajoutons
que dans les lettres, les travaux sont individuels; et
que dans les sciences, ils se font en commun. Les richesses scientifiques, amassées chez tous les peuples et
dans tous les âges, forment un trésor que nos contemporains grossissent du produit de leurs veilles, et que
nos neveux continueront d'accroître. La marche des
sciences est progressive : c'est du point où sont arrivés
nos prédécesseurs que nous partons pour aller plus
loin.

« Sans doute, plusieurs découvertes se sont perdues ;
des faits et des procédés connus dans des temps reculés
sont ignorés de nos jours. Mais, d'une part, ces pertes
sont probablement faibles ; de l'autre, l'avenir ne peut
en craindre de semblables. Le génie, par les progrès
de ses découvertes, a trouvé les moyens de perpétuer
ses œuvres : l'imprimerie et la gravure transmettront
indéfiniment les inventions précieuses. Ni les ravages
des conquérants, ni les révolutions intestines qui dé-
vorent les peuples, ni les efforts des plus aveugles ty-
rans, ne sauraient désormais anéantir les lumières. Il
existe dans toutes les parties du monde, des archives

où toutes les connaissances humaines ont été mises en dépôt. Une contrée civilisée, une seule échapperait aux barbares, qu'elle deviendrait pour toutes les autres l'arche de salut. L'homme ne peut plus détruire l'ouvrage de l'homme; et pour anéantir les sciences, il faut qu'une révolution physique bouleverse le globe jusqu'en ses fondements.

« Un être borné dans ses moyens d'action, ne pouvant produire que des effets également bornés, il est évident que les progrès des sciences et des arts industriels ne seront pas infinis; mais tout annonce que l'esprit humain s'exercera pendant une longue suite de siècles, avant d'arriver aux limites que l'Éternel a posées, et qu'il ne nous sera jamais donné de franchir. En écrivant des conjectures sur les progrès possibles des sciences, on s'expose au double danger de rester fort au-dessous de la vérité, et de passer pour un rêveur. Cependant, on peut présumer que nos successeurs s'élèveront à des découvertes aussi fécondes, aussi puissantes pour avancer la civilisation, que l'ont été la découverte de l'imprimerie et celle de la boussole. Un officier d'artillerie a, dit-on, trouvé les moyens de mettre un navire destiné au commerce en état de détruire un vaisseau de guerre. Quelle influence cette invention exercerait sur la liberté des mers! De simples perfectionnements et même de simples applications de ce qui existe, par exemple, de la lithographie et du télégraphe, auront peut-être un jour des résultats incalculables.

« Les progrès des sciences morales et politiques sont plus difficiles et moins évidents que ceux des sciences physiques et mathématiques. Celles-ci, s'exerçant sur la matière inerte, le champ de leurs observations est

stable; l'expérience constate aisément l'utilité de leurs
découvertes; et pour en faire des applications certaines, il suffit de calculs exacts. Les sciences qui traitent
de l'homme et de la société s'exercent sur des sujets
mobiles, moins soumis aux sens qu'à la pensée; les
données qu'exige la solution de leurs problèmes sont
nombreuses, compliquées et délicates à saisir. Les faits
qu'on recueille pour servir de base aux sciences dont
je parle, étant sujets à des interprétations différentes,
les théories qui en résultent ne persuadent pas également tous les esprits; et lorsqu'elles sont démontrées,
combien de circonstances viennent modifier, contrarier, repousser leurs applications! Enfin, une mystérieuse loi de la nature veut que presque toujours les
hommes nés pour répandre de nouvelles lumières,
soient persécutés par leurs semblables. Ils blessent l'a-
mour-propre, ils froissent des intérêts; les intérêts et
l'amour-propre se vengent. Si des vérités mathématiques ont valu des persécutions à ceux qui les avaient
découvertes, le danger est plus imminent lorsqu'il s'a-
git de vérités qui, par leur nature, sont moins éviden-
tes, et qui touchent à des intérêts plus étendus et plus
graves. Aussi beaucoup d'observateurs paisibles, crai-
gnant l'animosité des partis, n'osent hasarder leurs
idées, abandonnent la plume aux mains vénales ou
factieuses; et l'on est privé d'ouvrages qui seraient
précieux, car ils seraient écrits de bonne foi. Toutes ces
causes réunies expliquent suffisamment pourquoi les
progrès des sciences morales et politiques sont les
moins rapides. Cependant, pour ces sciences ainsi que
pour les autres, il est évident que les générations suc-
cessives peuvent profiter des lumières et même des erreurs de celles qui les ont précédées; qu'elles peuvent,

par conséquent, s'éclairer toujours davantage, et multiplier les résultats pratiques des découvertes utiles.

« Le raisonnement prouve donc que l'espèce humaine est susceptible d'être améliorée ; mais remarquons-nous en elle des progrès véritables ? L'expérience vient-elle confirmer une théorie féconde en espérances ? Pour juger cette question, on ne doit pas considérer des détails auxquels il est toujours facile d'en opposer d'autres ; on ne doit pas s'arrêter à des actes isolés, quelque grande que paraisse leur importance : c'est un vaste ensemble de faits qu'il est nécessaire d'embrasser » (1).

« *On peut affirmer, sans crainte de s'écarter de la vérité, que la civilisation, en relevant insensiblement la moyenne, a resserré en même temps les limites entre lesquelles l'homme peut varier.* » Page 255.

J'avais déjà exprimé, en 1832, l'opinion que les progrès des lumières tendent à diminuer de plus en plus les variations que l'on remarque dans le système social ; voyez la lettre à M. Villermé, *Sur la possibilité de mesurer l'influence des causes qui modifient les éléments sociaux.* En rendant compte de cet opuscule dans la *Bibliothèque universelle de Genève*, M. Alph. Decandolle présente, de son côté, les réflexions suivantes. « En voyant les calculs de M. Quételet, nous sommes toujours plus convaincus d'une vérité ; c'est que, pour toutes les

(1) *OEuvres de Joseph Droz*, tome II, p. 220, de la Philosophie morale, chap. IX.

choses où la volonté de l'homme a de l'influence, les
variations sont d'autant plus faibles que le pays est
plus civilisé, en sorte que la grandeur des variations
est un moyen d'apprécier la véritable civilisation d'un
peuple. En voici quelques exemples.

« L'uniformité dans le prix des denrées, suppose un
état de choses assez perfectionné pour que les produits
de l'agriculture ne varient pas beaucoup d'une année à
l'autre. Dans une ferme bien dirigée, les cultures sont
assez nombreuses et assez bien choisies, pour que l'a-
bondance de l'un des produits supplée à la rareté de
l'autre. Il faut aussi, pour que les prix s'égalisent, que
les moyens de transport soient faciles et que les culti-
vateurs ou les spéculateurs aient assez d'aisance, de
liberté et de sécurité, pour garder en magasin, lorsque
les prix sont bas, afin de vendre lorsque la cherté
se fait sentir. L'uniformité dans le taux des salaires,
suppose une certaine stabilité dans les entreprises
commerciales, peu de faillites, peu de spéculations
aventureuses. Cela suppose aussi que les maîtres et les
ouvriers ont assez de prévoyance pour s'être préparé
des ressources en cas d'interruption de profit ou de
cherté des vivres. L'uniformité du nombre des décès
montre qu'il n'y a pas eu de cause de misère imprévue
et de ces fléaux dévastateurs, que l'hygiène publique et
particulière doivent atténuer. L'uniformité des mariages et des naissances se lie à celle des décès. La régularité dans la répression des crimes est une preuve de
bonne justice , celle des recettes du trésor d'une
bonne administration et d'une prospérité publique
bien établie.

« La statistique peut donc fournir des données précises sur la civilisation relative des peuples. »

M. **Villermé** finit par une remarque analogue son beau travail *Sur les épidémies sous les rapports de la statistique médicale et de l'économie politique*. « Un fait bien plus important, dit ce savant statisticien, parce qu'il renferme un enseignement directement utile, une leçon dont l'application est aisée, est la diminution de fréquence et d'intensité des épidémies par les progrès de la civilisation, et même leur disparition en plusieurs endroits. Faisons des vœux pour que cette leçon soit mise à profit, autant qu'il est possible, par les gouvernements, par les administrations publiques, et par tous ceux que leur devoir ou leur position appelle à travailler au bonheur des hommes ! »

Les mêmes faits viennent aussi à l'appui de la proposition placée à la fin du chapitre 5 de la 2e section du Ier livre de cet ouvrage, et qui est ainsi conçue : *Les phénomènes sociaux influencés par le libre arbitre de l'homme, procèdent, d'année en année, avec plus de régularité que les phénomènes purement influencés par des causes matérielles et fortuites.*

Condorcet termine son *Esquisse d'un tableau historique des progrès de l'esprit humain*, par la réflexion suivante : « Nos espérances, sur l'état à venir de l'espèce humaine, peuvent se réduire à ces trois points importants : la destruction de l'inégalité entre les nations ; les progrès de l'égalité dans un même peuple ; enfin, le perfectionnement réel de l'homme. » L'auteur s'attache surtout à montrer que les inégalités dans les conditions sociales et dans l'état des lumières, tendent de plus en plus à diminuer, sans qu'elles puissent disparaître jamais d'une manière complète.

C'est en s'occupant de la perfectibilité de l'homme, qu'il expose ses vues sur l'allongement indéfini de la vie. Nous reproduirons ici ce passage, que nous ne chercherons certainement pas à soutenir, pas plus que ses opinions sur la mission de l'art de guérir.

« Personne ne doutera sans doute, dit Condorcet, que les progrès dans la médecine conservatrice, l'usage d'aliments et de logements plus sains, une manière de vivre qui développerait les forces par l'exercice, sans les détruire par des excès ; qu'enfin, la destruction des deux causes les plus actives de dégradation, la misère et la trop grande richesse, ne doivent prolonger pour les hommes la durée de la vie commune, leur assurer une santé plus constante, une constitution plus robuste. On sent que les progrès de la médecine préservatrice, devenus plus efficaces par ceux de la raison et de l'ordre social, doivent faire disparaître à la longue les maladies transmissibles ou contagieuses, et ces maladies générales, qui doivent leur origine aux climats, aux aliments, à la nature des travaux. Il ne serait pas difficile de prouver que cette espérance doit s'étendre à presque toutes les autres maladies, dont il est vraisemblable que l'on saura toujours reconnaître les causes éloignées. Serait-il absurde, maintenant, de supposer que ce perfectionnement de l'espèce humaine doit être regardé comme susceptible d'un progrès indéfini ; qu'il doit arriver un temps où la mort ne serait plus que l'effet, ou d'accidents extraordinaires, ou de la destruction de plus en plus lente des forces vitales, et qu'enfin la durée de l'intervalle moyen, entre la naissance et cette destruction, n'a elle-même aucun terme assignable ? Sans doute l'homme ne deviendra pas immortel, mais la distance entre le moment où il commence à vivre, l'époque commune où naturellement, sans maladie, sans accident, il éprouve la difficulté d'être, ne peut-elle s'accroître sans cesse? Comme nous parlons ici d'un progrès susceptible d'être représenté avec précision , par des quantités numériques ou par des lignes, c'est le moment où il convient de développer les deux sens dont le mot *indéfini* est susceptible.

« En effet, cette durée moyenne de la vie, qui doit augmenter sans cesse, à mesure que nous enfonçons dans l'avenir, peut recevoir des accroissements , suivant une loi telle, qu'elle approche continuellement d'une étendue illimitée, sans pouvoir l'atteindre jamais ; ou bien suivant une loi telle, que cette même durée puisse acquérir, dans l'immensité des siècles, une étendue plus grande, qu'une quantité déterminée quelconque qui lui aurait été assignée pour limite. Dans ce dernier cas, les accroissements sont réellement indéfinis dans le sens le plus absolu, puisqu'il n'existe pas de borne, en deçà de laquelle ils doivent s'arrêter.

« Dans le premier, ils le sont encore par rapport à nous, si nous ne pouvons fixer ce terme, qu'ils ne peuvent jamais atteindre, et dont ils doivent toujours s'approcher; surtout si, connaissant seulement qu'ils ne doivent point s'arrêter, nous ignorons même dans lequel de ces deux sens, le terme d'indéfini leur doit être appliqué; et tel est précisément le terme de nos connaissances actuelles, sur la perfectibilité de l'espèce humaine, tel est le sens dans lequel nous pouvons l'appeler indéfinie.

« Ainsi, dans l'exemple que l'on considère ici, nous devons croire, que cette durée moyenne de la vie humaine doit croître sans cesse, si des révolutions physiques ne s'y opposent pas ; mais nous ignorons quel est le terme qu'elle ne doit jamais passer; nous ignorons

même si les lois générales de la nature, en ont déterminé, au delà duquel elle ne puisse s'étendre. »

---

*« Cet état, qui tient le milieu entre les extrêmes, se
trouve en toutes nos puissances. Nos sens n'aperçoivent rien d'extrême.* » Page 270.

Cette même idée se trouve reproduite plusieurs fois
dans les *Pensées* de Pascal. On voit que l'auteur y re-
venait avec une espèce de prédilection.

« La faiblesse de la raison de l'homme paraît bien
davantage en ceux qui ne la connaissent pas qu'en
ceux qui la connaissent. Si on est trop jeune, on ne
juge pas bien. Si on est trop vieux, de même. Si on
n'y songe pas assez, si on y songe trop, on s'entête, et
l'on ne peut trouver la vérité. Si l'on considère son ouvrage incontinent après l'avoir fait, on en est encore
tout prévenu. Si trop longtemps après, on n'y entre
plus. Il n'y a qu'un point indivisible qui soit le véritable lieu de voir les tableaux : les autres sont trop près,
trop loin, trop haut, trop bas. La perspective l'assigne
dans l'art de la peinture. Mais dans la vérité et dans la
morale, qui l'assignera (1)? »

« L'extrême esprit est accusé de folie comme l'extrême défaut. Rien ne passe pour bon que la médiocrité. C'est la pluralité qui a établi cela, et qui mord
quiconque s'en échappe par quelque bout que ce soit.
Je ne m'y obstinerai pas; je consens qu'on m'y mette;

(1) Pascal, tome II, Pensées, p. 94.

et si je refuse d'être au bas bout, ce n'est pas parce
qu'il est bas, mais parce qu'il est bout ; car je refuse-
rais de même qu'on me mît au haut. C'est sortir de
l'humanité que de sortir du milieu ; la grandeur de
l'âme humaine consiste à savoir s'y tenir ; et tant s'en
faut que sa grandeur soit d'en sortir, qu'elle est à n'en
point sortir (1). »

Voltaire ajoute dans ses commentaires sur Pascal :
« Ce n'est pas l'extrême esprit, c'est l'extrême vivacité
et volubilité de l'esprit qu'on accuse de folie ; l'extrême
esprit est l'extrême justesse, l'extrême finesse ; l'extrême
étendue opposée diamétralement à la folie. L'extrême
défaut d'esprit est un manque de conception, un vide
d'idées ; ce n'est point la folie, c'est la stupidité. La
folie est un dérangement dans les organes, qui fait voir
plusieurs objets trop vite, ou qui arrête l'imagination
sur un seul avec trop d'application et de violence. Ce
n'est pas non plus la médiocrité qui passe pour bonne,
c'est l'éloignement des deux vices opposés ; c'est ce
qu'on appelle *juste milieu* et non *médiocrité*. On ne
fait cette remarque, et quelques autres dans ce goût,
que pour donner des idées précises. C'est plutôt pour
éclaircir que pour contredire. »

(1) Pascal, tome II, Pensées, p. 14[?]

23

TABLE DES MATIÈRES.

LIVRE DEUXIÈME.

DES SOCIÉTÉS.

SECTION PREMIÈRE.

DE L'ÉTAT PHYSIQUE.

SECTION II.

DE L'ÉTAT MORAL.

SECTION III.

DE L'ÉTAT INTELLECTUEL.

LIVRE TROISIÈME.

DE L'HUMANITÉ.

NOTES.

FIN.

BIBLIOTHEQUE   NATIONALE

SERVICE DES NOUVEAUX SUPPORTS

58, rue de Richelieu, 75084 PARIS CEDEX 02 Téléphone 266 62 62

Achevé de micrographier le : 17/05/ 1978

Défauts constatés sur le document original

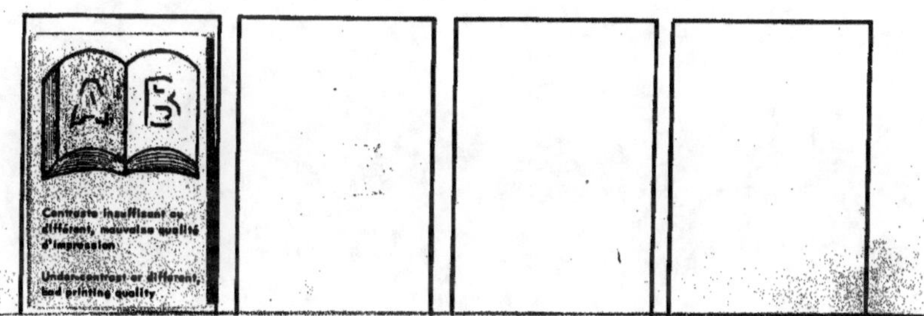

9 782329 013992